长三角社会学
优秀硕士论文选编
（2021）

刘 欣 主 编
沈奕斐 副主编

中国社会出版社

国家一级出版社·全国百佳图书出版单位

图书在版编目（CIP）数据

长三角社会学优秀硕士论文选编 . 2021 / 刘欣主编；
沈奕斐副主编 . -- 北京：中国社会出版社，2023.3
　　ISBN 978-7-5087-6888-5

　　Ⅰ . ①长 …　Ⅱ . ①刘 …　②沈 …　Ⅲ . ①社会学 - 文集
Ⅳ . ① C91-53

中国国家版本馆 CIP 数据核字（2023）第 030961 号

出 版 人：程　伟	终 审 人：魏光洁
责任编辑：陈　琛	策划编辑：陈　琛
责任校对：卢光花	封面设计：尹　帅

出版发行　中国社会出版社	地　　　址　北京市西城区二龙路甲 33 号
邮政编码　100032	编 辑 部　(010)58124836
网　　址　shcbs.mca.gov.cn	发 行 部　(010)58124838
经　　销　新华书店	

印刷装订　北京虎彩文化传播有限公司

开　　本：170 mm×240 mm　1/16	
印　　张：21.5	字　　数：400 千字
版　　次：2023 年 3 月第 1 版	印　　次：2023 年 3 月第 1 次印刷
定　　价：105.00 元	

中国社会出版社微信公众号　　　　　中国社会出版社天猫旗舰店

后 浪 佳 作

——《长三角社会学优秀硕士论文选编（2021）》序

  这是长江三角洲社会学论坛优秀硕士论文选编的第三本。在前两本选编的序言中，主编以长三角地区社会经济发展、社会学学科建设为背景，介绍了入选论文。在第三本选编时，长三角一体化进一步快速推进，区域内社会学师生之间的交流也更为频繁。

  我们希望这个地区社会学专业的研究生在思考问题时，不但有区域社会发展的观照，还要有跨区域，甚至跨社会、跨文化比较研究的视野。犹如杜甫能于高山之巅一览无边不尽的长江一样，青年学子要有雄心，站在中国和世界文明的高度，开展跨区域、跨社会、跨文化的比较研究。社会学对人类社会现象和社会过程的探究，不但关注共同性及其形成机制，而且同样关注异质性及其形成机制。而这样的探究都是通过比较进行的——无论是跨社会、跨文化的比较，还是同一社会不同区域之间的比较、同区域不同历史时期的比较。只有通过比较研究，我们才能认识社会现象之间关联的原因、社会过程发生的机制；通过比较研究，才能知道中国社会的现象是否具有独特性，知道他山之石可否攻玉，本土经验可否为人所用；通过比较研究，才能站在世界文明的高度来理论化中国发展的经验，而得以在世界学术共同体中展现基于本土经验的创新性贡献。

  2021 年 2 月 27 日，由复旦大学社会发展与公共政策学院主办的"2021长三角社会学论坛暨新春团拜会——'后浪'佳作迎辛丑"，以线上会议的方式举行。论坛突出了"后浪"佳作，由长三角地区 8 家拥有社会学博士点的兄弟院系分别推荐 1~2 位学术"后浪"发言，最终有 10 篇青年教师的论文入选并分别在社会理论、互联网与社会、社会分层与流动、社区与治理、社会史 5 个专题上宣读。"后浪"佳作，展现了新实力、新贡献。论坛安排了 10位功底扎实、研究经验丰富的学术"中浪"和"前浪"，主要是中年骨干教授，担任评议人；评议人与发表人一对一，甚至二对一，评议与发表同时长；评议人事先阅读论文，在评议时使用文档展示要点，以期通过专业性、针对性的透彻评议，进一步帮助发表者提升研究水平。发言和评议之后，留出一定的开放时间提问和交流，激发与会者的学术灵感。这样的安排，不但为"后浪"提供了交流展示自己成果的机会，还有助于他们继承"前浪""中浪"所开辟的学术传统，从学术前辈那里汲取学术营养和治学经验，不断发扬光大我们的事业。长江后浪推前浪，一浪更比一浪强，是我们对新一代学子的期望，是我们对中国社会学未来的期许。

　　研究生是学术事业的未来，是成长中的学术新"后浪"。这本文集共选了11篇优秀硕士研究生毕业论文，所收录的论文与上述10篇青年教师的佳作相比，虽仍有稚嫩之处，但作为硕士论文中的佳作，已让人十分欣慰。我们希望这本文集能在一定程度上展现学术新"后浪"的巨大发展潜力，更希望它能鼓励青年学子投身社会学事业。长三角社会学论坛的八所成员高校共推荐了24篇优秀论文，经过论坛学术委员会的评审，遴选出了14篇，由于部分同学的文章已经投稿学术期刊或有不便，最后只保留了11篇。在论文遴选过程中，作为轮值单位的长三角论坛秘书，复旦大学社会发展与公共政策学院社会学系沈奕斐副教授做了大量协调工作，她对作者如何修改论文、文集如何分主题编排论文、联系出版社等工作，都付出了不少心血。可以说，没有她的这些付出，这本文集是难以问世的。

　　入选的这11篇论文的内容涉及政治社会学、经济社会学、劳动社会学、环境社会学、性别社会学等相关分支社会学的议题，按选题内容分为三大主题：

　　第一部分以社会治理和社会认知为主题。

　　复旦大学李璐欣同学的《公共事务应该由谁决策：一项关于民众决策认知的探索性研究》，从对民众决策认知的经验归纳出发，借助社会认知、认知框架、认知捷径等理论，提出一个有助于系统整合民众决策认知的经验模型，在决策认知逻辑和认知类型两个层次上理解民众多元复杂的公共事务决策认知。作者通过归纳分类分析，发现民众公共事务决策认知形成所依据的认知逻辑主要是利益诉求和价值理念两条逻辑，在利益诉求逻辑下有两种决策认知类型，一种是单议题权宜性分析型决策认知，具有这种认知的民众往往在决策中都是以实现自身利益最大化为导向，按最有利于个人利益的目标选择决策方式。另一种是议题类别化分析型决策认知，他们会划分公共事务的类型和层次，专业化程度高、技术性业务性强的议题应交由专业人士或是政府来决策，而专业化程度较低、生活化较强的议题应该交由民众决策。同样在价值理念逻辑下也有三种决策认知类型，这三种类型对政府、专家和民众在公共事务决策中扮演的角色有不同的理解。第一种是民主集中型决策认知，他们具有明显的威权主义政治价值理念，对政府治理的依赖性很强，但也强调民众在公共事务中的意见表达，要求政府在决策前充分征询民意。第二种是能人治国型决策认知，他们非常认可知识精英在公共事务中的最终决策权，认为公共事务应该由知识精英分析、辩论后，直接决策。第三种是平民主义型决策认知，强调民众对政治的参与和影响力，认为公共事务应该根据民众的意见作决策。接着作者通过性别、出生年代、教育背景、政治面貌等因素与民众决策认知逻辑之间的关系进行分析，发现这些因素在一定程度上都影响了民众决策认知逻辑。

河海大学马超群同学的《河道环境治理何以难以成功——基于×村的案例研究》，从环境治理的角度出发，以位于太湖流域西北部的×村为案例，探讨了实现可持续环境治理的可能路径。作者首先肯定了×村河道治理的短期成效，但在实现可持续环境治理上，还存在很多的问题和困境，并从生态、社会和经济三方面指出问题所在，认为环境治理是一项系统性工程，只有处理好系统内外各要素的关系，形成生态合理、社会认同以及经济可行的治理思路，借助外力并自力更生，才能有效实现可持续的环境治理。

安徽大学宋梦元同学的《县域运动式治理中资源调配的逻辑——基于结构化理论的分析》，以F县在2019年争创"省级文明城市"所做的各项治理活动为案例，将吉登斯结构化理论与运动式治理相结合，从结构和行动两方面探究县域运动式治理资源调配的因素构成和运作逻辑。作者首先通过运动式治理的研究视角，发现F县是通过资源转化（动静结合的强运动机制）、资源筹集（压力型思想动员）、资源扩散（项目化结构形式）、资源评估（奖惩制度的构建）这四种方式实现资源调配，可以看出，结构并不是固化的，而是不断建构的过程。接着作者又从结构化理论出发去探讨运动式治理中资源调配的过程，发现基层政府通过"鼓舞—动员、指挥—命令、落实—负责、反馈—回应"的方式进行资源调配，使资源在多种因素的作用下经历了资源转化、资源筹集、资源扩散和资源评估的过程。在资源调配过程中形成"客观结构-主观意识"的逻辑结构，使得不同主体在面对任务时的行为受客观结构、制度的约束有一定局限性，但也具有一定的主观能动性。作者从结构化的角度反思县域运动式治理，又在运动式治理结构中再生产出新的机制与结构，对推进运动式治理走向现代化起到了积极的作用。

上海大学莫太齐同学的《马克斯·韦伯与美国》，聚焦韦伯眼中的美国，反观美国社会构造的特点。作者沿着韦伯所提供的问题线索，考察了教派组织与美国早期社会格局的内在联系，从韦伯的政治立场反观了联邦党人调和联邦制与共和理念关系的独特方式，由此剖析了美国联邦制独特的政治架构及其伦理意涵，能够发现作者对于韦伯这一探源式历史的理解，对处于转型时期的中国社会如何构造内在文明与精神气质具有启示意义。

第二部分的三篇论文主要与网络等科技发展和社会生活的关系密切相关。

南京大学丁宏铖同学的《手机里的监视集合：中国都市工作场所中的钉钉》，聚焦手机应用钉钉，通过研究一家钉钉旗下的外包制渠道推广公司，发现钉钉是一个吸纳了多样监视技术和利益主体的庞大"监视合集"。作者详细阐述了监视技术如何改变我们的生活，从狭义监视中钉钉最常用的考勤和签到等功能到广义监视里消息已读未读等功能，除了硬性监视与广义监视，还有像日志功能等软性监视。钉钉不仅是收集信息的监视集合，也是系统性剥削员工"块茎劳动"的"血汗工厂"，通过监视技术，将劳动者整合进一套为其整体扩张服务的劳动过程控制系统中。劳动者工作得越努力，就会帮助监视集合吸纳更多主体加入，增加钉钉官方的收益，促进监视技术的进一步发展。在这一过程中，作者提出钉钉的高速扩张及其蕴含的破坏力值得我们警惕，认识到当代监视技术已经与一套依靠监视牟利的监视资本主义模式深度绑定，也需要重新审视这一体系。

华东师范大学孙明同学的《制造同意：网络主播的情感劳动研究》，以公会签约的职业主播为研究对象，通过劳动过程理论探讨直播行业对网络主播的情感劳动控制以及网络主播的自主性。作者研究发现，直播产业经历了三次产业升级，网络主播作为直播行业的生产者，实际上只是直播产业链的底部被层层剥削。他们通过精心设计直播间的表演，充分展现个人魅力，和观众建立亲密关系，刺激观众打赏以获得劳动报酬，在这一过程中完成维护情感和关系建构的工作内容。公会和直播平台才是掌握了直播行业的生产系统，打造网红流水生产线，成为情感劳动社会化生产的车间。直播行业通过意识形态支配制造甘愿，在"人人都能当网红"的意识形态控制下，网络主播主动参与资本的"赶工游戏"。网络主播认可公会和直播平台制定的行业规则，在认同的基础上发展出一套自我管理的技术，采取灵活的抵抗策略为自己争夺更多的劳动控制权。

浙江大学的渊文芊同学的《新社会运动视角下有机食品共同购买团体的发展问题研究：以北京市、成都市为例》，关注 21 世纪才出现的"团购"现象，以及团购对有机食品发展的影响。研究描述了我国共同购买团体的基本状况，发现共同购买团体扩大规模既有助于维持良好的经济运营状况，也有助于更广泛地传达运动的理念话语。但是，在市场领域内，共同购买团体所强调的照顾生产者、保护环境等理念诉求又与商业化运营之间存在根本性矛盾。这样一来，公共领域内较少的运动资源和市场领域内理念性与经济性的张力，共同阻碍了共同购买团体在中国的组织发展，最终导致其无法落实"替代性食物网络"的运动诉求。

第三部分从性别、家庭视角探讨了一些社会问题。

上海大学吴晓阳同学的《中国职业性别隔离的时空变迁》，运用隔离的概念来探讨职业性别隔离的变迁模式和影响因素。作者首先比较了不同隔离指数的差异，发现职业性别隔离总体有下降，但变化是不对称的，且存在地区之间的差异。其次，作者还分析了宏观因素对地区职业性别隔离的影响，如经济发展、产业分布、受教育年限等，用实证的方式探讨了职业性别隔离的部分相关因素。最后，作者认为关于政策上的具体建议，应该留给公共机构或企业的一线决策者，对于性别平等有关政策的实施，各行各业的工作人员最有话语权。

华东理工大学唐晓琦同学的《身份转换与关系互构：一项关于上海市"社嫂"的口述史研究》，从国家–个人关系视角出发，以"社嫂"为研究对象，用口述史的方法收集资料，描绘这一群体在改革进程中身份转换的图景，通过透视"社嫂"在社区建设视域下的身份转换过程，也有助于洞察从单位制向社区制转向的变迁全过程。作者将把这一过程分为身份制造、身份体验、身份建构和身份存续四阶段，在分析中将历史实事与个人体验、行动等相结合，把社区作为调和二者关系的中间力量，介绍社区在组织通道、物理空间和情感沟通的三方面功能，从而揭示出在国家不同转型期与个人的关系脉络，也一定程度上看到社会管理制度从单位制到社区制的变迁历史。

华东师范大学艾美伶同学的《家–国视野下三代"工家女"生命历程中的身份演变》，基于"家–国"视角，探讨在计划经济时期出身于工人家庭且自身为集体主义劳动妇女，或市场经济时期出身于工人家庭的"工家女"在历史进程中的身份流变。作者把生于1949年前，在新中国成立后起初是工人家属，后来通过招工、五七家属工等途径，在国家制度安排中拥有了工人的社会身份的女性称为一代"工家女"，第二代"工家女"是指生于1949—1978年，囊括"50后""60后""70后"群体，第三代"工家女"生于1978年以后。研究发现"工家女"自身"家"带来的身份起点、与社会性别交互作用于不同三代工家女的身份建构，可以看到从新中国第一代"工家女"走出家门、被国家"制造为工"，第二代"工家女"在家与厂、内与外之间先入嵌后又脱嵌，到第三代"工家女"在个体化时代告别集体、"去厂离家"的身份演绎过程，其中"家–国"逻辑在"工家女"身份的流变中自始至终都发挥着作用，同时也有阶级、性别交叉影响着不同代际"工家女"的身份演变。

复旦大学周芮同学的《家庭遗产分配中的民间逻辑与法律逻辑——以上海市2008—2018年遗产纠纷民事判决为例》，从社会学的角度研究在遗产分配中的冲突与矛盾，分析在家庭遗产纠纷中民间逻辑与法律逻辑的博弈过程并探讨其最终是如何影响实践的。作者研究中发现，类性别观（传统风俗下的类性别角色分配）、类血缘纽带关系（血缘关系与拟制关系）、付出与回报的正相关（多赡养多分割、个人财产贡献保护等）和对弱势群体的保护这四方面都在共同影响现代家庭遗产的分配逻辑，而现代家庭遗产民间分配逻辑既有传统家系主义下的财产分配观念，又有基于市场经济和现代法律影响下的新型财产分配观念。同时作者也发现，民间分配逻辑和法律分配逻辑这两种逻辑之间存在一定张力，但并不是完全对立或者是相互抵消的关系，且两种逻辑间的鸿沟逐渐缩短，形成一种不断拉近、趋同、有机融合的状态。这种财产矛盾纠纷的背后是个体为了争取自身利益的最大化，个人的利益与贡献才是强调的重点，而家庭共同生活的意义与价值却被消解了。

本书所收录的11篇优秀论文，选题关注现实且不乏社会学的洞见。他们试图用所学的社会学理论和方法，去理解、认识我们的生活世界。有的研究不仅能敏锐地观察到"工家女""社嫂"的身份演变轨迹，还能把个体生活置于错综复杂的制度安排和变迁之中，揭示个体在社会规范约束下的行动逻辑和策略；他们所做的河道治理案例研究，网络主播生产过程的研究，有批判意识，更有人文关怀。在方法上，定性、定量和混合方法都有使用。扎根理论、参与观察、深度访谈、内容分析、网络数据抓取与分析、量化数据的统计模型、质性资料的软件分析等，都有所涉及。他们已具备了将所学方法付诸实际研究应用的能力。

收入这本选编的论文，大体反映了长三角地区社会学专业研究生的科研能力、学术志趣，总的看来，是很不错的。但是这些论文，也反映出研究生学术成果中一些常见的问题。

有的论文相对缺乏对学理的深究。我们知道，训练有素的社会科学工作者，对社会现象的描述和分析的与众不同之处，就在于学科化、学理化的探究。学理创新是研究的灵魂。同学们应该有把经验材料转变为普遍性概念和理论的创新意识，努力基于本土经验为世界学术共同体贡献思想、理论和知识。有的论文，在研究设计的规范性和研究方法的适当性上，也还有一定的改进空间。严密的逻辑、适当的方法、可靠的资料是现代社会科学理论和知识的支柱。青年学子应该有意识地注重加强在这方面训练，因为它们能使自己对社会现象和过程的观察与解释更具说服力。大部分的论文还缺少比较研究，尤其是跨文化比较研究的视野，在这方面，青年学子应该有更大的雄心。当然，对成长中的青年学子来说，这些都是更高的要求和期望。

最后，我摘录韦伯的一段话，作为这篇序言的结尾。"我们每一位科学家都知道，一个人所取得的成就，在 10 年、20 年或 50 年内就会过时。这就是科学的命运，当然，也是科学工作的真正意义所在。这种情况在其他所有的文化领域一般都是如此……每一次科学的'完成'都意味着新的问题，科学请求被人超越，请求'相形见绌'。任何希望投身于科学的人，都必须面对这一事实……在科学中的不断赶超……不但是我们每个人的命运，更是我们共同的目标……从原则上说，这样的进步是永无止境的。"①

刘 欣

2021 年 5 月

---

① 马克斯·韦伯. 学术与政治 [M]. 冯克利，译. 北京：生活·读书·新知三联书店，2013：27-28.

目录
Contents

- 第二部分　科技发展和社会生活篇 -

- 第三部分　性别、家庭和社会问题篇 -

第一部分

社会治理和社会认知篇

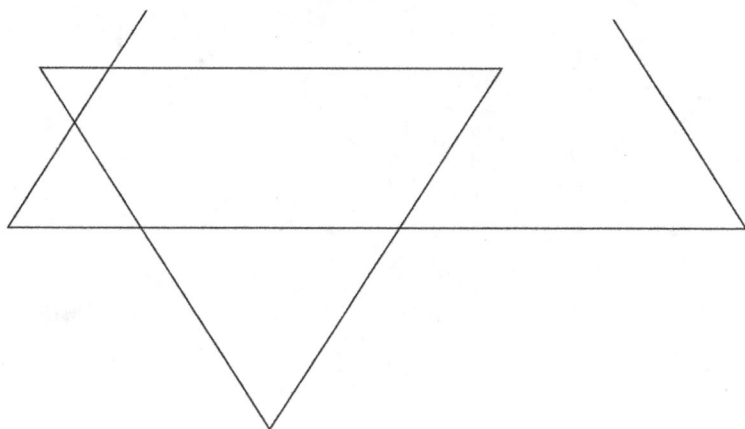

公共事务应该由谁决策：
一项关于民众决策认知的探索性研究

❖ 李璐欣（复旦大学）

　黄荣贵（指导教师）

摘　要：民众对公共事务决策的社会认知是理解民众政治认知的一个关键方面，也是提高民众政治认同和维护社会稳定的关键抓手。关于民众决策认知的现有研究主要散见于政治认知、公共政策和集体行动框架等领域，这些研究从不同的角度对民众的决策认知逻辑和类型进行了诸多有益的探讨。然而，由于少有经验研究直接以民众关于公共事务决策的认知为核心研究问题，现有研究尚未系统地展现出民众决策认知的整体图景。本研究在借鉴社会认知理论的基础上，采取质性归纳分析的研究路径对民众关于公共事务决策的认知进行较为系统的探索性分析。本文从认知逻辑及其对应的认知类型两个递进的层次建构了一个理解民众决策认知体系的经验模型，并在此基础上进一步借助定性比较分析（QCA）技术来考察民众决策认知逻辑的影响因素。

具体而言，本文采用质性研究的方法，以"中国社会心态访谈数据库"的相关访谈资料为数据源，对民众决策认知展开系统的实证研究。研究发现，被访者对公共事务决策的认知受到两个深层次认知逻辑的指引，它们分别是以利益诉求为中心的决策认知逻辑和以价值理念为中心的决策认知逻辑。以利益诉求为中心的认知逻辑进一步细分出两种认知类型，分别是强调具体议题具体选择决策方式的"单议题权宜性分析型认知"、强调按议题专业化程度分类别选择决策方式的"议题类别化分析型认知"。以价值理念为中心的认知逻辑可以进一步细分出三种认知类型，分别是强调征集民意后政府主导决策的"民主集中型认知"、强调知识精英主导决策的"能人治国型认知"以及强调普通大众主导决策的"平民主义型认知"。此外，性别、出生年代、教育背景、政治面貌、工作性质以及居住地域等因素对民众决策认知的形成也具有重要影响。

本研究通过对民众各种决策认知特征的质性研究，提出了民众公共事务决策认知体系的经验模型，为理解民众的决策认知提供了较为系统的图景。本文的研究发现对我们深入理解民众的利益观、社会公平、政府信任、专家信任等社会心态提供了有价值的借鉴。

关键词：社会认知；公共事务决策；认知逻辑；认知类型；质性研究

第一章　引　言

中国社会在历经四十多年的转型之后，社会资源的分配和占有发生了根本性的变动，引发了各类社会主体之间利益格局的重大变革①。面对社会生活的结构性变迁，人们对待公共事务中各类决策主体的思想观念和社会心态也发生了变化，并由此产生了各种发人深省的社会事件。例如：厦门 PX 化工项目选址、上海磁悬浮延伸线建设、苏州通安镇拆迁等公共事务，经过了专家论证和政府审批，却没有得到民众认可，酿成民众抗争事件；个人所得税改革、医疗保险体制改革、延迟退休年龄政策等引发热议，民众舆论传达出焦虑，并期望能够参与公共事务的决策和管理，向政府表达利益诉求。这些事件的背后，是民众对于公共事务应该由谁决策的思考和讨论，是民众的政治认知在社会转型时期所表现出来的微观嬗变。正如周晓虹②提出的，在研究宏观经济与社会发展时，也要关注中国人的"中国体验"，而对民众公共事务决策认知的研究正是理解中国民众政治体验的关键环节，也是理解当下中国社会的一个重要抓手。

民众公共事务决策认知的变迁，给政治体制改革和国家治理体制创新也带来了全新挑战。民众态度和意见是政府行政管理的基石，公共事务决策的整个运作过程都是以民众为基础的，不仅公共事务决策的需求信息来源于民众，决策的执行更要求决策主体和民众之间的配合。对民众决策认知的研究不仅仅是为了决策民主性、科学性的问题，更是直接关系到政府合法性基础确立和中国社会长期稳定的关键性问题，对民众决策认知等政治观念的研究在当下和未来社会转型中都具有重要意义。

本研究拟结合"中国社会心态访谈数据库"中关于民众决策认知的访谈

---

① 李路路，钟智锋."分化的后权威主义"——转型期中国社会的政治价值观及其变迁分析[J]. 开放时代，2015（1）：172-191.
② 周晓虹. 中国经验与中国体验：理解社会变迁的双重视角［J］. 天津社会科学，2011（6）：12-19.

资料，通过质性研究的方法对民众决策认知的逻辑和类型进行相对系统的探索，以期建构民众决策认知体系的经验模型，详细描绘不同认知逻辑和类型的特征，并试图寻找不同认知对应民众在教育背景、工作经历等方面的特质。为了实现此研究目的，本研究从认知逻辑和认知类型两个递进的层次提出一个理解民众决策认知体系的经验模型，在此基础上，借助定性比较分析（QCA）技术加深对民众决策认知的理解，以此来回答在逻辑上紧密关联的三个问题：（1）民众公共事务决策认知形成所依据的认知逻辑有哪些？（2）不同的认知逻辑下可以进一步识别出哪些认知类型？（3）具有什么特征的群体更可能对应哪种认知？

第二章　文献综述与研究思路

对于民众如何理解"公共事务应该由谁决策"这个问题，现有相关的研究主要分散在政治认知、公共政策和集体行动框架三个研究领域。本章节将对现有相关研究作一个梳理，下文将分别从政治认知、公共政策和集体行动框架三个视角回顾关于中国民众决策认知的已有文献，后面部分将对现有研究作评述，提出本文的分析思路，并为下文对中国民众决策认知属性、特征及其背后逻辑的研究提供指导。

一、现有对民众决策认知的研究

政治认知领域将民众决策认知作为政治认知的重要组成部分，在此基础上沿着两条思路探究民众的公共事务决策认知：第一条研究思路是识别认知的不同类型及其嬗变，依据威权主义-民主主义框架来评估中国民众的政治认知，用威权主义和民主主义来刻画民众决策认知的类型分化。一方面，部分文献认为中国民众具有威权主义的决策认知，主要论据在于民众在公共事务中表现出了支持政府、精英威权决策的认知倾向[1][2][3][4][5]。另一方面，部分文献则将中国民

① 王冠群. 孙中山的精英主义思想与中国近代政治的变迁 [J]. 成都理工大学学报（社会科学版），2005（4）：38-42.
② 肖军飞. 博弈决策视域下的精英与公民参与 [J]. 安康学院学报，2012（24）：34-37.
③ 马得勇，王正绪. 民主、公正还是绩效：中国地方政府合法性及其来源分析 [J]. 经济社会体制比较，2012（3）：122-138.
④ 陈鹏. 中国农民政治信任的起源探究：基于全国代表性样本的实证分析 [J]. 武汉理工大学学报（社会科学版），2014（5）：775-781.
⑤ 吴心喆. 中美民众民主观念之比较 [J]. 江苏社会科学，2015（5）：126-131.

众的决策认知概括为具有民主主义倾向，判断的依据在于我国民众偏好公共事务管理走群众路线，由人民当家做主，支持民众决策①。另外，大量研究中指出，中国民众的政治认知类型日益呈现出分化和转型趋势②。第二条研究思路是探究认知的影响因素。从年龄、居住地、阶层认知、生活满意度等要素出发，理解民众认知中威权观和民主观差异的形成③④。

公共政策领域从政策分析的视角出发，探究决策者在公共政策中的重要性和复杂性，由此映射民众关于公共事务应该由谁决策的认知，以及决策认知背后的原则。现有文献主要存在两种研究路径：其一，通过对具体公共政策，如延迟退休政策、医改政策、垃圾分类政策等的研究，反映民众对具体公共事务决策的认知⑤⑥。其二，通过规范研究，基于理论的分析和发散，结合社会变迁，探究随着市场经济的发展、民主政治的推进以及国民素质的提高，民众在公共政策决策中表现出来的不同观点和看法。在 20 世纪 70 年代以前，我国民众主要认可的是以政府为决策者和以政府-专家二元主体为决策行动者的精英为民众公共事务决策模式⑦。市场经济的发展、民主政治的推进以及国民素质的提高，使得我国民众对于"公共事务应该由谁决策"这一问题有了更加多元的回答⑧⑨。

集体行动视角聚焦于具体的公共事件，研究民众在具有争议性的公共事务决策中支持哪些主体，反对哪些主体，使用什么样的话语，表达什么样的情感和诉求，尤其在对涉及多主体博弈的邻避抗争性集体事件的研究中，例如，垃圾焚烧场选址、核废料处理场选址、磁悬浮选址、航站楼选址等，更为突出地反映了民众对待不同决策主体的观念和看法。总结来看，在集体行动领域的相关文献中，主要反映了民众在争议性公共事务中的三种决策认知，即对政府-专

① 李年涛.国家治理视野下社会利益整合体系构建的中国路径 [J].哈尔滨师范大学社会科学学报，2018（4）：16-19.

② 池上新.市场化、政治价值观与中国居民的政府信任 [J].社会，2015（2）：166-191.

③ 李路路，钟智锋."分化的后权威主义"——转型期中国社会的政治价值观及其变迁分析 [J].开放时代，2015（1）：172-191.

④ 施灿业.互联网使用对公民政治价值观的影响：基于 CGSS2010 数据的工具变量分析 [J].江淮论坛，2017（2）：122-128.

⑤ 韩克庆.延迟退休年龄之争：民粹主义与精英主义 [J].文化纵横，2014（6）：15.

⑥ 朱亚鹏，肖棣文.政策企业家与社会政策创新 [J].社会学研究，2014（29）：56-76.

⑦ 陈奕吟，谭宏.不同科技决策模式下的专家参与 [J].科技经济导刊，2016（14）：4-5.

⑧ 肖军飞.博弈决策视域下的精英与公民参与 [J].安康学院学报，2012（24）：34-37.

⑨ 杜健勋.论我国邻避风险规制的模式及制度框架 [J].现代法学，2016（6）：108-123.

家二元主体决策①、专家决策②和民意代表决策③的认知。

二、对已有研究的述评

已有民众决策认知研究的三种视角对人们的公共事务决策认知进行了非常有价值的探讨，指出了民众关于公共事务决策认知的多元性，这些研究从分析思路上来说，大体分为两种研究类型。第一种研究类型是通过演绎的方式，从对理论的推演出发，用威权主义-民主主义连续统对民众的决策认知进行刻画。第二种研究类型是基于案例分析，包括分析具体公共政策和分析具体争议事件，揭示不同案例中民众所反映的关于公共事务决策的不同认知形态。

尽管关于民众决策认知的文献为本文的研究思路提供了很多有益的启发，但现有研究在以下三个方面仍留有进一步探讨的空间。

第一，现有研究大多从理论演绎的角度，采用连续统的形式理解民众的决策认知，这是对现实中多元认知的过度抽象和简化，掩盖了决策认知的多元性和复杂性。第二，现有研究基于案例分析指出了丰富的决策认知类型，但这些研究所提及的决策认知类型是基于特定案例分析的，即在不同的案例研究中提出不同的认知类型概念，缺乏系统性，在呈现决策认知的诸多类型时没有一个整体的图景，各类型背后深层次的逻辑出发点还不够清晰，类型之间的边界也还不够明显，难以从这些研究中得到我国民众决策认知的根本逻辑和主要类型。第三，集体行动和政策分析研究的出发点是对案例事实的剖析，而不是民众的认知，而尽管从这部分文献中能发现民众决策认知的一些特点，但这些发现可能受到较强的情景化影响，反映的是民众对一个具体政策领域或者一次集体行动的决策认知，而不是一般性的认知全景。

三、本文的研究思路

针对上述不足，本研究将从以下三方面，确定本文的研究思路。

第一，本文将采取以归纳为主的研究途径。从民众的本土语言出发，通过对民众在访谈中表达出来的观念看法进行归纳，来提炼民众公共事务决策认知的内涵、属性和特征。之所以采用归纳式研究，出于如下考虑：一方面，现有

---

① 王佃利，王庆歌. 风险社会邻避困境的化解：以共识会议实现公民有效参与 [J]. 理论探讨，2015（5）：138-143.

② 孙壮珍，宋伟. 公众科技风险感知与科技决策"困惑"之实证考量 [J]. 科学学与科学技术管理，2014（8）：3-10.

③ 范少虹. 论"邻避冲突"中的政府依法行政 [J]. 暨南学报（哲学社会科学版），2013（3）：47-52.

文献中不乏研究者采取威权主义-民主主义连续统对民众决策认知进行研究，如果采用理论演绎的研究途径，容易陷入相似的研究缺陷。另一方面，在研究设计上，本文在更宽泛的设问下引导民众表达自己关于公共事务决策的态度和看法，尽量避免民众囿于具体公共政策和公共事件时，出现策略性的话语表达。

第二，对于如何把民众决策认知进行归纳，本文拟采用分类分析的方法。现有关于认知的理论指出，思想观念是复杂、立体和多元的，与借助连续统模型相比，类型学中分类分析的思路更适用于分析民众的认知体系①。一方面，分类分析的方法通过对各种认知类型进行深入的对比分析，根据民众决策认知在某些属性或特征上表现出来的相似性和差异性，将其进行分组，可以更全面地刻画民众决策认知在不同维度上各有侧重的类型；另一方面，分类分析的方法突破了连续统模型将民众决策认知的变迁解释为某种线性变化的局限，而是将不同类型的决策认知视为不同逻辑下多元的排列组合，更有利于反映新时代新旧价值体系折射在民众决策认知之中所表现出来的多元性和复杂性。这种分类分析的方法在很多对社会认知的研究中也已经证明比线性连续统模型更有用②③。

第三，对于如何把复杂的民众决策认知进行分类，本文将民众关于公共事务决策的认知看作一种特定类型的社会认知，拟借助关于社会认知研究中的认知层级结构、认知框架、认知捷径等理论，厘清决策认知的层级结构，挖掘深层次的认知逻辑，识别同一逻辑下多元的认知类型，在此基础上提出民众决策认知体系的经验模型，对民众决策认知进行系统分类。

首先，现有关于社会认知的理论指出，认知是具有层级结构的，深层次的认知影响着认知表征，各层次的认知共同构成特定的认知体系④。从这些文献的理论洞见出发，笔者认为，要系统地归纳民众的决策认知，就需要厘清认知的层级结构，尤其要把握住认知背后深层次的逻辑基础，在此基础上才能理解民众关于公共事务应该由谁决策这一问题是如何思考的，并对民众决策认知进行系统的归纳。

其次，有关认知捷径的理论表明，个体在认知复杂多维的社会时，其关注

① 桂勇，黄荣贵，丁玫. 网络左翼的三重面相：基于个案观察和大数据的探索性研究 [J]. 社会，2018（38）：203-239.
② 郑雯，黄荣贵，桂勇. 中国抗争行动的"文化框架"：基于拆迁抗争案例的类型学分析（2003—2012）[J]. 新闻与传播研究，2015（22）：5-26.
③ 付宇，桂勇，黄荣贵. 中国当代大学生民族主义思潮研究 [J]. 社会学评论，2018（6）：29-43.
④ MAIO G, et al. Ideologies, value, attitudes, and behavior [M] // DELAMATER, J. Handbook of social psychology. New York：Kluwer Academic/Plenum Publishers, 2003.

点往往只是限制在特定的维度，即通过寻找一些捷径来简化对复杂社会的认知①。认知框架则充当了这一过滤器的作用，指导人们在关注某些事实的同时忽视其他事实②。这一理论为我们简化民众复杂的认知提供了重要启示，指导我们把民众决策认知放在一个结构化的角度来理解，同时也进一步佐证了从深层次的认知逻辑出发，理解民众在公共事务决策中复杂多元的观点看法在学理上是合理的。因此，本文将探寻民众在公共事务决策认知中的认知捷径，识别民众决策认知的逻辑基础作为建构民众决策认知体系的起点，以此来简化民众复杂的决策认知，并为系统理解民众多元的决策认知指明方向。

最后，对深层次认知的阐释和表达存在很大的自由空间，具体角度和内容受到民众自身所处群体位置、立场、个人经历的影响③。因此在深层次的决策认知逻辑下，还存在着决策认知的多种分化。为了刻画同一认知逻辑下的异质性，需要进一步分析民众关于公共事务决策认知的"话语符号"，即关注民众在表达关于公共事务决策的观点看法时所运用的具体词句和语段。这些话语符号具有一定的共性和特殊性，从而构成了不同的类型④。因此，决策认知类型是认知逻辑与话语符号的中间层次，本文通过分析民众在公共事务决策认知中所使用话语符号的共性和差异，确定民众决策认知的各种类型，同时使得每一认知逻辑下包含多个具有一定共性的话语符号所构成的认知类型。

也就是说，要将民众决策认知进行系统分类，并提炼决策认知体系的经验模型，不仅需要挖掘民众决策认知中深层次的认知逻辑，还需要关注民众话语表达。笔者认为，可以从认知逻辑和认知类型这两个层次构建一个理解民众决策认知的经验模型，这将有助于理解决策认知的系统性，同时又能反映民众决策认知的多元性。

综合以上三点分析，本文将从对民众决策认知的经验归纳出发，借助社会认知、认知框架、认知捷径等理论洞见，采用分类分析的思路，提出一个有助于系统整合民众决策认知的经验模型，在决策认知逻辑和认知类型两个层次上理解民众多元复杂的公共事务决策认知。

---

① FLIGSTEIN N, BRUNDAGE J, SCHULTZ M. Seeing like the fed: culture, cognition, and framing in the failure to anticipate the financial crisis of 2008 [J]. American sociological review, 2017, 82 (5): 879-909.

② DIEHL D, MCFARLAND D. Toward a historical sociology of social situations [J]. American journal of sociology, 2010, 115 (6): 1713-1752.

③ SHEPHERD H. The cultural context of cognition: what the implicit association test tells us about how culture works [J]. Sociological forum, 2011 (3): 121-143.

④ 郑雯，黄荣贵，桂勇. 中国抗争行动的"文化框架"：基于拆迁抗争案例的类型学分析 (2003—2012) [J]. 新闻与传播研究, 2015 (22): 5-26.

第三章 数据来源与分析策略

考虑到目前对民众决策认知的实证研究较少，对决策认知内涵、特征以及背后的逻辑基础还有待进一步的系统的挖掘。因此，本研究运用质性研究的方法进行探索性分析，以"中国社会心态访谈数据库"中有关民众决策认知的半结构化访谈资料为数据源，并补充了部分非结构化访谈资料，在此基础上归纳提炼民众决策认知背后的逻辑起点，深入分析不同认知逻辑所对应的认知类型及其特征。

一、访谈资料来源

本研究的访谈资料主要来自"中国社会心态访谈数据库"，该资料库创建于2016年，是复旦大学根据国内社会心态质性研究对于调查资料的需求而设立的项目，关注了人们对于经济、政治、文化和社会等多个领域的想法。在此基础上，笔者为了实现对民众公共事务决策认知有一个系统和深度的刻画，补充了部分非结构性访谈资料，以期能够更充分地描绘每种决策认知类型的属性和特征。

本研究以80份信息最为详尽的访谈资料作为分析对象，对其中与民众决策认知相关的访谈问题和回答进行质性分析。80位受访者的基本构成情况如下。（1）性别构成：男性56.25%，女性43.75%；（2）年龄构成："90后"18.75%，"80后"21.25%，"70后"21.25%，1970年以前出生的38.75%；（3）教育背景构成：初中及以下11.25%，高中、中专、中技、职高13.75%，大专20.50%，本科37.00%，研究生17.50%；（4）政治面貌构成：中共党员37.50%，非中共党员62.50%；（5）工作性质构成：体制内工作41.25%，体制外工作58.75%；（6）居住地域构成：东部40.00%，中部33.75%，西部26.25%。

为了深入剖析民众的决策认知，本研究首先关注了受访者对以下六个访谈问题的回答：

访谈问题1：如果国家需要推出一些重大的社会政策，您觉得应该由谁作出决定？为什么？

访谈问题2：您觉得政府在某些特定领域的决策中，是应该优先听从专家的专业性意见，还是应该讲政治，或者遵从民意？为什么？

访谈问题3：在专业技术人员/专家的意见和大多数普通人的意见相冲突时，您认为应该听从哪一方的意见？为什么？

访谈问题 4：有人认为，大多数人的意见就是最合理的意见，您怎么看这种观点？

访谈问题 5：您是否认为受过很多教育、文化水平很高的人比没有文化、水平低的人，更有资格参与社会重大决策、决定社会未来的走向？为什么？

访谈问题 6：当处于底层的人的意见和其他社会地位比他们高的人的意见冲突时，您觉得应该听从哪一方的意见？为什么？

在这 6 个核心问题的基础上展开追问，要求受访者对观点进行阐释。

二、分析策略

本研究的目的在于对民众的决策认知进行归纳和分类，在此基础上阐明不同决策认知的属性、特征和机制，并不以作出统计上的代表性推论为目的。因此，本研究采用质性文本分析方法对资料进行分析。从自下而上的经验归纳出发，经历"阅读文本、构建类目、编码、分析和呈现结果"这样一个质性文本分析过程①，实现对民众决策认知的系统性研究。在研究的各阶段，笔者采用了不同的分析策略。

第一阶段，运用扎根理论（Grounded Theory）对访谈资料进行编码分析，提炼、归纳和概括出理解民众决策认知的关键要素。第二阶段，建构一个系统的编码框架，针对每个案例进行分类，对民众的决策认知属性和个人特征进行赋值，根据民众决策认知在某些属性或特征上表现出来的相似性和差异性，将各个案例进行分组，在此基础上完成对民众公共事务决策认知的系统性架构，并进一步诠释每种决策认知逻辑、类型的特征和现实表现。第三阶段，运用定性比较分析（QCA）技术展开进一步的研究，分析民众个人特征变量与决策认知之间的关系，从而实现对具有不同决策认知民众形象的立体刻画。

第四章　民众公共事务决策认知的两种逻辑

在本章中，笔者试图回答"民众公共事务决策认知形成所依据的认知逻辑有哪些"，为此，采取归纳方法来提炼民众关于公共事务决策认知这一特定的思想观念，聚焦于这一认知背后的逻辑出发点。研究发现，民众对于公共事务应该由谁决策这一议题的认知，主要呈现了两种基本逻辑，包括"以利益诉求为中心的逻辑"和"以价值理念为中心的逻辑"。这里所指的认知逻辑，是民众在

① KUCKARTZ U. Qualitative text analysis [M]. Los Angeles：Sage Publications，2014.

认知公共事务决策时的思维起点和首要考量，但并不是唯一考量。在这两种逻辑下，民众分别将利益诉求和价值理念作为最重要的因素，在其决策认知的形成中具有优先性。接下来，本章将对这两种认知的基本逻辑进行阐述和分析。

一、以利益诉求为中心的决策认知逻辑

访谈结果显示，部分受访者将个人的利益作为选择决策方式的首要考量，正如受访者 D19 所说："公共决策如果牺牲普通大众个人利益的话，那这个决策就不是很好的决策。"他们评价决策方式的出发点和落脚点直接指向利益需求，这种利益需求往往是一种狭义的经济利益，在这部分民众决策认知形成时作为第一考量，具有优先性。因此，本文将这种决策认知逻辑称为"以利益诉求为中心的决策认知逻辑"。

在这一认知逻辑的指导下，当民众认识到某种决策方式符合自身利益诉求，能够最大限度地实现自身的利益，或能够维护自己的权利时，就会对这种决策方式产生认同，并在此基础上进一步表现出拥护和肯定的态度。如受访者 E7 在访谈中谈道："民生问题由我们选出代表去参与决定政策最好，因为这种方法我们肯定是选为我们说话的人做代表，那这种方法作出来的决策也一定是偏向我们的。"虽然上述被访者在民生问题上支持代表决策，但由于他的逻辑出发点是"为我们说话"和"偏向我们"的结果预期，他们并不一定在其他议题领域也支持代表决策。

与之相应，当民众认识到某种决策方式使得其个人利益受损，民众就会产生背离这种决策模式的情感，并进而反对这种决策方式。例如，受访者 A3 在访谈中谈到，其所在城市水价调整采取选派居民代表参加听证会的方式进行决策，但这种决策模式没有很好地维护自身利益，他这样说道："每次听证会听证之后，项目收费价格都是上涨，我不相信大众他们都愿意价格往上涨，参加听证、作出决策的那一部分人，这个能代表我们民意吗？我不赞成这种决策方式，他们基本上参与听证会，就是走了一个形式、一个过程。"深入分析被访者 E7 和 A3 的回答可以发现，虽然他们在具体议题上对代表决策作出了不同的判断，但是他们的基本认知逻辑是一致的，即根据决策结果与自身利益之间的关系进行评价和判断。

对持"以利益诉求为中心的决策认知逻辑"的受访者而言，他们关于公共事务决策方式的偏好具有权宜性，取决于他们在特定情境下、对特定议题的利益相关性的评价。换言之，这一类被访者在评价公共事务的决策方式时通常搁置政府和专业人士的角色，并将公共事务利益相关者的经济利益作为判断和选择的首要因素，而利益的构成以及利益被损害或得到保障则是一个需要具体分

析的问题。比如，受访者 E5 这样谈到他对政府的印象："一个是（中央的）决策正确，因为它作出了改革开放这一重大决策，这个对我来说意义就很重大，因为这个我才有机会出来做生意，才能因此改变我的命运和我家庭的经济状况。"受访者 E8 则认为："我们当地医院所在地被卖了，准备建新的医院。但是建新医院进展特别慢，就感觉两三年都弄不好，让我们看病都不方便，这就是因为当时没给我们发言权。"深入分析可以发现，受访者 E8 也是从过往自身利益受损的公共事件作为认知捷径来分析公共决策与自身利益的关系，这一点与被访者 E5 相似。然而，两者的不同之处在于，被访者 E8 的利益受到损害，因此他希望自身能够直接参与公共事务决策，表达自己的利益诉求，维护自身的核心利益。通过比较分析可知，对持"以利益诉求为中心的决策认知逻辑"的民众而言，他们并没有形成关于政府在公共决策中角色的稳定性偏好，他们可能支持也可能反对以政府为主导的决策方式，这取决于具体的议题和利益得失。

与此类似，持"以利益诉求为中心的决策认知逻辑"的民众也常常从自身利益出发，否定专家在决策中的重要性。但他们也并不是一贯地否定专家，当他们认为专家的意见与自身利益一致时，他们也会权宜性地支持专家的观点。没有形成关于专家在公共决策中角色的稳定性偏好，针对不同议题和不同利益得失情况，他们可能支持也可能反对以专家为主导的公共事务决策方式。

二、以价值理念为中心的决策认知逻辑

部分受访者对于公共事务决策方式的选择，是在其政治价值理念指导下作出的政治判断，或者说是民众的政治价值理念在"公共事务应该由谁决策"这一问题中的具体体现。因此，本文将这种决策认知逻辑称为"以价值理念为中心的决策认知逻辑"。

受访者以价值理念为中心的决策认知逻辑有三大特点：第一，受访者的价值理念具有优先性，其决策认知是受到某种政治价值理念的引导后，形成了稳定的、一贯的逻辑和原则，受访者对公共事务应该如何决策的回答悬置于具体议题之上，不受决策议题领域的影响，针对不同的议题领域，受访者都认可同一种决策方式。也就是说，受访者基于自身政治价值理念形成决策认知时，议题属性变成了受访者相对次要的考量，这与利益诉求为中心的认知逻辑中针对议题确定决策方式不同，即在政治价值理念的引导下，受访者的决策认知与议题弱相关，受访者不再是就具体公共事务或事务类型来回答理想化的决策模式，具体公共事务议题中新的背景信息不过是被选择性地用于强化民众先入为主的决策价值观。

第二，在价值理念为中心的决策认知逻辑下，受访者基于对国家社会的整

体认知和对国家社会的利益维护来选择决策方式。比如，受访者 A1 说："公共事务的决策应该要从大方向看，这种决策方式把握了宏观方向，符合我们的国情，有益于我们整个国家的发展，这个才是最核心的。"对比 A1 的话语与前述基于利益诉求的决策认知逻辑可以看出，在政治价值理念的指导下，个人利益最大化不再是民众回答公共事务应该如何决策的出发点和落脚点，而是以国家和社会的整体利益为先，个人利益成为相对次要的考量。在访谈中，有受访者明确表示，为了公共决策的形成，必然要让渡甚至牺牲部分个人利益，这也进一步说明价值理念认知逻辑下，决策认知不是优先根据决策结果与自身利益之间关系作出的评价和判断。

第三，在政治价值的指导下，受访者形成了对政府、专家和民众在公共决策中角色的稳定性偏好，他们并不是基于具体议题和利益得失权宜性、暂时性地支持或反对某个主体主导公共事务决策，而是根据其对政府、专家和民众这些主体在政治生活中身份角色的理解，稳定地选择了某种公共事务决策方式。比如，受访者 E1 认为在政治生活中，"政府扮演着父亲一样的角色，主导着公共事务决策，民众像孩子一样可以提出不同的意见，但最终决策权在政府手里。"在受访者 E1 的政治认知中，政府是父权式的管理者，他回答公共事务应该如何决策时，运用了这种对政府角色的理解，支持由政府主导决策。又比如，受访者 E6 认为："专家是选拔出来的优秀的人，即使是一些简单日常的问题，也应该听专家的意见，因为其他人可能看到的是表面，他们多读的书不是白读的。"受访者 E6 将专家视为社会的精英，这种身份认知使得他将专家也视为公共事务决策的权威者，因而支持由专家主导决策。再比如，受访者 D6 认为："民众是国家的主人，是社会的大多数，有的决策即使是专家说得对，但是为了维护社会的稳定，还是要听从民众的意见，不然决策不被民众支持，也没有办法实施。"受访者 D6 将民众作为政治生活的主人，因而在公共事务决策中，一贯地支持由民众主导决策。深入分析 E1、E6 和 D6 的话语可以看到，受访者都是从对政府、专家和民众的角色认知出发，基于对政治生活中这些主体的理解，不以决策议题为转移地选择了某种公共事务决策方式。

三、小结与讨论

本章节中，通过归纳对比的方法来提炼民众关于公共事务应该由谁决策的认知。笔者聚焦于决策认知背后的逻辑出发点，指出可以从"利益诉求"和"价值理念"两个维度理解民众的决策认知。

结合现有文献来看，从"利益诉求"和"政治价值理念"出发的两种认知逻辑，与 Tang① 对中国政治文化的研究相呼应，即在研究中国人政治文化的形成时，需要关注理性主义和民族文化这两个竞争性来源。本研究中以利益诉求为中心的决策认知逻辑对应了理性主义的政治文化，以政治价值理念为指导的决策认知逻辑则对应民族文化。另外，以利益诉求和政治价值理念为突破口研究民众对公共事务决策的认知，也与韩克庆② 对中国公共政策形成过程的研究结论相契合，即中国公共政策形成过程中的关键点是如何协调民众在利益诉求和价值理念两个维度上的矛盾，只有厘清在利益诉求和价值理念上民众的决策认知具有哪些共性和分歧，才能有效优化公共政策的形成。

第五章　民众公共事务决策认知的五种类型

第四章的研究发现，民众在理解"公共事务应该由谁决策"这一问题上存在两种逻辑起点，分别是"以利益诉求为中心的认知逻辑"以及"以价值理念为中心的认知逻辑"。由于每一种认知逻辑存在较为明显的异质性，本章将进一步分析每个认知逻辑所对应的认知类型，从而更加系统地展示不同类型民众如何在不同类型的认知捷径的指导下认知公共决策所体现的利益或价值理念。以此来回答第二个研究问题，"不同的认知逻辑下可以进一步识别出哪些认知类型？"

一、利益诉求逻辑下的两种决策认知类型

以个人利益最大化为导向，可以进一步将民众的决策认知划分为两种类型：单议题权宜性分析型决策认知和议题类别化分析型决策认知。

（一）单议题权宜性分析型决策认知

具有单议题权宜性分析型决策认知的民众认为，在回答公共事务应该如何决策时，要立足于具体的公共事务和不同的议题情境，分析不同决策模式对自身利益的影响，以最大化个人利益为导向，针对此项公共事务回答应该选择哪种决策策略，并不存在对于公共事务应该如何决策的笼统回答，而是在之前，必须先限定此次决策所面临的具体问题和情境，然后具体情况具体分析，以决策结果能满足利益相关者的利益为追求来判断这项公共事务应该如何决策。而

① TANG W. Populist authoritarianism: Chinese political culture and regime sustainability ［M］. New York: Oxford University Press, 2016.
② 韩克庆. 延迟退休年龄之争：民粹主义与精英主义 ［J］. 文化纵横, 2014 (6): 15.

在此事件中的决策模式不一定能完全照搬到另一项公共事务中，当新的公共事务出现时，受访者将重新进行利益权衡和计算，针对新的公共事务决定应该如何决策。

这类受访者认为，要回答公共事务应该由谁决策，需要明确两个关键信息：利益相关者和待决策事务相关背景信息。第一，受访者 E7 认为："由谁决策只是一种手段而已，关键是先判断决策牵涉哪些人的利益，要维护的是哪些人的利益。"受访者强调，在具体的公共事务决策中，应该让利益相关的民众发表意见，了解他们所信任的决策者和所希望的决策方式，以维护利益相关者的最大化利益为目的，确定这项事务应该由谁决策。第二，具有单议题权宜性分析型认知的受访者，尤为强调民众在参与公共事务决策的时候，应该要能够充分获取与决策议题相关的信息，在此基础上，民众才能根据所获得的各方面信息计算和分析不同决策模式下利益相关者成本-利益变化，进而作出对公共事务决策方式的选择。正如受访者 E20 所言："如果这个事情已经非常透明了，大家能够接触到的信息基本是完善的，那我相信大部分人就能清楚利益好坏，能够回答我们想要什么样的决策。但是如果大家不了解真正的真相，要来作一些如何决策的结论，这是不行的。"

总之，决策认知表现为单议题权宜性分析型的民众，在回答公共事务应该如何决策时，强调针对具体的公共事务来谈符合利益相关者需求的决策模式。在认知过程中，作为利益相关者的民众表现为自身最大利益的追求者，以如何决策能够实现自身利益最大化为导向，按最有利于个人利益的目标选择决策方式，以期在公共事务中获得最大利益或效用。由于民众需要在决策模式认知中基于充分的背景信息进行利益分析，因而他们十分强调在参与公共事务决策中的知情权，以信息的公开、透明和对等作为决策认知形成的重要前提。

（二）议题类别化分析型决策认知

议题类别化分析型决策认知自前述单议题权宜性分析型认知发展而来，这一类型的受访者认识到，在判断公共事务应该如何决策时，面临的是不确定的、复杂的社会环境，与待决策议题相关的信息数量也很大，民众往往难以完全把握，再加上民众对公共议题的分析能力与认识能力可能是有限的，如果针对每个公共事件，都重新计算个人利益得失，以求得出使自身利益最大化的决策模式，信息处理起来过于繁杂，在实际政治参与中也难以执行，正如受访者 E8 所说："我觉得应该如何决策这个问题是要具体讨论的，因为每次事情涉及的人都不同，矛盾也不同，但是好像每次都具体问题具体分析，每次解决问题之前都要商量谁来解决又太理想主义了。"正是这种单议题利益分析的不经济性，使得部分民众开始寻找某一特定的维度作为公共事务的划分标准，以便在面对复杂多维的信息时将关注点快速限制在这一维度上，据此将公共事务分为不同类型或层次：不同类型或层次的公共事务基于不同的决策模式进行决策；而对于相同类型或层次的公共事务，即可根据过往决策经历和"认知捷径"快速判断哪种决策模式大概率上可以维护个人利益，进而兼顾决策效率与个人最大化利益。

根据对访谈资料的分析，受访者在划分公共事务的类型和层次时，往往将关注点聚焦在决策议题的专业化程度上，通过对议题专业化程度的高低划分，快速匹配不同的决策模式以确保自身利益的最大化。受访者普遍认为，专业化程度高、技术性业务性强的议题，专业人士或是政府更有发言权，应该交由专家或政府来决策更能维护人民的利益。而专业化程度较低，生活化较强的议题，普通民众更有发言权，应该交由民众决策更能符合人民的意愿。

在进一步的追问中发现，受访者之所以聚焦专业化这一维度作为议题的划分标准，并对那些专业性强的议题愿意让渡政府和专家更多的决策权，原因有三：其一，对于专业性弱、生活化高的问题，民众认为运用自身的知识体系足以分析，但是专业性强的公共事务往往需要更多专业的计算和论证，即使投入成本征集民意也难以得出满意的结论。其二，受访者在过往经历中发现，专家基于数据和科学推理对公共事务进行剖析，而民众则更多基于经验和道德判断对公共事务进行分析。技术性的议题，由专家基于科学的逻辑决策更合理，生活化的议题，根据民众的意见决策则更能切实维护自身利益。其三，部分受访者在评判议题时所谈及的专业化程度，其实并不是按照这个议题在学理上的复杂性来评判的，而更多是基于受访者对这个议题的熟悉程度，受访者所指专业性强的议题，其实往往是其不熟悉、不了解的议题，因而觉得这类议题与自身利益不太相关，参与决策的意愿较低。

由此可见，受访者按专业性强弱给公共议题分类，并匹配不同的决策模式，这背后的动机还是包含着对个人利益的考量。受访者之所以认可政府和专家参与公共事务决策，更多是为了借助政府和专家的专业能力，在专业性强的议题中仍然能维护自身利益的最大化，而不仅仅是出于对决策专业性和科学性的追求。

二、价值理念逻辑下的三种决策认知类型

在不同的政治价值理念指引下，民众价值理念逻辑下的决策认知可以进一步划分为以下三种类型：民主集中型决策认知、能人治国型决策认知和平民主义型决策认知。三种类型的受访者对政府、专家和民众在公共事务决策中扮演的角色有不同的理解。

（一）民主集中型决策认知

这一类型的受访者具有"先民主""后集中"两个特点：一方面，这类民众的决策认知具有明显的威权主义特征，强调由政府作最终决策，他们所认可的决策模式本质是一种"自下而上（B1）"的决策模式，民意从最基层一层层向上汇聚，最后还是由政府集中民意来作决策。另一方面，这类民众对于公共事务应该如何决策已经表现出了不同于传统威权主义的特征，他们强调在政府作决策的前期，征集民意是决策中必不可少的一环。在他们的认知中，知识精英、普通民众也参与公共事务决策，以"民意"的形式，影响着政府的最终决策。因此，将民众的这种决策认知类型概括为"民主集中决策认知"较为贴切。

具体来看，这类受访者的第一个特点是具有明显的威权主义政治价值理念。他们对政府的信任远远高于其他类型的受访者，对政府治理有较强的依赖性。这种政治价值理念在决策认知中表现为：回答公共事务应该由谁决策的时候，他们充分肯定了政府在决策中的重要作用，并强调在任何公共事务议题中，政府必然掌握着最终的决策权。这类民众的第二个特点，在于这类民众在肯定政府决策参与地位的同时，也强调民众在公共事务中的意见表达同等重要，要求政府在决策前，要充分征询民意。

（二）能人治国型决策认知

这类受访者的政治价值理念表现出了明显的能人治国政治偏好。受访者认为，知识精英比普通民众看待问题更全面、专业，作出决策时能够更价值中立，更能考虑到长远的利益。在这个类型下，知识精英对公共事务的参与不再只是为政府最终决策提供意见，而是强调知识精英在公共事务中拥有最终决策权，即公共事务应该由知识精英分析、辩论后直接决策。一位受访者的观点可以帮助理解民众所支持的这种知识精英直接决策模式："我们国家的公共政策的制定，多方来说利益取向不一样，决定权的分配应该怎么分呢？我觉得，更客观的话应该是专家型占有决定权。因为政府和个人都是从利益出发考虑的，专家更客观一些，主观性少一些，具有专业性。专家更有资格参与社会重大决策、决定社会未来的走向，因为他们具有专业知识，更客观，更理性。"（A7）

这类民众认为普通民众对于相关决策领域的专业知识储备不足，缺乏分析公共事务的专业技能和科学精神，政治参与的能力不足，对公共事务的分析是基于感性和道德判断，也正是因为普通民众出于情感，而非客观分析的政治参与和意见表达，使得其在公共事务参与时容易被煽动而出现盲从，因此大多数人的意见在很多情况下并不是科学合理的。在这类支持能人决策的民众看来，政府的作用前置于能人的最终决策环节，扮演着知识精英与民众之间沟通桥梁的作用。一方面，政府要积极做好公共事务决策相关背景知识的科普工作，增加普通民众的知识储备，为知识精英能够顺利推进决策工作造势。另一方面，当知识精英与民众意见发生冲突时，政府需要发挥调解民众矛盾，维护社会稳定的作用，通过与民众沟通以纾解民众的不良情绪，同时，政府应该用民众能够接受的方式和能够理解的话语，向民众普及知识精英意见背后的学理，帮助民众理解知识精英的决策逻辑，保证知识精英决策的群众基础。正是受访者对政府作用的前置和对能人最终决策的强调，使得能人治国决策认知类型区别于前述专家意见基础上的民主集中决策认知类型。

（三）平民主义型决策认知

这类受访者的政治价值观念表现出了平民主义倾向。受访者强调民众对政治的参与和影响力，认为公共事务应该根据民众的意见作决策，民众在公共事务中直接拥有最终决策权。

这类民众所认可的平民主义，是其决策认知中的一贯逻辑和原则，悬置于具体的公共议题之上，不管是民生类事务，还是技术性事务，都应该依据民意来决策，这种决策认知在不同议题中的一贯性有别于前述议题类别化分析型认知。在具有平民主义型决策认知的民众看来，决策的民意基础比决策的科学性更重要，即使是科学的决策，如果得不到民意支持，也会遭到民众抵触不能实施，或是造成社会不稳定。

就民众主导公共事务决策的方式，受访者提到了两种：民众一人一票直接参与和选派民意代表间接参与。具体而言，支持第一种方式的民众认为，直接投票决策可以保证政治参与的全民覆盖性，让每个人都有机会参与公共事务决策。他们出于对人民代表是否代表人民，是否会如实反映大多数民众意见的担忧，故而要求所有民众都能直接参与民意征询。支持第二种方式的民众则是出于对一人一票决策效率的质疑，或者对部分民众意见表达能力的质疑，支持由民众选出能代表自己意见的代表，但推选代表时真正看中的是代表在根本属性上与广大人民的根本利益具有内在的一致性，这里的代表更像是人民的代言人，体现人民这个整体性特征，或者说是人民整体的化身，因此代表必须要传达他所代表民众的意见，按照其代表民众的意志参与决策。这与前述能人治国决策认知类型下由知识精英参与民意征询完全不同。

平民主义决策认知类型的受访者对知识精英的态度有两种，一部分民众接受知识精英参与公共事务决策，把知识精英的意见和普通民众意见看成具有同等的重要性，知识精英和普通民众一样，都是以一人一票的权重参与决策。另一部分民众则不赞成知识精英参与公共事务决策。一方面，他们对知识精英参与决策的主要顾忌在于他们认为知识精英的知识和才能在决策时往往会为某个利益集团所利用。另一方面，他们认为知识精英代表的不再是绝大多数民众的利益，甚至是不惜损害民众的利益来满足少部分人的私利。

值得注意的是，具有平民主义决策认知的民众对政府的态度并不是完全否定，而往往是区分了中央政府和地方政府，并对这两者持有不同的态度：对中央政府的态度是肯定的，对地方政府的态度是负面的。当然，也存在极少数受访者完全排斥中央政府和地方政府对公共事务决策的参与，认为政府官员决策时会考虑政绩等私人利益，只有民众直接主导决策才能真正使得大部分普通民众和困难群体的利益被考虑。

三、小结与讨论

在本章中，基于上一章对民众决策认知两种逻辑的分析，进一步发展出了民众决策认知的五种类型。具体来看，在利益诉求决策认知逻辑下，进一步识别出了单议题权宜性分析型和议题类别化分析型两种基本的决策认知类型；在政治价值理念决策认知逻辑下，进一步识别出了民主集中型、能人治国型和平民主义型三种基本的决策认知类型，基本形成了民众公共事务决策认知体系的经验模型。

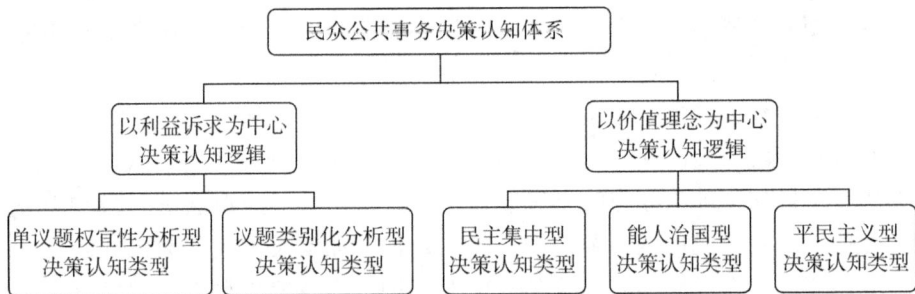

图 5-1　民众公共事务决策认知体系

在单议题权宜性分析型决策认知中，民众立足于具体的公共事务和不同的议题情境，分析不同决策模式对自身利益的影响，以最大化个人利益为导向来回答应该选择哪种决策策略。而在陈奕吟等[1]的研究中也指出，在理性选择等思想观念的影响下，部分民众从经济利益出发，选择有利于自身的决策方式。本研究在此基础上，进一步刻画了此类决策认知的属性和特征，并指出，厘清利益相关者和充分获取待决策事务的背景信息是这类民众决策认知形成的关键。

在议题类别化分析型决策认知中，民众以议题专业化程度为标准，将公共

---

① 陈奕吟，谭宏. 不同科技决策模式下的专家参与 [J]. 科技经济导刊，2016（14）：4-5.

事务划分为技术性的和生活化的两类，在此基础上认为技术性公共事务由专家决策，生活化公共事务由民众决策。这种划分将殷冬水①和杜健勋②的研究向前推进了一步，他们的前期探究表明，有民众认为公共事务应该依据议题属性划分为不同的类型，针对不同类型采用不同的决策方式，而本研究通过对民众访谈资料的归纳分析，指出了议题专业化程度可能是民众认可的一个划分公共事务类型的标准。

在民主集中型决策认知中，民众表现出来的对政府集权决策的强调，与朱水成③、肖军飞④等对中国民众政治认知的研究结果相一致。但是，不同于马得勇等⑤的研究认为中国民众"把政府作为了正义、权威的象征，把无条件支持政府决策作为一种义务"，也不同于吴心喆⑥的研究认为中国民众也并非工具性地看待政治权利，表现出一种只要物质利益得到保障，就完全听由政府决策的政治冷漠，从本研究的结果看，这类民众在强调政府集中决策的同时，也强调前期对民意的征询，在这类民众看来，公共事务决策不再仅仅是由一个先锋政府实现的，在认可政府管理和引领作用的同时，民众也强调民意的表达，这是一种认可政府对政治的领导和强调民众对政治的实质参与共存的决策认知。

在能人治国型决策认知中，民众强调由专家主导公共事务决策，以确保决策的科学性和专业性。这种对能人政治的偏好与已有研究是相一致的⑦⑧，本研究在一定程度上为中国民众政治认知的这种变化趋势补充了实证资料的支撑。同时，本研究分析了在这种决策认知中，民众认为政府应该扮演的角色，研究表明，具有能人治国型决策认知的民众认为，政府作为知识精英和民众之间沟通互信的桥梁，仍然在公共事务中发挥着重要作用。

在平民主义型决策认知中，强调普通民众主导公共事务决策，以确保民众对政治的实质性参与。受访者表现出来的这种平民主义的认知倾向，使得已有

①　殷冬水. 群众路线：中国国家治理的一种实践形式 [J]. 南京社会科学, 2014 (5)：54-61.
②　杜健勋. 论我国邻避风险规制的模式及制度框架 [J]. 现代法学, 2016 (6)：108-123.
③　朱水成. "精英决策"模式下的公民参与研究 [J]. 理论探讨, 2008 (5)：156-158.
④　肖军飞. 博弈决策视域下的精英与公民参与 [J]. 安康学院学报, 2012 (24)：34-37.
⑤　马得勇, 王正绪. 民主、公正还是绩效：中国地方政府合法性及其来源分析 [J]. 经济社会体制比较, 2012 (3)：122-138.
⑥　吴心喆. 中美民众民主观念之比较 [J]. 江苏社会科学, 2015 (5)：126-131.
⑦　同④.
⑧　陈奕吟, 谭宏. 不同科技决策模式下的专家参与 [J]. 科技经济导刊, 2016 (14)：4-5.

研究①②认为当下中国民众要求在公共事务决策中建构民主模型，让公众在公共事务的决策中有更多的话语权的观点得到了佐证。不过，已有研究大多援引英格哈特的现代性理论，将平民主义政治认知的出现归结为现代化对民主政体价值观形成的积极效应③，但从本研究的结果看，平民主义决策认知的出现不单单受现代性的推动，更是由于我国体制改革，尤其是市场化改革的不断深入以后，现行决策模式使得部分民众的利益没有被考虑到，故而民众要求在社会公共事务中拥有更大的话语权和决策权，能够主导政治生活。这也深刻体现了中国社会四十多年来在经济社会双重转型背景下，中国民众政治认知的嬗变。

第六章 决策认知的分布特征及相关因素

为了刻画民众的决策认知图示，第四章和第五章从认知逻辑和认知类型两个递进的层次出发，建构了一个理解民众公共事务决策认知体系的经验模型，并详细描绘了不同认知逻辑和类型的特征。

在本章中，笔者拟进一步加深对民众决策认知的系统化理解，借助定性比较分析（QCA）技术试图考察民众出生年代、政治面貌、工作性质等特征与其决策认知的关系。在此基础上回应第三个问题："具有什么特征的群体更可能对应哪种认知？"

一、决策认知逻辑的定性比较分析（QCA）

本节主要探讨民众个人特征与其决策认知逻辑之间的关系。由于民众的决策认知逻辑包含以利益诉求为中心和以价值理念为中心两种，属于二分型变量，本研究选择的性别、是否"90后"、是否接受过高等教育、是否为党员、是否在体制内工作以及是否来自东部六个解释变量也可以编码为二分型变量，符合清晰集定性比较分析对变量的要求，所以本节将利用清晰集定性比较分析（csQCA）技术分别探究各解释条件/条件组合与利益诉求认知逻辑、价值理念认知逻辑这两种认知逻辑之间的关系。

---

① 薛桂波. 公众参与科技决策的实践困境及环境优化 [J]. 自然辩证法研究，2009（8）：65-69.

② 孙壮珍，宋伟. 公众科技风险感知与科技决策"困惑"之实证考量 [J]. 科学学与科学技术管理，2014（18）：3-10.

③ INGLEHART R, WELZEL C. How development leads to democracy: what we know about modernization [J]. Foreign affairs, 2009（3）：33-48.

（一）单因素分析结果

首先，聚焦利益诉求认知逻辑，考察单个解释条件与利益诉求认知逻辑的关系。对于必要性，受过高等教育这一因素的必要一致性得分为 0.93，大于 0.9 的标准，可以看作利益诉求决策认知逻辑形成的必要条件。男性这一因素的必要一致性得分为 0.80，略小于 0.9 的标准，可看作利益诉求决策认知逻辑的近似必要条件。受过高等教育和男性两个因素的必要条件覆盖率分别为 0.533 和 0.267，比较这两个数字可知，接受高等教育对利益诉求认知逻辑形成的解释力略强于性别的解释力。对于充分性，六个解释条件的充分一致性都没有大于 0.8 这一标准，因此均不是利益诉求认知逻辑形成的充分条件。

其次，聚焦价值理念认知逻辑，考察单个解释条件与价值理念认知逻辑的关系。对于必要性，出生在 1990 年以前这一因素的必要一致性得分为 0.89，略小于 0.9 的标准，可看作价值理念决策认知逻辑的近似必要条件。出生在 1990 年以前这一因素的必要条件覆盖率为 0.892，可见非"90 后"对价值理念决策认知逻辑的形成具有很强的解释力。对于充分性，女性这一因素的充分一致性为 0.91，1990 年以前出生这一因素的充分一致性为 0.89，未接受过高等教育这一因素的充分一致性为 0.95，非党员这一因素的充分一致性为 0.84，体制外这一因素的充分一致性为 0.85，居住在非东部的充分一致性为 0.83，这些因素都可看作价值理念认知逻辑形成的充分条件。从这些因素的充分覆盖率来看，解释力最强的为出生在 1990 年以前这一因素，其覆盖率为 0.892，其次非党员身份、在体制外工作和居住在非东部这三个因素也有较强的解释力，其覆盖率分别为 0.646、0.615 和 0.600，另外，女性因素和未接受过高等教育因素的解释力相对较弱，其覆盖率分别为 0.492 和 0.354。

（二）两种决策认知逻辑的发生路径

在评估了单因素的必要性和充分性以后，笔者基于上述六个解释变量，建构原始真值表，得到不同条件组合与两种决策认知逻辑的关系，在此基础上借助布尔最小化和"逻辑余项"探究两种决策认知逻辑的发生路径。

在定性比较分析的路径描述中，变量取值为 1 表示条件发生，用大写字母表示；变量取值为 0 表示条件不发生，用小写字母表示；＊表示"和"，说明两个条件同时发生才能导致结果变量发生，+表示"或"，链接两个可相互替代的路径。

首先，考察各变量对第一种认知逻辑——利益诉求认知逻辑的解释，识别出了利益诉求认知逻辑发生的三条路径（见表 6-1），将逻辑余项引入 QCA 分析以后，结果不变。分析这三条路径的充分一致性、原生覆盖率和唯一覆盖率[①]可知，三条路径都满足充分一致性的标准，路径 3 对利益诉求型认知形成的解释力最强，能独立解释 26.7% 的案例，路径 1 的解释力最弱，能解释 13.3% 的案例。三条路径总共能解释 83.4% 具有利益诉求认知逻辑的受访者案例，解释力较强。

将 QCA 分析的结果可以进一步简化表述为：

受过高等教育 * ｛["90 后" * 非党员 * 居住在中西部 * （在体制外工作+男性）] +非 "90 后" * 党员 * 居住在东部 * 男性｝利益诉求认知逻辑

对比这三条路径发现：第一，受过高等教育出现在三条路径里，是利益诉求认知逻辑形成的必要条件，这与前述单因素分析中的结论相一致。第二，对于路径 1 和路径 2，受过高等教育、"90 后"、非党员以及居住在中西部为共有的因素，可见这四个因素对于利益诉求认知逻辑的形成具有重要意义。第三，对比路径 1、2 和路径 3，"90 后" 与非 "90 后"，党员与非党员，居住在中西部与居住在东部这些因素相互对立，可见不同特征在决策认知逻辑的形成中可能存在着系统性的差异。

表6-1　各变量对利益诉求认知逻辑的解释

原始路径（简化路径）	充分一致性	原生覆盖率	唯一覆盖率
路径 1：YEAR * EDU * COM * JOB * EAST	1	0.200	0.133
路径 2：SEX * YEAR * EDU * COM * EAST	1	0.267	0.200
路径 3：SEX * YEAR * EDU * COM * EAST	1	0.267	0.267
[Solution]	1	0.834	—

接下来，考察各变量对第二种认知逻辑——价值理念认知逻辑的解释（见表6-2），识别出了价值理念认知逻辑发生的九条路径，将逻辑余项引入 QCA 分析以后，结果进一步简化，得到五条路径。分析这五条路径的充分一致性、原生覆盖率和唯一覆盖率可知，五条路径都满足充分一致性的标准，路径 2 对价值理念认知逻辑的形成解释力最强，能独立解释 24.6% 的案例，路径 4 的解释力最弱，仅能独立解释 1.5% 的案例。五条路径总共能解释 84.6% 具有价值理念认知逻辑的受访者案例，解释力较强。结果可以进一步表述为：

未受过高等教育 * （在体制外工作+居住在东部） +非 "90 后" * （居住

---

① 原生覆盖率衡量路径所能解释的案例数，然而，部分案例可能被多条路径解释，因此原生覆盖率无法有效反映某条路径独立于其他路径的解释力。唯一覆盖率衡量的是特定路径能解释的案例数。

在中西部＊受过高等教育+非党员）+在体制内工作＊女性价值理念认知逻辑

比对这五条路径发现：第一，未受过高等教育这一因素是两条路径的共有因素（路径1和路径4），非"90后"这一因素也是两条路径的共有因素（路径2和路径5），可见低学历和出生在1990年以前这两个因素对于价值理念认知逻辑的形成非常重要。第二，居住在东部，未受过高等教育和居住在中西部，受过高等教育这两组对立因素分别存在于两条路径中（路径4和路径5），可见不同特征在决策认知逻辑的形成中可能存在着系统性的差异。第三，既不是"90后"，也不是党员身份，也是价值理念认知逻辑形成的一条路径。

表6-2　各变量对价值理念认知逻辑的解释

	原始路径（最简路径）	充分一致性	原生覆盖率	唯一覆盖率
原始路径	路径1：YEAR＊COM＊EAST	1	0.292	0.062
	路径2：YEAR＊COM＊JOB	1	0.431	0.200
	路径3：YEAR＊EDU＊JOB＊EAST	1	0.138	0.031
	路径4：SEX＊YEAR＊EDU＊EAST	0.909	0.154	0.077
	路径5：SEX＊YEAR＊EDU＊COM	1	0.154	0.015
	路径6：SEX＊EDU＊JOB＊EAST	1	0.123	0.092
	路径7：SEX＊EDU＊COM＊JOB＊EAST	1	0.062	0.015
	路径8：SEX＊EDU＊COM＊JOB＊EAST	1	0.046	0.015
	路径9：SEX＊YEAR＊EDU＊COM＊JOB＊EAST	1	0.015	0.015
	[Solution]	0.982	0.846	—
最简路径	路径1：edu＊job	1	0.231	0.092
	路径2：year＊com	1	0.569	0.246
	路径3：sex＊job	1	0.154	0.031
	路径4：edu＊east	1	0.077	0.015
	路径5：year＊edu＊east	0.950	0.292	0.077
	[Solution]	0.982	0.846	—

二、小结与讨论

本章中，基于第四章和第五章所构建的民众公共事务决策认知体系，笔者对民众各种决策认知逻辑、类型的分布进行了描述，分析了民众决策认知的主要特征，并利用定性比较分析（QCA）就性别、出生年代、教育背景、政治面貌、工作性质以及居住地域等因素与民众决策认知逻辑之间的关系进行了探索性分析。研究发现：

第一，当前中国民众决策认知的三个特征：民众决策认知呈现多元化局面；两种决策认知逻辑中，以价值理念为中心的决策认知逻辑的民众更为多见；中国特色社会主义政治民主集中的鲜明特点对民众的决策认知保持着强劲的塑造力，将近半数民众具有民主集中型决策认知。

第二，在整体介绍了民众多元决策认知以后，笔者聚焦民众的决策认知逻辑，回答了研究问题，即决策认知与民众特征之间存在怎样的对应关系？重点考察了民众性别、出生年代、教育背景、政治面貌、工作性质和居住地域六个特征与其决策认知逻辑的关系。

从定性比较分析（QCA）的结果来看：对于性别而言，男性更倾向于以利益诉求为中心的决策认知逻辑，在公共事务决策认知中更可能以经济利益作为首要考量，根据议题属性和利益得失权宜性地选择应该由谁来决策。女性则更倾向于以价值理念为中心的决策认知逻辑，政治价值理念在其认知形成中具有优先性。

对于出生年代而言，出生在 1990 年以前更可能倾向于价值理念认知逻辑，而"90 后"更可能倾向于利益诉求认知逻辑。李路路等[①]的研究也指出，低龄一代的政治认知已经出现了不同于其他年龄段群体的特征。不过，其研究是基于威权主义-民主主义的连续统来刻画民众的认知，故而她将低龄一代的认知变化阐述为跨越了威权-民主的基本分界线，从威权主义转向追求自由民主；但从本研究 QCA 分析的结果来看，"90 后"民众的决策认知呈现出了面向利益诉求逻辑的更多元转向。

对于教育背景而言，接受过高等教育的民众更可能具有以利益诉求为中心的决策认知逻辑。但受过高等教育并不是利益诉求认知逻辑形成的充分条件，从本研究的路径分析结果来看，受过高等教育需要与"90 后"、非党员、居住在中西部等这些条件组合在一起，才能构成利益诉求型认知逻辑的发生路径。肖唐镖等[②]在研究我国农民群体的政治价值观时发现，教育程度对政治价值观的形成具有显著的影响，本研究在更大的群体范围内证实了教育对政治价值观的影响，同时对受过高等教育这一因素的必要性、充分性分析，也在一定程度上更进一步刻画了民众教育背景与其认知逻辑之间的关系。

① 李路路，钟智锋．"分化的后权威主义"——转型期中国社会的政治价值观及其变迁分析 [J]．开放时代，2015（1）：172-191.
② 肖唐镖，余泓波．农民政治价值观的变迁及其影响因素：五省（市）60 村的跟踪研究（1999—2011）[J]．华中师范大学学报（人文社会科学版），2014（53）：17-30.

第七章　总结与讨论

　　本研究从研究对象的思想观念本身出发，进行以经验事实为依据的提炼、归纳和概括，为现有关于中国民众决策认知的研究提供了实证支撑。同时，通过对民众各种决策认知特征的比较分析，界定出不同认知逻辑和类型的边界、属性与特征，提出了民众公共事务决策认知体系的经验模型，不仅为理解民众的决策认知提供了较为全局性的图景，同时为后续对民众决策认知相关因素的探究提供基础。

　　从本文对民众决策认知的研究结论来看，我国民众的决策认知并不是仅仅局限在威权主义–民主主义这样的连续统里，也不是策略性地存在于具体公共事件中不成体系，而是在中国社会特定的经济和政治背景下，从利益诉求和价值理念两种决策认知逻辑出发，细分单议题权宜性分析型、议题类别化分析型、民主集中型、能人治国型和平民主义型五种决策认知类型，形成了有层次的、多元分化的、多类型并存的决策认知体系。同时，在经济政治体制改革进程不断推进的当下，民众的决策认知也随时代变迁出现了明显的转向，呈现出转型社会的特征。一方面，市场经济改革催生多元的利益主体，他们在公共事务决策方式的选择中，以经济利益为考量，权衡不同决策方式的成本–收益，同时追求自身利益的最大化。另一方面，随着政治体制改革，尤其是政府治理方式的转变，民众决策认知体现着传统政治民主集中鲜明特点的同时，向能人治国或平民主义分化的两种趋势也已经逐渐显现。

　　此外，本研究有关民众决策认知的探讨，对于把握国人的利益观、社会公平、政府信任、专家信任等社会心态问题提供了一些有价值的发现。比如：民众对哪些人的意见可以代表"民意"的不同看法；民众对政府在公共事务决策中主导者或沟通者的不同定位；部分民众对于中央政府和地方政府参与决策截然相反的态度等，都为后续相关研究提供了分析的起点。同时，民众对"公共事务应该由谁决策"的回答，也为政府更好地推进治理方式变革指明了方向。总之，民众的公共事务决策认知，是理解中国民众"中国体验"[①] 的关键环节，也是理解当下中国社会的一个重要抓手。

　　最后，本研究主要还存在以下三点不足：首先，对基于质性资料和归纳分

---

　　① 周晓虹. 中国经验与中国体验：理解社会变迁的双重视角［J］. 天津社会科学，2011（6）：12–19.

析发展出的经验模型的分析适用性及其适用范围的进一步检验有待后续研究加以补充。其次，尽管本研究以开放式设问在获得民众一般性决策认知方面做了很多努力，但仍不能保证民众在回答公共事务应该由谁决策时完全不受议题领域影响，而不同议题属性与民众决策认知之间的关系，还有待进一步的研究讨论。最后，从学术研究的脉络来看，在分析了决策认知与民众个人特质之间的对应关系以后，一个很自然的问题就是：为什么具有这些特征的民众会对应这些类型的认知？因此，对不同认知的人群特征、形成机制等深入分析，还有待后续研究加以推进。

河道环境治理何以难以成功
——基于×村的案例研究

❖ 马超群（河海大学）

陈阿江（指导教师）

摘　要： 环境治理是实现经济社会可持续发展的重要手段，但环境治理自身的可持续性则难以经受现实的考验。随着中国经济向高质量发展阶段的转变，环境治理受到了空前的重视，在官方和民间力量的推动下，各地涌现出大量的治理实践。不少实践都取得了令人瞩目的成果，从总体上改善了生态环境，但也付出了不少经济、社会代价。如何提高环境治理的效率，建立起治理的长效机制，是实现可持续环境治理的关键。基于此，本文通过对×村河道治理的个案考察，分析治理过程中存在的问题与困境，试图探索实现可持续的环境治理的可能路径。

×村位于常州市武进区，太湖流域的西北部，为了加快推进"精准治太"，常州市便在×村所在圩区开展了入湖河流小流域综合整治。从治理成效来看，×村河道的环境治理不可谓不成功。但从长远来看，围绕×村河道治理的项目投入、组织安排和制度设置并不具备治理的可持续性，甚至在治理过程中又引发了许多新的问题。首先，从生态层面来看，治理并未完全遵循生态原则，建立一套完整的物质与能量的循环系统，使得大量"废弃物"难以处理，引发治理危机。其次，从社会层面来看，×村治水体现为一种"剥离型"治理，村民的主体性没有得到尊重，进一步弱化了村民保护河流的责任感。最后，在经济层面，不计成本的投入并不具备可推广性。此外，由于治理尚未建立起生态和社会的良性循环，使得原本就不能创造经济价值的项目，还需花费大量经济成本加以维护。综上，环境治理是一项系统工程，只有处理好系统内外各要素的关系，形成生态合理、社会认同以及经济可行的治理思路，在借助外力的同时自力更生，才能有效实现可持续的环境治理。

关键词： 面源污染；环境治理；非预期后果；系统治理

第一章　绪　论

第一节　问题的提出

一、研究背景

"太湖美，美就美在太湖水。"太湖是我国第三大淡水湖，位于长江三角洲南缘，流域面积 3.69 万平方千米。从行政区划来看，太湖流域分属江苏、浙江、上海和安徽三省一市，为长三角地区经济社会发展提供了重要的水资源保障。20 世纪 70 年代末，随着乡镇工业的异军突起，大量工业废水未经处理便排入太湖，太湖流域进入加速污染期。

2007 年无锡市蓝藻事件爆发，太湖仅有 7.4% 的水域水质为Ⅳ类，11.5% 为Ⅴ类，其余 81.1% 的水域均为劣Ⅴ类[①]，水域污染已经严重影响到居民的生活用水和流域经济社会可持续发展。无锡的饮水危机再次引发中央政府的高度重视，极大推动了地方政府治理太湖的进程。此外，随着发展阶段的转变，环境治理逐渐受到各级政府的重视，太湖流域的治理强度也显著提升。2017 年，在蓝藻事件爆发的十年后，太湖水质有了显著改善，其中 11.4% 为Ⅲ类，77.1% 为Ⅳ类，11.5% 为Ⅴ类[②]。

×村所在的阳镇位于太湖西北部，曾经是太湖工业污染最为严重的地区之一。随着环境治理力度不断加大，污染企业逐渐被"关停并转"，虽然点源污染得到了基本控制，但面源污染形势依旧严峻。在此背景下，×村的河道历经两轮整治，投入了大量的资金，从总体上改善了×村的人居环境，但在治理过程中忽视河道实际情况与忽视村民责任的重建为环境治理的可持续性埋下了隐患。

二、研究问题

从×村的案例来看，项目治水虽然有效，却并不经济。通过工程举措，项目

---

① 2007 年度太湖流域及东南诸河水资源公报［EB/OL］.［2022-04-28］. http://www.tba.gov.cn/slbthlyglj/szygb/content/slth1_4f2c78fc38a5464d9f664ef7e3be9fc9.html.
② 2018 年度太湖流域及东南诸河水资源公报［EB/OL］.［2022-04-28］http://www.tba.gov.cn/slbthlyglj/szygb/content/slth1_7b417848365f411f8f5f0200e3cec1a3.html.

能使河道在短时间内"焕然一新"，但从长远来看，资金密集型治理并非环境治理的治本之策。项目打造的景观河道，一方面，忽视了村民的参与，间接地剥离了村民保护河流的责任意识；另一方面，标准化的设计和"现代化"的审美并没有使水体的功能真正发挥出来，反而引发了新的矛盾和危机。如果说以往河道"无人问津"是其污染的主要原因，那么现今河道已随着项目的到来成为×村治理的焦点，但为什么投入大量资金、人力和物力去治水，水还是难以治好呢？

第二节　文献综述

一、环境问题的社会诊断与处方

认识问题是解决问题的基础，而"发现和形成问题常常比解决问题更加困难"。① 社会学对环境问题的认识与思考为环境治理提供了前提。在环境社会学看来，环境问题并非一个单纯的生物、化学问题，而是一个涉及自然、经济、政治、社会等多方面的综合问题，其治理不仅需要工程技术的支持，还要对整个社会生态进行修复。可以根据理论指向大致将这些理论分为文化论、结构论和技术论，这些理论不仅系统分析了环境问题的社会成因，还提出了治理的思路，为本研究提供了丰富的思想资源。

文化论的代表学者林恩·怀特曾指出，生态危机根植于犹太-基督教人与自然对立的文化传统中，除非找到一种替代性的宗教，否则科学技术的发展并不能帮我们摆脱生态危机②。陈阿江认为，受西方影响的近代中国，环境问题根源在于害怕"落后"而产生的追赶焦虑③。这提醒我们文化虽然相对难改变，但保持文化的敏感性，能够提高环境治理的适应性。

结构论的学者多为批判取向，可以根据结构的不同层次来把握其观点。首先是宏观结构，即通过批判资本主义体制来揭示环境问题的社会根源。艾伦·史奈伯格的"跑步机"理论最具代表性，他借用"跑步机"的比喻，将资本主

---

① 默顿. 社会研究与社会政策［M］. 林聚任，等译. 北京：生活·读书·新知三联书店，2001：19.

② WHITE L. Jr The Historical Roots of Our Ecologic Crisis［J］. Science, 1967, 155（3767）：1203-1207.

③ 陈阿江. 次生焦虑：太湖流域水污染的社会解读［M］. 北京：中国社会科学出版社，2012：4-11.

义无限生产视为导致环境危机的体制根源①。除非改变资本主义的生产体制，否则我们无法逃脱"大量生产—大量消费—大量废弃"的恶性循环。日本的公害输出论②，从全球不平等的角度揭示了发达国家（中心）环境改善源于发展中国家（边缘）的牺牲，进而打破了生态现代化对技术和政策的迷恋。

其次是中观结构，所强调的结构不是普遍主义的，而是注重地方特殊的情境。就中国的环境问题来看，洪大用从社会转型过程中的"失范"来解释中国环境问题的社会根源③。张玉林提出政经一体化开发机制解释中国环境问题的体制根源，认为在经济增长为主要考核指标的压力型政体下，导致了严重的环境问题④。王晓毅则认为，环境问题的加剧，是由于城乡不平等的二元结构和项目式的环境治理模式。注重中国社会特有的政治经济结构，是环境治理的前提⑤。

最后，从微观的结构来看，群际取向的利益相关者理论（受益圈/受害圈理论）为最典型的代表。陈阿江认为利益相关者的关系格局决定了环境污染的走向⑥；舩桥晴俊等人的受益圈/受害圈理论从圈层的交叠情况来解释环境问题面临的复杂局面⑦。想要进行治理，必须改变既有的利益格局。

相较于文化论和结构论，持技术论观点的学者对环境问题的出路相对乐观。阿瑟·摩尔相信，经济发展与环境保护能够通过不断发展的技术和不断完善的政策实现双赢，但也遭受了严厉的批判⑧。技术进步所带来的能源高效率的使用，非但不能节约资源，还会造成资源在更大范围内的消耗。这提醒我们，环境问题不仅与权力和利益紧密交织在一起，还与普通人的生活方式密切相关，例如，消费主义的盛行往往伴随着大量的资源浪费和环境破坏。

学者们的思考从不同角度和层面揭示了环境问题的社会根源及其治理之道，为本研究提供了深刻的启发。但就治理而言，本研究主要采取了生活环境主义的立场，即只有充分利用环境，才能真正保护环境。

首先，生活环境主义起源于日本的琵琶湖治理，琵琶湖是日本面积最大的湖泊，该地区人口稠密，经济发达，与太湖流域水环境治理有着相似的条件。

① 陈阿江.环境社会学是什么——中外学者访谈录［M］.北京：社会科学文献出版社，2017：21.
② 包智明.环境问题研究的社会学理论——日本学者的研究［J］.学海，2010（2）：85.
③ 洪大用.当代中国社会转型与环境问题——一个初步的分析框架［J］.东南学术，2000（5）：83.
④ 张玉林.政经一体化开发机制与中国农村的环境冲突［J］.探索与争鸣，2006（5）：26.
⑤ 王晓毅.农村发展进程中的环境问题［J］.江苏行政学院学报，2014（2）：58.
⑥ 陈阿江.水污染事件中的利益相关者分析［J］.浙江学刊，2008（4）：169.
⑦ 鸟越皓之.环境社会学［M］.宋金文，译.北京：中国环境科学出版社，2009：96.
⑧ 洪大用.经济增长、环境保护与生态现代化——以环境社会学为视角［J］.中国社会科学，2012（9）：82.

其次，相较于美国抽象的体制批判和欧洲的生态现代化对现代性的信奉，日本的生活环境主义更加关注"生活现实"。在生活环境主义看来，自然环境主义的做法不切实际，而近代技术主义反而是加速了对自然环境的破坏，只有当地居民过着充分利用自然的生活，环境才能免于破坏①。传统中国的循环农业恰是建立在对自然的充分利用基础之上的，在生产生活中实现了物质和能量的循环。因此，关注当地人的生活体系，将生态的改善和当地人的生活有机结合起来，才能实现可持续的环境治理，而非简单的资金投入和技术支持。

二、环境治理的可持续性研究

环境治理是"为了解决已经出现的环境问题、预防潜在的环境风险，以及协调经济与环境关系而展开的社会行动的总和②"。可持续性是指一种可以长久维持的过程或状态，相较于如何治理，环境治理的可持续性探讨的是治理过程和成效能否长久维持的问题。

从纵向的角度来看，环境治理的可持续性意味着治理成效具有长期性。但不少学者对环境治理的长期性存在质疑，认为"头痛医头，脚痛医脚"的治理思路非但不能解决问题，而且在不断制造新的危机。陈涛指出，"不少地区的环境治理呈现出'短平快'特征，其'事件–应急'型的治理范式，难以应对复杂的环境问题③"。王晓毅认为，"政府主导的农村环境治理往往采取项目式治理，但这些项目往往受制于资金和时间的限制，缺少可持续性④"。

从横向的关系来看，可持续治理要求强调系统间的协调性，而不是环境单方面的改善。环境治理不是一项孤立的社会行动，而是嵌入在特定的政治、经济和社会系统中⑤，单一系统的修复难以实现可持续发展。

首先，从环境治理所处的整个大系统来看，陈阿江从理想类型的角度划分了"人水和谐"与"人水不谐"两种类型⑥，前者是指生态、经济与社会协调发展，即在良好的生态环境下发展生产，产生良好的经济效益，可持续的经济发展为保护环境提供了动力，也为社会发展提供经济基础，为环境问题的解决提供了系统性的思路。张玉林曾提出"系统性伤害与碎片化治理"的命题，指

① 鸟越皓之，闫美芳．日本的环境社会学与生活环境主义［J］．学海，2011（3）：42.
② 洪大用．环境社会学［M］．北京：中国人民大学出版社，2021：258.
③ 陈涛．"事件–应急"型环境治理范式及其批判——清湖围网养殖"压缩"事件中的深层社会问题［J］．华东理工大学学报（社会科学版），2011（4）：8.
④ 王晓毅．农村发展进程中的环境问题［J］．江苏行政学院学报，2014（2）：58.
⑤ 陈涛．环境治理的社会学研究：进程、议题与前瞻［J］．河海大学学报（哲学社会科学版），2020（1）：53.
⑥ 陈阿江．论人水和谐［J］．河海大学学报（哲学社会科学版），2008（4）：19.

出碎片化的治理方式难以应对复杂的污染局面。为了应对环境治理的碎片化，需要将"整体性"治理思路应用到环境治理当中。

其次，从环境治理系统内部来看，环境的可持续离不开生态的可持续，罗亚娟从生态的角度考察地方政府的环境治理，并主张从优化治理主体结构、生态伦理、治理目标等层面入手赋予环境治理以生态的可持续性[①]。

再次，从环境治理与社会系统的关系来看，顾金土通过"人畜分离"的案例指出，中国乡村发展需要契合原有的社会生态系统[②]。一方面，环境治理不能完全摒弃传统，需要在传承的基础上进行创新。陈阿江通过对"稻鳖共生"模式的研究，发现基于传统的复合共生农业，对常规农业生产中出现的外部性问题起到了"无治而治"的效果[③]，为环境治理提供了新的思路。另一方面，治理要回归生活，适应当地的社会生态。唐国建等从生活环境主义的角度出发，指出忽视村民的生活需求的治理，其结果就是村民在治理过程中的沉默性对抗与应付性参与[④]。

最后，经济发展是环境治理可持续的前提，环境治理一定要处理好与经济系统的关系，没有发展的保护是没有意义的。此外，也应该注意到内部系统的平衡往往意味着外部系统的牺牲，诸如污染转移使得经济相对落后地区成为被牺牲的"局部"[⑤]。

综上，环境治理是一项系统工程，只有处理好系统内外各要素的关系，形成生态合理、经济可行以及社会认同的治理思路，才能实现可持续性的环境治理。

第三节　研究方法

一、案例选择

为呈现河道治理的复杂性，本研究主要采取了案例研究法，重点考察治水

---

① 罗亚娟. 生态嵌入视角下地方政府动员型水环境治理的实践逻辑及优化路径 [J]. 河海大学学报（哲学社会科学版），2020（2）：96.

② 顾金土. 乡村振兴实践中的尊重、激励和约束：以"人畜分离"工程为例 [J]. 学习与探索，2019（1）：19.

③ 陈阿江. 无治而治：复合共生农业的探索及其效果 [J]. 学海，2019（5）：80.

④ 唐国建，王辰光. 回归生活：农村环境整治中村民主体性参与的实现路径——以陕西 Z 镇 5个村庄为例 [J]. 南京工业大学学报（社会科学版），2019（2）：24.

⑤ 陈占江，范晴雯. 被牺牲的"局部"：污染转移的逻辑与后果 [J]. 云南社会科学，2020（4）：144.

项目、治水组织以及河长制在河道环境治理方面所遭遇的困境。

首先，案例地的选择具有偶然性。×村并非笔者最初的选择，而是出于对现实的妥协。最初，笔者在导师的推荐下选择了与×村相邻的村进行访问。但访问并不顺利，方言问题难以克服，村民也多有戒心，在没有当地人的引荐和帮助下，调查难以展开，于是笔者便开始在附近的村庄寻找新的突破。

幸运的是，正当笔者被×村的邻村婉拒之时，遇到了回乡"吃酒"的×村老书记。老书记曾在南京生活，得知笔者也来自南京，便非常热心地接受了访问。接下来的几天，笔者便跟随老书记在村里闲逛，他不仅向村民介绍我的身份，还带笔者去拜访与河道治理相关的村民或干部，并在笔者访谈时在一旁充当笔者的"翻译"。正是在老书记的引荐下，村民逐渐接受了我这个"外来人"，调查的局面就此打开。

其次，×村的案例不仅对其他地区的环境治理具有借鉴意义，同时也反映了乡村环境治理普遍存在的问题。第一，×村所在的武进区是江苏省生态引领示范区。改革开放后，苏南在引领经济发展的同时，最先遭遇污染，也最先启动治理，因此，苏南地区的治理困境和经验对其他地区的治理有着重要的借鉴意义。第二，一个村的案例虽然具有局限性，但质性研究并不苛求样本的代表性，只要能充分反映问题的复杂性就有研究的意义和价值。就×村的环境治理来看，以外部力量为主的支持，既是×村治理的特点，也是当下乡村建设的主导模式，除了治水，扶贫、乡村振兴莫不如此。第三，×村的案例还暴露出了环境治理中普遍存在的问题。人们将环境问题的解决寄希望于治理，但治理本身存在的诸多矛盾和问题却为人们所忽视。

二、田野经历

笔者对×村进行过两轮实地调查。第一轮是在2019年10月，笔者进行了为期一周的试调查，目的在于确立选题。主要围绕×村的历史与宗族、村民生计、秸秆问题和治水项目进行了初步访谈。

在与导师交流和查阅相关文献后，进一步凝练主题，于2019年12月就河道环境治理为主题，进行了为期两周的实地调查。由于老书记的引荐和第一轮调查的基础，第二轮的调查更为方便和集中，就污染的历程、项目治理以及项目结束后河道的日常管护等问题，对村委成员、普通村民进行了深度访谈。

此外，受疫情影响，此后便通过电话和微信等方式进行了回访和补充调查。

三、资料收集

本研究主要采取半结构式访谈、参与观察和二手文献的方法来收集资料。

首先，半结构式访谈是实地调查中收集资料的主要方法。通过访谈村干部了解村庄的基本情况、项目的争取及实施过程；通过访谈项目的利益相关者了解项目对村庄的影响；通过访谈老干部、厂区老板、教师等了解村庄发展的历史，尤其重点了解不同产业对环境的影响。

其次，参与观察也是重要的资料收集方法，并贯穿调查的始终。一方面，参与观察是为了获得对村民生活世界更深入的理解；另一方面，参与观察也是获取和检验信息真实性的有效手段。此外，环境社会学特别注重环境的物理属性，在理解行动者意义的同时，还要对行动者所处的物质环境进行细致的观察。

最后，二手文献也为本研究提供了重要的参考。这里的文献指的是资料的来源，而非真正意义上的文献研究方法。文献来源有三：第一，是镇政府提供的相关材料；第二，是网络上的相关报道，虽具有广告性质，但也为本研究提供了有益的参考；第三，志书也为笔者了解×村治水的宏观背景提供了重要的帮助。

第二章　治污的历史远景

第一节　×村概况

×村地处长江三角洲太湖平原地区。境内地势平坦，河网稠密，气候温和湿润，物产丰饶。×村位于阳镇东南部，距镇中心两千米，东临锡溧运河，西临武进港，×村南端是两条运河的交界处。辖区内共有 9 个村民小组，占地面积 1.9 平方千米，耕地面积 644 亩（1 亩 ≈ 666.67 平方米，余同），其中三分之二种植桃树和葡萄等经济作物。大小企业共 20 多家，以铸件厂为主，年租金 100 多万元，是村集体主要经济来源。2017 年户籍人口 1128 人，流动人口 173 人。

村子的历史并不久远。400 多年前的万历年间，顾姓兄弟从苏州昆山一带逃难，来到曾是芦苇荡的×村繁衍生息，至今已有 27 代。由于×村两面临水，地势低洼，又处在季风气候区，每到雨季，水灾频发，暴涨的河水便离开河床，开始吞噬村民的土地和房屋，顷刻之间，便是一片汪洋，"十年之中有三年失熟"。在老人们的眼里，×村的历史就是与灾难和贫穷展开拉锯战的故事。

对水患的治理为×村的发展提供了前提，集体化为×村的基础建设作出了巨大的贡献。1954 年冬，在礼嘉区人民政府的领导下，阳湖、阳乡开始修筑阳湖大圩。大圩堤坝长 7354 米，顶宽 2～2.5 米，底宽 5.5 米，工程土方数达 25 万立方米，达到日雨量 150 毫米不受涝，大大增强了抵御洪水的能力①。

20 世纪 70 年代初，为了增加村民的收入，当时的书记从宜兴请来了几位铸造师傅，×村的工业化浪潮便在祠堂悄然开启。从最早的简单制造到后来畅销的水箱、电风扇，×村的发展实现了跨越。到 1995 年，×村的有色金属铸造厂产值就达到 6780 万元，同年工业产值达 1.23 亿元，成为武进市的"亿元村"②。

20 世纪初，随着企业的改制，集体经济衰弱，×村失去了过去的辉煌。此外，环境治理给×村的经济带来了巨大的冲击，不少污染企业被迫关停。迫于环保的压力，企业往往只在夜里生产，甚至在检查时期停止生产，加之厂房的老化，严重影响了厂区的房租。

第二节　社区污染的历程

一、传统时期的生态平衡

历史上的×村饱受水患的困扰，不断与水进行着抗争。不过，随着工业文明的到来，治水的重点已经发生了由"量"到"质"的转变。

从环境史的角度来看，"虽然环境的退化是长期而且明显的，但中国的农作制度又确实具有非凡的可持续性③。"在传统农耕时期，人们并非有意识地保护自然环境，而是在农业生产生活的过程中逐渐形成了一套物质与能量循环系统，并以此为基础形成了一套用水规则和社会规范，使得引起河道污染的自然和人为因素得以消解。

首先，传统社会是个"废物充分利用"的社会。在化学肥料广泛应用之前，对"废弃物"的充分利用，维持了村落生态的相对平衡。第一，是人畜粪和猪灰，这在城里人看来的污秽之物，却是农业生产中的稀缺资源。第二，是草塘泥，俗称"河泥"，河泥中积累了大量的有机质，也为农田提供了紧缺的肥料。此外，生活废弃物也是循环的关键一环。在资源稀缺的年代，任何物品都会得到人们充分的利用，而不会随意地丢弃。废弃物的循环利用，使得污物难以进入河道，加之河泥不断被清理，沉积在河底的有机物不断被带出水体，在没有化学等难降解的污染物质进入河道之前，河流的自净能力足

---

① 朱永清. 洛阳镇志 [M]. 南京：南京大学出版社，2012：213.
② 同①243-252.
③ 马立博. 中国环境史：从史前到现代 [M]. 关永强，高丽洁，译. 北京：中国人民大学出版社，2015：446.

以消纳有限的污染。

其次，形成了一套维护社区公共利益的规范①。虽然河水已经足够"干净"，但为了保护饮用水，村落还是形成了一套实践中的用水规则和社会规范。此外，当有越轨行为出现的时候，传统村落中的人还会通过"骂"和"说"等方式对其行为进行规范，长此以往，逐渐内化为个体的道德规范，并通过社会教化的方式使得村落中的生态伦理得以保持和延续②。

传统的规范在×村依旧可见。清晨，不少上了岁数的妇女都会到河边刷马桶，但她们并不会在平时人们洗菜的地方去洗，而是要绕到河的对岸，远离洗菜的水域。此外，当有人违反这一规则时，不少村民虽不会公开指责，但却会在私下议论。虽然这些舆论并不能对每个人的行为产生约束，但却是环境治理应该激发的力量，村民间的约束往往成本更低，效果更好。

二、全方位污染与有限应对

随着工业化的不断推进，农业文明维持的生态平衡逐渐瓦解。工业化带来的大量的污染物质，不仅污染了村落的水域，还"污染"了人们的精神。

20世纪80年代后，乡镇工业异军突起，电镀厂、化工厂、纺织厂等企业纷纷创办，由于缺乏规范，大量工业废水未经处理直接排入水域，造成严重的水体污染，×村的河流也未能幸免于难。

> 那时候可不像现在，天天喊着要搞环保，要检查，要设备，那时候啥都没有，什么都往河里排啊！那时候外河里的水是黑的、臭的，鱼虾都绝种了，谁还敢用那个水啊！（SJH201912）

虽然工业污染是主要的污染源，但其边界和责任是相对清晰的，也是相对容易控制的。近年来，随着环境治理压力的不断增大，污染企业纷纷被"关停并转"，点源污染已经得到了基本的控制，面源污染逐渐成为影响水质的主要因素。

面源污染主要来源于流域农业生产和农民生活。首先，在种植业中，片面追求高产，加之农药和化肥的过度使用，使得营养物质难以被作物完全吸收而造成污染，同时对人体的健康也埋下了隐患。其次，生活污水也是重要的污染

---

① 陈阿江. 制度创新与区域发展［M］. 北京：中国言实出版社，2000：230-237.
② 陈阿江. 次生焦虑［M］. 北京：中国社会科学出版社，2009：108-111.

源，由于外源污染，河流的纳污功能①被开发，成为村民生活废水和垃圾的收纳器。

此外，河道的自然淤塞也会造成水质的恶化②。传统农耕时期肥料紧缺，罱河泥成为肥料的重要来源，因此每年的冬春两季，村里的主要劳力便开始撑船罱泥。而随着化学肥料的广泛应用，需要费时费力的草塘泥逐渐被村民遗弃，加之集体的瓦解，罱河泥的社会基础不再具有。河底沉淀的淤泥得不到及时的清理，既淤塞了河道，又影响了水质。

面对日益严重的污染，政府并非无动于衷。早在 1979 年 5 月，由江苏省环境保护办公室牵头的太湖水源保护工作会议已经意识到严重的水污染问题。武进县也于 1981 年成立县环保局开展工业污染治理。不过环保部门的能力远不能与地方发展经济的需要抗衡，水污染依旧伴随着经济高速发展而高歌猛进。

×村有着非常丰富的抗洪经验，但当水质发生改变时，村民一时便难以应对。首先，村民依旧用明矾改良水质，虽然明矾对于净化水质有很好的效果，但明矾只能将不溶于水的泥沙等悬浮物加以沉淀，对水中的化学物质束手无策。其次，为了寻找新的水源，村书记带领村民打井，但因土质较差，边打边塌，最终以失败告终。无奈的村民只能从降水和水塘里获取水源，由于水质较差，时常遭受胃肠病的困扰。一次偶然的机会，当时的书记联系上了来考察的地质勘探队，在他们的帮助下，寻找到了新的水源，并利用专业设备，彻底解决了×村的用水危机。不过当村民有干净的水喝了，也就不再管河流的污染了。

从×村应对的方式来看，单靠村庄内部的力量是难以应对现代化的工业污染的。首先，传统的地方知识和经验虽然有效，但也需要充分考虑其发挥作用的条件，并与现代知识和技术相配合。其次，面对全局性的水域污染，局部地区的治理是难以奏效的，只有流域整体环境发生改变时，局部地区的突破才具有可能。最后，治污最为困难的并非技术问题，而是利益问题。在以经济增长为主要任期考核指标的压力型行政体制下，GDP 和税收/财源的增长成为地方官员的优先选择③；企业为了赚取利润，也不断将内部成本外部化；村民往往既是受害者也是受益者，他们被迫接受环境污染带来的恶果，但也需要从污染企业获得收入，或者他们本身就是污染企业的经营者。

① 陈阿江. 从外源污染到内生污染——太湖流域水环境恶化的社会文化逻辑［J］. 学海，2007（1）：36.

② 梁志平. 水乡之渴：江南水质环境变迁与饮水改良（1840—1980）［M］. 上海：上海交通大学出版社，2014：61-63.

③ 张玉林. 政经一体化开发机制与中国农村的环境冲突［J］. 探索与争鸣，2006（5）：26.

第三章　项目进村引发 "危机"

面对全流域的污染，单靠个别村庄内部的突破难以取得治理成效，此时，整体环境的改变和外部力量的支持尤为重要，×村的河道治理正是在政府加强环境治理和书记的积极争取之下才有所可能。携带大量资金的项目为×村的河道治理提供了有力的支持，但在项目设计和实施过程中，轻视河道具体情况，大面积种植的水生植物繁殖速度快等，使得本来用于净化水质的水生植物反倒成为河道淤塞的凶手，又引发了新的 "危机"。

第一节　治水项目进村

一、项目进村

×村的治水历经了两轮，第一轮源自 2014 年环境连片整治中镇政府的试点项目，对部分河道进行了清淤；第二轮是 2016 年小流域综合治理的集中整治，对内河进行了全面的整治。

第一轮治水虽出自偶然，但却与书记的前期工作密不可分。

> 当时是试点，是上面自己定的，就是想在我这个河里试一下，连我都不知道。不过虽然是偶然，但也是有选择的。第一是看村里怎么样，干部负不负责，不要弄个项目过来反倒弄出点儿事来。第二正好是河道整治的项目，而我的河道管护是比较好的，在镇里一直是排在前面的。（GXY20191029）

首先，第一轮治水取得了良好的成效，极大地改善了沿岸村民的人居环境，为争取项目打下了基础。直观的感受和村民积极的反馈，更加坚定了书记继续整治的决心，但治理的费用却难以承受，于是书记便借助一切机会积极地进行宣传，努力争取外部资源的支持。

其次，通过私人网络，书记获得了相关领导的支持。成效只是基础，如果没有关键人物的支持，项目也难以落地。外来挂职的干部，成为×村链接外部资源的桥梁，书记就曾借助区里前来挂职的副局长这一层关系，来积极争取资源。

项目主要包括三个方面。首先，对×村内河进行清淤整治，包括河道清淤拓浚、新建生态驳岸，整治总长度为 1.9 千米。其次，在×村内河沿岸区域选择以林果为主的连片种植业区域实施化肥减施、测土配方、种植业污染氮磷拦截工程。最后，在 X 队、B 队、D 队建立生活污水治理分散设施，解决生活污水排放的问题。

书记×村人的身份在工程实施中发挥了重要的作用。对外，他是工程有力的监督者。

> 他们两个工程队的负责人说过一句话，×村的活说好做也好做，说不好做也不好做。什么意思呢，好做是所有的矛盾都是由我来解决的，不好做是他工程的质量，我每天一直在那里转的，我老是让他们返工。（SJZ20191029）

对内，书记则是矛盾的协调者。以迁坟为例，书记不仅熟悉当地的习俗，还通过自己在村内的关系网络化解项目带来的风险。

> 有个坟地是几十年前的，已经平了，跟普通的地没有什么区别，看不出来了，他家人也不在家。结果在施工的时候，给那个挖掘机抓了一下，这个问题就大了！人家来闹了。不过我怎么也算他的亲戚，面子也是要给我的，最后我帮他申请了补偿，这个事情也就了结了。（SJZ20191212）

二、生态利益自觉

正是书记在内外衔接中发挥的关键作用，才使项目得以顺利实施。但其行动并不是孤立的，而是嵌入在特定的政治、经济和社会系统之中。

首先，×村治水得益于上级政府环境治理的压力传导。党的十八大以来，随着生态文明建设得到前所未有的重视，国家逐渐将环境治理上升到政治高度。此外，在一系列中央环保督察及其"回头看"过程中，通过严肃问责，引发了地方政府对环保的高度重视[1]。强大的治理压力为×村治水提供了动力，这一压力促使地方政府通过加快产业升级和严格的环境整治运动，打破了既有的利益格局，为×村治水扫清了障碍。

其次，治水行动嵌入在×村的政治经济结构之中。其一，村里的政治风波阻

---

① 陈涛，李鸿香. 环境治理的系统性分析——基于华东仁村治理实践的经验 ［J］. 东南大学学报（哲学社会科学版），2020（2）：102.

碍了×村发展的步伐。2010年，由于原会计侵吞了大量的集体资产被村民发现，村民进行了大规模的上访，引发了×村的政治危机。新任书记虽临近退休，但经验老到，工作的重点在于稳定而非发展。其二，环境治理给村庄经济发展带来巨大的压力。一些高污染、高产值的企业被迫转移或关停，对村集体收入造成巨大影响。经济发展的受限，使得书记将更多的精力投入环境治理的工作。

最后，书记的生态利益自觉是×村治水的关键因素。环境治理的压力传导能够解释区域整体环境的改善，但面对同样的治理压力，不同村庄的治理力度却大不相同。因此，除了整体的治理压力传导和×村内部的政治经济局势外，还与书记的个人特质密切相关。在两次访谈中，书记都强调了河道治理是他的一个"梦想"，这一"梦想"有两层含义：一是他对×村的河流充满了感情，他迫切地希望水污染得以改善，河流能变回到儿时那般清澈；二是就当时的条件，想要逆转污染的格局，几乎是不可能完成的任务。

第二节　生态治理中的"反生态"

一、"种"出来的麻烦

重建河流生态系统是河道环境可持续治理的关键，但标准化的设计忽视复杂的实际情况，引发了治理危机。麻烦源于水生植被的不当种植。2016年，×村治水开始了新一轮的环境整治，其中就包括在内河里放养水生植物、净化浮岛等生物措施实施生态拦截，在美化景观的同时，利用植被的生态效应净化水质。

从理论上看，通过发挥水生植被的吸肥机制，可以有效净化水质。但由于不少河道属于细密的水网，种植体积较大的植物再力花，非常容易堵塞。再力花又名水竹芋，属多年生挺水草本植物，原产于美国南部和墨西哥，近年来因其净化能力强、观赏价值高，逐渐在湿地造景中被广泛应用[①]。但再力花具有很强的入侵风险，据相关研究表明，再力花繁殖速度快，自然生长一年的个体繁殖达到7~12倍；此外，再力花根除难度大，根部通常生长于水深60厘米及以下水域，人工清除过程中，根茎的片段残留仍然可以作为繁殖体长出新的植株[②]。

虽然再力花堵塞的只是一些不起眼的"排沟"，但这些细密的河网如同人体

---

① 田军东. 引种植物水竹芋捕虫行为的初步观察研究［J］. 世界科技研究与发展，2007（3）：62.

② 缪丽华，等. 湿地外来植物再力花入侵风险研究初报［J］. 湿地科学，2010（4）：395.

的毛细血管发挥着重要的作用。

首先，疯长的水草影响了沿岸村民的用水。虽然×村早已用上了"自来水"，但不少上了年纪的村民仍保持着节约的习惯。在水质改善后，村民依旧会在河流里淘洗大米、蔬菜，待泥沙被冲洗干净后，再用自来水进行最后的清洗，而疯长的水草挤占了村民的用水区域，引发了村民的不满。

其次，河道的淤塞严重阻碍了桃园的排水。水蜜桃是×村最主要的经济作物，河道两侧种植着大量的桃树，但桃树最怕积水，桃农需要在雨季开沟排水，而雨季也是再力花快速繁殖的季节。

再次，水稻和其他农作物的种植也需要通过内河调节径流，而被水草阻塞的内河已逐渐失去调节径流的功能。

最后，再力花会在冬季枯萎，而根茎则会在泥土中越冬。如果没有人清理，大量的植株将会在河里腐烂，不仅散发出难闻的气味，还严重影响水质。

再力花的疯长不仅堵塞了河道，其处置也成为村里的难题。2018年，村委委托保洁公司，对河道进行清理，但由于采用了"割"的方式，只割掉露出水面的部分而没有根除，第二年水草再一次疯长阻塞了河道。见公司治理效果不佳，村委便将清理的任务交给了村里自己的绿化队。但由于再力花再生能力十分强大，根茎又藏匿在河泥之中，所以绿化队也只能抑制其生长，不能将其根除。

图3-1　河道清理对比图（左侧为清理完的河道）

二、以"毒"治草

由于再力花的根系已扎入河底，单纯用物理的方法，只能是暂时性地改善，并不能根本解决问题。于是村委面临着一个两难的局面，清理将会花费巨大成本，不清理则会引发村民的不满，为此村委和绿化队开始积极探索既经济又能解决问题的办法。

去年是把它割掉的，割掉也没有用，它一长起来，往河里面一倒，下面就烂掉了。现在也没有办法，明年打算用药水打，不知道能不能打得了，不过总归要好一点。药水就是草铵膦，我们农村都用的哇，明年春天等它长起来我们就用喷雾器喷。（GBZ20191031）

化学方法因其成本低，操作简单，成为绿化队攻克水草问题的关键。不过，从经验上来看，化学方法也难从根本上解决问题，正如村民所言，药水也只是能抑制其生长，否则再力花蔓延早已不是问题。接着，笔者查询了草铵膦的药性，发现草铵膦是一种"只杀叶而不杀根"的农药，所以药水只能够延缓长势。此外，虽然草铵膦被视为低毒农药，但化学方法无疑会对河流生态造成破坏，如果说在农田打药，那么从农田到河流还存在一个地表径流调节的"缓释"过程，如果在河边打药，无疑是直接"投毒"。

本是用于治理水肥的生态方法，为何会对河流生态造成更深层次的伤害呢？首先，模板化的设计忽视了实际的情况。从内河的治理来看，并不能否认专家的治理思路和专业知识，但把项目设计得过于标准、缺乏弹性则需引起注意。种植"巨型"水草吸肥，符合生态原理，但仅适用于宽敞的大河，而不适用于细密的河网。

此外，要想让水生植被真正发挥净化水质的作用，关键在于要建立一套循环机制。诸如在植被吸收完水中的营养物质之后，是否能被及时收割，收割后又将如何处理？传统社会人们遵循的是一套种养结合的原则，种植业产生的"废弃物"可以作为畜牧业的饲料，而畜牧业除了能增加收入和补充蛋白质外，其产生的废料又是稀缺的肥料，参与种植业的循环。随着现代化农业的发展，完全回到传统的种养结合并不现实，但种养结合不失为处理废弃物的一种可供借鉴的思路。

其次，项目的技术性特征排斥了普通村民的参与。无论是项目的设计阶段，还是项目的实施过程，项目都缺乏与村民的沟通。种植水草之时，绿化队队长和村民就向施工人员反映，认为河道太窄，种植太多植被会影响村民用水，但却遭到无视。那么村民将河道被堵归因为村委也无可厚非，因为在治理过程中，最应该对自己生活环境改善具有决定权的村民被排除在外，出了问题当然与他们无关。

第四章　民间组织的有限治理

项目无疑取得了一定的成效，但并未形成一套可供系统自行运转的良性循环，使得河道的治理成效在项目结束后难以维持。此外，书记和工程队主导的河道治理，并未激发起普通村民保护河道的责任意识，只得由专门的组织进行管护。其中钓鱼协会和保洁公司发挥了重要的作用，钓鱼协会的建立意在防止外村人偷捕，但因为秸秆问题而以失败告终。保洁公司虽然能够提供专业化的服务，但市场的运作存在选择性治理的倾向，难以满足河道日常管护的需要。

第一节　钓鱼协会的组建

一、以鱼治河

在项目外，×村治水运用了传统生态智慧，通过在内河放养鲢鱼以净化水质。鲢鱼是江南水乡的本土鱼种，是江南四大家鱼之一，不仅具有丰富的营养价值，还能有效净化水质。

在工业点源污染得到控制后，面源污染成为影响太湖流域水质的主要因素，河水中富含大量的营养物质，为微生物的生存和繁殖提供了适宜的环境。鲢鱼是一种滤食性鱼类，被称为河道里的"清洁工"，主要以水体中的微生物为食，在消化的过程中，水体的营养物质和微生物将会转化成鱼蛋白，通过定期的捕捞，河水中的营养物质将会被带离水体，以改善河流的富营养化。不少水产养殖场为了提高鱼的品质，也会借助传统的混养方式，来解决"水肥"问题，其中鲢鱼同鳙鱼常被用作清理水中多余的残饵、排泄物等有机质[①]。

鲢鱼还是村民餐桌上常见的佳肴，书记希望通过将吸肥的鲢鱼与村民的日常饮食结合起来，在改善水质的同时开发河道的价值，激发村民保护河流的责任感，形成河道治理的良性循环。但在现实中这一想法却很难实现，鱼苗的投放相对简单，但鱼苗的保护却成了问题。正因鲢鱼是水乡人民喜爱的鱼种，×村的内河就成为外村人捕钓的"天堂"，书记以鱼治河的想法，不得不先解决偷捕的问题。

---

① 陈阿江，罗亚娟. 面源污染的社会成因及其应对——太湖流域、巢湖流域农村地区的经验研究［M］. 北京：中国社会科学出版社，2020：158.

二、"聚钓"防盗

养鱼吸肥能够发挥生态效应，不料河里的鲢鱼吸引了外村人的注意，他们会在夜间赶来电鱼，投放下去不久的鱼苗就被捕捞殆尽。而村委人手有限，况且电鱼往往发生在夜间，防盗成为改善生态前的另一个难题。村委内部动员无望，书记开始琢磨发动村民的力量，恰巧书记是钓鱼爱好者，便想到了组建一支钓鱼队伍防止偷捕。

钓鱼协会因兴趣而组建，在第一轮治理后被赋予治理河道的使命。钓鱼协会是在 2010 年成立的，当时的会员有三十多人，遍布阳镇的各个大队。为了防止鱼苗被盗，书记便开始动员钓鱼协会，在既有协会的基础上，组建了×村自己的钓鱼协会。钓鱼协会共有二十余人，负责清理河面和岸上的垃圾、防止电鱼等情况发生，并且可以向在内河钓鱼的人收费，但此费用并不能用作收益，而是要用于第二年的鱼苗购买。

如果仅停留在想法层面，钓鱼协会的组建有利于形成保护河道的良性循环。首先，钓鱼不仅是一项娱乐活动，还能将水中的营养物质带离水体，从而减少专人捕捞的投入，并且避免了分配的难题。其次，钓鱼协会形成了一套完整的监管规范，不仅对饵料和捕捞工具有严格的限制，还能有效打击外村人的电鱼行为。最后，在内河钓鱼激发了钓鱼人保护河道的责任感，外来人的偷捕意味着自己的损失，这样，能够有效地动员钓鱼人参与防盗行动。

第二节　"扎钩"激化矛盾

一、无处安放的秸秆

起初，钓鱼协会确实在河道的治理中发挥了重要作用，通过激发钓友的责任感，不仅有效防止了外盗，还保持了河道的清洁。因其巧妙的做法，书记一直将钓鱼协会视为×村河道治理的亮点。但好景不长，钓鱼协会的成员便不再到内河里去钓鱼，书记的设想就此落空。"扎钩"是钓鱼协会失效的直接原因。

> 现在钓鱼也不能钓了，那个树枝已经沉到河底了，扎钩子，有的地方有两三米深了，现在排涝站一排水，那个桃枝就在河里漂，现在河底都是桃枝，连钩子都下不成了 。（GXG20191205）

"扎钩"和×村的秸秆问题又有着紧密的关联。×村耕地 644 亩，其中桃树

356亩，占耕地面积的一半以上。桃树每年要修剪三次，产生大量的桃枝，这些桃枝因难以利用而无处安放，成为×村新的麻烦。由于秸秆体量太大，又难以降解，村民普遍将桃枝堆放在邻近的空地，但并不是每户都有空地堆放，其中几户临近内河的农户便将桃枝丢在河里。这样的行为非常隐蔽，因为桃枝的密度大，丢到河里的桃枝往往会沉到河底，加之混浊的河水可以提供最好的掩护，直到临近的河道无法再容纳更多的桃枝，事情才得以暴露，不过为时已晚。

桃枝本是村民可资利用的燃料，以往曾是村民争夺的资源，但却因土灶的消失和禁烧秸秆的政策，使桃枝脱离了人们的生活，沦为无用的废弃物。

图4-1　被桃枝淹没的河道

二、日常矛盾的激发

虽然"扎钩"使得河道不再适合钓鱼，但真正使钓鱼协会弃钓的原因则是在日常管护中积累起来的矛盾。

首先，钓鱼协会的存在虽然可以有效防止外盗，但却无法克服村内人的"搭便车"。根据规则，在内河钓鱼的村民都要上交一笔管护费，用于河道日常维护的开销和鱼苗购买。但不少村民并不认同这一规则，在他们看来，在自己河里钓鱼本是天经地义的事情，交钱倒是违背了常理。面对村内人，钓鱼协会既碍于面子无法说教，又无法给出一个合理的理由禁止钓鱼，也没有必要因为几条鱼而过分地争执，更没有实质性的惩罚权力，也就无法阻止村内人的"搭便车"。虽然违规的只有少数几个人，但却为不交钱便可以钓鱼开了"口子"，如果不拔掉这几颗"钉子"，钓鱼协会也难再向他人收取费用。

虽然书记和钓鱼协会都将矛头指向了部分村民，给他们贴上不讲道理，爱占便宜，甚至素质低下的标签。但真正不讲道理的人非常之少，更多的村民则是认为钓鱼协会的决议他们并不知道，他们的意见没有得到尊重。这也提醒我们，任何规则要想被人遵守，除了外力的强迫或者经济上的诱惑，还需要考虑人们对规则的理解和认同。

其次，村委的"不作为"也引发了钓鱼协会的不满。钓鱼协会因无法实施惩罚而向村委求助，但村委也无法强迫钓鱼的村民交钱。此外，由桃枝引发的"扎钩"更加激化了协会对村委的不满，但村委也毫无办法，既难向违规的桃农追回损失，也难以再开展一次大规模的清淤。站在村委的立场上来看，与其费力解决，倒不如直接放弃。在协会看来，既然村委解决不了，协会更没有解决的道理，于是双方达成了一个默契的协议，面对外界，钓鱼协会在形式上仍履行着它的职责，只不过双方都不会再给彼此施加压力。

最后，钓鱼协会内部也存在管理问题。管理人员并未按照统一的原则进行执法，而是根据自己的亲疏远近选择性执法，从而削弱了其执法的合法性。

没有解决的矛盾，最终因"扎钩"而爆发，钓鱼协会彻底弃管，沦为了应付上级的"台账"，而失去了实际的作用。

第三节　保洁公司的替代

一、公司的进入

钓鱼协会失效后，保洁公司成为河道治理的主力，在河道日常的管护中发挥了重要的作用。保洁公司的进入源自镇政府公共服务给付方式的转变。以往政府河道维护资金分配，依据的是各村的河网面积进行给付，在此基础上各村包干治理，2018年以后，镇政府采取统一向市场购买服务，通过保洁公司清洁各村的河道。

从理论上来说，保洁公司提供的服务更加专业，更有利于河道环境状况的改善，但制度的变迁则源于各主体的需要。

对镇政府而言，社会化管理有助于提高管理效率。阳镇在区内的环境评比中成绩靠后，为了改变落后的局面，必须加大环境整治的力度，但在各村包干的前提下，各村具有较强的自主性，想要有效动员各村的环境整治并不容易。

对各村而言，社会化管理可以有效摆脱治理责任。包干制虽然让村委具有较大的自主性，但治理经费有限，组织人员烦琐，此外，如果在镇内环境评比中落后，就要背上执行不力这口"黑锅"。

> 后来社会化管理的理由在于，有一些村他们搞不好，也没有心思去搞，所以老是在检查的时候不合格，这样用社会化管理他就把责任推掉了，这不是我管的，是你们来管的，他其实就是推卸责任。（SJZ20201212）

二、选择性治理

从理论上来看，市场组织能够提供专业化的服务，既能提高公共部门的服务效率，也符合多元治理的理念，是环境治理中的重要力量。然而保洁公司在实践中却表现为一种选择性治理，难以满足河道日常管护的需要。

保洁公司是理性的市场行动者，其服务有很强的选择性。在空间方面表现为"片段式治理"，对景观河道倍加呵护，而无视其他河段的管护，以至于同一条河呈现出了完全不同的景观。在时间方面则表现为"突击式治理"，主要集中在每个季度检查前进行突击清理，而忽视了日常的管护。

造成选择性治理的原因主要有三。首先，保洁公司的经费有限，加之市场主体所遵循的效率原则，很难将有限的人力和物力投入最能反映其功能的事务。其次，保洁公司直接对镇政府负责，其生存取决于能否满足镇政府的需要，进而将治理重点放在需要考核的指标之上，工作成果的可视化就尤为重要。最后，虽然绿化队和钓鱼协会的治理最终是失败的，但作为村内人的治理具有更强的责任感，他们考虑的重点并非迎合上级的检查，而是思考如何把事情做好。而对于外来的保洁公司来说，显然对其服务的村庄没有情感的牵连，只需满足形式上的要求而没有额外的义务。

第五章　河长制的"名实分离"

制度具有普遍性和相对稳定性，匹配的制度对社会经济的可持续发展发挥着重要的作用。形成河流保护的常规制度，对其长效管护具有关键性作用。就×村河长制而言，河长制的创新与推广并不是一蹴而就的，而是根据现实的需要而不断完善的。通过政府的强制推广与民间的创新实践，武进区最终形成了一套以政府为主体，民间力量参与的治水网络。不过这套体系能否发挥作用，则需要在实践中进行检验。

第一节　升级版河长制

一、制度首创

20世纪末，中国经济在高速发展的同时也带来了严重的环境污染，河长制的出台便缘于水污染治理的需要。从官方文件来看，浙江省长兴县2003年就明确提出并实施了河长制，不过其设立初衷是为了创建卫生城市①。真正引发人们关注的河长制则是缘于 2007 年太湖蓝藻暴发引发的供水危机，为了解决污染，无锡市政府开始了铁腕治污，开启了制度治水的新局面。

直至 2016 年 12 月，中共中央办公厅、国务院办公厅印发了《关于全面推行河长制的意见》，正式提出在全国范围内实施河长制，至此河长制由地方实践上升为国家意志，制度扩散也由以往的自主转移转变为强制推行。随着中央政府对环境保护的高度重视，加之各地实践的不断深入，河长制的动员能力不断增强，机制也在日益完善。

首先，随着中央对环境治理日益重视，环保逐渐成为地方政府不容忽视的"中心工作"；其次，地方政府也在不断创新环境治理体制机制，通过加大宣传教育力度，并将与环境相关的各个主体纳入环境治理框架来推动协同治理；最后，中央通过环保督察给地方政府施压，并通过应用各项先进的技术手段和动员公众加以监督，虽然河长制仍保留着最初行政主导的特征，但不少地区已经探索出许多新的模式。

二、制度升级

作为最先发展的地区，苏南的环境治理也走在全国的前列，不断涌现出新的治理机制。2017 年江苏省政府出台《关于进一步推进生态保护引领区和生态保护特区建设的指导意见》，意见提出在 "263 专项行动" 的基础上 "以县级行政区域为单元开展生态保护引领区建设，培育一批生态保护特色典型②"。不久便将×村所在的武进区列为生态保护引领区。

转型的压力极大推动了河长制的扩散和创新。首先，正是在治理压力的推动下，河长制才得以在常州市全市迅速推广。虽然江苏省在 2012 年就已出台正式文件，在全省强制推行河长制③，常州市也早在 2013 年出台《关于加强全市河道管理河长制工作的意见》，但仅限于 50 条列入省骨干河道名录的河道，直到 2017 年 3 月江苏省才出台《关于全面推行河长制的实施意见》，河长制在常州市才得以全面推广。

其次，河长制在推广过程中也在不断创新。第一，完善组织架构，延伸治理网络。常州市在 2017 年 5 月出台《关于在全市全面推行河长制的实施意见》，

---

① 陈涛. 治理机制泛化——河长制制度再生产的一个分析维度［J］. 河海大学学报（哲学社会科学版），2019（1）：97.

② http://www.jiangsu.gov.cn/art/2017/5/15/art_65017_346208.html.

③ 周建国，熊烨. "河长制"：持续创新何以可能——基于政策文本和改革实践的双维度分析［J］. 江苏社会科学，2017（4）：38.

提出在全市建立市、辖市（区）、镇（街道）、村（社区）四级河长体系①。第二，积极吸纳民间力量，打造共治共享的治理格局。2018 年，常州市河长办在全省率先出台了《关于在全市建立"民间河长"体系的实施意见》，积极推动民间治水②。同年武进区下发《关于在全区推广企业河长的通知》，随后出台了《武进企业河长工作方案》，系统提出了"企业河长"的相关要求。最终，武进区形成了"村级河长—企业河长—民间河长"共管共治的格局。

第二节 河长之"名"

一、人人抢着当河长

从制度设计来看，河长制试图通过"责任到人"的治理方式，来克服"集体行动的困境"，并通过积极动员民间力量提升治理绩效。但从制度实践来看，河长制在×村存在名实分离的情况，即其实际发挥的功能与政府期待和媒体报道有相当大的差距，其治理绩效往往是被"赋予"的，而不是其创造的。

从新闻报道来看，河长制在×村治水中发挥了至关重要的作用。2018 年 10月，围绕×村治水成效，《武进日报》发布了一篇题为《人人抢着当"河长"》的报道，报道以河长治水为线索，勾勒出了×村治水与河长制的密切关联。

虽然报道力图给读者呈现出×村河长治水的繁荣景象，但也存在不少疑点。首先，人人抢着当河长存在逻辑悖论。制度设置的目的就是要改变河流无人问津的局面，而如果人人争当河长，或者说人人都是河长，那么河长制就失去了其存在的意义。其次，报道指出河长制的出现激发了村民的治理热情，以至于先是从争抢"河长"到后来"每位村民都是河长"，但这一观点并不符合×村的实际，在责任意识尚未重建和缺乏利益诱导的前提下，大部分村民往往对河长制视而不见。新闻报道疑点颇多，因此只有结合实地调查才能了解制度的真实运作。

二、被"赋予"的治理绩效

虽然媒体刻意营造了河长治水的热闹场面，但实际上，河长制并没有在×村发挥实质性作用。河长制的"名"与"实"发生了分离，即使有所谓的功能，也是被媒体人为"赋予"。

① http://jsnews.jschina.com.cn/cz/a/201705/t20170508_472239.shtml.

② http://www.jiangsu.gov.cn/art/2018/8/10/art_34168_7790190.html.

在村民眼中，河长制也不过是一种"形式"，而没有实际作用。笔者曾带着疑惑，向村中的老书记请教河长制在×村所发挥的作用。

> 谁愿意去当河长呢？这个东西有什么搞头？河长制这个东西主要是个形式，关键要有人去弄，现在就是领导挂个帅，问题是具体管理，要真正关心河里的事。不要说那些领导们了，就连老百姓看到问题都懒得去举报。（GXY20201118）

老书记对河长制的判断在×村很具代表性。在笔者调查期间，除了村委成员，很少有村民知道他们的河长是谁。由此，我们可以判断媒体的报道有很大的水分，报道者并没有秉持新闻客观中立的原则，而是有很强的主观色彩。

从秸秆问题我们可以看出河长制难以发挥其应有的功能。首先，从监督的角度而言，如果村民有意识地监督，秸秆也不会轻易地被丢入河中，即使丢入河中，村民的舆论也会使越轨者承受巨大的压力，然而村民似乎并不在意这一问题。其次，如果我们寄希望于村民有监督的意识过于理想，那么河长应该对此负起责任，但河长们往往只在新闻上"巡河"。最后，村委对钓鱼协会所反映问题的忽视，意味着河长制不仅功能有限，而且从根本上难以发挥作用。由此，治理的绩效是由媒体所"赋予"的，而不是制度所创造的。河长制虽试图激发村民治理的主体责任感，但这一理想在实践中基本宣告失败，从河长制到"河长治"还有一段漫长的距离。

第三节　河长之"实"

一、忙碌的河长

书记是村里的一把手，也是村级河长，作为行政体系的末端，直接参与河流的治理与保护。书记是×村治水的关键人物，从重视河道保洁到积极争取项目，书记一直发挥着主导性的作用，不过在项目结束后，书记的注意力逐渐从河道治理转移到他处。

"企业河长"并不是×村的创新，而是随着创新扩散成为×村河长制的常规设置。在×村，忙碌的"企业河长"非但不能提供河道维护的资金，甚至连最基本的职责都难以履行。首先，"企业河长"蒋××家中有厂，又是村委成员，于是肩负了"企业河长"的"重任"。但其主业仍然是家中的铸造厂，在经营之外，蒋××还需要在人手不够之时充当工人。其次，村委的工作本身就非常繁杂，而且报酬极低，如果不是为了给自家的企业寻找庇护，他也不会在村委任职。最后，蒋××还要兼顾妻子在镇上的生意和孩子的教育，几乎没有时间去照管河道。

×村的"民间河长"也是绿化队队长，相较于其他河长，"民间河长"在河道的日常管护中投入的精力最多，发挥的作用最大。

首先，队长是村委的"长工"，年底能从村委领到两万多元的工资，日常维护河道和洪涝站的管理是其主要责任。其次，队长的生计与水紧密相关，在兼顾种植业的同时巡查了河道。再次，队长的工作受到了有效的监督。一方面，队长的身份具有"官方"的色彩，受到村委的监督；另一方面，他也是×村的村民，村民的舆论也发挥着重要的作用。最后，队长的个人特质也是其能够认真对待工作的关键因素，在村民眼里，队长是一位做事认真而又负责的人，书记也将其视为他的得力帮手。

此外，虽然"民间河长"在河道长效管护中发挥了重要作用，但我们也要清醒地认识到，×村的"民间河长"只是村委命令的执行者而已，并无话语权，虽然能够及时发现问题，但由于地位的限制，×村河道的日常维护还需要掌握资源的领导者以及村民的广泛参与和投入。

二、有限的激励

×村的河长们普遍忙于自己的工作，无暇顾及河长的职责，不过不同的河长对制度的态度和行动却有所差异。我们可以粗略地将河长们对待河长制的态度分为重视与不重视两类，而将是否按照河长职责来行动分为行动与不行动两类[1]，由此我们可以发现，河长们对制度的态度和所采取的行动存在着普遍的分离。

表 5-1 态度与行动的分离

态度	行动	不行动
重视		重视但不行动（"村级河长"）
不重视	不重视但行动（"民间河长"）	不重视且不行动（"企业河长"）

"村级河长"作为×村的一把手，是制度规定的第一责任人，虽然他无数次

---

[1] 此处的分类相对简单，而现实是十分复杂的。例如重视与不重视中间有大量的过渡地带，并不能简单地两分，就如"企业河长"，虽然他并不重视河长制，也没有参与相关的治水行动，但却要负责制作河长制的台账，以应付上级的检查，行动亦是如此。不过，虽然分类与现实情况并不完全相符，但作为理想类型能够帮助我们理解个体在行动中的关键特征。

在公开场合强调河长制的重要性，但却因忙于其他工作而难以履行河长的职责，重视但不行动，是一种"象征性服从"。

"企业河长"在×村有些水土不服，在"企业河长"看来，河长制只是一个"摆设"，他自己也没做过什么工作，更不能指望其能为河道治理提供资金或技术上的支持。

相对于其他两位河长，"民间河长"在河道长效管护中发挥了重要作用，不过其行动的动力是村委的指派而非制度所赋予的职责。此外，"民间河长"不仅对本村的河道具有感情，同时担心来自村内人的指摘，因而他们即便没有意识到河长制的重要性，但却能够认真地对待。

分离虽然是常态，但也并不意味合一的情况并不存在。就"村级河长"而言，某些特殊时期，其态度和行动往往是合一的，诸如在迎检之际，河长不仅在态度上十分重视，还亲自巡查河道以防止出现不必要的"意外"。

此外，"村级河长"在治水项目实施的过程之中也存在态度和行动的合一，不过他们的动力并不是履行制度交办的工作，而是要给村民一个交代。

由此，我们也可反思河长制在×村所发挥的功能，从规范的角度来看，不能武断地判断制度没有作用，只能说是非常有限，秸秆问题可见一斑；从激励的角度来看，虽然媒体和政府都认为河长制发挥了巨大的作用，但从×村的案例来看，河长制并没有使书记的注意力长久地停留在河流的治理之中；对于"企业河长"而言，河长制徒增了其编造"台账"的负担；而对于"民间河长"而言，他们认真对待的是村里的工作，而非被制度激励。

第六章　结论与讨论

×村河道环境治理取得了巨大成效，但从长远来看，围绕×村河道治理的资金投入、组织安排和制度设置似乎缺乏治理的可持续性，甚至在治理过程中又引发了许多新的问题。

第一节　结　论

一、未被重建的循环

传统农业历来讲究种养结合，最大限度地使不同物质得到循环利用，以产生协同效应①。桑基鱼塘往往被视为通过种养结合实现农业可持续发展的典范。在长期的农业实践中，人们在太湖流域形成了一种种桑养蚕和池塘养鱼的经营模式。农民将蚕砂、落叶等有机质投入鱼塘喂鱼，之后定期从鱼塘中取出富含有机质的淤泥作为桑树肥料的同时，抬高了桑基，避免了水淹，之后，桑叶用于喂蚕，养蚕过程中产生的"废料"又成为鱼的饵料，从而进行新一轮的循环。不过，随着现代化的到来，传统农耕技术已经失去了其存在的历史条件，但其运行的理念却成为我们可以借鉴的珍贵资源。

回到×村的内河治理，不难发现，虽然治理者有意用生态的方式进行治理，但却忽视了循环的建立，以至于产生了大量难以处理的"废物"。以再力花为例，其生态效应在于能够吸收水中营养物质以净化水质，但这只是建立循环的第一步，只有定期收割，才能真正将水中多余的营养物质带离水体。此外，即使有人负责收割也并不能保证循环的建立，只有当这些水草真正能被利用起来，才能实现良性的循环。在传统时期，割草是孩子们的日常活动，水草既可以作为家畜的食物，也是制作"草塘泥"的重要原料，因为有用，所以人们自动会去收割，而不会任其肆意疯长。而随着现代化的到来，村民已经不再需要自制肥料，村里也因环境治理而实行了禁养，水草没有了去处，如果没有专人收割，只能任由其在河中腐烂。

秸秆问题也如出一辙。在"改灶"之前，桃枝是村民燃料的主要来源，但如今却成为令人头疼的问题，没有利用价值，不是闲置在村中，就是被丢入河里。不过秸秆的问题已经看到了解决的希望，村委已经计划运用现代的技术设备粉碎桃枝，以解决占地问题，粉碎后的桃枝又可以作为肥料回田，实现新的平衡。不过，循环的建立也并不能完全依靠普通村民的自觉，政府和社会组织需要发挥关键的引导作用。

综上，虽然传统的农耕智慧已经失去了存在的历史条件，我们并不能完全照搬，但作为理念却值得借鉴。此外，虽然循环难以按照传统的方式建立，但可以借助现代的技术优势建立新的循环，以实现可持续的环境治理。

二、"剥离性"的治理

从社会层面来看，×村河道的环境治理具有明显的"剥离性"特征，使得治理难以持续。有学者将地方环境政策实施过程中产生的非预期后果概括为"剥离性地方环境政策"。其有两方面含义，一是将人从环境中剥离开来，人造环境全面代替自然；二是在政策的制定和实施过程中，排除利益相关方，特别是基

---

① 陈阿江. 无治而治：复合共生农业的探索及其效果 [J]. 学海，2019（5）：80.

层公众的意见①。前者表现为环境治理中存在景观化、标准化的倾向，虽然能大幅度提升环境的"观感"，但以城市人的审美来建设的乡村，却切断了人们对环境的情感。后者则反映了外部力量主导的治理模式，就治水项目而言，项目从设计到实施并没有真正倾听普通村民的声音，吸收他们的意见，村民甚至成为项目实施的阻碍。由于不是出于自己的意愿，没有付出过心血，当然也就不会珍惜。

面对现代性带来的污染，单靠社区内部的力量难以应对，外部力量的支持就尤为重要，但内外力量的衔接又成为亟待解决的问题。"剥离"的出现在于外部的支持过于强大，以至于消解了内部力量的生成。如何做好内外衔接工作需要更进一步的探讨，就×村而言，虽然其治水主要依靠外部力量而不是本村的村民，但在治水的实践中也能看到一些可能的方向。

首先，相较于保洁公司的选择性治理，由村民组成的绿化队在环境治理上明显取得了更好的效果。对于绿化队成员而言，治河不仅是一份职业，还具有情感上的认同，更为重要的是还有舆论的约束，所以他们想的是如何解决问题；而保洁公司的员工则是外村人，没有情感的连带，也没有舆论的约束，所以考虑的是如何应付问题。

其次，河长制虽然并没有发挥实际的作用，责任到人的机制甚至进一步弱化了普通村民的责任感，但"民间河长"实践却提醒我们要关注那些真正发挥实质性作用的群体，而非一些象征性的名号。

三、难以承受的投入

从经济理性来看，×村河道的环境治理并不经济，投入了大量资金却鲜有回报。如果×村没有利用好这一笔资金，建立起稳定的循环，那么治理便是难以持续的。

首先，项目中存在诸多不合理的支出。诸如项目中的氮磷拦截工程就需花费 100 万元，占当年×村集体收入的近一半，况且这笔投入非但没有达到改善水质的作用，还引发了一系列的麻烦。如果改种江南水乡的本土植物，诸如菱角，不仅不需要大量的资金投入，还能通过村民的日常饮食解决"收割"的问题。除了在水里大规模种植景观植物外，项目还在岸上配套了 300 万元的"绿化"，引进了不少名贵的树种，这是没有必要的。

其次，由于完整的循环尚未建立，村委不得不继续加大投入以维持人工制

---

① 谭宏泽，ORDERUD G I. 地方性环境保护政策的未预后果：以天津水源保护措施为例［J］. 广东社会科学，2017（1）：213.

造而来的景观。以外来植被为例，一方面，像再力花这样生命力旺盛的植被，需要花费大量的人工进行定期的清理；另一方面，不少外来的树种难以适应既有的环境，需要人工精心地呵护。在笔者调查期间，为了给引进的树种防寒，村里专门有两人负责在树种的底部铺设塑料纸保温，以提升存活率。

最后，从长远来看，治理对普通村民责任感的剥离，将会增加更多的投入。社会规范会激励人们去做有益于社区的行为，如果不得不依赖外部的激励措施，那么你就必须支付远远多于你依赖居民义务感所需要的费用①。只有村民将内河当作自己的河，保护内河是自己分内的事情，才能解决不断出现的问题，而光靠外部力量的投入，通过利益机制来调节，只能造成无止境的投入。

综上，×村的治水项目作为试点具有合理性，但难以推广，一旦缺乏资金支持，治理便失去了动力。此外，人工打造的生态景观，难以适应本地的环境，需要人工进行维护，一旦脱离了人的照料，就像温室里的花朵难以在真实的自然环境中生长，又得花费大量的维护成本。

第二节　讨　论

首先，虽然×村的实践还有待考察，但就目前来看，×村河道的环境治理并不持续。轰轰烈烈的治理，也只是取得了暂时性的效果，人为打造的脆弱系统难以经受现实的考验。第一，虽然治理者打着生态治理的旗号，但却并不具备建立循环的思维。第二，在生态治理中，斥巨资引进外来植物，不仅浪费了大量资金，还需要高人工维护成本。第三，少部分人主导的治理，忽视了普通村民的意见和参与，进一步弱化了村民保护内河的责任感。第四，由于不合理的支出，加之高成本的维护，使得×村河道的环境治理一旦缺乏资金支持，便会陷入停滞，甚至倒退。如何建立环境治理的长效机制，既是×村下一步治理的关键，也是其面临的难题，脆弱的"景观生态"无法适应紧张的资金约束。

真正意义上的治理，并非彻底解决问题，抑或回避问题，而是建立起一套解决问题的机制，既能防患于未然，又能在问题出现后从容应对。环境治理的目标也是要建立起这样一个系统，在这个系统中，既要有经济系统的支持，又要激发社会系统的活力，还要符合生态原理，而不是完全依赖外部的支持，或者少数几个人的奉献。

其次，单就环境问题而言，其解决更多依靠的是外部力量的强制干预和人

---

① 桑德尔.金钱不能买什么——金钱与公正的交锋［M］.邓正来，译.北京：中信出版社，2012：131.

们日常生活中的自觉。外部力量的干预我们无法控制，于是在环境治理中激发普通人的责任感便成了关键。从×村的实践来看，虽然大部分人对治理采取了漠视的态度，但也有不少热心的村民在积极实践，他们是撬动治理杠杆的关键。同时，尊重村民的意见，推动村民的参与，在实践中才能让村民重拾自己对环境的责任感。

最后，环境治理并不需要多么高深的生态学知识，而是要重视地方的传统和实践。引进再力花之时，不少老农便意识到了其"去处"问题，但技术专家却忽视了这一问题。此外，本土植被虽然没有亮丽的外表，但却更能适应本地的生态，也更加经济，本地的村民了解其习性，也更知其用途，需要加以重视，避免以"贵"为美的误区。

县域运动式治理中资源调配的逻辑
——基于结构化理论的分析

❖ 宋梦元（安徽大学）

吴理财（指导教师）

    摘　要：本研究以 F 县在 2019 年争创"省级文明城市"所做的各项治理活动为案例，以结构化理论为基础，通过运动式治理的研究视角，以资源调配为切入点，探析在县域运动式治理中，基层政府资源调配的具体途径及其实现逻辑。同时，融合吉登斯的结构化理论，分析县域运动式治理中资源调配的结构因素与主体因素，深入讨论资源调配的实现逻辑，并根据结构化理论对运动式治理作出反思。

    运动式治理是国家治理现代化转型进程中一种普遍而又特殊的治理形式。在治理要求高、资源供应不足的情况下，基层政府在县域运动式治理中如何实现资源合理调配成为取得高治理成效的关键。本文着眼于基层政府资源调配的因素构成以及结构化逻辑，发现 F 县主要通过资源转化（动静结合的强运动机制）、资源筹集（压力型思想动员）、资源扩散（项目化结构形式）、资源评估（奖惩制度的构建）的方式在县域运动式治理内部实现了资源顺利调配。行动者在结构与规则的约束下仍能够发挥主观能动性的作用，在资源调配的过程中形成了"客观结构–主观意识"的逻辑结构，一方面，客观社会结构制约行动者的行为，同时在实践中存在一种双向互动的过程，行动者在被结构化制约的同时也生产出结构化的特征，不断地再生成新的制度和结构；另一方面，行动具有反思性和能动性，行动者的价值选择和政治追求在资源调配中具有重要作用。

    从结构化理论出发去反思运动式治理，要把握好运动式治理所处的结构，从我国制度特点与资源调配的逻辑出发，优化再生产制度与结构，建立新型常态化治理。运动式治理的"内卷化"、政策变通和"共谋行为"以及"剧场化"

治理的困境需要行动者之间构建共识以发挥行动者的能动性，促进行动者对治理结构的建构，以此推进运动式治理不断地向现代化稳步迈进。

关键词：运动式治理；资源调配；结构化理论；基层政府

第一章 绪 论

第一节 研究的背景和意义

一、研究背景

近年来，随着改革开放的深入发展，党和政府在国家治理方面，更加关注社会治理的方式与质量，这种转变使我国在经济、政治以及国际地位方面都进入全新的方位。由于中国的治理传统一直遵循官僚体系加运动式治理的方式，而处于转型上升期的中国所面临的环境复杂，国家的治理能力和治理体系处于不够完善的阶段，运动式治理并不能完全达到国家治理现代化的要求。因此，运动式治理作为一种突击性、高效实现目标的治理方式，如何打破现有的困境，高效调动各类资源，实现运动式治理逐步向现代化治理转型的目标成为当代基层政府社会治理和职能转变的重要任务。

人们日益增长的社会治理要求与社会资源总量之间的供给处于不平衡的状态，这就造成当面对重大任务和繁杂的治理目标时，政府通常都会选择运动式治理，因为其能够在短时间内快速调动资源，集中力量解决重点任务，获得较高成效。然而，这也引起许多结构上的问题，在显著的成效背后隐藏着不合理的理念和精神。基层政府资源有限，当接受上级所下达的重要任务和面临集中检查时，基层政府如何广泛调配资源，如何动用行政权力使各类不同职能、不同专业素养的行政人员集中精力解决重点问题成为运动式治理的关键。本文的重点放在对县域运动式治理在资源调配过程中的运作，从结构与行动主体两方面探讨基层政府资源调配的具体过程，通过结构化理论阐述运动式治理在资源调配上的逻辑，并通过结构化理论反思基层政府运动式治理机制的"再生产"以及行动的能动性与运动式治理的现代化发展路径。

二、研究意义

（一）理论意义

本文通过对基层政府争创省级文明城市的运动过程进行描摹，以结构化理论分析资源调配的运作逻辑，以结构和行动剖析机制的"再生产"、权力结构下运动式治理的转型困境以及共识构建下运动式治理的现代化发展。近年来，有关运动式治理的研究成果逐渐增多，但是用结构化理论视角分析运动式治理的研究还并未出现，本文选题主要从这个理论方面对运动式治理的研究进行补充。一方面，从实践方面对吉登斯的结构化理论进行丰富的论述；另一方面，从理论化的视角系统地分析运动式治理的结构，能够更好了解运动式治理。

（二）实践意义

"省级文明城市"的评选不仅是对一个城市的整体发展水平和人们文明素养程度的最高评价，也是政府增强社会治理的一种激励措施，是政府提高治理水平的手段之一。F 县的文明创建工作起步较早，1998 年就开始大力开展创建文明城市活动，历年来也获得过"H 省文明县城"①、"H 省文明县"② 和"全国文明县城"等荣誉称号。F 县高度重视文明创建活动，将争创"省级文明城市"视为政治任务，将创建文明城市的目标纳入每个部门的日常工作中，探析基层政府在创建活动中实现各部门资源调配的演绎路径和逻辑，对于今后运动式治理更有效地开展具有重要意义。

第二节　文献综述

一、国外相关研究

运动式治理形成有着非常深厚的土壤和特殊的环境，是在中国的土地上实践所形成的独特治理模式。在笔者查阅的范围内，没有国外学者关于运动式治理的论述，但是能够看到很多国外学者对中国政治和治理模式的评论，西方治理理论作为公共管理领域中极具代表性的理论之一，对中国治理理论的形成具有重要的借鉴性意义。所谓"治理"又有"引领、掌舵"的意义，原义是指在

---

① 县城：又称为县治，指的是县级人民政府所在的镇或街道。因此，"文明县城"荣誉称号是指县级人民政府所在的镇的范围被评为的文明称号。

② 县：行政区划单位，由直辖市、地级市、自治州等领导。不仅包括县级人民政府所在的镇，还包括所有其他乡镇、街道和村等，文明县比文明县城所包含的范围更大。

行动或操作中进行指导与操纵，属于一种政治过程。在 20 世纪 70 年代后才真正开始作为"治理"的含义使用①。Heinrich 等人认为目前政府的性质和角色在逐渐转化，从原来的官僚体制的垂直模式转变为社会与公民合作的多元化体制，这些观点为治理理论的发展提供了崭新的视角，相比于政府直接提供服务，政府还有更重要的治理作用②。ROTHSTEIN 则认为治理转型倡导者往往忽略了中国特色党政系统和党政干部管理制度与韦伯的科层制还是存在很多不同的，科层制强调理性与法律化，而从中国政府的治理模式来说人情往往比法治更强③。

国外学者不仅对治理模式进行研究，对中国的改革、政治与政党都非常感兴趣。例如，在《中国共产党：收缩与调适》这本书中，西方学者从多角度对中国共产党进行分析，对中国共产党近些年在思想与政治上的建设着重论述，认为中国共产党一直处于不断收缩与调适、转型过程中。还有一位美国学者对毛泽东相关革命实践和政治运动进行深刻的研究，他认为在毛泽东领导时期，中国很多群众、组织都在响应党的号召，不仅全国性政治运动频发，在小城市进行的政治运动更多，他认为数量可能要比全国性的政治运动多十倍④。

二、国内相关研究

改革开放对中国的影响，不仅体现在管理体制方面的借鉴，还有思想文化及理论的学习。近些年，我国逐渐建立起国家治理理论，这是一种具有中国特色的、能够与西方治理理论比肩的理论。由于国家与政府的性质不同，因此国家治理理论显然不同于西方治理理论。"国家治理""推进国家治理体系与治理能力现代化"首次在党的十八届三中全会上以正式文书的形式出现⑤。近年来中国学者将国家治理能力作为研究范式，提出了国家治理能力的构成要素有三个是否，即体制是否有吸纳力，制度是否有整合力，政策是否得到执行。这与西方治理理论将整体作为研究范式有很大的区别⑥。

2004 年，"运动式治理"作为一个学术概念第一次出现在刘效仁的论文中，

① 娄成武，董鹏．西方治理理论缘起与发展探析——基于美国公共行政学的视角 [J]．青岛行政学院学报，2014（4）：58．

② HEINRICH C J. A State of Agents? Sharpening the Debate and Evidence over the Extent and Impact of the Transformation of Governance [J]．Journal of Public Administration Research and Theory，2010，20（suppl 1）：3-19．

③ ROTHSTEIN B. The Chinese Paradox of High Growth and Low Quality of Government：The Cadre Organization Meets Max Weber [J]．Governance，2015（ⅩⅩⅧ）：533-548．

④ 萧延中．外国学者评毛泽东 [M]．北京：中国工人出版社，2002：46．

⑤ 中国共产党新闻网．党的十八届三中全会《决定》重要举措释义 [EB/OL]．（2013-11-22）[2021-06-28]．http：//theory．people．com．cn/n/2013/1122/c40531-23623500．html．

⑥ 杨光斌．国家治理论超越西方治理论 [N]．理论导报，2020-01-06（16）．

该论文篇幅较短，也并未对其概念进行界定①。关于运动式治理的含义，不同的学者有不同的论述。冯志峰认为运动式治理是统治集团凭借其所拥有的政权与资源，通过政治动员的方式调动阶级内部成员、其他部门成员或是社会成员参与一些存在较久、较难解决的社会问题或是社会突发性事件的治理，以达到维护社会稳定的作用，并且在专项治理过程中呈现出一种高压的状态②。黄科从宏观、中观、微观三个层面进行分析，认为运动式治理是行动者之间有明确等级之分的集体行动，整个治理过程是按照"中心—边缘"和"主体—客体"的结构构成的，并且具有一整套固定流程③。

关于运动式治理存在原因的研究，唐贤兴认为之所以兴起运动式治理是由于政府动员能力不够，他认为运动式治理开始作为政府常态化管理的重要的组成部分而运行④。而冯仕政则以政体作为基础对国家运动进行整体性解释，他认为国家运动的形成是由于国家不断借助其强大的专制权力，并且调动一切可利用的积极力量将有限的资源集中起来⑤。周雪光认为运动式治理产生的根本原因就是中央政府与地方治理的矛盾无法得到解决⑥。孙培军和丁远朋认为中国传统儒学的文化背景使民众忠于国家和君主，严重缺乏政治参与意识，导致政府倾向于政治动员，这使运动式治理有生存的空间⑦。

关于运动式治理的评价，唐皇凤认为运动式治理在治理能力较差的年代，是执政党获取群众的支持，促使社会资源集中的重要治理方式⑧。而黄科则有不同的看法，他认为运动式治理假设是处于"强国家-弱社会"中，那么这种社会结构对于国家政治动员、组织和调配社会力量都有着积极意义，而当社会结构转变为"强国家-强社会"的时候，社会化的动员方式不断增强，依靠国家去进行大规模的政治动员和力量集中的方式将被削弱，因为此时行动者之间的关系

① 刘效仁. 淮河治污：运动式治理的败笔 [J]. 生态经济，2004 (8)：25.

② 冯志峰. 中国运动式治理的定义及其特征 [J]. 中共银川市委党校学报，2007 (2)：29-32.

③ 黄科. 运动式治理：基于国内研究文献的述评 [J]. 中国行政管理，2013 (10)：107-112.

④ 唐贤兴. 政策工具的选择与政府的社会动员能力——对"运动式治理"的一个解释 [J]. 学习与探索，2009 (3)：59-60.

⑤ 冯仕政. 中国国家运动的形成与变异：基于政体的整体性解释 [J]. 开放时代，2011 (1)：72.

⑥ 周雪光. 运动型治理机制：中国国家治理的制度逻辑再思考 [J]. 开放时代，2012 (9)：104-125.

⑦ 孙培军，丁远朋. 国家治理机制转型研究——基于运动式治理的视角 [J]. 江西师范大学学报（哲学社会科学版），2015 (2)：17-18.

⑧ 唐皇凤. 常态社会与运动式治理——中国社会治安治理中的"严打"政策研究 [J]. 开放时代，2007 (3)：115-129.

逐渐从"主体—客体"转变为"主体—主体"①。祁凡骅则认为中国需要尽快解决运动式治理的困境，其与所追求的国家治理现代化是不相同的，无稳定的制度与组织保障，系统性较差，是一种粗放型的治理模式②。

综上所述，大多数学者的研究都集中在理论方面，对运动式治理存在的合理性和价值性进行了判断，为总结运动式治理的发展与转型提供了丰富的理论基础，而对县域运动式治理在资源调配的结构化逻辑上的分析仍值得挖掘和探索。

第三节　概念界定和理论依据

一、相关概念界定

（一）运动式治理

运动式治理是产生于中国社会结构与政治结构中的特殊治理方式，早在清代乾隆时期，运动式治理就用来整顿处于困境的常规治理；清政府为了自强而主导的洋务运动；革命时期的土地改革和整风运动；新中国成立后"三大改造""大跃进"以及"文化大革命"等。这些治理运动有的是为了改造社会风气，有的是通过突击性的治理完成某项重要的国家任务或是国际活动③。本文认为运动式治理是拥有权力的管理机构为了实现某个特定的治理目标，通过政治动员的方式集中社会各方面资源，打破常规行政模式而进行的自上而下实施的、一种临时性的治理活动。而本文所提到的县域运动式治理特指发生在县域内的突击式治理活动。

（二）资源调配

关于对"资源调配"概念的界定，根据查阅，所谓资源调配实际上是在资源有限的环境下，将资源进行重新调配组合，缩短工期以提高资源的利用率的一种运行方式。本文关注的"资源调配"处于运动式治理的过程中。基层政府在治理任务中，运用行政权力对政府资源进行重新调配组合以广泛调动各方资源，形成巨大合力，提高资源利用率以快速完成集中整治的任务。其中政府资源主要指的是基层政府各部门行政人员、各部门拥有的物质、信息以及资金等保障性资源。

---

① 黄科．运动式治理：基于国内研究文献的述评［J］．中国行政管理，2013（10）：107-112．
② 祁凡骅．中国需要告别"运动式治理"困境［N］．社会科学报，2015-05-22（3）．
③ 詹姆斯·汤森，布兰特利·沃马克．中国政治［M］．南京：江苏人民出版社，2005：117．

二、理论依据

（一）结构化理论的内涵

在 20 世纪 80 年代，安东尼·吉登斯综合多种理论传统构建了权威性的概念，形成了符合时代诉求的理论。社会学领域长期存在"二元对立"的矛盾，即一种是从结构出发去看待社会的客体主义，而另一种是从行动者出发去看待社会的主体主义，因此形成了一种相互对立的关系。而吉登斯超越这种二元论的模式，以"双重解释学"为范式去看待社会科学的基本性质和任务①。实际上，吉登斯的结构化理论探究的是社会结构与个体行动者能动性之间的关系，他试图突破社会主流中以宏观与微观对立的方式去研究个人与社会的关系的思维②。吉登斯所提出的"结构二元性"辩证地阐述了社会结构对个体行动的指引规范作用，同时个体的行为也在互动的基础上产生新的社会结构。

吉登斯认为结构指的就是规则和资源，而社会结构就是在规则和资源相互作用下的产物，资源是权力实施的基础，资源使得社会结构有所支配，同时资源为规则的形成提供条件，这些具体的条件使规则在社会实践中显现出来。吉登斯认为权力的含义是指对资源的支配并且权力是所有行动者都拥有的特征③。总之，吉登斯的结构化理论认为全部社会结构都是社会实践所造成的后果，而社会结构也是在社会实践中才得以运行和发展的。他认为有行动才会有结构的存在，而有结构则必然有行动的发生，虽然结构拥有能动性，但也具有制约性，这两种属性同时出现在社会结构中。

（二）结构化理论的要素

1. 行动与行动者

从结构化理论来看，行动与结构是研究社会的两种维度，即从主体方向与客体方向进行探究，二者是相互依赖而不是相互孤立的，不能分开而单独论之。吉登斯认为行动并不是一些"行为"的简单组合，而是连绵不断的行为流，行动具有几个特性，即社会性、反思性以及非决定性④。吉登斯认为行动者实际上具有很

---

① 武晋维．吉登斯结构化理论研究 [D]．太原：山西大学，2012：10-12.
② 张云鹏．试论吉登斯结构化理论 [J]．社会科学战线，2005（4）：274-276.
③ 安东尼·吉登斯．社会学方法的新规则 [M]．田佑中，刘江涛，译．北京：社会科学文献出版社，2003：212.
④ 安东尼·吉登斯．社会的构成：结构化理论纲要 [M]．李康，李猛，译．北京：中国人民大学出版社，2016：5.

强的认知能力，但行动者进行实践活动时所面临的情境非常复杂①。行动者具有主观能动性，对于行动的某些行为部分来说，无论谁实施，他肯定是有意为之的，因此行动具有一定的目标和意图。但吉登斯也强调行动者的认知能力是有一定的限度的，因为在实践中存在未被感知到的条件会造成一些行动出现意外后果②。

2. 结构和结构化

结构化理论的核心就是结构、系统以及结构二重性等概念。吉登斯认为结构就是指转换的规则和资源，"规则"的含义是行动者在行动时所依赖的行为规范和表意性的符号。吉登斯将资源分为配置性资源与权威性资源两类，前者指的是权力运作过程中，人们对大自然资源本身的支配，即各类物质性的实体性资源；后者指的是权力运作下所具有的支配性力量，例如行动者所处的社会关系等非物质性资源③。权威性资源主要是概括社会关系中不具备实体性质的手段和策略，但会形成社会阶层的分层，以达到支配与被支配的关系，吉登斯认为这两类资源是权力能够得以实施的关键媒介④。在社会系统结构中可以发现行动者是在互动环节中再生产出新规则与结构，并且使它们与社会结构重新相互融合和嵌套。因此，结构化的过程是双向构建的，社会中的互动重新构建新的结构与模式，规则和资源也在具体情境中进行再生产⑤。

3. 权力和能动作用

吉登斯对于权力的理解是它可以改造自然界与社会中的资源，是一种能够支配资源的力量。他认为权力是实现对资源操纵与建构的能力，且依附于一定的现实社会情境⑥。吉登斯反对以往学者将权力的观点分为主客两方面，于是用结构的二重性来重新定义权力：一是行动者可以根据内心所想进行判断与决定；二是深含于制度结构内的一种动员能力⑦。行动者处于特定社会结构中，整个社会结构对个体有制约性作用，并且会支配个体行动者，但身处于结构中的行动者不是没有主观能动性的，而是会根据自我意识与需要创造出自身需要的结构。在这个过程中，权力发挥重要作用，社会中的行动者依据自身能动性对权力进行转换与支配，而行动者之间对资源与关系的依赖程度也影响着权力支配方式⑧。

---

① 安东尼·吉登斯. 社会的构成：结构化理论纲要［M］. 李康，李猛，译. 北京：中国人民大学出版社，2016：265.
② 同①266.
③ 侯俊生. 西方社会学理论教程（第三版）［M］. 天津：南开大学出版社，2010：391-392.
④ 金小红. 吉登斯结构化理论的逻辑［M］. 武汉：华中师范大学出版社，2008：93-94.
⑤ 同①15-22.
⑥ 武晋维. 吉登斯结构化理论研究［D］. 太原：山西大学，2012：18.
⑦ 同①14.
⑧ 同⑥.

第四节　研究的创新点和不足

一、可能的创新点

将吉登斯结构化理论与运动式治理相结合，从结构和行动两方面探究县域运动式治理资源调配的因素构成和运作逻辑。从我国的社会、制度、权力结构以及行动者主体意识出发，反思县域运动式治理过程中结构化的过程以及行动者的能动作用，以期望帮助基层政府了解运动式治理的结构化过程，发挥能动性来创建新治理体制和新常态化治理模式，提高治理效率。本文突破注重理论研究的模式，以实际案例为研究基础，与县域运动式治理结合紧密，通过对 F 县近期开展的典型运动式治理活动进行研究，得出具有理论性、借鉴性与实际操作性的结论。

二、研究的不足之处

由于目前学术界对于运动式治理的研究还未形成体系与权威理论，因此可能在理论基础上还不够完善。由于个人能力原因，可能导致文献梳理不全面，并且受限于个案分析所展现的面貌，可能存在以偏概全的问题。在实际调研的过程中，由于现实条件的约束与限制，很多内部信息与实情无法获取，因此对 F 县创建文明县城的实际调研可能存在不够全面的情况，从而导致关于案例的分析较为薄弱，给出的结论也不够完善。

第二章　创建 "省级文明城市" 的运动式治理

第一节　F 县创建省级文明城市的进程

一、基本情况

在党中央创建文明城市的大力号召下，F 县于 1998 年就开始积极开展创建文明城市的活动。除了具有最高水平的 "全国文明城市" 的评比活动之外，H 省也在本省内进行省内文明城市评比，"省级文明城市" 作为省级综合性最高的荣誉，不断激励各城市保持创建发展的斗志，从 2007 年开始，每三年一届，F

县相继荣获"H省文明县城""H省文明县""全国文明县城"等不同级别的荣誉称号。但近年，F县从全省县级第一方阵下滑至第二方阵，因此F县对2019年"省级文明城市"创建非常重视，希望以评促建，使F县各方面获得长足发展。

二、创建进程

第一个时期（1998—2007年），文明城市创建工作刚处于起步摸索阶段。1998年6月，F县第一次召开有关创建文明城市的全体会议，探讨通过《F县创建文明城市的总体规划》，各乡镇、部门开始将文明城市的标准内化于各项工作内容，创建文明城市的工作开始阶段性地实施。

第二个时期（2008—2015年），文明城市创建工作处于逐步发展规划的阶段，对整体目标和主要任务作出详细规划与部署。评比检查大多是明察，面对省、市的集中检查，F县能够提早做足充分的准备。在2011年时，F县连续七年荣获"全国中部百强县"，F县将争创"省级文明城市""全国文明城市"作为奋斗目标。

第三个时期（2016年至今），文明城市创建工作处于整改完善阶段，F县针对在2016年"省级文明城市"创建活动中的问题与困境进行总结，重申创建文明城市的目标，并将此目标正式写入县党代会的工作报告中，加大资金投入，调整资源调配方式，设立临时常设机构：创建工作指挥办公室，集中领导指挥创建工作。

第二节　F县创建"省级文明城市"的目标

一、选评标准

1. 政府将文明城市的工作落到实处，重点关注创建工作，没有形式主义，实实在在将治理工作完成。

2. 注重精神文明建设，提高城市文化风貌，促进市民素质不断提升，加强对市民的思想政治教育与道德教育。

3. 创建工作逐步开展、落实，不断提高社会民众参与度，做到有序合理地进行省级文明创建工作。

4. 政府致力于开创良好的社会风尚，促成清正廉洁的工作作风，构建良好的政府形象。

5. 大力推进科学、文化、体育、教育、卫生等方面完善发展，重视科教、人才对城市建设的意义。

6. 创建文明城市，不仅要依靠法律制度的保障，更重要的是要依靠人民创建文明城市的意识和广泛支持、参与。

二、治理目标

根据《全国县级文明城市测评体系操作手册》的标准，提出明确治理目标：

1. 网上申报材料：一是坚实的思想道德基础，主要是政府对理想信念、社会主义核心价值观、文明风尚的宣传和教育活动；二是良好的经济社会发展状态，主要是有关市场环境、法治环境、社会环境、生活环境、文化环境以及生态环境的治理活动。

2. 实地考察：由统计局和文明委成员抽调人员进行考察，文明城市需要达到的目标是有良好的民风与社会风气；建成完善的公共服务设施；健全的公共文化服务系统与安全防护设施；良好的乡村风貌；公共服务质量与品质提升；良好的社会公开秩序；县域环境管理与质量良好；开展美丽乡村建设。

3. 问卷调查：政府相关机构通过抽样调查的方式，从多方面与多角度了解市民精神文明面貌是否符合文明城市建设的标准。

第三节　F 县创建 "省级文明城市" 的措施

一、"八大提升行动"

F 县在此届 "省级文明城市" 创建开始之前就已经制定一系列争创工作方案、计划、制度、任务分解等指导性纲领文件。通过提前征集各重要涉创职能部门的计划，汇总后由创建指挥办公室统筹制订《F 县项目化推进创城 "八大提升行动" 工作计划》，将各项计划逐条细化，落实分配到各职能部门。从 "完善城市无障碍设施" "全面规范养犬行为" "推进深度市场监管" "完善公共文化服务" "完善社区公共服务功能" "培育时代新风" "推进资源服务" "广泛开展移风易俗活动" 八个方面开展创城质量提升计划。不仅县政府出台详细的任务分解表，相对应的部门和乡镇政府也在此基础上对治理任务进行再一次的细分，并且对治理的难点和突出问题进行重点规划。

二、"一室十组两制"

在 F 县创建大会召开之前，成立了县四大班子和涉创部门共同参与的创建工作指挥部。其中，县委书记为指挥部政委主席，县长担任总指挥职位，抽调相关单位精干业务人员，组成高效运转的指挥部办公室。还成立由县分管领导任组长，重要职能部门负责人任副组长，相关责任单位为成员的十个创建工作组、"路长制"和"河湖长制"，形成"一室十组两制"的工作格局。"一室十组两制"是 F 县基于本县域的实际情况创新发展出的工作格局，在省级文明创建中发挥着重要的作用，由"十组"作为牵头单位，开展各专项治理任务，构建了主要分管领导亲自抓、全县机关单位齐上阵的创建局面，形成对文明城市创建的权威领导。

三、意识形态宣传

通过意识形态的宣传，在 F 县内营造创建文明城市的氛围。宣传方式主要分为新闻媒体宣传和实地宣传两方面。在户外商业用楼、商家门头、公共汽车、电梯等装有电子屏幕的地方，滚动播出公益广告与宣传标语，播放"营造文明风尚""志愿服务为人人"等公益广告，开设"曝光专栏"对市容环境、公共秩序、生态环境等进行舆论监督；同时，联合县各相关单位制作创建文明城市专题纪录片，在杂志《凤凰周刊》刊发"文明风尚"和"齐心协力争创省级文明城市"两个专栏。通过开展道德讲堂、评选季度"F 县好人"、评选"F 县道德模范"等活动进行文明城市建设。县精神文明宣传办公室提出"F 县文明 20条守则"，并在县域内各文化墙、小区电梯内、车站等公共宣传区进行宣传教育。

四、集中专项整治

为了促进城市各项文明指标提升，县城管执法局进行道路、停车、广告、摊点、环卫等市容管理专项整治活动，深入开展与民众息息相关的城管革命；县住建局加大对物业小区管理力度，给居民安全宜居的生活条件；县城关镇进行背街小巷和老旧小区的改造维修管理工作，消除民众忧虑；县公安局和交通运输局进行文明交通、示范路（口）、公交出租专项整治活动，加强公共秩序管理；县市场监管局对食品安全问题、规范经营、诚信经营等问题进行整治，褒扬和宣传良心商户和诚信人物，对失信商家进行严重打击和曝光。县政府通过成立多个专项任务小组，实施专项目标管理责任制，集中多方资源，推动全县各部门、各乡镇政府进行高标准建设。

五、健全工作机制

F 县创建工作指挥部制定了三项制度：工作调度制度、督查通报制度以及月度考评排序制度。工作调度制度分阶段采取周调度、月调度以及双月调度，层层听取创建开展情况，对问题清单进行分解，及时研究和解决创建过程与实际整改中的难题。2019 年创建工作期间召开大大小小的调度会 40 余次，对全县24 类公共区域实施网格化分工，同时实行机关单位进社区的包保责任制，入驻城区 15 个社区内 57 个网格和 107 个无物业管理的小区，实行精细化任务分配。督查通报制度在县四大班子与纪委监委等人员的指导下实施，对"一室十组"等牵头代为进行全面监督，并下发通报内容。2019 年创建文明城市期间督查指导组共编辑发布 35 期《创建工作简报》，全方位跟踪争创工作。月度考评排序制度是由 5 个考评组每月随机抽查，对抽查点进行考评，实行量化打分，对乡镇和县直重要涉创部门进行排序，并将成绩通报全县，约谈创建工作成绩靠后的乡镇或部门，批评并督促其改进。

第四节　F 县创建"省级文明城市"的成效

在 2019 年"省级文明城市"的创建中，F 县获得了该年度"H 省文明城市提名城市"的荣誉称号，相比于上一届又前进一个等级。其取得的主要成效有：

精神文明建设取得新成绩，政府同百姓之间的共识更加凝聚。民众对社会思想文化更认同，社会主义核心价值观深入人心。在公民思想道德建设方面，2019 年，F 县有五人获得"中国好人"称号、3 人获得"H 省好人称号"、10 人获得"A 市好人"称号、2 人获"H 省道德模范"称号。县文明委积极进行各类好人、道德模范的宣传，在全县营造了"当好人、学模范"的氛围。

城市生活环境得到改善，设施和管理不断完善。县市容局对全县内道路、绿化、公共区域进行整改维护，对重要商圈进行管理，县域内食品安全、经营规范进行专项整治工作，使 F 县在文明城市创建后公共秩序得到好转，群众满意度有一定的提高。

乡镇环境整治得到提升。F 县开展"向垃圾宣战，建美丽家园"的整治行动，进行农村垃圾大整治、厕所改造，为农村引进自来水，同时全县乡镇实现了乡镇环卫所与市容分局机构、环卫工作人员以及网格化保洁作业面 3 个全覆盖，对乡镇生活垃圾实行常态化治理。同时城乡环卫一体化 PPP 项目进展顺利，农村环境大幅度改善，热爱家乡正成为居民的自觉行为。

城市建设综合能力提高。自 2016 年成立创建工作指挥部以来，建立了一支从上到下、人员固定、熟悉业务、责任心强的创建工作队伍，使创建工作越来越专业化、数据化。不仅如此，还努力构建多元主体共建的局面，不断引导社会各主体共同参与文明创建，使城市建设综合能力大幅提高。

第三章　运动式治理中的资源调配

第一节　资源调配的因素构成

一、资源转化："动静结合"的强运动机制

F县在创建文明城市的过程中采用了"动静结合"的强运动机制，以促进资源分配和系统重新整合。从静态层面上来看，基层政府通过部门融合、人事任命以及文件指令来实现资源流动与调度。例如，F县集中整顿乡镇江河湖渠沿线环境卫生时，以文件形式在任务分解细分表中将该任务落实给环保局、农业局和水利局，这种形式对资源流动有很大帮助。在官僚体制中，最直接的资源分配方式就是基于权力的人事任命，通过上下级的权力赋予，将主体资源纳入调配范围。而无论是部门融合还是人事任命，都需要以文件形式赋予强制力约束。"红头文件"具有政治统治、信息沟通、指令传达、利益执行等功能[1]，是政府与部门之间信息流动和下级执行命令的重要载体，因此，文件机制成为资源转化的主要机制，在运动式治理中发挥了不可替代的作用。

从动态层面上来看，F县以"创建工作指挥部办公室"为基础构建"强运动机制"，实现压力型体制下常规化的政策执行。以最典型的目标管理责任制为主，通过确立权力与责任，完善运动式治理中政府的职责体系，形成对资源调配全过程的"强控制"。F县政府设置创建工作指挥部，同时组建一个办公室和十个工作组，简称"一室十组"，牵头F县文明城市创建工作。"一室十组"作为创建工作资源调配的政治权力主体，在F县创建文明城市的治理过程中直接领导各涉创职能部门，其领导结构如图3-1所示。

创建工作指挥部办公室承担重要政治任务，十个小组的工作人员都由各职能部门抽调相关精干人员组成，每组对应创建省级文明城市具体的中心任务。F县从2016年将"创建工作指挥部办公室"设置为常设临时机构，从组织功能上看是"任务型部门"，属于科层制体系下临时设置的分科部门。在创建文明城市时期，"创建办"抽调各部门精干人员，任务结束时留下4人继续后续工作，形

---

① 李英."文件政治"与中层党政干部人才标准的偏离及矫正［J］.领导科学，2016（15）：41-43.

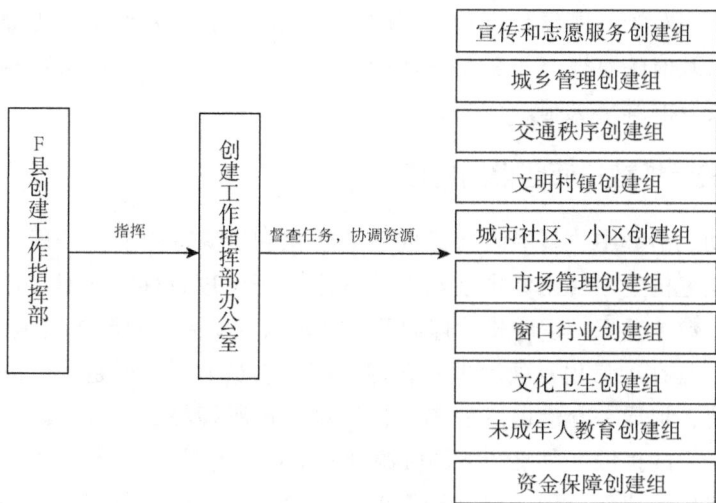

图 3-1　F 县创建工作指挥部领导结构

成了一定的路径偏向，逐渐地走向"运动式治理常态化"。基层政府为了更大限度地调动资源，除了传统科层制的命令控制，还通过"强运动机制"的构建，在组织结构上提高资源调配效率，同时依靠自上而下的权力集合优质资源，以目标责任制为基础层层抓落实，多层级部门共同推动省级文明城市建设。

二、资源筹集：压力型政治动员

当资源转化为可供某项治理活动调配范畴之内时，基层政府开始进入资源筹集阶段，通过政治动员将任务传达给各级行政人员，进而构建起横纵交错、条块联动的网格化资源调配机制。政府权威结构下的压力型政治动员能力成为资源调配的因素构成之一，通过暂时叫停官僚体制的常规运行，召开动员会议制造运动氛围、分配任务。动员会议在资源筹集中起着至关重要的作用，会议的密度与动员的压力成正比，据统计，2019 年 F 县召开了 40 余次会议，前期是以思想动员会、培训会为主，中期以任务部署会、资源调度会为主，后期主要是冲刺动员、总结批评会。F 县政府对相关涉创部门的主要领导和"一室十组"的主要领导及成员分批开展思想政治动员和集体培训，将文明创建活动上升为政治任务，调动参与人员的积极性，使其在督促与激励下参与运动式治理。

F 县成立了创建工作指挥部，由政委主席与常务副总指挥负责创建工作总的组织、指挥、协调与监督，这两个职务由县委书记与县委副书记（兼县长）担任。高层领导站位赋予资源动员权威性与高压性，能够改善部门间资源流通障碍的问题，降低政府部门之间相互"踢皮球"的现象。大量而丰富的动员大会的召开不但对统一思想与行动、明确目标与责任有重要作用，也通过这些会议展现基层政府的重视，并在资源调配上施加压力，这种动员实际构成了运动式治理中资源的筹集机制。

三、资源扩散：项目化结构形式

在运动式治理中，基层政府完成资源转化和资源筹集后，一般会采取行政发包制，通过构建项目化专项活动的形式来实现治理目标，此时，进入资源扩散阶段。多数情况下，运动式治理的开展都是以专项治理的形式实施，"目标管理责任制"是在项目化专项治理中普遍运用的动员方式，通过对治理任务进行分解和细化，形成一套治理流程和指标体系，将所筹集的资源调配到合适的位置，完成资源的扩散。科层制下的资源分配呈现"弥散性"。根据基层政府的部门设置，按单位比例分配，但这种看似平均分配，却很难在有限的资源下实现治理目标。而项目化结构的形式，利用一个个项目化专项活动将资源"块状"扩散，重新组合分配，能够迅速创造理想的政绩。从"F县创建文明城市"的任务分解一览表中可以看出，主要包括行动时间、行动文件方案、行动相关责任部门、行动工作的重点内容，相关责任部门包揽某个区域的治理任务，例如在市政公用设施的测评内容上，要求由县公安局与县城管局全权负责，并通过交通秩序组监督管理，分配给负责单位相应的资金与资源。基层政府通过"打包"的形式分配给各乡镇与职能部门，形成以项目为中心的资源扩散模式，实现资源的重新组合与分配。

四、资源评估：奖惩制度的构建

基层政府通过构建奖惩机制展开评估与纠正，通过严格考核、正向激励以及逆向问责机制形成高压运动治理环境以保证资源合理调配。正向的激励包括个人绩效考核与升迁、资金支持与政策倾斜、荣誉称号表彰等，能够促进资源整合与优化。逆向的激励包括督查考评、巡视与问责等，让各级职能部门感受权力与社会舆论的压力，自觉调动资源进行治理活动。在F县创建文明城市的过程中确立明确的奖惩制度体系，规定对治理效果好的单位给予荣誉表彰，授予其"先进集体""文明单位"等称号；如若取得优异成绩，给予资金奖励与政策倾斜，领导在年度绩效考评中加分；实施月度考评制度，实行量化打分，通过对抽查点排名靠前的单位、街道给予资金奖励，并按照乡镇、县直重要涉创部门分别排序，将成绩排名通报全县。同时，创建工作指挥部会对排名靠后的单位的主要领导人约谈，施加压力。访谈发现，F县要求各乡镇政府签订责任状，在争创文明城市的筹备阶段上缴保证金，待检查合格后归还，以此向有关单位施压。

第二节　资源调配的具体过程

一、鼓舞—动员

县域运动式治理遵循官僚体制的行政逻辑，政府职能部门在完成本职工作外还要应对县域内其他各类中心工作①。基层政府正是通过不同中心工作完成县域治理任务，而无论是乡镇政府、政府各职能部门还是各非县属单位拥有的资源量均是一定的，面临来自上级的各类中心工作的号召，下级部门对资源分配会有所考量。基层政府联合报社、电视台、互联网等媒体对运动进行宣传以求民众和各部门配合。同时召开政治动员会，通过意识形态的宣传和渗入，在宣传动员过程中强化上级政府的权威，统一严格的机制和规定，以此规训各官员和各部门主体，鼓舞和动员更大力度的资源调配。

二、指挥—命令

县域运动式治理不单单是人治，一般来说上级会下令设置一个专门负责这项治理任务的机构作为载体。这类临时性的部门机构通常都是高层领导坐台，调动各部门的部分工作人员担任机构其他职务，负责不同治理任务。F县政府成立"创建工作指挥部办公室"，对所筹集的资源统一指挥和分配。在我国法理型政府权威还未正式形成之前，县域运动式治理的领导站位对资源调配具有重要意义，由于上级领导的命令必须听从，因此争创文明城市的政治任务优先执行，各乡镇政府和各职能部门在统一指挥下纷纷贡献资源，积极投身于F县创建文明城市的进程中。

三、落实—负责

在各部门协调联动、共同努力下，通过全面执行行动方案，在时间限制内落实完成各项任务指标。在实际的工作中，F县以《"F县创建文明县城"的任务分解一览表》为主要内容，强化项目化结构化形式，使责任落实到每个职能部门，将聚合的资源有计划地扩散。资源调配的实现有两个方面：一是权威体制下，上级政府拥有资源分配权限，下级部门响应上级号召，使资源重新调配存在可能性；二是实行目标管理责任制，把抽检成绩与绩效考评相联系，使资

① 欧阳静. 论基层运动型治理——兼与周雪光等商榷［J］. 开放时代，2014（6）：182.

源调配渠道有权力控制手段。在资源调配的进程中，资源分解和配置形成完整的指标体系，为了保证资源调配到位，各乡镇政府、各部门都要立下治理任务保证书。

四、反馈—回应

在县域运动式治理中，检查能反映资源调配合理性与有效性的环节。在F县自检与省检中可以听到不同的反馈声音，上下级在治理任务中讨价还价，通过谈判不断地调整资源配置手段与实现任务的方式，或作出新一轮的资源调配，以期改善不合理的治理程序。从对乡镇政府治理任务的阶段性检查中发现，乡镇政府对上级政府安排的任务采用的是一种迂回战术。由于拥有的资源有限、任务难度超出能力范围，仅凭乡镇政府一己之力无法快速彻底改善"骑路集""乡村生态"等问题，这些在一次次阶段性检查中都能反映出来，上级政府也在反馈中不断对资源进行重新组合与配置。

第三节 资源调配主体的微观互动

在F县争创省级文明城市的案例中，资源调配不仅仅依靠权威与命令，县域主体之间良性互动与博弈也是实现资源顺畅流动的重要环节之一。

一、F县政府与上级政府的互动

政府间互动过程是对信息和政策进行交流与处理的过程。在F县政府与上级A市政府互动过程中，梳理往来公文发现主要有两大类：一是A市对F县的政策要求、制度安排、决策部署以及行政命令；二是F县有关文明城市创建的阶段性汇报、任务安排请示等。例如，A市下发《关于报送A市创建全国文明城市"八大提升行动"2019年工作安排的通知》，文件对重点任务、实施步骤、保障机制以及领导分工安排进行详细规定，要求F县政府按照"八大提升行动"策略进行文明城市建设，并接受A市督察组的月度考评。

除此之外，A市政府在督察行动上和F县政府进行深度互动。一方面，A市创建指挥部通过多层次评价体系、严格的考核制度要求F县；另一方面，由于面临的是共同"荣誉之战"，这时各级政府之间的互动发生转变，形成"共谋行为"。据访谈了解，A市督察小组在督察过程中秉公办事，严格评分，但也会私下与F县创建工作指挥部办公室相关负责人联系，提供迎检的策略和方式，透露省级督察部门的检查侧重点等重要信息，甚至市级督察队领导会亲自指导整改方案，帮助F县参与"省级文明城市"的评比，以此为A市争得荣誉。

二、F县政府与县直部门的互动

在F县争创"省级文明城市"的过程中，几乎所有的县直部门都参与其中。在创建的第一个阶段，县直各涉创单位都组建创建工作领导小组，其中单位领导任组长，例如县公安局创建工作领导小组，组长是公安局局长。在公共场所秩序的治理中，关于整治城区内非停车位乱停车现象，任务分解表中规定责任单位是县公安局和县城管执法局，按各部门日常管理来看，非机动车道乱停车属于交警大队，人行道乱停放车辆属于城管执法局，加上历史遗留因素，再次暴露出管理空白区，每个部门都不想增加自身工作量，出现资源调配困难。这时，创建工作指挥部办公室主任召集部门主要领导人开会进行协调，但并未达成统一意见，原因是两方都不愿意在紧急时期揽上"烂摊子"，不仅绩效上不去，反而在问责制下承担更多风险。面对资源调配中出现的推诿扯皮，创建工作指挥部办公室通过政治上的约谈施压、私下里的人情面子，以及问责上的让步，让平日私交相熟的部门接受争议区域治理。

三、F县政府与乡镇政府的互动

F县17个乡镇党委政府也成立了创建工作领导小组，进行统筹指挥。在互动的过程中，上下级政府通过适度沟通谈判来弥补权威命令与压力动员下激励路径局部化的缺点①。F县某乡镇政府工作人员指出："其实一直有向上级反映任务难度的机会，但是我们仅仅提过资金问题以及时间问题，没有讨价还价，并保证尽力完成目标，所以谈判的渠道现在使用得比较少②。"如果政府间处于强谈判情境下，上下级之间存在讨价还价，造成政治动员和资源调配的效率较低；如果双方处于弱谈判情境下，上级政府的权威给乡镇政府绝对的威慑力，使其自觉参与运动式治理③。对于具有权威性的县政府而言，乡镇政府在互动过程中实际上是处于弱势的。

在乡镇出现的治理难题就是"骑路集"现象，流动摊点过多造成交通堵塞、交通事故，交警、城管的管理都只是暂时的，管理难度较大，成为影响城市容貌与发展的重要问题。乡镇执法人员透露："'骑路集'现象存在长达三四年，县政府资金下不来，农贸市场的建设一直没消息，买菜吃饭是最基本的问题，集中整治可以暂时让马路变得整洁，但是任务风头一过，乡亲们又继续在这里

① 刘祖云. 政府间关系：合作博弈与府际治理 [J]. 学海，2007 (1)：79-87.
② 2020年6月20日访谈.
③ 赵聚军，王智睿. 职责同构视角下运动式环境治理常规化的形成与转型——以S市大气污染防治为案例 [J]. 经济社会体制比较，2020 (1)：95.

摆摊买卖了，我们也没有时间天天盯着这一块，这不现实①。"因此面对繁重的创建任务时，执法人员干劲不足，而又处在半熟人社会，乡亲们互相认识，执法力度薄弱。在多次乡镇动员会后，F 县政府最终调动乡镇政府党政班子成员作为带队领导，抽调村镇干部，在逢集日早上 5 点左右到其所负责的区域，加强秩序维护，严禁骑路摆摊，对于占用省道的不文明摊贩进行严肃处理。F 县政府通过"鼓舞—动员""反馈—回应"的方式调动乡镇工作人员的积极性，实现思想与行动上的统一，最大限度地调动乡镇资源。

四、F 县政府与非县属单位的互动

县政府与非县属单位之间也经常互动和联系，例如 F 县在创建文明城市时与红十字会、银行、电信移动公司等单位的互动。相比于县直部门、乡镇政府来说，F 县与非县属单位的交流更为轻松，因为通常是单向互动，即非县属单位接受县政府的调配，全力配合文明创建的整个过程。中国建设银行 F 县分行行长是 F 县人大代表，在接受访谈时说道："对于省级文明城市的创建，一方面，在这一过程提升了网点服务质量，提高对客户的高质量服务，对于树立我们建行新形象有很大益处；另一方面，政府大力宣传文明风尚，积极设置志愿者服务岗、爱心座椅、便民服务箱等这些举措，我们是非常支持的，这对于我们银行来说是举手之劳的事，这也是我作为人大代表应该去提倡的②。"可见，F 县政府在调配窗口单位的资源时较为顺利，这源于基层政府的权威和社会组织自身的责任感。

除此之外，F 县还调动国有企业参与省级文明创建活动，发动国有企业的党组织成员和青年志愿者以"党建带团建"的方式，参与清理电线杆"牛皮癣"、集中整治老旧小区电缆等；调动社会组织等社会资源参与创建工作，红十字会运用公益品牌激发广大群众的爱心与参与创建的热情，通过"三救"与"三献"的志愿工作彰显城市文明，在多个公交站、汽车站配备"红十字急救箱"，将公益活动融入 F 县城市文明建设。

第四章　运动式治理中资源调配的结构化逻辑

县域运动式治理中资源调配涉及多方主体的动态互动，由于客观结构、制

---

① 2020 年 7 月 8 日访谈。
② 2020 年 7 月 11 日访谈。

度的约束，不同主体在面对任务时的行为有一定的局限性，但也不是被动地适应结构，而是具有一定的主观能动性，于是在资源调配时形成了"客观结构—主观意识"的逻辑架构。吉登斯的"双重解释学"认为应该将客观与主观、微观与宏观结合起来去看待社会实践，所有社会行动都是在结构中进行，而所有社会行动都具有特有的结构。资源调配是运动式治理开展的重要环节，对资源调配的研究就是从侧面开展对运动式治理结构与行动关系的研究。如图 4-1 所示，在县域运动式治理中，资源调配的实现逻辑可从客观结构的制约性以及主体意识的能动性两方面着手分析，基层政府与各主体之间通过互动而达成思想上的共识、行为层面上的相互支持是资源得以调配的先决条件。

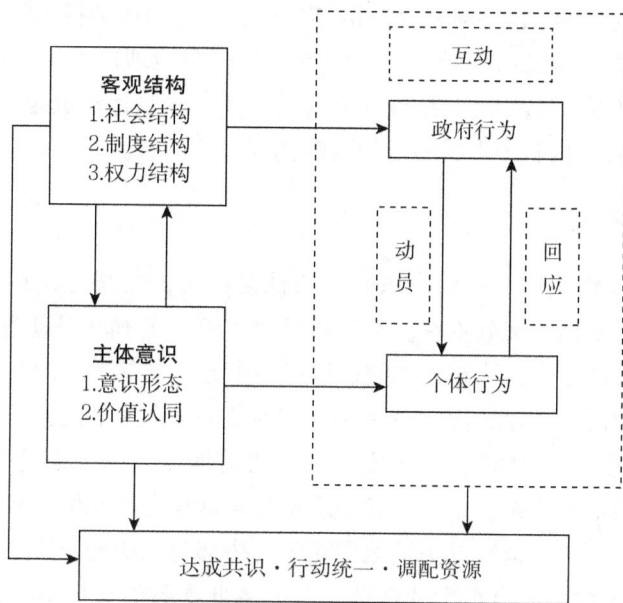

图 4-1　县域运动式治理中资源调配的实现逻辑

第一节　社会结构与资源调配的双向互动

社会互动总是出现在较为具体的情境中，结构也是情境性互动的产物，行动者处于社会结构中，所以在特定情境中进行的行动能够被人理解，而被再生产出来的社会结构也继续约束行动①。纵观 F 县创建省级文明城市这一特定情

①　安东尼·吉登斯. 社会的构成：结构化理论纲要 [M]. 李康，李猛，译. 北京：中国人民大学出版社，2016：312-313.

境，社会结构对行动过程有约束和影响，资源调配在实践中受社会结构制约的同时也生产出结构化特征，社会结构与资源调配实际上是双向互动的过程。

一、"强国家-弱社会"

美国著名学者乔尔·S. 米格代尔提出了四种国家与社会关系类型：强国家-强社会、强国家-弱社会、弱国家-强社会、弱国家-弱社会[1]。改革开放后，中国实行基层群众自治制度，但事实上真正具有参与政治意识的群众并不多。"强国家"运用权力消除社会不稳定因素，采取正确的决策引领我国不断进步，但"弱社会"的状态使得民众处于被动地位，追求公民权利的意识不强。县域运动式治理处于"强国家-弱社会"的结构中，各行为体的行为受到社会结构的约束较大，自主性和灵活性较低，并没有参与社会治理的意识，资源调配多是基于政府权威而完成，因此，最好的方式就是建立"强运动机制"来调配资源。当前所处的社会结构就是形成独特的资源调配过程的原因。

二、人情社会

中国社会是由人情关系所维系起来的社会网络，尤其是在县、乡镇这类小地方，"人情"的运作无处不在。费孝通对"人情"的描述是通过"差序格局"阐述的，"熟人社会"是人与人的交往以己为中心，与其他人的关系就像水波纹一样一圈圈推出去，越推越远，关系越来越薄弱[2]。在人情社会中，遵循着互利互助的原则，在事务处理中会顾及另一方的情面，以至于维持长久互利的关系[3]。在基层政府资源配置中，一般会表现为根据官员的职位、地位以及人情往来进行资源分配。"人情"的灵活运用对于解决部门之间的矛盾、完成上级政府的治理任务和资源调配有很大的帮助。在 F 县此次省级文明城市的创建中，调动部门资源出现争议区域时，创建工作指挥部办公室通过人情，说服相熟的部门承担更重的治理任务。

贺雪峰认为"半熟人社会"是指在现代国家中的行政村中，村民们对彼此不再知根知底，而只是简单认识而已[4]。在"骑路集"治理中，基于"半熟人社会"，基层干部由于"相熟""人情"而透露工作信息，作出让步，例如："最近

① 蔡潇彬. 以多元供给推进基本公共服务均等化——"找回社会"：强国家—弱社会视野下的体系建构 [J]. 全球化，2019（6）：98-108.

② 费孝通. 乡土中国 [M]. 北京：北京出版社，2009：34.

③ 尤伟. 人情社会背景下基层公务员的行政伦理冲突及其治理 [D]. 福州：福建师范大学，2017：7-8.

④ 贺雪峰. 新乡土中国转型期乡村社会调查笔记 [M]. 桂林：广西师范大学出版社，2003：6.

是创建文明城市的关键期，不要摆摊，过了这段时间再来，之后政府也会建立新的农贸市场①。"因此，在人情社会中，基层政府资源调配的方式常常出现非常规化的操作，以此快速完成任务，但权力运作中掺杂着"人情"，往往会影响社会公平。在人情社会结构的影响与建构下，资源调配的过程逐渐形成新的运作结构。

第二节　制度结构对资源调配的合法性支配

一、科层制结构

从宏观制度环境来看，基层政府主要通过经济权限分配制度和组织人事制度完成配置性资源和权威性资源金字塔般的分配。吉登斯认为能够支配的资源有两种：一种是配置性资源；另一种为权威性资源②。由于基层政府占有资源的所有权、分配权和管理权，下级政府和部门为了资源会做出追随行为，对上级政府的指令和任务安排表现出极大的积极性。从微观制度层面来看，基层政府作为发动者、管理者以及决策者，拥有最高的权威性与合法性。第一，《中华人民共和国地方组织法》明确规定上下级政府与其各职能部门在法律上是领导与被领导的关系，因此，上级政府调配资源具有法律上的合理性和权威性③。第二，上级政府制定相关制度、指示、决定等，以此来规范乡镇政府及各职能部门的行为，保障资源调配畅通。这就是制度的结构化过程，由于社会行动具有时空延伸性，因此制度的结构化具有"横向生长"的过程④。例如，F县创建工作指挥部办公室制定的工作调度制度、月度考评制度、奖惩制度、具体任务分解表等都是实现资源调配的方式，通过动员、指示、部署、决定等向下级作出合法性的资源调动。

二、专项工作目标责任制

吉登斯将规则分为两种类型，一类是构成性的，例如国际象棋的规则；另一种是管制性的，例如工人需要在特定时间上班。管制性规则与构成性规则的区别在于管制性的规则不用让人们了解工作内容，只用表明工作是如何执行的

① 2020 年 7 月 8 日访谈。

② 安东尼·吉登斯. 社会的构成：结构化理论纲要 [M]. 李康，李猛，译. 北京：中国人民大学出版社，2016：243.

③ 文宏，郝郁青. 运动式治理中资源调配的要素组合与实现逻辑 [J]. 吉首大学学报（社会科学版），2017 (6)：44.

④ 同②34.

就可以①。专项工作目标责任制就属于管制性规则，通过签订责任书而激励下级政府和职能部门执行，构建部门间资源协调调配的合法性认知与规则结构。F县的专项目标管理责任制主要通过奖惩机制来实施，若相关职能部门未能及时完成治理目标，就会被上级领导约谈、问责，影响绩效与升迁。从制度结构层面以硬指标要求下级在一定期限内完成治理任务，但规则有时也会出现支配的结构性不对等，不只表现出规范所引发的承诺②。在目标管理责任制下，下级政府承受巨大压力，有时也会拿出"弱者的武器"与上级政府讨价还价，或是做表面功夫应付上级检查③。形式化的规定只有在社会互动中不断调整才能为社会提供合法性的秩序指引。

第三节　权力结构对资源调配过程的建构

一、中国共产党的领导地位

吉登斯认为，权力促使行动者达到目标，因此行动者要具有能够影响他人所实施之权力的权力④。现代社会中渗透力最强的是政治权力，拥有政治权力者能够利用政治资源控制政治客体⑤。无论是在中央政府还是地方政府，在政府层级内担任重要职位的官员均是党组织的核心领导人物，拥有领导、决策的权力与职责⑥。基层党组织领导人的治理观念和方式对治理过程有巨大影响，为资源调配奠定行动的权力基础。例如，F县县委书记利用党支部会议完成动员，以基层党组织为基础进行资源调配和任务分配，发挥党员先锋模范作用，总是接下最难、最复杂的治理任务。首先，创建工作指挥部最高领导人是党委书记，可见党政二元高度相关，且"一室十组两制"的主要负责人也都是党员，可见党员先锋模范作用极其重要；其次，从各职能部门所成立的创建工作小组成员来看，党员也居于首要指挥地位。实际创建工作中党员更容易调配，例如在公共环境卫生的整治中，国有企业的党员积极参与处理"牛皮癣"等志愿行为。

① 安东尼·吉登斯.社会的构成：结构化理论纲要［M］.李康，李猛，译.北京：中国人民大学出版社，2016：17-18.
② 同①28.
③ 王慧娜，薛秋童.目标管理责任制如何实施：一个研究评述［J］.广东行政学院学报，2019
（4）：22-23.
④ 同①13.
⑤ 辛本禄，蒲新微.中国经济改革的动力机制研究——基于权力结构的视角［J］.天津社会科学，2013（3）：74.
⑥ 周宇.运动式治理：逻辑，困境与变革［M］.北京：中央民族大学，2019：26.

党的领导是我国国家治理体系中的巨大优势，在县域运动式治理的资源调配中形成一股政治合力，对于快速集中资源具有政治保障作用。

二、民主集中的权威性体制

我国实行民主集中制，这种政治组织原则可以把社会主义国家集中力量办大事的制度优势发挥得淋漓尽致，有利于党和国家的决策机制和政策执行机制高效运转①。吉登斯在考察塑造于社会制度中的权力结构时提出社会系统里的控制辩证关系，他认为社会系统中的权力具有一定的连续性，而连续性的前提是行动者在互动中存在相互依附的关系。居于依附地位的行动者能够以依附形式获得一定资源，并不断影响上位者的行动②。在 F 县争创文明城市的运动式治理中，也是在发挥民主集中制的基础上，基层政府保持对争创策略全局的谋划，做好顶层设计，为基层政府和各部门分配资源。来自乡镇基层民众的反馈，F县政府创建指挥部在综合考虑广大民众意愿与完成紧急治理任务双重压力下，在民主集中制的指导下统一上下级政府的思想和行动，以党的权威制度调动乡镇政府资源参与县域运动式治理。

第四节　主体意识对资源调配的能动作用

一、政治意识形态的认同

意识形态与政治认同具有天然的内在关联，因为意识形态维护阶级利益、进行社会整合，所以为政治认同发展提供情感基础、稳定环境以及持续发展动力③。社会主义核心价值观对民众政治认同的建构主要表现在对人们政治意识形态的塑造、政治价值观念的强化以及政治行动力的推动这三个方面④。基层干部、民众基于对中国特色社会主义意识形态的认同，对政治任务价值的认可以及对政党的信任都会提升在治理过程中的行动力，作出主观价值判断和政治选择。在人类社会关系中，个体有意识或无意识地运用各种资源推动事物发展⑤。

① 罗志勇. 国家治理现代化进程中党的政治动员研究 [J]. 中共山西省委党校学报，2020（4）：31-34.

② 安东尼·吉登斯. 社会的构成：结构化理论纲要 [M]. 李康，李猛，译. 北京：中国人民大学出版社，2016：14.

③ 张红建. 当代中国政治认同的意识形态视域分析 [J]. 理论导刊，2018（7）：28-33.

④ 陈付龙，胡志平. 马克思主义意识形态认同：中国政治认同本原性基础 [J]. 江苏行政学院学报，2018（1）：95-96.

⑤ 同②171.

当人们拥有共同政治意识形态，该意识会以某种类似于自然力的方式推动行动者在资源调配过程中遵守规则。在县域运动式治理中，资源调配的实现逻辑与民众所处的政治意识形态有关，民众和基层干部对政治意识形态有较高的认同感时，政府对资源调配的动员就会得到快速回应。

二、共同价值追求

在资源调配过程中，出现很多类似于"剧场"理论中"前台"和"后台"的情境。吉登斯认为，越是仪式化的场合，就像县域运动式治理这种"公共活动"，涉及公共形象，便会出现"前台"的情境。即使行动者退出仪式性舞台，在后台也不能放松，因为这些场合的后台并不是"私人场所"，而是在很多下级部门中穿梭活动①。当行动者的行动与弘扬的价值观一致，即使其他行动者并不认同某些行为，他们在前台也会帮助维护行动者的形象，因为处于监控情境中，不允许自身行为偏离共同的价值规范。基层政府在资源调配时，共同的价值追求对行动者的行动具有指引与支配作用。F县进行"文明城市共参与，文明成果共受益""人民城市人民建，建好城市为人民"的精神宣传，这是对基层干部与民众认知及行动潜移默化的过程，增强共同参与城市建设的价值观念。由此可见，共同价值追求在政府与各行动主体协同治理中发挥重要指引作用。

第五章　从结构化理论视角反思运动式治理

第一节　结构制约下运动式治理机制的"再生产"

一、常态化机制的产生

运动式治理由于没有稳定的组织与完善的机制，没有充足资源支持治理可持续发展，这就导致治理成果难保持，且治理体系容易受到破坏。而在科层制结构约束下的县域运动式治理逐渐"再生产"出新的机制，基层政府成立"××专项工作小组"，并设立指挥部办公室承担县域运动式治理中的中心指挥工作。为了实现长效管理，从最初的临时机构逐渐转变为常设临时机构，所抽调的相

---

① 安东尼·吉登斯.社会的构成：结构化理论纲要［M］.李康，李猛，译.北京：中国人民大学出版社，2016：120.

关工作人员部分直接暂时留任指挥部办公室，指挥部办公室开始成为科层体系的一部分。运动式治理与常规治理原本是矛盾对立的统一体，在多种条件影响下也开始出现常态化机制，例如一系列人事调动与任命、组织调度机制、指挥机制都呈现常态化趋势。短期、临时的运动式治理一直不被看好，而当某一专项治理活动在实践中结构化，转换并再生产出新规则与资源时，运动式治理可以拥有常规化的治理机制。

二、规范化制度的产生

在县域运动式治理中经常采用"决策经验主义"的做法，即前面怎么做，后面就跟着怎么做，很多决策都带有人治色彩。在目标管理责任制的行政结构中，"一事一议"的治理方式和紧迫性的治理任务使治理领导小组的功能往往呈现无序化的形式。由于社会常态化治理的需求，专项任务小组逐渐落实制度性、常规性的决策机制，并且在检查中设置新的部门序列和问责方式。无论是以结果为导向的运动式治理，还是强调程序流程的科层治理，都是在中央控制地方、上级监督下级的体系中完成，都处于多层级结构的控制下，这两种治理方式具有互补性和合法性。另外，用制度去规范权力仍是渐进的过程，运动式治理会因为其运动性而出现反制度化和反常规化，因此，需要有坚实的土壤和一些非正式制度的支撑才能得以实现。运动式治理对制度结构所产生的反作用，就是在结构化的基础上重新生成新常态化的机制，使其不断适应当前体制和治理环境，因此运动式治理不单单是运动式的，其中也夹杂着不断调适的常态化现象。

第二节　权力支配下运动式治理结构转型的困境

一、运动式治理的"内卷化"

杜赞奇将政权的"内卷化"论述为是一种失败且脱离现代政权目标建构的行为[①]。而运动式治理的"内卷化"就是指治理声势浩荡却未达到理想发展状况，仍处于停滞不前的状态。经常出现的状况就是，基层政府层层加码，有时盲目制定严格的治理指标，治理陷入"内卷化"。当上级政府激励手段减弱时，衍生的常态化制度和调动的部门也回归于日常行政工作，调动的资源逐渐归位，治理效果逐渐下降。吉登斯强调行动者基于党政权力结构发挥较大能动性，但

---

① 张晨，刘育宛．"红色管家"何以管用？——基层治理创新"内卷化"的破解之道［J］．公共行政评论，2021（1）：3-4.

基于权威也产生过高的治理要求。例如，F县创建文明城市中，各乡镇政府的治理比拼中，为了完成上级的任务层层加码，往往要求比政府下达的指令更加严格。在权力结构的支配下，逐渐形成了一种畸形化的治理模式，从当前结构再生出的制度与结构在日常行政中等待新一轮的运动式治理，治理陷入"内卷化"，阻碍运动式治理转型。

二、政策变通与"共谋行为"

从行动层面来看，县域运动式治理演化出一种行动困境，即在资源调配与筹集的过程中出现政策变通和"共谋行为"。在县域运动式治理中常常会出现执行过程与目标之间的偏差。行动者在绩效考察压力下，拥有资源的双方在互动中从博弈到达成共识，最终演化为"共谋行为"。行动和结构相互依赖，所有的社会行动都建立在结构之上，所有的结构也是由社会行动所构成①。行动者在政策上的变通以及共谋行为使资源调配有了新路径，既维护自身利益，又减轻下级的压力，但这也将运动式治理推向形式化、"剧场化"的困境中。行动者运用权力把控治理政策走向，有很大的自主性，但是这种能动性实际上是具有限制性的，因此导致运动式治理在实践中往往不尽如人意，治理效果持续性低，周期性快。然而正是在这样的结构中又形成了新的机制与结构，与科层制的运行逻辑相互影响。

三、"剧场化"治理模式

在现实治理情况与社会共同价值观念相违背的情形下，行动者开始做起形象工程，应付上级考察。从结构层面来看，运动式治理打破原有官僚机构的日常分工，以统一的模式构成基层政府行动的场域，而盲目调动资源、扩大治理规模也造成了资源浪费，且无法取得长效治理格局②。基层政府在治理锦标赛中往往忽视治理质量和持续性，经常忽视在资源调配中出现的问题，或不顾引发社会群体性事件，形成了迎检中的"剧场"政治。在上级权威的压迫下，各行动主体协同作战，营造出短暂的"剧场式"治理成效。吉登斯认为权力支配的主要表现就是主体之间对资源与关系的互相需要③，而各治理主体在治理中所产生的权力转换与支配使其在迎检时配合更默契，在实践中就是部分治理效果的形式化、剧场化，而花费大量的精力调配资源、建构资源也只是行动者运用权

---

① 安东尼·吉登斯. 社会的构成：结构化理论纲要［M］. 李康，李猛，译. 北京：中国人民大学出版社，2016：14.

② 徐明强，许汉泽. 运动其外与常规其内："指挥部"和基层政府的攻坚治理模式［J］. 公共管理学报，2019（2）：29.

③ 同①18.

力获取新资源的一种手段。

第三节　共识构建下运动式治理的现代化发展

一、结构与行动之间的内在关联

结构与行动是相互联结的，结构影响行动，行动构成新的结构，而处于结构之中的行动者具有能动性，能够积极主动地进行社会实践，这是吉登斯结构化理论最重要的观点①。运动式治理受到特定的制度结构、权力结构的约束，将运动式治理推向内卷化、形式化、剧场化的方向。一方面，由于资源不足、制度发展滞后、无共识而导致的，使常态化制度成为虚设；另一方面，影响主体主观能动性的社会共识未被内化为行动者的内在动力。从治理的需求方与供给方的角度看，行动者分为主体与客体，基层政府、各级部门为主体一方，社会民众为客体一方。社会需求作为运动式治理的起点，对基层政府的工作侧重点、任务安排以及工作布局都有重要影响，但民众的需求是多样化的，夹杂着多重价值准则，基层政府要跳出原有思维，从综合视角看待社会问题，以差异化的思维构建治理体系，用社会共识引导行动者共同参与运动式治理。

二、从运动式治理回归常态化治理

运动式治理逐渐向常规转化，科层制吸纳运动式治理的优点，将新的结构投射到政府与各方治理主体的行为和组织关系中。而从运动式治理实践中发展出的新制度与规范，使治理模式从科层制到运动式，最终又回到科层制的常态化治理中去，重要的是科层制结构逐渐学习到运动式治理的方式与思维②。塞缪尔·亨廷顿认为，如果制度供给不充足将会给社会带来不稳定因素③。常规性治理机制的完善是社会平稳运行的关键因素。运动式治理效果难维持，这是因为行动者在治理结构、治理资源等方面容易形成路径依赖，历史惯性和专断权力让新常态化制度很难发展。促进运动式治理现代化治理转型发展，仍需完善制度，捋顺国家系统内部各条块间的关系，将制度建设的重点放在治理任务本身。在运动式治理中将好的经验与做法内化为制度，在常态化工作中加以实施，但

---

① 武晋维．吉登斯结构化理论研究［D］．太原：山西大学，2012：28.

② 方熠威．变化与争鸣中的运动式治理———一个研究综述［J］．青岛行政学院学报，2020（3）：51.

③ 塞缪尔·亨廷顿．变化社会中的政治秩序［M］．王冠华，刘为，译．上海：格致出版社，2016：8-9.

常态化治理并不等于设置常态化治理模式，而是将治理制度化作为新型常态化治理的目标。

三、治理共识下能动性的发挥

行动者具有共同的价值导向，才能更好地发挥主观能动性，共同建构出理想的治理结构。首先，基层政府推动行动者在治理和资源调配中达成思想共识，促进多元主体良性合作，提升资源调配的效率。其次，基层政府在动员激励中，减少简单的灌输，提升行动者对治理目标、意义以及价值的认同感，将利益相关方纳入运动式治理中。最后，基层政府应该丰富运动式治理工具的选择性，创新治理方式。提升运动式治理专项任务队伍基本素质，以及政策执行者对相关制度和规范的了解与认可，构建自主参与治理的意识。动员激励要在共识的基础上商讨治理任务，避免因迅速调动资源而产生管理漏洞。在对广大民众的动员和激励上更要花心思，只有得到广大群众的普遍认同，官民相互信任，运动式治理才能形成更好的治理结构。在完善治理过程中结构"再生产"的同时，发挥行动者能动作用，将各行动主体统筹到多中心协同治理结构中去，向运动式治理的现代化稳步前行。

结　论

运动式治理与科层制结构本是对立统一的矛盾体，而随着运动式治理的发展，出现了"科层制吸纳运动，运动向常规转化"的现象，逐渐呈现出常态化的一面。资源调配作为推进运动式治理的关键环节，贯穿于运动式治理开展的全过程，因此，研究县域运动式治理中资源调配的逻辑实际上也是从侧面去探究运动式治理开展的逻辑。基于吉登斯结构化理论，从 F 县创建省级文明城市的资源调配过程来看，资源调配的逻辑是一种结构化的逻辑。在运动式治理这个动态的过程中，我们可以看到结构并不是固化的，而是不断建构的过程，运动式治理在结构化的过程中再生产出新的结构，使治理活动具有预测性与确定性。作为对常规性治理的补充，运动式治理在资源调配的过程中受制于结构与规则，但也逐渐演化出新的常态化治理方式。同时，行动者主观能动性的发挥对资源调配具有决定性作用，共同的价值观念和政治追求有利于激发能动性，促进资源调配的实施。

以结构化理论为基础对运动式治理中资源调配的过程进行研究，可以看出，基层政府通过"鼓舞—动员、指挥—命令、落实—负责、反馈—回应"的方式进行资源调配，使资源在多种因素的作用下经历了资源转化、资源筹集、资源扩散和资源评估的过程。资源调配主体之间的互动伴随着权力运作与结构化过程，行动者在权力分割的状态下仍有较大的自主性，对重点任务有较高的主观能动性。以吉登斯的结构化理论分析运动式治理中资源调配的结构化逻辑，发现由于客观社会结构、制度的约束，在资源调配时形成了"客观结构—主观意识"的逻辑结构，行动者在面对紧急任务时，并不是被动地适应结构，而是通过发挥能动性建构结构，其中共同的价值追求与政治意识形态起到重要作用。循环往复的行动在运动式治理的实践过程中对制度与结构产生反作用，形成有利于运动式治理开展的新结构，运动式治理逐渐呈现出与常规性科层治理相互依存、相互影响的关系。

值得思考的是，从结构化的角度反思县域运动式治理，运动式治理在结构中再生产出的机制与结构是对原有制度和秩序的超越，新型常态化治理如何平衡"运动"与"常规"的关系，如何发挥行动者对结构的建构，如何使新型常态化治理方式法治化、制度化，这些问题的解决对于推进运动式治理向现代化迈进具有重要意义。

马克斯·韦伯与美国

❖ 莫太齐（上海大学）
　李荣山（指导教师）

摘　要：本文旨在聚焦韦伯眼中的美国，由此反观美国社会构造的特点。在韦伯看来，美国以团体为中心的社会格局可追溯至新英格兰时期以清教教派为中心的生活世界。清教教派的积极禁欲实践借着自我支配和生活纪律所培育起的伦理自觉，最终构成美国社会信任的象征机制以及社会团体之形成的内在动力。从政治理性化着，联邦制暗含美国政治作为独立价值领域的兴起，但又不能完全脱离共和传统光环。因此，联邦党人仍在维护自由生活方式的原则之内纳入联邦制，通过权力的制约、平衡与分立的制度设计为公民自由保留了伦理实践空间。此后，美国民主由托克维尔时代政体与伦理相称的格局逐步降格为韦伯时代的"官僚化的民主"格局。在韦伯眼中，美国政治社会的特点正在于政党官僚化平衡了社会生活的官僚化，基于政党忠诚的实质原则制衡了官僚制的纯粹形式平等。同时，领袖民主与政党官僚化在政治实践中的互为结合，提升社会民主化之时，也将积极的公民生活注入其中。韦伯也看到资本主义跟美国文明土壤的历史关联。美国作为年轻的文明，能够通过民主与自由原则的携手制衡而建立起平等的民情，从而为资本主义精神的发挥准备好了社会条件。由此观之，美国文明的内核是建立在清教教派基础上的团体生活气质，并依照共和理念纳入现代性制度要素而奠立"民主的民情"。

关键词：韦伯；美国；新教教派；联邦制；资本主义精神

第一章 问题缘起

马克斯·韦伯与美国社会学的原初关联早已为学界所熟知。如果说 1920 年韦伯的离世标志着古典社会学的终结，那么美国社会学家帕森斯则率先发起了对韦伯理论乃至整个古典社会学理论遗产的继承。古典社会理论开始被整合进帕森斯庞大抽象的社会行动理论，以此回应他重申的"霍布斯秩序问题"，尤其是现代社会的规范秩序问题①。由此可见，帕森斯解决社会整合的方式及其精神气象已大不同于古典社会学家。一开始，帕森斯的努力只是隐含着以积极乐观的美国精神气质来综合"欧洲精神"的意图，旨在以"美国式"方式促成古典社会理论的现代转变②。晚年的他则直接尝试通过基于美国经验形态的"社会共同体"来为现代社会的秩序问题给出最终回答③。帕森斯以后，原本充满思想张力的韦伯学说在美国学界经历了被"实证社会学化""去历史化"和"单面化"的阉割④。客观地说，无论是帕森斯继承的韦伯学说及其此后与美国实证社会学的直接合流，还是第二次世界大战后欧洲学界去"美国化韦伯"的努力，都一起昭示了美国文明经验的某种特殊气质。

值得注意的是，美国文明经验其实很早就进入了韦伯的文明比较视野。无论是韦伯早期还是成熟期的作品，美国既作为资本主义精神起源的典型代表，也以彻底的政教分离与领袖民主制政治形象出场。加之韦伯夫妇 1904 年有过一次美国之旅，⑤ 从而让这幅美国肖像更加立体了。即使在欧美文明之间，韦伯一再指出，美国社会不是浪漫主义所乐意烘托的一盘原子式散沙，真正的美国社

---

① 李猛倾向将帕森斯的社会理论置于现代抽象社会的语境中加以考察，由此帕森斯其实是在抽象社会的格局下回应秩序问题，是为美国生活方式和社会制度寻觅真正的规范基础。李猛. 论抽象社会 [J]. 社会学研究，1999（1）：4-5；李猛."社会"的构成：自然法与现代社会理论的基础 [J]. 中国社会科学，2012（10）：87-89.

② 赵立玮. 世纪末忧郁与美国精神气质：帕森斯与古典社会理论的现代转变 [J]. 社会，2015（6）.

③ PARSONS，T. American Society：A Theory of the Societal Community [M]. Boulder：Paradigm Publishers，2007：introduction；李荣山. 共同体的命运——从赫尔德到当代的变局 [J]. 社会学研究，2015（1）.

④ 李猛. 除魔的世界与禁欲者的守护神：韦伯社会理论中的英国法问题 [M] //李猛. 韦伯：法律与价值. 上海：上海人民出版社，2001.

⑤ 值得注意的是，斯卡夫（1998，2004a，2004b，2005，2011）的诸多研究对韦伯夫妇在美国进行了系统梳理。通过日记、书信、新闻报纸以及其他档案材料，研究丰富了玛丽安妮所勾勒的韦伯生活史。鉴于此，本文不再梳理韦伯夫妇美国之行的故事线。

会绝不是这样，原子化通常不是民主的必然结果，却可能是官僚理性主义的产物①，这可视作韦伯在欧美文明内部比较的中心论题。可见，美国社会的参照意义，不仅仅在于它继承了欧洲文化传统，更在于其是一种"新的社会类型"。此外，作为受邀访美的同行学者之一，桑巴特回国不久后就发表了《为什么美国没有社会主义》② 一书。此后，这本书长期作为20世纪90年代以来欧美社会主义者争论"为何美国没有社会主义"这一"美国例外论"命题的出发点。如此看来，不仅作为"欧洲文明之子"的韦伯对美国颇为欣赏，连国民经济学家和社会主义思想家桑巴特对美国也深有好感。就此，韦伯眼中的美国正是本文所要探讨的。

随着国内学界文明比较视野的回归，发生学意义上的美国理应被寄予更多理论上的关注。既往研究已经在传记思想史与生活史③、家族史④、著述史⑤、思想比较⑥等层面定位了韦伯美国之旅及其思想影响；一些研究在新教伦理、北美教派等具体议题中建立起韦伯与美国经验之间的双向联系⑦。其中，卡尔博格的研究比较深入，研究通过建构"宗教观念的动态自主性"这一韦伯式方法论

① SCAFF L A. Max Weber in America [M]. New Jersey：Princeton University Press，2011：134.

② 该书德文初版于1906年，此前一年书中内容曾在与韦伯合办的《社会科学与社会政策文献》杂志上以系列论文形式发表。

③ 玛丽安妮. 韦伯传 [M]. 阎克文，王利平，姚中秋，译. 南京：江苏人民出版社，2002：304-349. RADKAU J. Max Weber：A biography [M]. Malden, MA：Polity Press，2011：222-227；SCAFF L A. Max Weber in America [M]. New Jersey：Princeton University Press，2011：introduction.

④ GUENTHER R. The Young Max Weber：Anglo-American Religious Influences and Protestant Social Reform in Germany [J]. International Journal of Politics，Culture，and Society，1997，10 (4)：659-671；GUENTHER R. Max Weber：Family History，Economic Policy，Exchange Reform [J]. International Journal of Politics，Culture，and Society，2002，15 (3)：509-520；GUENTHER R. Transatlantic Connections：A Cosmopolitan Context for Max and Marianne Weber's New York Visit 1904 [J]. Max Weber Studies，2005，5 (1)：81-112；罗斯. 准英国人韦伯：亲英情感与家族史 [M] //莱曼，罗特. 韦伯的新教伦理：由来、根据和背景. 阎克文，译. 沈阳：辽宁教育出版社，2001.

⑤ KÄSLER D. Max Weber：An Introduction to His Life and Work [M]. Oxford：Polity Press，1988：13；MOMMSEN W J. Max Weber in America [J]. The American Scholar，2000，69 (3)：103-109；何蓉. 行走之思：作为侨易个案的1904年韦伯美国之行及其影响 [J]. 江苏师范大学学报（哲学社会科学版），2016 (6)：10-17.

⑥ OFFE C. Reflections on America：Tocqueville，Weber and Adorno in the United State [M]. Cambridge：Polity Press，2005：52-65.

⑦ 亨利塔. 新教伦理与美洲殖民地的资本主义现实 [M] //莱曼，罗特. 韦伯的新教伦理：由来、根据和背景. 阎克文，译. 沈阳：辽宁教育出版社，2001：373-374；JOHNSON，BENTON. Max Weber and American Protestantism [J]. The Sociological Quarterly，1971，12 (4)：473-485；BERGER，STEPHEN D. The Sects and the Breakthrough into the Modern World：On the Centrality of the Sects in Weber's Protestant Ethic Thesis [J]. The Sociological Quarterly，1971，12 (4)：486-499；LOADER，COLIN，ALEXANDER J C. Max Weber on Churches and Sects in North America：An Alternative Path toward Rationalization [J]. Sociological Theory，1985，3 (1)：1-6.

视角，深刻检视了美国社会团体的构成和美国政治文化的禁欲新教根基及其当代表现①。当然，这些研究表现了要求突出以"美国注韦伯"以及由此引起韦伯思想之拓展的旨趣。然而，韦伯对美国的论述有待更深入的梳理与整合，我们从现有研究中也很难窥见韦伯视野中更完整、全面的美国肖像。上述研究在沟通韦伯与美国之联系的同时，也难以规避韦伯对美国社会构造的认知。因此，本文侧重的问题是，作为欧洲文明比较的集大成者，同时具有较强亲英倾向的韦伯对美国具有何种想象性建构呢？这意味着有必要转换研究视角，从"美国注韦伯"转至"韦伯注美国"。鉴于此，本文旨在聚焦韦伯眼中的美国，一方面呈现韦伯文明比较所牵涉的美国经验，并通过其理论视角加以延展；另一方面将其与托克维尔的美国论述彼此照面，互为补充，最终会通美国社会构造的一些特点。

第二章　新的社会组织方式及其拓展：原初的政教关系

作为欧洲人的某种感慨，韦伯在《新教伦理与资本主义精神》开篇指出，美国社会长久以来维持着"政教分离"。游历美国期间，韦伯洞察到基督教在现代美国完全堕入了一个"私人化"领域，并在加速走向世俗化。这就为其反思宗教的现代命运提供了一个典型经验。

从教会史看，宗教改革与新大陆的发现和殖民同时发生，早期殖民者将在北美洲的活动视为上帝赋予的"开拓荒野的使命"，按照基督精神的一种实验，是去建造一座"山巅之城"②。自 1607 年在詹姆斯敦建立第一个殖民地以后，英格兰官方并没有打算在新大陆推行基督教的统一模式③。即便这样，在观念上，新英格兰的圣徒们寻求的基督教自由不过是重新建立新的正统。实际上，当时北美的新教信仰大多数尚在教会传统之内。不过，清教徒对圣经的献身精神、北美荒原的存在以及英格兰的宽容政策则从根本上动摇了新英格兰清教徒不宽容的立场，因此新英格兰清教统治形态实际上是一个独立共和国④。

① 卡尔博格. 韦伯的比较历史社会学今探 [M]. 张翼飞，殷亚迪，译. 上海：上海人民出版社，2020.

② 贝拉，等. 心灵的习性：美国人生活中的个人主义与公共责任 [M]. 周穗明，翁寒松，翟宏彪，译. 北京：中国社会科学出版社，2011：292.

③ 托克维尔. 论美国的民主 [M]. 董国良，译. 北京：商务印书馆，2018：45.

④ 雪莱. 基督教会史 [M]. 刘平，译. 北京：北京大学出版社，2004：346-347.

一言以蔽之，殖民地时代的北美社会正如约翰·温斯洛普所宣称的，旨在建立一个"公民和教会都应有的政府形式"。进一步说，清教以其合理的禁欲主义，变相地融入了世俗秩序，不仅形塑教派成员的社会人格，也奠定早期新英格兰政治社会之基础。下文即从这两个方面并沿着韦伯提供的线索继续前进。

一、以教派为中心的社会格局

韦伯转向世界宗教文明比较研究之前，特意写就《新教伦理》①，以补充教派观念对于资本主义精神之拓展所具有的社会意涵。实际上，新教教会的客观社会制度及其伦理影响力，特别是教派的团体生活，是他对"社会"概念最明晰的阐发②。当然，这里的"社会"一词还不具有现代的全部意涵，指的是"政治的、教会的及其他共同体组织里的活动"③。这里的关键问题是，本质意义上的基督教共同体，尤其是教派，在何种意义上又是如何拓展出美国早期社会之格局的？

游历美国期间，韦伯发现，新教教派与美国私人生活依然存在若即若离的纠缠。从国家角度看，美国当局从不过问教派性质问题，人民则拥有完全的新教自由。从社会角度看，任何想要立足的商人都离不开教派成员资格的担保，消费者也自认为教派资格是社会信任的必要环节。即使在不信教的移民眼里，教派成员资质还是具有形式上的伦理保证力。为何如此？因为对于美国这样的商业社会来说，教派成员身份意味着"你无须担心费用"般的信用力。成员资格何以有这样的威慑力？

首要在于教派成员资质是一种新的社会联结纽带。在韦伯看来，教派成员资格之所以成为人格之最高担保，不在于个人属于哪个具体的教派，而在于这个事情本身，即成为教派的一员，首先得通过严谨的品行调查，且有名望的教派只会接纳品行端正、够格的人进来，也就是说，教派成员意味着"人格的一纸伦理资格证明书"④。之所以如此，在于教派成员资质构成根本上不同于权威教会。对于教会成员来说，成为教会的一员，是生来如此的义务，因而无所谓

---

① TOENNIES F, et al. Max Weber on Church, Sect, and Mysticism [J]. Sociological Analysis, 1973, 34（2）：140-149；Weber M. Voluntary Associational Life（Vereinswesen）[J]. Max Weber Studies, 2002, 2（2）：199-209.

② 李猛. "政治"的再发现：基于《新教伦理》对韦伯思想发展的探讨 [J]. 政治思想史，2020（2）：36.

③ 韦伯. 新教伦理与资本主义精神 [M]. 康乐，简惠美，译. 桂林：广西师范大学出版社，2007：89.

④ 同③196+198.

伦理资格的保证。相反，教派本质上是基于自由意志的自愿团体，成员是建立在自尊自重的伦理资质之上的。因而，教派尤为强调内部成员的圣洁，尤其具有排他性的伦理要求。若有伦理过失而被逐出教派者，不仅意味着经济信用的丧失，还伴随社会地位的降格沦落①。那么，教派是如何建构并推广此种伦理责任的？

　　从起源上看，新英格兰教派往往先于政治社会之形成，同时教派出于积极的宗教理由，历史地发展了自由意志原则和主权治理原则。从教会史看，自由意志原则的历史建构力突出体现在圣餐仪式这个身份制要素上，因为圣餐仪式关乎教派成员的社会生存。首先，随之发展出了教派的各种组织化手段，如资质审查、教团主权、集会原则。尤其是教派通过扩大教团的连带责任，强化了对成员资格的直接支配。如外地人必须经由成员资格者的推荐才能被授予证明书，方能参与教派圣餐仪式。其次，教派主权治理的实际效果是制衡内部官职卡里斯玛要素，从而最大限度保证教团实施的道德纪律。同时，教团将道德纪律交付到每个平信徒手中，拒斥任何精神权威来接替教团对神所直接担负的宗教义务。平信徒往往借助教团的小规模自治、成员相互训诫与严厉的破门律来保证教派纪律，在教团内部发挥着强烈的风俗教化作用②。例如，卫理公会曾组成小团体，12 人一班，每周集会，班长定期审查成员的品行③，教友派则为会员提供相互监督与忠告的集会④。

　　更重要的是，教派的团体生活在观念上不断推广个人主义精神。一方面，教派尽可能切断内部自发的官职卡里斯玛要素，同样不承认血缘、世袭财产，乃至学历等权威，从而更好地发挥其理性培育与拣选成员的道德作用。另一方面，教团生活充分发扬了原始基督教的友爱伦理。⑤ 在教团内部，互称"兄弟"，普遍奉行兄弟之间的互助义务，尤其是紧急的救济义务，也为兄弟颁发道德证明书，某些教派还禁止诉诸世俗法庭⑥。前者极大地将个人从任何家长制权威中解放出来，同时又不至于落入等级权威支配，极大地发展个人自主的行动权利。即使如此，"他们也远远不是不分斤两地张开双臂接受任何人进来"⑦。

---

① 韦伯. 新教伦理与资本主义精神 [M]. 康乐，简惠美，译. 桂林：广西师范大学出版社，2007：197.

② 同①213-214.

③ 同①212.

④ 韦伯. 支配社会学 [M]. 康乐，简惠美，译. 桂林：广西师范大学出版社，2004：437.

⑤ 肖瑛. 家国之间：柏拉图与亚里士多德的家邦关系论述及其启示 [J]. 中国社会科学，2017（10）.

⑥ 同①202+220+216.

⑦ 同①202.

后者则为其成员创造密切的道德义务，二者互为牵制，协力催生了基督教式的个人主义精神。后来，即使经历了情感复兴的卫理公会（Methodism），依然强劲地维持着讲求方法的生活之道，尽管存在内在困难，但也难以走向虔敬派的感情性皈依路线①。

最后，就社会效果看，教派散布的伦理实践机制构成社会信任的象征以及社会团体的建制原则。一来教派虽不承认任何天然的等级性权威，但是通过排他性的伦理要求，配合个人的利益动机，教派伦理资质以不同方式渗入美国社会生活和思想之中。如，首要的是扮演上升中产阶层的伦理守护者，充当"身份性贵族化倾向的担纲者"②，教派根基稳固之处也显现出"十分清晰的社会分化轨迹"③。二来经由教派所培育与筛选的伦理自觉，以及在教派基础上所继承的团体生活机能，历史地建构了美国团体生活的伦理动力和制度化原则。因此，"美国的民主制并非由毫不相干的个人所集拢的沙堆，而毋宁是由极度排他性的、但完全自由成长的教派、社团与俱乐部所集结成的一个混合体；以这类团体为中心，个人本身的社会生活就在此中进行"④。在韦伯看来，教派的历史影响乃是以一种新的社会格局突破了家产制、封建制与中世纪行会的权威束缚，从而构成近代个人主义最重要的历史基础之一。

二、乡镇社会的民情培育

1906 年，韦伯在《基督教世界》发表了题为"教会与教派"的论文，论文副标题即是"教会与社会政治述略"。韦伯其实有意识将新教教派的社会意涵拓展到教派与政治社会的关联上。鉴于托克维尔对美国乡镇社会的民情有精彩论述，我们将韦伯同他作一番会通，以此反观新教教派之于美国的政治社会意涵。

正如韦伯在《支配社会学》结尾部分的精彩总结，西方文化发展的特殊动力蕴含于两种互为纠缠的关系之中。一是官职卡里斯玛与修道生活的纠缠；二是"政治权力上的封建制或身份制的契约国家性格，与独立于政治权力或与政治权力交会、具有合理性官僚制形式的教权制之间"⑤。简言之，前者是事关救赎权力的矛盾，后者是关于政权与教权的矛盾。就前者来看，欧洲宗教改革正

---

① 韦伯. 新教伦理与资本主义精神［M］. 康乐，简惠美，译. 桂林：广西师范大学出版社，2007：130—134.

② 同①202.

③ 贝拉，等. 心灵的习性：美国人生活中的个人主义与公共责任［M］. 周穗明，翁寒松，翟宏彪，译. 北京：中国社会科学出版社，2011：299.

④ 韦伯. 支配社会学［M］. 康乐，简惠美，译. 桂林：广西师范大学出版社，2004：438.

⑤ 同④415.

是从救赎权力开始的，路德的宗教改革率先打破了教会对修道生活的持续收编，但路德派教义还残留着官职卡里斯玛等传统要素。就后者而言，纯正的教权制无论如何都与政治权力处于紧张状态，且构成对政治权力的特殊制约①，但是实践中的教权制与政治权力难免相互妥协，乃至结盟。宗教改革以来，欧洲主要新教国家与天主教国家始终带有强烈的政教合一性格，但至此达到顶点。韦伯对路德派同现实政治结盟一再批评，而托克维尔对法国大革命之后的政教两极分化的局面又感到失望。由此，我们不难理解为何韦伯与托克维尔对美国的政教关系都很感兴趣。

美国早期民主制与基督教教派，尤其是清教教派之间本质上具有内在的"选择性亲和性"②。从前可知，新英格兰清教教派本质是一个志同道合的团体，首要关心的是如何建立自己的社会。托克维尔也指出，它们在上帝面前以契约方式建立了北美最初的政治社会，接着颁布法律、法令和命令。若涉及全体居民利益的事务，则施行"直接民主制行政"（韦伯语）。尤其是在新英格兰乡镇（township），它们任命自己的行政官员，自己规定、分配和征收税收③。同时，乡镇社会对成员负担的义务也不少，涉及乡镇大小事务，乡镇也设立学校④。从理念上看，清教诸教派与自由的民主所造就的民情能够互为接洽。"自由视基督教为民情的保卫者，而民情则是法律的保障和自由的保证"⑤。

二者亲和的载体是民智、家庭和政治，借此培育起能够进入公共舆论的民情。韦伯新教伦理命题的核心便是清教徒如何通过自律的禁欲技术造就伦理自觉。当然，清教教派则通过严苛的道德规范和团体生活而将信徒导向遵从上帝的诫命，从而培育起更广泛的伦理生活实践。托克维尔发现，基督教通过引导民情培育对秩序的爱好，尤其是培育家庭风气和妇女德行而对政治发生约束作用⑥。此外，基督教不仅规制着民情，还扩及人们的资质，即要求所有人都承认基督教的合法性地位，由此，基督教进入公共舆论而影响着美国人对基督教的思维方式与情感。更重要的是，宗教阻止人们想入非非，并禁止政治上的恣意妄为，刹住民主共和制度天性"爱动和喜变"的性格，因而有利于国家的安定和制度的持久。

值得注意的是，韦伯当然承认二者的亲和性，但主要强调基督教教派对西方

---

① 韦伯. 支配社会学［M］. 康乐，简惠美，译. 桂林：广西师范大学出版社，2004：426.

② 之所以用选择性亲和性，旨在说明民主与基督教关系的复杂性，二者既具有内在的统一性，但其亲和性又是有条件与内外边界的，本文在此意义上践行这一方法论所指示的研究路径。

③ 托克维尔. 论美国的民主［M］. 董国良，译. 北京：商务印书馆，2018：49-50.

④ 同③51.

⑤ 同③55.

⑥ 同③370-371.

宽容思想以及自由权利观的伦理动机根源。从前可知，新教伦理的社会原则是非政治性的，其潜在的"反政治"倾向甚至引致跟现实政治的冲突。另外，清教诸教派出于积极的宗教理由，反对服侍任何权威，主张构建新的政治支配秩序。美国人传统上对个人服侍的嫌恶即是如此。因此，纯正的清教教派支配必然推动"国家与教会分离"与"宽容"的原则。"宽容与现代的'自由'观念本身没什么不同：人应该无条件听命于神自身的意志，人只应该对神及其律法如此，而所有的权威都颠倒了这一价值，是'被造物神化'，应予抛弃……从积极的宗教动机引发'与权威为敌'的倾向，在历史上决定性地构成了清教诸国'自由'的'心理学'基础。"① 如此，如果清教徒听命上帝意志同时摆脱了加尔文神权政治的信条化，即不强迫其他教派成员的自由选择，反倒可以培育一种容忍他人的良心自由。在此之上，此种免于国家权力之干涉的自由，原则上是无可剥夺的权利，加上容忍的义务，因而是首要的人权，由此构成近代讲究形式的权利平等与经济自由的观念基础，间接为近代官僚化与资本主义的发展铺平了道路②。

当然，二者的亲和性还有美国社会的现实条件作支撑，尤其是近代民主制与资本主义的发展，根本上改变了基督教尤其是天主教的生存条件与性格。具体而言，一来天主教教义上的身份平等同民主共和制度并不悖逆；二来天主教大多数是穷人，他们要求全体公民参政，从而才能争取自己的参政权利；由于他们处于少数派之故，也迫使其要求尊重一切权利，以保障行使自己的权利③。由此，他们最强调的身份平等理念与美国自由民主的社会现实奇妙地发生了亲和反应，以至于它能够容忍自己原则上不认可的政治学说，致力于在宗教与法律实践中捍卫美国的民主共和制。韦伯看到，在民主制之下，即使是教权制支配也能够容忍政教分离。即便天主教预算特权被废止了，天主教地区也会拨给教权制管理下的学校补助金，由此"宗教预算"在美国又重新出现了④。

最重要的是，民主政治与基督教亲和的最大前提是二者遵循其内在的固有法则，并以独立的实践领域存在，这是韦伯与托克维尔共同的洞察。从一开始，新英格兰的清教徒完全是出于宗教理由建立了政教合一社会。地方行政的望族色彩很鲜明，牧师不仅是公职人员，还以终身牧师的形象成为公共生活的中心和凝聚力量，他既是乡镇社会的基本戒律的维护者，还是个人品行的强制者⑤。

---

① 李猛."政治"的再发现：基于《新教伦理》对韦伯思想发展的探讨［J］.政治思想史，2020（2）：25.

② 韦伯.支配社会学［M］.康乐，简惠美，译.桂林：广西师范大学出版社，2004：442-443.

③ 托克维尔.论美国的民主［M］.董国良，译.北京：商务印书馆，2018：365-367.

④ 同②420.

⑤ 贝拉，等.心灵的习性：美国人生活中的个人主义与公共责任［M］.周穗明，翁寒松，翟宏彪，译.北京：中国社会科学出版社，2011：293-294.

第一部分
社会治理和社会认知篇　099

此时，地方自治主义有很强的基督教权威色彩，强调对新秩序和权威的服从。甚者，教会成员资格是州里完全市民权的前提①。另外，清教徒的现世支配并不排斥政治自由。因为宗教只能在本身的领域内是自由和强大的，它的上帝之国才能感染人心②。一旦结盟，就如新英格兰的独立派，会产生由教会认可的贵族制的政治支配③。因此，宗教只能在其限度内才能维持基督教自由而真正引导民情。

　　然而，民主自身的发展为基督教设置了生存边界，尤其是伴随民主时代的思想与情感，以及外在的行政集权趋势挤压着政教亲和的可能空间。随着行政官僚化而来的权力集中，政教关系又该如何协调？这就关涉对美国民主图景的进一步理解。

第三章　作为独立价值领域的政治及其伦理：联邦制与领袖民主制

　　政教关系在乡镇社会的亲和性并不能掩盖政治与宗教的分化与独立。从发生学的角度看，政教之间实践中的冲突始终存在。从韦伯理论可知，政教分立首先是世界的祛魅，以及诸多价值领域"伦理理性化"的结果。因为各价值领域"内在固有的法则性"以及价值领域之间的紧张性恰恰要经过价值理性化过程才能真正凸显出来④。由此而来，政治秩序越是理性化，政治与宗教之间的紧张性就越严重，但是二者的亲和性恰恰建立在各自价值理性化的前提之上。在韦伯看来，政治作为一个独立的价值领域，既与其他价值领域相冲突，但又不能彻底脱离其他价值领域⑤。韦伯在政治与伦理上这一态度，鲜明地体现了现代政治的内在特点。一方面，官僚制国家与相应的理性政治人倾向于"不以当事者何人为念"，不动怒，也没有爱，难免以"国家理由"的客观原则行事⑥；另一方面，政治因其特殊手段而在伦理上又具有独特性。从支配社会学看，国家理由的兴起突出表现在行政官僚化与合法性政治问题上。不过，从发生学角度

　　① 韦伯. 新教伦理与资本主义精神 [M]. 康乐，简惠美，译. 桂林：广西师范大学出版社，2007：204.
　　② 托克维尔. 论美国的民主 [M]. 董国良，译. 北京：商务印书馆，2018：54.
　　③ 韦伯. 支配社会学 [M]. 康乐，简惠美，译. 桂林：广西师范大学出版社，2004：439.
　　④ 韦伯. 宗教社会学·宗教与世界 [M]. 康乐，简惠美，译. 桂林：广西师范大学出版社，2010：455.
　　⑤ 李荣山. 权力与伦理：韦伯支配社会学中的国家理由问题 [J]. 社会，2020 (3)：1.
　　⑥ 同④461.

看，无论是合法性政治，还是官僚化机器都经历了漫长的历史诞生过程，只有现代国家兴起时二者才具有合流的可能。那么，国家理由的兴起过程伴随着怎样一番社会图景？由此，本章将从国家理由这一角度出发，首先考察联邦党人在处理政体问题上的独特立场，在此基础上，细致讨论政党官僚化与领袖民主制之关联。

一、联邦制的共和内涵

波考克在《马基雅维里时刻：佛罗伦萨政治思想和大西洋共和主义传统》中指出，美国革命并不仅仅是站在理性主义或者自然主义的洛克式契约立场上，与旧有世界及其历史彻底决裂而重建自然社会，而是存在美国的历史主义时刻，这一时刻从一开始就让美国人面对自己的历史①。联邦党人宣称联邦制是共和政体而非民主政体的那一刻，深刻体现了"极端保守的美国人的立场"，同时将共和主义传统中"美德与腐败"问题彻底永久化了②。如果将其置换到国家理由问题上，问题便是独立不久的美国为何理所当然是民主共和国？联邦党人是如何将公民共和观念保留到联邦制中的？

如果说欧洲现代国家的兴起主要是为应对所谓"17世纪的总危机"③，那么美利坚合众国新宪法的出现也处在民族生死攸关之际。汉密尔顿等在《联邦党人文集》开篇指出，新的联邦宪法不仅是为应对邦联政府的无能，而是事关联邦的生存、联邦成员的安全与福利，甚至关乎"世界上最引人注意的帝国的命运"，这只能留待人民"通过深思熟虑和自由选择来建立一个良好的政府"④。在联邦党人看来，这不仅是美利坚民族的国家利益问题，而是关乎全人类的命运。汉密尔顿甚至指出，"我们的地位要求我们，我们的利益也促使我们要在美国事务的制度上力争上游。全世界可以在政治上和地理上划分为四部分，各部分都有独特的利益……欧洲长期保持的优势，诱使它想自诩为全世界的主人，而且认为其余的人类都是为它的利益而创造的……维护人类的荣誉，教育那个傲慢的弟兄谦虚一点，就是我们的事情了。联邦会使我们做到这一点"⑤。联邦党人似乎在暗示，联邦新宪法是美利坚民族历史上的一次决断，因而需要选民"深思熟虑和自由选择"的意志并审慎地作出这一历史选择。更重要的是，美利

---

① 波考克. 马基雅维里时刻：佛罗伦萨政治思想和大西洋共和主义传统 [M]. 冯克利，傅乾，译. 南京：译林出版社，2013：531-532.

② 同①612-613.

③ 李猛. 论抽象社会 [J]. 社会学研究，1999（1）：7.

④ 汉密尔顿，杰伊，麦迪逊. 联邦党人文集 [M]. 程逢如，在汉，舒逊，译. 北京：商务印书馆，2015：3.

⑤ 同④66.

坚民族现在有能力来争取"自由、尊严和幸福"，并在这样的关口通过历史事件的决断来造就美国文明的生活之道。

不过，联邦党人所呼吁的"良好政府"在实践现实中充满张力。邦联政府呵护的美德所依托的现实条件是整个社会因财产和教养而自然分化出"显贵精英"，因而大多数北美殖民地在捍卫公民美德之时，主张以邦联政府对抗腐败的议会君主制①。意外的是，在一个新的移民社会不仅很难建立贵族制，似乎更不可能产生领主式贵族②。正如托克维尔指出，移民的贫穷和灾难为平等提供了最好保障，美洲的土壤似乎与领主贵族制格格不入，这里既没有贵族依托的特权，也没有贵族赖以存在的身份制③。因此，这个民族内部的贫富分化不来自土地，很难产生一个贵族意义上的阶级。由此，联邦党人良好的政府方案首先就要面临这样的拷问，新联邦何以是共和国，又何以是帝国？而其方案本质上是"共和国难免扩张，但又难以规避因扩张带来的腐败"这一古典共和国难题的现代延续。

既然美利坚民族的美德只能建立在平等的民情上，因而商业实际上成了公民共和理念的一种新的替代方式和补充。即使是革命时期的美洲也并没有形成自然分化的贵族，而联邦党人眼里的美德与商业同样不是绝对对立的④。实际上，在马基雅维里和孟德斯鸠看来，只有平等能让美德的实践成为可能⑤，而平等的人必须实践美德，否则就会腐化⑥。就此，美德与商业的妥协成为建立联邦政府的必要前提。邦联的无能首先表现在无视此种社会现实，不能够维护美利坚民族的商业利益。因此，基于代议制政体建立的联邦政府才是适合商业发展的政府形式。在联邦党人看来，"商业利益的一致与政治利益的一致一样，只能通过统一的政府才能达到"⑦，联邦政府有利于在商业、税收、财政之间建立良性循环。一方面，北美商业贸易的发展迫切需要一个统一有效的政府，同时商业贸易也可以成为海员培养所。另一方面，在统一的全国政府之下，北美的自然力量和资源才会导向共同的利益，才能挫败欧洲各国因妒忌而联合起来阻止

---

① 波考克.马基雅维里时刻：佛罗伦萨政治思想和大西洋共和主义传统［M］.冯克利，傅乾，译.南京：译林出版社，2013：540-541.

② 同①540.

③ 托克维尔.论美国的民主［M］.董国良，译.北京：商务印书馆，2018：37.

④ 同①542-543+551.

⑤ 同①.

⑥ 同①.

⑦ 汉密尔顿，杰伊，麦迪逊.联邦党人文集［M］.程逢如，在汉，舒逊，译.北京：商务印书馆，2015：65.

北美发展的图谋①。

当然，联邦政府也只能顺应美利坚人民的民情才能真正扩充汲取财政资源的能力，尤其是适应人民"难以容忍消费税那种寻根究底和专横强制"的天性。但是，现在的联邦政府缺乏必要的强制权力。任意的邦联权又难以协调各个邦之间的税收比例，从而难以保证税收的有效来源。联邦政府的主要弊端是在立法原则上以各州或者各州政府为政治单位，而不以各州的公民个人为单位②。这容易陷入"主权内的主权"的怪圈，各州主权之间相互扯皮。法律上，联邦政府缺乏必要的强制权，"各州政府缺乏相互保证"，这意味着很容易出现"不是联邦中最强大的加盟政府攫取联邦的政权，以联邦的名义向其他加盟政府发号施令；就是联邦政府放弃自己的权力，使联邦陷入无政府状态，而联邦也随之失去活动的能力"③。行政上，联邦政府没有独立的行政班子，只能借用加盟政府的力量。商业上，联邦政府本身缺乏足够的信用与权威来保证统一的海洋秩序，因而不具有管理商业的权力。总之，联邦政府无论是法律上还是行政上都倍感无力，这是联邦无政府状态的现实困境。

不难理解，联邦党人设计的代议共和政体仍要以保障自由的生活方式为最高原则，但难免承认联邦政府的主权原则。因此，联邦党人的立场很明确，为了确保自由的生活方式，唯一的方案是通过"多重代表制"与权力的制约、平衡和分立的方法来设计政体架构。这个方案本质上是一种宪政制约关系。具体来说，麦迪逊承认多元党派利益在人类政治事务中的正当性，而党争是公民追求他们利益的正当权利。造成党争最普遍而持久的原因是财产分配的不平等，更深层说，它根植于自然的人性之中④。因此，只能用控制党争影响的方法，以共和政体的原则加以调整。这突出表现在麦迪逊对共和政体与民主政体的区别上。一方面，"共和政体通过某个选定的公民团体"，使得公众意见得到过滤和扩大，同时大共和国人民的选举更加自由，这有利于选出德高望重的代表；另一方面，"共和政府能比民主政府管辖更为众多的公民和更为辽阔的国土"，扩大了党派利益集团的多样性⑤。总之，代议制共和政体一方面增加联邦结构的多样性；另一方面增加形成直接多数、完全平等的障碍，从而保障自由的生活方式。

---

① 汉密尔顿，杰伊，麦迪逊. 联邦党人文集［M］. 程逢如，在汉，舒逊，译. 北京：商务印书馆，2015：63.

② 同①85.

③ 托克维尔. 论美国的民主［M］. 董国良，译. 北京：商务印书馆，2018：194.

④ 同①54.

⑤ 同①57–59.

　　此外，联邦宪法明确的联邦与各州之间的主权分享原则，本质上是一种基于共和理念的主权分配，避免了行政集权与政府集权直接合流，从而形成了行政分权与政府集权的制衡关系格局。正如汉密尔顿指出，联邦共和国实质上是"一些社会的集合体"或者是邦联之间合为一个国家，联邦政府与各州政府都是主权的构成部分，各州享受某些独有的、不可让渡的主权①。具体来说，首先，二者在性质上不是行政或者法律上的隶属关系，而是分权关系，即二者都是宪法规定的主权，在各自范围之内都是独立的主权。在此种意义上，联邦既是一个共和国，也是一个有主权的国家。其次，主权分享还体现为二者只是管辖权的区分，只是权力的行使范围不同。联邦不仅自己颁布法律，也由它自己执行法律。最后，就效果来看，主权分享形成了联邦与各州之间权力制约、平衡与分立的关系格局，通过行政分权而将各州"对小共和国的依恋之情转化为对共同祖国之爱"②。此外，主权分享原则本质上是顺应乡镇民情的产物。

　　值得注意的是，公民共和观念自然离不开政治教育，联邦宪法通过独立的司法程序为公民提供了政治教育机会。在《论美国的民主》中，托克维尔特别留意司法制度这一宪法中最为独特的装置，甚至将其作为一项政治制度加以检视。在他看来，司法制度既可以限制行政权的扩张，甚而以司法权代替行政权，又以违宪审查来制衡专横的立法权，还发挥政治教育的功能。就针对行政权而言，新英格兰广泛采用了英国的治安法官制度，并以司法惩治代替行政措施；在涉及全县的工作上，地方法院的工作纯属行政性质；新英格兰还实行地方法院的罚款、普通法院的传讯以及纯行政法院的处分来规训行政权③。司法权对美国政治社会影响深远。仅从司法的特点看，美国赋予法官优先适用宪法的权利，而宪法又是根据人民的意志制定或修改的，因而宪法成为一切法律的母法，故而法院的违宪审查权成为反对议会政治专横的有力武器。美国的法学家精神配合陪审团的司法程序有力地成为平衡美国民主的力量，并深入社会的最底层。一方面，从其利益和出身看，法学家自然倾向于人民，而从习惯和爱好看，又自然倾向于贵族，因而法学家是人民和贵族之间的天然锁链④；另一方面，陪审制度又是法学家与人民之间沟通的程序中介，借此法学家的语言成为普通公民的日常语言，进而渗透到所有人的思维习惯之中，从而在人民的内心里培养起

---

①　汉密尔顿，杰伊，麦迪逊.联邦党人文集［M］.程逢如，在汉，舒逊，译.北京：商务印书馆，2015：50.
②　托克维尔.论美国的民主［M］.董国良，译.北京：商务印书馆，2018：201.
③　同②92-95.
④　同②337.

公民的法治精神。

当然，积极的政治生活离不开人民的理智与情感，从而不应低估美国人民在这个国家享有的政治地位，可以说，美国人在政治生活里的理与情是统一的。用托克维尔的话说，这是"理智的爱国主义"。因此，如果说古典共和理念意味着一种将积极的公民生活与公共关切的德行结合起来，那么美利坚人民则开辟了寓共和于联邦制的路子。某种程度上，美国人民的理智与情感相统一的生活纪律是联邦主权兴起的重要前提。不仅如此，联邦党人仍在维护自由的生活方式的原则框架内纳入联邦制，同时以权力的制约、平衡与分立的程序设计为公民自由保留了伦理实践空间。在此种意义上，联邦共和国是共和主义的，也是民主主义的。这意味着代议制民主适应的不仅是平等的社会局势，也预示着大众民主时代的必然来临。

二、领袖民主与政党官僚化

正如托克维尔所言，美国共和主义者"重视民情，尊重宗教信仰，承认各种权利"，在此基础上形成的理念共识成为美国政治制度的内核。那么，民情何谓也？如何培育？民情与制度何以深度关联？在托克维尔眼里，民情既是一套心灵的惯习，也是一套能够流行的不同观点，还是人们生活习惯所遵循的一套思想，借助宗教与教育又可以生成为一个民族的道德和精神气质。因此，历史、宗教以及民主的教育等因素对民情之培育就至关重要。

首先，历史经验积淀为民情。新英格兰国土的分散性既不适宜建立集权行政，也与领主贵族制度格格不入，加之母国为新英格兰殖民地提供的自治权利，以及围绕清教理念所形成的生活共同体，这一切都促使新英格兰的乡镇自由传统能够落地。其次，宗教是自由民情的守护者。宗教强调自愿的服从、参与政治生活的义务，还有积极的伦理生活实践，以及对公民乃至整个社会的无形教育，旨在造就一种新的伦理个体，从而为建立民主政治提供了支撑。最后，教育关乎民智的培育。无论是清教的教育，还是私人家庭的教育，本质上都是一种民主的教育。它只设法武装人的理智，而非压抑人的本真情感，"在用尽人的力量之后，才求助于宗教"[1]，从而有助于维护人的健全性，他们在运用个人自由之时方有所节制。

如此，民情与制度才有了深度关联的基础。以联邦制为例。一方面，民情造就了联邦制。联邦宪法明确的联邦与各州之间的主权分享原则，本身是基于共和理念的主权分配。另一方面，联邦政府的内在限制又是明显的。从性质看，

---

① 托克维尔. 论美国的民主 [M]. 董国良，译. 北京：商务印书馆，2018：806.

联邦政府分享的主权较小，最初目的也是为了达成各州继续联合的愿望，因而是一个无力的政府，比任何政府都还需要地方各州的自愿维系①。联邦政府的继续存在就有赖于各州之间的自愿联合，这是其存在的先决条件。在这里，联邦的构造好比一个自愿性团体。联邦成员之间的结合倾向决定了联邦力量的存续及其壮大的可能性。在托克维尔看来，一方面，各州之间因物质利益产生的结合倾向是十分强大和自然的，经由物质利益产生的情感纽带加强了人们之间的非物质力联系，在此基础上形成的理念共识也便于走向团结；另一方面，联邦的真正威胁在于自身的繁荣潜在地助长了各州之间的内讧，继而引起某些州之间的妒忌和猜疑心。立足于此，托克维尔认为，即使联邦继续存在，其权力也将不断削弱下去。因为美国人民对联邦制的最初设定决定了其本性是弱小的。不仅如此，在日渐民主的时代，君主政体与贵族政体原则因难以渗入民情而与美国政治社会绝缘。不能进入政治社会之内核，就难以改变社会之性质，原则上美国的民情与政体是一体的。

当然，托克维尔眼中的美国民主具有很强的张力。考虑到托克维尔当时所处法国国内中央集权的氛围，还有美国当时南北方悬而未决的种族问题，托克维尔对联邦制的预言多少有点踟蹰不定。不难理解，托克维尔力图为现代民主共和国寻觅一套基于共和理念的社会团结方案。然而，共和理念未必持续保鲜，因为民主的社会状况注定会与官僚化行政合流。因此，在《论美国的民主》下卷，托克维尔从自然人性出发，将民主的思想情感可能引发的"行政专制与人民主权"的自然结合倾向加以深刻揭露。此后，他预言的民主时代的行政集权趋势，却成了韦伯时代现代民主制的必然命运。

历史地看，民主化与官僚化在起源上具有合流性质，即二者具有内在的亲和性。一方面，官僚制支配建立在社会齐平化的前提之上。换言之，官僚制乃是大众民主制的必然产物，因为大众民主制将行政之封建制、家产制以及望族支配一扫而空，因而必然代之职业官僚支配②。并且，大众民主制与政党官僚化的结合进一步瓦解望族特权支配，尤其是美国的行政官僚化，往往是顺应民主化的结果③。另一方面，民主社会的本质是身份的平等，身份平等将对独立的热爱植入每个人的心灵深处。进一步说，身份平等打破了一统的思想、习惯的束缚、家庭的清规戒律乃至阶级与特权的观点④，进而在人们头脑中催生了爱好一般观念的心智，这暗合了官僚制基于抽象规则的形式平等。重要的是，随着市

① 托克维尔. 论美国的民主 [M]. 董国良，译. 北京：商务印书馆，2018：467-469.
② 韦伯. 支配社会学 [M]. 康乐，简惠美，译. 桂林：广西师范大学出版社，2004：58-59.
③ 同②61.
④ 同①569.

民阶层私人财富的积累，以及由此而来的对良好社会秩序和保护（"警察"）的需要，还有对"可计算性"法律和行政的要求，这反过来促成以官僚制组织生活的政治需求①。由此，"今天与日俱增的'社会化'，必然意味着与日俱增的官僚化"②。这已成为大众民主制的外在条件了。

现实地看，这并不是说民主化必然伴随官僚化行政，美国的社会官僚化则同其民情结构存在复杂关联。美国作为移民国家，内部阶层化还不稳定，初始社会状况也较为平等，因而限制了官僚声望以及由此而来的身份惯习③。在美国人看来，公共官员根本没有致富的前途与社会认同，官员身份对私人生活也构成限制④。游历美国期间，韦伯特别留意美国人对官员的看法。美国工人特别瞧不起这些所谓的"专家"，他们担心出现一个骑在他们头上的、具有专业素养的排他性官员等级；美国的年轻人，对任何官职，都了无敬意，他们只为个人的成就折服⑤。无论早期美国的乡镇自治，还是司法权对行政权的补充甚或替代，⑥ 某种程度上既限制又弥补了官僚机器的缺失。因为"美国政体的特色乃在于，至少就技术层面而言，其之尚未彻底官僚化……美国国家结构之部分非官僚化的形式，实质上也被那些实际支配政治的组织……之日渐严密的官僚制结构所平衡"⑦。重要的是，联邦宪法明确的联邦与各州之间的主权分享原则，本质上是基于共和理念的主权分配，从而联邦政府的权力被限制在直接的"国家理由"绝对必要的范围内。

不仅如此，现代民主政治的合法性基础更加复杂，势必从被支配者的角度寻觅正当性。在托克维尔看来，"旧制度"的政治主要是一种等级性伦理政治，内部各阶级联系尚处于温情脉脉的伦理轨道之中。君主根本没有想过谁有资格剥夺他们自认为合法的特权，而人民从未奢想过享有非分的社会地位，民情与习惯也设下了暴政的界限。然而，人民之所以心生革命情绪，"绝不是由于执政者行使权力或被治者习惯于服从，而是由于前者行使了被认为是非法的暴力和后者服从于他们认为是侵夺和压迫的强权"⑧。在这一点上，托克维尔与韦伯的

---

① 韦伯. 支配社会学［M］. 康乐，简惠美，译. 桂林：广西师范大学出版社，2004：43+46.

② 韦伯. 韦伯政治著作选［M］. 北京：中国政法大学出版社，2003：122.

③ 同①26.

④ 桑巴特. 为什么美国没有社会主义［M］. 赖海榕，译. 北京：社会科学文献出版社，2014：32.

⑤ 同②222；韦伯. 学术与政治［M］. 康乐，钱永祥，等译. 桂林：广西师范大学出版社，2010：184-185.

⑥ 韦伯在《法律社会学》篇指出，美国的司法行政至今保留着一系列针对法律形式主义的平衡机制，尤其是美国最高法院的裁判，在很大程度上仍然是一种经验主义艺术.

⑦ 同①42.

⑧ 托克维尔. 论美国的民主［M］. 董国良，译. 北京：商务印书馆，2018：11.

立场是一致的，明确指认现代政治将合法性基础作为自己的生存根基。在韦伯看来，大众民主时代，"民主化与煽动相辅相成"，民主化只是意味着群众的舆论有了某种主动的平衡作用①。历史地看，随着选举权的民主化，领袖民主制开始成为主要的民主政治形态。领袖民主制本质上是一种"卡里斯玛支配"的变形。具体说来，一来这种卡里斯玛支配的正当性依据来自被支配者的意志，即人民承认变成正当性的来源；二来支配的正当性还取决于人民的授权，此即"民主的正当性"②。民主本身成为正当性，也即人民主权信念成为正当性的来源。进言之，民主的正当性包含了"人民主权"等意识形态式政治信念。这意味着政治领袖必须"利用大众煽动手段赢得了大众对他个人的信任和信仰并获得了权力"③。杰克逊总统正是以保卫"人民的神圣权利"的英雄形象出场而赢得选举的。

因此，领袖民主制与行政官僚化在政治实践中具有相互牵制的关系效果。在韦伯看来，大众民主化并不意味着被支配者得以扩大对行政事务的参与权，这也许是民主化的结果④。在平等的社会状况之下，支配者无论是在事实上，还是在形式上都可能拥有完全专制的地位⑤。在这个意义上，民主化只是意味着人民可以通过选举政治领袖和借着"舆论"来发挥政治影响力。不过，"选举"原则并不是寻常意义上的"投票"，而是昭示一个人对领导天职的"信仰"，他有权要求获得这种拥戴⑥。例如，美国大都市改革是从民选市长开始，通过大众信任赋予他自由任命官僚的权力，从而得以保证官僚队伍的纪律。又如，美国大法官的独立性得益于民选总统的任命，总统对其承担直接责任。从实践程序看，这些民主选举产生的政治领袖主要是通过自由任命和自由罢免机制来限制行政和司法体系的官僚化专权。从合法性基础看，这些改革都带有明显的"恺撒制"色彩，其有效性乃是奠基于人民所信赖的，且不受传统所拘束的卡里斯玛支配力量，因而决定了政治领袖能够自由干预⑦。这是因为，只要有可能，民主政治信念倾向于以选举原则来防止官僚队伍发展成封闭性的"身份团体"，以便尽量扩大"公共舆论"的支配⑧。此外，韦伯也指出，美国的司法行政领域

① 韦伯. 韦伯政治著作选［M］. 北京：中国政法大学出版社，2003：177.
② 韦伯. 经济与历史·支配的类型［M］. 康乐，简惠美，译. 桂林：广西师范大学出版社，2010：393-395.
③ 同①178.
④ 韦伯. 支配社会学［M］. 康乐，简惠美，译. 桂林：广西师范大学出版社，2004：61.
⑤ 同④62.
⑥ 同①178.
⑦ 同④28.
⑧ 同④61.

至今保留着一系列针对法律形式主义的平衡机制，尤其是美国最高法院的裁判，在很大程度上仍然是一种经验主义艺术。

另外，普选权的推广为政党官僚化与领袖民主政治的相互结合创设了前提。随着选举权的扩大，选举机制的复杂化，以及动员并组织群众的迫切需要，职业政党呼之欲出。一来选举权的民主化意味着政党要想获得议会的席位，需要想方设法赢得大众的选票①。因此，政党经营更加仰赖于党的官僚、党的资金乃至党的意识形态宣传等行政技术来组织群众。二来这对政党领袖的选择变得至关重要了。如果政治领袖能够增加选票和赢得民心，那么自然可以赢得政党机器的追随和拥护。"这是因为党工在物质方面或者精神方面的利益，都和领袖的吸引力可望形成的政党权力，有着密切的关系。"② 由此，政党机器的登台，也意味着直接诉诸民意认可的领袖之到来。

从韦伯对政党的历史考察中，我们可以看到，政党机制不同于官僚制。政党的运作方式是将实际任命与形式选举结合；强调对政党忠诚，而非官僚式纪律；保留着自由任命的命令机制。③ 当然，政党与官僚制都是瓦解地方望族支配的历史力量。历史地看，政党在不同国别传统中具有不同运作方式和性质。比如，随着普选权的推动，英国新式政党与党领袖的有机联手最终实现了有权的领袖，议员的纪律化，政党机器高度嵌入地方共同体，同时发展了政治领袖的言说；韦伯时代的德国政党尚处于过渡期，具有典型的望族派系倾向，导致官僚当道、议会无权无能、政治领袖无路、少数党的派系化。

这又以美国政党政治为典型。从历史的角度看，美国直到杰克逊总统以后，政党机器才逐渐夺走国会选举领导权，内战以后，随着普选权的扩展，政党机器才真正全面主导政治生活。因此，美国两党的社会根基更加牢固。从政党性质看，两党共识大于分歧，它们没有固定的政治原则。两党关心的只是如何才能获得更多的选票，实际上成了捞取官职的普通组织。因而，两党"不是阶级组织，不宣扬特殊的阶级利益"，本质上是多元化的"中立的集团"④。尽管两党偶有分歧，不过是为讨好选民。如此，两党互竞的政治环境变相为人民创造了获益的机会空间。在韦伯看来，美国政党已走向不讲究原则、仅仅热衷于官职庇护权的资本主义化经营。党老大是政党理性经营的必然产物和关键角色。

---

① 陈涛. 法治国、警察国家与领袖民主制：西欧现代国家构建的三条线索［J］. 社会，2020（6）：60.
② 韦伯. 学术与政治［M］. 康乐，钱永辉，等译. 桂林：广西师范大学出版社，2010：238.
③ 韦伯. 支配社会学［M］. 康乐，简惠美，译. 桂林：广西师范大学出版社，2004：26-28.
④ 桑巴特. 为什么美国没有社会主义［M］. 赖海榕，译. 北京：社会科学文献出版社，2014：70-77.

党老大是为理性经营选票，只为追求权力，"不在乎荣誉或责任"，因而适合扮演候选人与赞助人的中间人。这有利于政党追随者对政治领袖完全地服从，甚而达到"精神上的无产阶级化"①。从效果来看，政党经营高度嵌入社会生活，从而提升社会民主化；政党不执着于信念也有利于降低政党利益的固化，从而将能人选上总统②。之所以如此，一来还在于美国民主政治不存在排他性的身份等级阻碍；二来美国的行政首脑乃是人民直接选举产生的总统，三权分立充分保证了总统的独立性。此外，美国参议院对众议院的优势、政治教育所积淀的民情等因素，提升社会民主化水平之时，也牵制着大众民主制可能诱发的情感主导政治的倾向。③

回望历史，我们可以看到，托克维尔站在自由立场上力图为现代民主共和国寻觅的基于共和理念的社会团结方案，尤其是他对美国实践的共和理念与人民主权原则所具有的规范性的强调，以及对行政专制与人民主权结合所促成的"新专制主义"的隐忧，仍然对韦伯时代"官僚化的民主"的本质来历形成批判。韦伯时代的官僚化民主制，昭示了美国民主乃至现代民主政治的根本困境，即一方面领袖民主制越来越仰赖政党的官僚化运作；另一方面政党官僚化又逐渐脱离伦理纽带，政党官僚倾向于向政党领袖做"精神上的无产阶级化"的献身。更准确地说，政党官僚化在实现政治权力集中的同时，维系民主的伦理动力也转至最高的政治领袖之手。

第四章　近代资本主义及其民情

韦伯在圣路易斯的演讲，正是通过欧美农村社区结构上的本质差异，反观资本主义在欧美内部的影响方式，由此预言了欧美文明的可能走向。在他看来，欧美农村社会结构差异主要是由资本主义对欧洲古老的农村社会的特殊影响所致，而美国没有独特的农村社会问题，南部的社会问题也不是经济性质的，而是种族矛盾。

某种程度上，欧洲农村社会结构深受历史传统的影响。以德国为例，国土人多地稀，加上传统对土地所有权的珍视，故长期保留着土地继承，加之经济

---

① 韦伯. 学术与政治 [M]. 康乐，钱永祥，等译. 桂林：广西师范大学出版社，2010：252.

② 同①，246-248.

③ 韦伯. 韦伯政治著作选 [M]. 北京：中国政法大学出版社，2003：185.

攀升机会有限，由此造就的民情以及土地分配方式决定其社会结构必然等级森严①。随着资本入侵，反而加剧了私人对土地的垄断，致使土地脱离市场②。直到 1917 年，普鲁士的限嗣继承法使得那些根本不是也不可能是贵族的新兴资本家浪得"贵族"之名③。此后，容克贵族被卷入各种经济和社会矛盾之中，他们希望成为封建地主，但首先必须成为企业家和平民百姓④。此外，欧洲农民的处境加剧了封建制对资本主义的阻碍。（1）欧洲农民被视作供养统治阶级的赋税工具。（2）地主与农民之间维持着紧密的人身依附关系。农民不仅为封建地主供应赋役，还负担封建庄园领主的税收与兵役。（3）欧洲农民受制于共产主义式村社共同体。

因此，欧洲资本主义与传统力量的相互较量更加复杂，它既可能是选择淘汰的过程，也可能是掠夺的过程⑤。文化上，资本入侵可能激起保守力量的自卫。因为传统对土地的珍视，土地充当的是上升社会阶层攀升的入场券角色。如，英国圈地运动初期还有投机倒把的地主坐收渔翁之利，希冀成为新的乡绅⑥。经济上，资本主义和传统可以携手前进。尤其是合作社可以创造新的农村共同体，保护农民不至于滑向个人主义深渊。政治上，由于资本和土地所有权的冲突不断加大，资本主义使农村贵族不断陷入债务困境，继而瓦解贵族与农村的政治联系。在德国，资本主义不可避免地改变了容克贵族的生存条件与性格。

比较看来，美国的起源性社会状况及其造就的民情更加平等。移民初期，欧洲人熟悉的权利观念和自由原则已扎根于英国人的生活习惯中，贫穷与灾难则巩固了身份平等观念⑦。即使是南方地主，也不像欧洲地主那样依赖农民地租，因为他们本身没有任何特权，不负有对奴隶的责任，他们不过是财富上占据相对优势的阶级，只有微小差别的贵族，从而不易引起人们的爱憎情绪⑧。也就是说，在权力意义上，他们只是一个虚弱的阶级。虽然说南方移民带有贵族的生活习惯，却不具备贵族的特权。那么，新英格兰地区则完全是民主的"新社会"。一来新英格兰移民大多受过优良的教育，因而整个社会有

---

① 韦伯. 民族国家与经济政策［M］. 甘阳，编选. 北京：生活·读书·新知三联书店，2018：125-127.

② 同①150.

③ 韦伯. 韦伯政治著作选［M］. 北京：中国政法大学出版社，2003：94.

④ 同①153-154.

⑤ 同①130-131.

⑥ 黄仁宇. 资本主义与二十一世纪［M］. 北京：九州出版社，2007：95.

⑦ 托克维尔. 论美国的民主［M］. 董国良，译. 北京：商务印书馆，2018：36-37.

⑧ 同⑦57.

着良好的道德秩序；二来新社会内部完全是中产阶级的、日益均质化的社会①。

此外，北美殖民地政府平分土地时，秉持民主与自由相结合的原则，从而顺应了平等的民情。配合继承制度的推广，尤其是"平分原则"激起的民情，迅速瓦解掉社会声望与土地之间的紧密联系。同时，继承法默认财产的自由流通，承认"每个人都有完全的自由、权限和资格立遗嘱处理其财产"的权利，而不一味地将土地完全平均化。换来的是美国的社会情况比法国更加民主，因而每个人能够取得平等的发展权利与机遇②。当然，北美土地容易获得这一客观条件也较易支撑平等的民情。农民的土地多半是自己购买或者垦殖而来，土地是他们的财产，因而农民是纯粹的商人，农民经济遵循"绝对的个人主义生活方式"③。结果，他们"既是美国资本主义起飞的工具，又是这一起飞的殉葬者"④。

归根到底，这意味着资本主义的起步需要一定的民情。如北美殖民地最初的淘金者，既无才干，又乏品德，急功近利的拓殖也都惨败⑤，北美早期历史活动还贯穿着"借由长期契约工人的劳动维持大庄园且乐于享受封建贵族生活的'冒险家'"⑥。相反，北方清教地盘则充斥着由于"禁欲的强制节约"而寻求投资出口的资本⑦。如此看来，新英格兰一方面顺应其民主的社会状况，同时以较为公正的方式化解贵族残余及其生活习惯，从而为资本主义精神的发挥准备好了社会条件。

相较于此，欧陆农村社会解决土地分配的方式则更为复杂，复杂的原因不仅在于欧陆深受历史传统的束缚，还在于资本主义与传统的较量过程中，某些传统社会力量会被召集起来对抗资本主义的分化。尤其是官僚阶层的鄙视心理、教权制的仇视、天主教的伦理束缚、传统知识分子的保守心态，以及无产阶级的公正诉求等情绪，它们随社会情势变化而被调动起来，或抗拒、或利用资本主义⑧。托克维尔对法国大革命的反思暗含这一点。法国大革命以最为平等的方

① 托克维尔. 论美国的民主 [M]. 董国良，译. 北京：商务印书馆，2018：40-44.

② 同①549+66.

③ 韦伯. 民族国家与经济政策 [M]. 甘阳，编选. 北京：生活·读书·新知三联书店，2018：124-126.

④ 米尔斯. 白领：美国的中产阶级 [M]. 周晓虹，译. 南京：南京大学出版社，2016：16.

⑤ 同①38.

⑥ 韦伯. 新教伦理与资本主义精神 [M]. 康乐，简惠美，译. 桂林：广西师范大学出版社，2007：177.

⑦ 同⑥175.

⑧ 同③132-137.

式处理土地分配，财产被过分分割，尽管缩小了贫富的差距，却激发了贫富双方的彼此仇视，结果穷人与富人都没有权利的观念①。韦伯看到，美国还没有明显的贵族问题，即没有农村问题。社会阶层中的官僚势力也不明显，知识分子较为客观和自然，工人问题还不凸显，因此资本主义跟传统力量的较量并不存在②。不过，即便是美国有着清教徒奠定的牢不可破的民主传统，对南部庄园贵族的胜利仍然是艰难的，也付出了南北战争等历史代价③。

可见，美国作为年轻的文明，早期能够借助民主与自由原则的携手制衡，促进土地财富的自由积累之时，为移民奠立平等意义上的发展权利，从而为资本主义精神的拓展准备好了民情条件。

第五章　结论与讨论

至此，本文沿着韦伯所提供的问题线索，先考察了教派组织与美国早期社会格局之内在牵连，在此之上，从韦伯政治立场反观了联邦党人调和联邦制与共和理念关系的独特方式，由此剖析了美国联邦制这一独特的政治架构及其伦理意涵。

美国之于韦伯，"或许就像英国之于前几代的德国自由主义者一样"④，代表一种新的社会类型，用韦伯的话说即"典型的历史个体"，含义有两层。一方面，美国文明的独特社会构造同欧洲文明一起构成韦伯普遍历史的问题意识，美国为理解现代文明形态提供了一种方式，基于美国经验的参照也使我们对欧洲文明的理解得以可能；另一方面，美国代表的是一种年轻的文明类型，较为纯粹地展现了普遍历史的内在张力，因而启发着欧洲文明面对现代命运。当然，即使直接取材于美国的新教教派研究，也只是韦伯支配社会学研究的前奏，最终只有在探源式的历史比较考察中才能窥见新教教派独特的历史效果。即使是"领袖民主制"也只限于以美国经验为典型，韦伯还从历史比较研究中抽离出了领袖民主制的"恺撒制"以及"卡里斯玛"要素。因为从历史比较的角度来看，在欧洲文明的趋势中，激发韦伯历史想象力的是罗马，而不是现在的民族

---

① 托克维尔. 论美国的民主 [M]. 董国良，译. 北京：商务印书馆，2018：13+549.
② 韦伯. 民族国家与经济政策 [M]. 甘阳，编选. 北京：生活·读书·新知三联书店，2018：124+133—136+155.
③ 同②132.
④ WEBER M. From Max Weber：Essays in Sociology [M]. New York：Oxford，1998：3-31.

国家①。即使是现代国家，也在漫长的历史形成中融汇了等级制国家、家产官僚制和领袖民主制等传统文明要素②。在此种意义上，韦伯文明比较恰恰是从"漫长的起源现代性"来理解人类共通的现代命运，因而历史长河中的文明理应都占有一席之地，由此美国只是多元现代性中的当代典型。

多元文明比较立场并不意味着韦伯陷入了价值上的多元主义乃至文化相对主义。关键在于，韦伯是何以在文明比较中规避相对主义的？一方面，韦伯文明比较的价值基础是作为"欧洲文化之子"的真切发问，即使在欧洲文明内部，韦伯注定也会成为德国民族主义者。因为如果没有客观的价值根基，文明比较才可能流于软弱的主观妥协，这才是韦伯一再拒斥的"相对主义"文人作风。进言之，文明比较的真正基础乃在于我们首先是文化共同体中的一员，即"我们是文化人"。也就是说，我们只有从文化生活的历史之流中才能获取发问的意义规定与价值关联。韦伯这样说道，"事实上，我们经济学家在我们的研究课题中所引入的那些理想并不是经济学所持有的，更不是由经济学这门科学本身所发明出来的，相反，这些理想乃是古而有之的人类理想的一般类型，我们也将这些理想嵌入到我们的科学材料中。"③ 另一方面，韦伯的文明比较尽可能通过延展诸多文明经验而努力达致对现代文明处境的历史性领悟，故而帮助人们理性尊重和守护文明传统的价值内核。此外，韦伯充分理解这一点。人们正是从最为不同的终极价值立场来理性化生活的，而社会生活的真相在于它是实践的、感性的，充斥着生活理性化前的斗争性。因此，韦伯的文明比较首先坚持价值层面的"诸神之争"④，同时对时代现实的科层精神气质保持足够的清醒，尤其是德国市民阶层身上的"非历史""非政治"精神，并在实践层面尽可能延展诸多文明经验的可能性，从而使文明比较保持开放性而不流于相对主义精神的庸俗逃避。在此意义上，韦伯的历史理解路径切入了本真的多元历史性。

那么，美国社会构造具有何种特点？其一，先从历史起源看，如果说新教奠定的社会格局在欧洲文明内部具有瓦解家产制、封建制和行会等传统世俗权威的伦理力量，那么新教的社会建构效果则完成于新英格兰地区。在韦伯眼中，美国以团体为中心的社会格局可追溯至新英格兰时期以清教教派为中心的生活

① SCAFF L A. Max Weber in America［M］. New Jersey：Princeton University Press，2011：5.

② 陈涛. 法治国、警察国家与领袖民主制：西欧现代国家构建的三条线索［J］. 社会，2020（6）：31.

③ 韦伯. 民族国家与经济政策［M］. 甘阳，编选. 北京：生活·读书·新知三联书店，2018：105-106；李猛. 科学作为天职［M］. 北京：生活·读书·新知三联书店，2018.

④ 韦伯. 民族国家与经济政策［M］. 甘阳，编选. 北京：生活·读书·新知三联书店，2018：100-103.

世界。新教教派的团体生活不仅融合了自发自觉的结合原则，也为成员资质审查、自我确证以及兄弟之爱等伦理生活实践提供了社会基础。由此，教派的禁欲实践借助强大的自我支配和生活纪律所培育起的伦理态度，最终构成美国社会信任乃至身份贵族的象征机制，教派基础上的团结生活机能也构成美国社会团体之形成的制度化原则。当然，美国社会生活的团体特性始终有赖于积极自制的伦理实践来推动。其二，从政体伦理看，联邦制暗含美国政治作为独立价值领域的兴起，但又不能完全脱离共和传统光环。美国人民理智与情感相统一的生活纪律仍然为联邦宪法所呼吁的联邦主权提供了重要前提。并且，联邦宪法明确的联邦与州之间的主权分享，本质上是基于共和理念的治理权力分配，故而形成了行政分权与政府集权的制衡关系格局。此后，美国民主由托克维尔时代政体与伦理相称的格局逐步降格为韦伯时代的"官僚化的民主"格局。面对这一民主困境，欧洲历史尤其是德国，比美国提前落入了官僚化，并与传统政体相互纠缠。韦伯时代，德国正处在迈向大国民主的重要历史关口。在他看来，德国政治面临的实质问题不再是政体与伦理该如何调和，而是领袖民主制与议会制最终如何关联起来。这是因为，一方面，现代民主制已必然趋向领袖民主化，而大众民主又可能诱发情感主导政治的危险。另一方面，德国弥漫的官僚政治不断排挤议会权力，议会无权造成政治领袖无权，领袖无权又滋生出望族心态，结果是政党内部派系林立①。马克思也敏锐看到了德国现代政治解放的困境所在，"由于德国政府，由于德国教育的立足点，最后，由于自己的良好本能，不得不把现代政治领域（它的长处我们不具备）的文明缺陷同旧制度（这种制度我们完整地保存着）的野蛮缺陷结合在一起。"② 在韦伯看来，美国政治社会的特点正在于以政党官僚化平衡了社会结构之官僚化，最终以实质的政党忠诚而来的实质理性要素制衡了官僚制的纯粹形式平等。同时，领袖民主与政党官僚化在美国政治实践中的相互牵制，提升社会民主化水平之时，也将积极的公民生活注入其中。然而，即使在美国，资本主义与社会官僚化也在共同导向"制度化经营"的生活图景。韦伯圣路易斯演讲末尾的预言充满了"欧洲化"味道，资本的强大力量迟早会促进垄断，垄断总会创造新贵族，这很快会困扰美国。受到第一次世界大战影响，美国的专业官僚系统也将加速扩张，尤其是在军事与大学领域，从而迈向大国民主难以避免的"官僚化的民主制"。其三，深层说，美国文明的内在张力恰是根源于新教个人主义与共和主义传统

---

① 韦伯. 学术与政治［M］. 康乐，钱永祥，等译. 桂林：广西师范大学出版社，2010：248-253.

② 马克思. 黑格尔法哲学批判导言［M］//中共中央编译局. 马克思恩格斯文集第1卷. 北京：人民出版社，2009：13.

之间的冲突与调适。在起源上，新教个人主义与共和主义传统具有很强的亲和性，二者是表面互悖而实质互补的①。它们都旨在造就一种伦理意义上的生活（社会的或政治的）秩序。前者意在破旧，以一种"反传统的传统"赋予人们打破传统主义惯习的伦理动力。后者功在维新，它刹住人们天性中"以暴易暴"本能倾向，借此培育起温和的民情。尤其是早期美国通过民主与自由原则的携手制衡而建立起平等的民情，从而为资本主义精神的发挥准备好了社会条件。此后宗教逐步退隐，这不意味着宗教之消亡，而恰是在民情上的完成。正是宗教，使得美国民族的理智和它在这个国土上产生的全部情感交织在一起②。这提醒我们，正是美国文化制度的原初格局与内在张力才折射出其生活之道的价值理性，它仍是美国社会能够伸缩的伦理活力。当然，韦伯也很清楚，没有永远年轻的文明，此后左右美国文明走向的乃是外部移民与内部种族矛盾问题，这考验着盎格鲁-撒克逊精神是否能够继续维持美国文化的统一性。

韦伯这一探源式历史理解对于反观中国社会与文明构造同样具有启示意义。当今中国正卷入世界历史，而转型时期的中国社会与传统力量的相互较量也更加复杂。社会转型既不可避免地瓦解传统生活方式，也可能加大社会民情的断裂，这首先意味着如何避免传统"家产官僚制"③精神与现代性改革的直接合流。在这个意义上，如果当今中国仍然回避不了文明比较意义上的现代命运，那么，重要的是中国社会如何借助人伦关系以及家国关联的联结，从而培育起具有内在精神气质的生活之道。

参考文献

[1] 布罗代尔. 十五至十八世纪的物质文明、经济与资本主义（第2卷）[M]. 顾良，译. 北京：三联书店，1993.

[2] 波考克. 马基雅维里时刻：佛罗伦萨政治思想和大西洋共和主义传统 [M]. 冯克利，傅乾，译. 南京：译林出版社，2013.

[3] 贝拉，等. 心灵的习性：美国人生活中的个人主义与公共责任 [M]. 周穗明，翁寒松，翟宏彪，译. 北京：中国社会科学出版社，2011.

[4] 贝拉. 背弃圣约——处于考验中的美国公民宗教 [M]. 郑莉，译. 北京：商务印书馆，2016.

① 托克维尔. 论美国的民主 [M]. 董国良，译. 北京：商务印书馆，2018：53-55；贝拉. 背弃圣约——处于考验中的美国公民宗教 [M]. 郑莉，译. 北京：商务印书馆，2016；贝拉. 美国的公民宗教 [J]. 陈勇，译. 原道，2007（13）.
② 托克维尔. 论美国的民主 [M]. 董国良，译. 北京：商务印书馆，2018：573.
③ 韦伯. 中国的宗教：儒教与道教 [M]. 康乐，简惠美，译. 桂林：广西师范大学出版社，2010：81.

［5］凡赫尔斯玛．加尔文传［M］．王兆丰，译．北京：华夏出版社，2006.

［6］富兰克林．富兰克林自传［M］．李自修，译．南京：译林出版社，2013.

［7］汉密尔顿，杰伊，麦迪逊．联邦党人文集［M］．程逢如，在汉，舒逊，译．北京：商务印书馆，2015.

［8］哈茨．美国的自由主义传统［M］．张敏谦，译．北京：中国社会科学出版社，2003.

［9］洛维特．韦伯与马克思以及黑格尔与哲学的扬弃［M］．刘心舟，译．南京：南京大学出版社，2019.

［10］马克思．资本论（第1卷）［M］．中央编译局，译．北京：人民出版社，2004.

［11］马克思，恩格斯．马克思恩格斯文集（第1卷）［M］．中央编译局，译．北京：人民出版社，2009.

［12］本迪克斯．马克斯·韦伯思想肖像［M］．刘北成，等译．上海：上海世纪出版集团，2007.

［13］林格．韦伯学术思想评传［M］．北京：北京大学出版社，2011.

［14］佩罗曼．资本主义的诞生：对古典政治经济学的一种诠释［M］．裴达鹰，译．桂林：广西师范大学出版社，2001.

［15］玛丽安妮．韦伯传［M］．阎克文，王利平，姚中秋，译．南京：江苏人民出版社，2002.

［16］米尔斯．社会学的想象力［M］．李康，译．北京：北京师范大学出版社，2017.

［17］米尔斯．白领：美国的中产阶级［M］．周晓虹，译．南京：南京大学出版社，2016.

［18］帕森斯．社会行动的结构［M］．张明德，夏遇南，彭刚，译．南京：译林出版社，2008.

［19］桑巴特．为什么美国没有社会主义［M］．赖海榕，译．北京：社会科学文献出版社，2014.

［20］施路赫特．理性化与官僚化［M］．顾忠华，译．桂林：广西师范大学出版社，2004.

［21］卡尔博格．韦伯的比较历史社会学今探［M］．张翼飞，殷亚迪，译．上海：上海人民出版社，2020.

［22］托克维尔．论美国的民主［M］．董国良，译．北京：商务印书馆，2018.

［23］托克维尔．美国游记［M］．倪玉珍，译．上海：三联书店，2010.

［24］托克维尔．旧制度与大革命［M］．李焰明，译．南京：译林出版社，2014.

［25］托尼．宗教与资本主义的兴起［M］．赵月瑟，夏镇平，译．上海：上海译文出版社，2006.

［26］涂尔干．职业伦理与公民道德［M］．渠敬东，译．北京：商务印书馆，2015.

［27］涂尔干．社会分工论［M］．渠敬东，译．北京：生活·读书·新知三联书店，2013.

［28］韦伯．支配社会学［M］．康乐，简惠美，译．桂林：广西师范大学出版社，2004.

［29］韦伯．新教伦理与资本主义精神［M］．康乐，简惠美，译．桂林：广西师范大学出版社，2007.

［30］韦伯．新教伦理与资本主义精神［M］．阎克文，译．上海：上海人民出版社，2010.

［31］韦伯．韦伯政治著作选［M］．拉斯曼，斯佩尔斯，编．阎克文，译．北京：东方出版社，2009.

［32］韦伯．中国的宗教：儒家与道教［M］．康乐，简惠美，译．桂林：广西师范大学出版社，2010a.

［33］韦伯．经济与社会［M］．阎克文，译．上海：上海人民出版社，2010b.

［34］韦伯．宗教社会学·宗教与世界［M］．康乐，简惠美，译．桂林：广西师范大学出版社，2010c.

［35］韦伯．经济与历史·支配的类型［M］．康乐，简惠美，译．桂林：广西师范大学出版社，2010d.

［36］韦伯．学术与政治［M］．康乐，钱永祥，等译．桂林：广西师范大学出版社，2010e.

［37］韦伯．民族国家与经济政策（修订版）［M］．甘阳，编．北京：生活·读书·新知三联书店，2018.

［38］韦伯．科学作为天职：韦伯与我们时代的命运［M］．李猛，编．北京：生活·读书·新知三联书店，2018.

［39］沃格林．政治观念史稿（卷四）：文艺复兴与宗教改革［M］．孔新峰，译．上海：华东师范大学出版社，2016.

［40］沃尔克，威利斯顿．基督教会史［M］．孙善玲，等译．北京：中国社会科学出版社，1991.

［41］黄仁宇．资本主义与二十一世纪［M］．北京：九州出版社，2007.

［42］莱曼，罗特．韦伯的新教伦理：由来、根据和背景［M］．阎克文，译．沈阳：辽宁教育出版社，2001.

［43］雪莱．基督教会史［M］．刘平，译．北京：北京大学出版社，2004.

［44］秦晖，金雁．田园诗与狂想曲：关中模式与前近代社会的再认识［M］．南京：江苏凤凰文艺出版社，2017.

［45］苏国勋．理性化及其限制：韦伯思想引论［M］．上海：上海人民出版社，2018.

［46］李猛．韦伯：法律与价值［M］．上海：上海人民出版社，2001.

［47］刘小枫，陈少明．回想托克维尔［M］．北京：华夏出版社，2006.

［48］赵晓力．代表制研究［M］．北京：当代世界出版社，2019.

［49］赵林．西方宗教文化［M］．武汉：武汉大学出版社，2005.

［50］贝拉．美国的公民宗教［J］．陈勇，译．原道，2007（13）.

［51］陈涛．家产官僚制的永恒复归——以大革命前法国的绝对君主制为例［J］．广东社会科学，2019（4）：205-213.

［52］陈涛．法治国、警察国家与领袖民主制：西欧现代国家构建的三条线索［J］．社会，2020（6）：31-70.

［53］费孝通．新教教义与资本主义精神之关系［J］．西北民族研究，2016（1）：5-29.

［54］何蓉．行走之思：作为侨易个案的1904年韦伯美国之行及其影响［J］．江苏师范大学学报（哲学社会科学版），2016，42（6）：10-17.

［55］李猛．论抽象社会［J］．社会学研究，1999（1）：3-5.

［56］李猛．理性化及其传统：对韦伯的中国观察［J］．社会学研究，2010（5）：1-30.

［57］李猛．"社会"的构成：自然法与现代社会理论的基础［J］．中国社会科学，2012（10）：87-106.

［58］李猛．"政治"的再发现——基于《新教伦理》对韦伯思想发展的探讨［J］．政治思想史，2020，11（2）：1-37.

［59］李荣山．共同体的命运——从赫尔德到当代的变局［J］．社会学研究，2015，30（1）：215-241.

［60］李荣山．共同体与道德——论马克思道德学说对德国历史主义传统的超越［J］．社会学研究，2018，33（2）：37-61.

［61］李荣山．共同体之爱的政治：近世德国的家国关联［J］．社会学研究，2020，35（5）：99-122.

［62］李荣山．历史个体与普遍历史：历史主义脉络中的社会变迁［J］．社会，2017，37（1）：33-60.

［63］李荣山．权力与伦理：韦伯支配社会学中的国家理由问题［J］．社会，2020，40（3）：1-31.

［64］肖瑛．从"国家与社会"到"制度与生活"：中国社会变迁研究的视角转换［J］．中国社会科学，2014（9）：88-104.

［65］肖瑛．家国之间：柏拉图与亚里士多德的家邦关系论述及其启示［J］．中国社会科学，2017（10）：159-180.

［66］肖瑛．家与韦伯的比较历史社会学——以《中国的宗教》为例［J］．社会学评论，2020，8（3）：22-40.

［67］肖瑛．"家"作为方法：中国社会理论的一种尝试［J］．中国社会科学，2020

（11）：172-191.

　　［68］赵立玮.世纪末忧郁与美国精神气质帕森斯与古典社会理论的现代转变［J］.社会，2015，35（6）：1-30.

　　［69］赵林.论基督教与犹太教的文化差异［J］.宗教学研究，1997（2）：103-110.

　　［70］赵林.中世纪基督教道德的蜕化［J］.宗教学研究，2000（4）：70-76.

　　［71］赵林.宗教改革对于西欧社会转型的历史作用［J］.江苏社会科学，2002（3）：91-93.

　　［72］赵林.原罪与自由意志——奥古斯丁"原罪"理论辨析［J］.世界哲学，2006（3）：77-85.

　　［73］KÄSLER D. Max Weber：An Introduction to His Life and Work［M］. trans. by Philippa Hurd. Oxford：Polity Press，1988.

　　［74］KALBERG S. Max Weber's Comparative-Historical Sociology Today：Major Themes，Mode of Causal Analysis，and Applications［M］. Ashgate，2012.

　　［75］OFFE C. Reflections on America：Tocqueville，Weber and Adorno in the United States［M］. Cambridge：Polity Press，2005.

　　［76］PARSONS T. American Society：A Theory of the Societal Community［M］. Boulder：Paradigm Publishers，2007.

　　［77］RADKAU J. Max Weber：A Biography［M］. trans. by Patrik Camiller. Malden，MA：Polity Press，2011.

　　［78］SCAFF L A. Max Weber in America［M］. Princeton University Press，2011.

　　［79］WEBER M. From Max Weber：Essays in Sociology［M］. ed. H. Gerth and C. Wright Mills. New York：Oxford，1946.

　　［80］BERGER，STEPHEN D. The Sects and the Breakthrough into the Modern World：On the Centrality of the Sects in Weber's Protestant Ethic Thesis［J］.Sociological Quarterly，1971，12（4）：486-499.

　　［81］JOHNSON B. Max Weber and American Protestantism［J］. The Sociological Quarterly，1971，12（4）：473-485.

　　［82］KALBERG S. Tocqueville and Weber on the Sociological Origins of Citizenship：The Political Culture of American Democracy［J］. Citizenship Studies，1997，1（2）：199-222.

　　［83］KALBERG S. The Modern World as a Monolithic Iron Cage? Utilizing Max Weber to Define the Internal Dynamics of the American Political Culture Today［J］. Max Weber Studies，2001a，1（2）：178-195.

　　［84］KALBERG S. Should the "Dynamic Autonomy" of Ideas Matter to Sociologists? Max Weber on the Origin of Other-Worldly Salvation Religions and the Constitution of Groups in American Society Today［J］. Journal of Classical Sociology，2001b，1（3）：291-327.

　　［85］KALBERG S. The Influence of Political Culture upon Cross-Cultural Misperceptions

and Foreign Policy: The United States and Germany［J］. German Politics & Society, 2003, 21
［3（68）］: 1-23.

［86］KALBERG S. Max Weber's Analysis of the Unique American Civic Sphere: Its Origins, Expansion, and Oscillations［J］. Journal of Classical Sociology, 2009, 9（1）: 117-141.

［87］LOADER C, ALEXANDER J. Max Weber on Churches and Sects in North America: An Alternative Path Toward Rationalization［J］. Sociological Theory, 1985, 3（1）: 1-6.

［88］MOMMSEN W J. Max Weber in America［J］. The American Scholar, 2000, 69（3）: 103-109.

［89］ROTH G. The Young Max Weber: Anglo-American Religious Influences and Protestant Social Reform in Germany［J］. International Journal of Politics, Culture, and Society, 1997, 10（4）: 659-671.

［90］ROTH G. Max Weber: Family History, Economic Policy, Exchange Reform［J］. International Journal of Politics, Culture, and Society, 2002a, 15（3）: 509-520.

［91］ROTH G. Max Weber's Views on Jewish Integration and Zionism: Some American, English and German Contexts［J］. Max Weber Studies, 2002b, 3（1）: 56-73.

［92］ROTH G. Transatlantic Connections: A Cosmopolitan Context for Max and Marianne Weber's New York Visit 1904［J］. Max Weber Studies, 2005, 5（1）: 81-112.

［93］SCAFF L A. The "Cool Objectivity of Sociation": Max Weber and Marianne Weber in America［J］. History of the Human Sciences, 1998, 11（2）: 61-82.

［94］SCAFF L A. Max Weber and the Social Sciences in America［J］. European Journal of Political Theory, 2004, 3（2）: 121-132.

［95］SCAFF L A. Young Man Weber［J］. International Journal of Politics, Culture, and Society, 2004, 17（4）: 639-650.

［96］SCAFF L A. Remnants of Romanticism: Max Weber in Oklahoma and Indian Territory［J］. Journal of Classical Sociology, 2005, 5（1）: 53-72.

［97］TOENNIES F, et al. Max Weber on Church, Sect, and Mysticism［J］. Sociological Analysis, 1973, 34（2）: 140-149.

［98］WEBER M. Voluntary Associational Life（Vereinswesen）［J］. Max Weber Studies, 2002, 2（2）: 199-209.

第二部分

科技发展和社会生活篇

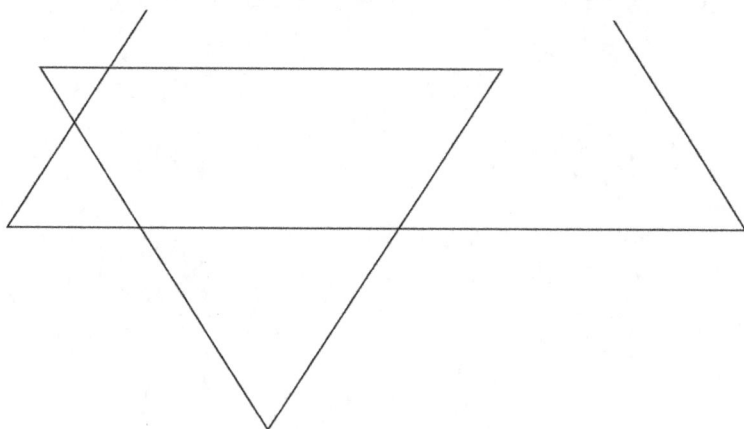

手机里的监视集合：
中国都市工作场所中的钉钉

❖ 丁宏铖（南京大学）
　范　可（指导教师）

第一章　引　入

　　"叮叮叮"，当钉钉标志性的提示音响起，我的同事，蓝翼公司（化名）部署专员安帅（化名）原本放松的神情陡然凝重。他站起来掏出手机，并不解锁，而是在锁屏界面看了两眼通知。看到通知内容并不紧急，他才放松下来，拿起另一部手机开始休息。两部手机都属于安帅，但只有第一部上装了钉钉。由于钉钉的消息会显示已读和未读状态，安帅早已养成收到消息后先在锁屏界面看消息的习惯。因为一旦解锁手机，打开钉钉，消息就会变为"已读"。领导将立刻知道安帅的工作状态，并下达新指示。安帅不喜欢这种玩手机时还要时刻注意的拘谨感觉，于是他把钉钉装在了备用机上。

　　"手机里装着钉钉，总感觉不太舒服。"从上一家公司离职的洛阳（化名），在得知新公司不用钉钉后，第一时间将其删除。他的钉钉使用感受与安帅毫无二致：钉钉让人有种"被时刻盯着的感觉"。

　　洛阳与安帅的遭遇是世界范围内监视技术蓬勃发展的写照。随着新兴监视技术的发展，工作场所中的监视行为正在变得越来越密集、广泛且有吸引力。美国的 Amazon 公司使用可穿戴设备来监视物流工人的一举一动，以此为依据进行奖惩与裁员。中国的富士康使用制服颜色、工号编码、指纹扫描仪、电子智能卡等一系列技术工具控制工人的劳动过程。近年兴起的平台资本主义企业（如 Uber 和 freelancer.com）通过监控键盘输入和不定时截屏来阻止劳动者休息

（Wood et al.，2019），使用算法实时监控外卖送餐员的工作过程（孙萍，2019）。这类信息收集技术是否提升企业效益因具体情况而异，但毫无疑问的是，无孔不入的监视使劳动者倍感压力之大。

相较普通员工表现出的普遍反感，钉钉正受到越来越多企业经营者的青睐。自 2015 年正式推出至今，钉钉用户数量不断增长，常年位列中国企业管理应用首位。2019 年底的疫情暴发后，钉钉的用户数大幅增加。截至 2021 年 2 月，钉钉已经拥有超 4 亿个人用户和 1700 万组织客户。在钉钉 CEO 陈航看来，钉钉正帮助广大企业实现"经营管理的在线化和数字化"。

企业管理者与劳动者何以对钉钉有着如此截然相反的态度？通过研究钉钉，笔者试图回答这一问题，并从中管窥当代中国工作场所的监视现状。此文基于本人的论文"手机里的监视集合：中国都市工作场所中的钉钉"写成。2020年，笔者进入中国东部梅市（为保护相关田野信息人，本文所涉均为化名）的一家钉钉旗下的外包制渠道推广公司蓝翼公司，开展 3 个月的田野调查，并在随后半年内追访受访者，同时对其他企业的钉钉使用者进行了访谈。

本文发现，钉钉是一个吸纳了多样监视技术和利益主体的庞大"监视集合"（surveillant assemblage）。钉钉的技术设计和商业模式共同塑造了用户的使用体验，监视技术与致力于从监视信息中获利的"监视资本主义"（surveillance capitalism）模式是密不可分的。

第二章　钉钉：数字管理开启者，抑或监视集合

钉钉（Ding Talk）是一款阿里巴巴集团在 2015 年发布的企业管理应用软件。在钉钉公司的官方宣传中，钉钉是中国所谓"移动数字化管理时代"的开启者。数字管理的核心理念是借助信息通信技术获取管理对象的信息，并基于这些数据进行量化管理，以促进组织效率提升。这一愿景与 20 世纪 70 年代以来的办公自动化（Office Automation，OA）趋势一脉相承。近年来，办公自动化系统正逐渐由电脑端向移动终端扩展。

钉钉的移动端应用功能强大，其影响力远超基于电脑的传统企业管理软件。移动化首先意味着钉钉可以依托用户的智能手机随时随地影响使用者。其次，智能手机使钉钉获取员工信息的方式大幅增加。地理定位系统、摄像头、听筒、蓝牙等传感器和移动互联网能够收集员工各种各样的信息。智能手机赋予了钉钉成为强力监视工具的潜力。而钉钉公司出于商业利益需求，正将这种潜力变为现实。

　　刚刚接触钉钉的使用者一定会惊讶于其界面中功能图标之繁多。这并不奇怪，钉钉的 1700 万企业客户分布于众多行业内。为了适应不同行业大相径庭的商业模式并从中牟利，钉钉自推出后便不断迭代，增设功能。这些功能可以归入四类模块：内部沟通、办公协作、开放平台和智能硬件。

　　内部沟通模块包括聊天、群、语音视频通话等一系列即时通信应用标配的基本功能。此外，钉钉也为商业情境进行了专门设计，比如依照组织内部科层结构显示的组织通讯录，标注聊天信息是否已被阅读的已读未读功能，以多种方式不断提醒收信人的"DING 一下"功能。该模块的设计目的是提升企业沟通效率，增强企业沟通安全性。而在实际应用情境中，这往往以打破员工既有的"工作生活平衡"（work life balance）为代价。

　　办公协作模块允许企业在线上协同工作，分配任务。这一模块包括同类办公协作应用标配的功能，比如邮件、OA 系统、云盘、待办任务等。但和海外竞品不同的是，钉钉通过加入签到、考勤、日志等功能，更进一步地维护了资方的利益。这些功能因赋予管理者以多种方式采集员工信息的权限而饱受争议。

　　开放平台模块标志着钉钉尝试从传统的服务售卖商业模式向平台化运营转型。通过引入第三方的独立软件服务提供商（Independent Software Vendors，ISV），钉钉事实上已经走上一条利用企业与个人用户的数据信息牟利的监视资本主义道路。

　　智能硬件模块为指纹打卡、人脸识别门禁、智能 Wi-Fi 等可与钉钉互联的硬件设施提供支持。这些硬件使钉钉突破员工的手机和电脑限制，密布整个工作场所，大大增强了其空间和时间影响力。

　　随着功能和配套硬件的不断增加，钉钉已经成为一个企业管理百宝箱，一个集成多种信息收集技术系统的集合体。以钉钉为代表的数字管理应用正高歌猛进，宣告新的数据收集逻辑的到来。在"数字化管理"的时代，数据被视为一种亟待发掘的财富，公司应该尽可能多地收集员工数据，并基于此进行高效的组织管理和任务安排。为实现这一目的，需要动用更多的技术工具收集、存储和分析数据。钉钉正是为此而生，它集合考勤打卡、日志追踪、日程管理、工资财务等大量零散的监视技术，力求收集尽可能多而全的数据。

　　Haggerty 和 Ericson（2000）用"监视集合"（surveillant assemblage）这一概念，描述当代监视技术基于商业利益而进行整合的趋势。在过去，监视技术或者说信息收集技术，往往以国家主导的模式分散于社会各处。这些监视技术基于不同目的设立，比如用于保障交通和特定地点安全的闭路摄像系统、用于维护社会稳定的犯罪档案系统等，不同系统信息专用，并不互通。而在当代，分散在社会各处的监视系统正趋向于整合为一个监视集合体。这种整合由利益驱动，当代资本主义逐渐发现监视所获信息可以带来利益，顾客的消费记录可以被出售给广告商用以精准推送，患者的病历可以被售卖给保险公司用于优化个人保费保额比例，企业员工的行为记录可以用于奖惩管理和优化生产流程。这些集合体通过"块茎式扩张"（rhizomatic expansion）过程，不断发掘监视所获信息的盈利潜能，将更多的技术、利益主体、人员、监视欲望纳入其中。"块茎"（rhizome）这一比喻最早来自 Deleuze 和 Guattari（1987），在本文语境中，可简单理解为土豆这类块茎植物具有去中心化特征，它们的每一个块茎都能衍生出枝条，不存在树状结构那样的主干分支差异。这被用于描述当代监视系统不再由国家主导，而是由繁多的商业机构自主推动的状况。

如今，监视不再只是国家行为，而正成为一项人人皆可购买的商业服务。国家、商业机构、个人消费者都既是潜在的监视实施者，又是潜在的监视对象。Google 的个性化推送模式，本质上便是收集用户信息的商业化监视系统。但许多用户乐于享受监视带来的便利，甚至主动接受监视。健身爱好者上传身体数据，以获取更合理的身材管理建议。智能汽车车主共享行驶记录，来优化厂商的智能驾驶算法。在当代，生产、管理与监视之间的界限正变得模糊。

在钉钉的系统管理后台中，一个员工被显示为一连串的月考勤打卡情况、请假数、拜访量、成单量。这些数据决定了员工能得到多少薪水，是不是所谓的"好员工"。这是钉钉向我们描绘的"未来"：数据主导现实，而监视正是通向未来的必经之路。

第三章　钉钉使用者：监视技术如何改变我们的生活

一、狭义监视

对服装品牌企业老板李会来说，钉钉描绘的"数字化管理"蓝图有些遥远，但钉钉确实帮他把员工给"管起来"了。他尤其满意钉钉的考勤功能："以前用纸质的点名本，早上点名花时间。店里的人相互比较熟，有时候工人迟到了，（经理）可能也不往上面记。现在直接钉钉打卡，到点了没打直接算迟到。我这边马上就知道。"

劳动过程理论（labor process theory）学者布雷弗曼（1979）认为，企业管理者对劳动者的不确定性深恶痛绝。他们试图控制工人的劳动过程，提升对工人的控制力，以确保薪水能够转化为确定的生产所得。出于控制劳动过程的需要，一系列技术与管理措施被引入工作场所，以消除劳动力的不确定性，提高雇员工作效率，识别出逃避或抵制控制的员工，加强对劳动力的控制，压低工人的薪资议价权（Edwards，1982；Payne，2018）。

在企业管理者把员工"管起来"的欲望推动下，钉钉正凭借其多样监视功能改变着无数人的工作和生活。

李会提到的考勤打卡功能是钉钉中普及度最高的功能之一。考勤签到制度的出现可以追溯至英国早期工业化时期，工厂主要求工人按照机器开动时间安排劳动。这一制度确认了资本对劳动者劳动时间的占有，是构建资本主义工作纪律和时间观念的重要一环。钉钉的考勤功能通过公司 Wi-Fi 识别、地理定位系统、照片验证、人脸识别等多种方式，考察员工是否准时上班，有无迟到、早退和旷工。管理者在后台设置考勤的方式、时间和地点后，员工的打卡时间会被精确到秒地记录下来，在钉钉的管理后台以表格形式呈现。所有迟到早退一目了然，方便管理者据此决定薪资奖惩。

钉钉的考勤与签到功能是极为典型的电子监视技术。这类功能直接获取并存储使用者的数据。企业基于此进行奖惩管理，以维持一种有利于资方的纪律。

钉钉对于资方的偏向，在一个签到功能的应用案例中可见一斑。签到功能通过与考勤类似的地理定位、照片验证、人脸识别方式，签到帮助管理者确认在外的员工是否按照要求完成了任务。我的信息人王丽（化名）向我展示了钉钉如何缓解管理者对员工旷工的担忧：

> 我们老板不太放心销售在外面到底有没有好好工作，所以就要求他们每小时打一次卡。每次都要定位，拍照，写一小段记录在干什么。

钉钉让老板舒心，员工却因此苦不堪言。王丽坦言：

> 每小时签一次到根本就是办不到的。一个员工就跟我抱怨说，难道当时在谈客户，谈到一半到整点了拿出手机来拍照定位签到吗？根本不可能的。但公司就是这么规定的，他们也只能想办法做到，有时候见客户打不了卡，就只能结束后补上。总之一天要签满 9 次到。

一天 9 次签到的制度甚至已经影响了公司员工正常开展工作，但在老板的坚持下，其他员工除了抱怨，"没有办法"。夹在中间的中层管理者王丽只能在倾听员工意见的同时，不折不扣地执行老板的意思。尽管公司里有许多员工表达了对 9 次签到制度的不满，但以这一制度为基础的奖惩绩效机制，不但在钉钉系统层面完全可行，在现实中也顺利执行至今。钉钉将管理权限全权交予付费的企业管理者，而普通员工则只有被管的份儿。即便是在最苛刻的定义下，钉钉的考勤和签到功能也难逃电子监视的指控。我将这一类功能称为"硬性（狭义）监视"。

二、广义监视

除了狭义监视，即便并非为监视而专门设计的沟通功能，在公司内部的权力关系影响下，也足以成为令员工头疼的监视系统（Tian，2020）。前互联网科技公司员工洛阳一度很不适应钉钉的已读未读功能。已读未读功能是钉钉聊天界面信息下方的一个小提示，如果收信方打开这条消息，发送方的钉钉上就会显示"已读"，反之则是"未读"。钉钉宣称这一设计提升了职场沟通的效率。

作为效率提升的代价，普通员工在职场社交中面临更强的沟通压力。洛阳回忆道："我刚进公司的时候……还是按照用微信的习惯在用钉钉。一收到消息我就点开看，看了以后可能就忘了回复。等我的上司私聊我问我怎么看了不回，我才反应过来了。"洛阳直言，有了已读未读功能，"聊天和上班一样累"。

在微信中，用户可以在查看消息后选择不回复，事后可辩称自己没有看到。发信人无从检验这一说法，在发信时也会有相应预期。这一机制确立了沟通双方的边界，劳动者可以借此抵御工作对生活的侵蚀。但已读未读的存在使发信人可以知晓收信人是否阅读消息，劳动者制造边界的措施便因此失效。已读未读功能使员工倍感压力。尤其是当这一状况发生在非工作时间内时，员工处境便越发两难。员工一旦查看消息，便会面临即刻回复的压力。在激烈的商业竞争中，管理者希望员工没有边界，时刻在场，等候指令。

有趣的是，钉钉宣称它赋予了上下级同样的功能权限，是让"员工和老板更平等"。通过钉钉，下级也可以查看发给上司消息的已读未读状态，甚至督促上级回复。这一理想化的构想非常美好，但现实情况显然与钉钉宣称的相去甚远。洛阳便直言："就算上司已读不回，又能怎么样？"钉钉似乎是在平等地打破使用者工作和生活的边界，但区别是基层员工和中低层管理者的工作生活边界早已是千疮百孔，在钉钉的推波助澜下自然更是风雨飘摇，形同虚设。

已读未读功能的设计目的并非获取数据。但在实际使用过程中，它客观上破坏了个人生活与工作的边界，损害了员工的利益。这类功能可以说是广义上的监视。除了已读未读功能，内部沟通模块的"DING一下"功能也是监视指控的重灾区，使用者在面对以上功能的情境中明显感受到了压力与不适。

"DING一下"是一种特殊的信息提醒方式类型。在发送者通过"DING一下"发送消息后，钉钉会自动通过多种媒介向收信人反复发送消息。一开始是在钉钉聊天界面提示，如果接受者不确认收到，钉钉软件就会向员工发送短信，之后甚至自动拨打收信人电话,播放一段机器合成的语音。这一过程不断反复,直至员工确认为止。"DING 一下"自动化了权力运作的流程,简化了权力攥住个体的程序。我的信息人洛阳、向严、齐美和古语都有类似的感觉,通过"DING 一下"功能发来的消息其实并没有特别紧急。如果没有"DING 一下",领导可能只会用普通的群消息提醒一下。但有了"DING 一下"后,反复提醒要付出的代价大大降低。发信人只需在"DING 一下"界面输入一遍信息,选择收信人后,"DING 一下"便会自动反复发送消息,直至收信人确认。可以说,技术代跑了权力到个体的"最后一公里",管理者的控制欲望因此被激发。

三、软性监视

除了硬性监视与广义监视,一些功能将尖锐的监视行为隐藏于温情脉脉的表象之下,以更曲折蜿蜒的方式收集信息。我将这类更为隐蔽的数据收集行为称为"软性监视",其中最为典型的就是日志功能。钉钉日志的设计意图是希望使用者总结一定时间内工作的进度、成果与经验,并上传系统存档,方便后续调阅。该功能在很大限度上依赖员工的合作。员工被要求自觉上报信息,主动监视自己。为了确保员工合作,公司会将日志与绩效考核和升职录用挂钩,更进一步的做法则是让员工内化纪律,相信写日志是在"总结经验,精进自己"。

虽然在许多企业,员工撰写的日志根本无人阅读,但在竞争激烈的就业市场,许多劳动者争相通过日志来彰显自身的努力与贡献。应届毕业生齐美面对着又一年的最难毕业季,相较于许多尚在等待校园招聘的应届毕业生,齐美先人一步地找了一家公司进行暑期实习,希望凭借实习得到留用的机会。齐美觉得这条路至少比直接走校招途径更有把握些,但实习同事们的激烈竞争还是让她有些喘不过气来:

> 同一岗位和我一起进公司的有 7 个人,但留用机会可能只有 1 个。领导甚至没有明说到底会不会留用我们,但按照之前在这里实习过的学长说的,至少有希望留用 1 个吧。这么多人争 1 个岗位,我也不知道我能不能转正,我只能把所有能做的都做到最好。然后就听天由命吧。

激烈的竞争让齐美不得不寻求在每一个细节上都不输于同事,日志就成了她必须认真对待的事情:

> 上级周报是都会认真看,和绩效挂钩,不过日志估计只是让我们总结一下吧。我也不知道日志有什么用,但所有人都在绞尽脑汁写好,那我肯

定也得好好对待。不看归不看，写还是得写。每天加班结束了，我就把我每天做的事情写上去，写完了才回家。后来就养成了习惯。我想，这可能也是一种成长吧。

通过捆绑晋升和留用途径的软性方式，日志功能将监视再概念化为一种员工展现自身贡献与成长的举措，使劳动者主动接受监视。

四、"监视–生产"一体化

硬性监视、广义监视与软性监视尚且只是单一的信息收集技术，钉钉正试图构建复合监视技术组成的"全链路数字化"系统，也即为企业全部工作环节设计数字化流程。全流程数字化意味着，生产的每一个环节都同时成为获取数据的监视环节，生产本身遂成为一种监视。与此同时，这些数据被存储加工，服务于管理生产，监视过程亦成为生产本身。我将这一现象称为"监视–生产"一体化。在全流程数字化后，员工的一切工作行为都被记录，可追溯。员工的一切违规行为都会被系统记录在案。

这一套全流程数字化系统的厉害之处，在安帅遭遇的一次戏剧性事件中展现得淋漓尽致。蓝翼公司对安帅这类业务推广岗的业绩考核中，最为看重的数据之一便是回访量，也就是上门拜访客户的次数。由于公司的外联部门联系客户的数量有限，新人部署专员往往需要自己私下联系客户。在与客户约定时间回访后，员工可以自行在钉钉系统上申请创建一个工单。一旦申请通过，第二天员工便可以在工单界面使用外勤打卡功能，在公司外签到打卡。

安帅就试图钻部署专员可以自行建工单这个空子，他在没有和客户联系的情况下，就在系统里申请单子，以此不来公司打卡。

8月10日，出事的那天早上，我本来也没有客户要跑，看到安帅有一个客户单子，就在系统里申请当他的协助人员。这是我和安帅之间的小默契，因为这样就能以协助外勤为由，不去公司打卡了。安帅和我都觉得在公司里坐着实在非常无聊，又会遭邻近工位的老员工审视，令人倍感压力，所以我和安帅经常互相申请当彼此的协同人员。这样一个人的单子就可以两个人跑，路上可以聊天的同时，还能换来双倍的外出时间。

但我没有想到这次看似稀松平常的协助跑单却出了岔子。当我按时来到安帅工单上显示的公司地点后，却不见安帅的身影。眼看时间即将超过，我赶紧先在公司门口进行了定位拍照签到。之后我给安帅发了几条信息询问他怎么回事，片刻后，他回复我说："我的手机被偷了。"

安帅告诉我他要先找手机，我感到有些头疼。因为这是安帅的客户，他要是不过来，我也不想贸然前去拜访。于是我就问安帅有没有提前联系客户推迟回访，安帅马上回答说当然。我便也没有多想，找了个便利店坐下等消息。其间，我收到部门主管欧文发来的消息。他询问安帅的情况，还问我们什么时候回来。看着欧文的消息，出于和安帅的兄弟义气，我和安帅商量了一下该如何回答。随后，我告诉欧文没什么大问题，客户已经联系过了，下午晚些回去。当时我还觉得奇怪，怎么安帅刚遇到小偷，欧文就来问情况了。这使我产生了些不好的预感，但当时也没多想，直到下午回公司的路上，我还以为一切如常，一路上不断安慰颇为气恼的安帅。

然而一到公司，往日里和蔼幽默的欧文一脸严肃地把安帅叫了过去，我心里咯噔一下，隐隐感到事情要糟。

"上午到底怎么回事？你到底有没有去见客户？"欧文问道。

"我手机被偷了，我去了啊。"安帅也是嘴硬，一口咬死他去见了客户。我看了他一眼，隐约感觉到这回他糊弄不过去。

十五分钟后，安帅便被告知准备和同事交接业务。

他被开除了。

欧文过了会儿过来给我递了支烟，告诉我一些上午的情况。第一个发现安帅问题的并不是欧文，而是另一个组的负责人海青。"要是这事情只有我知道，可能我就帮忙糊弄过去了。"欧文摇了摇头，"可惜是海青先发现不对。他让我联系你俩的同时，马上让外联（电话拨号员）照着工单给那家企业打了电话。对面说没有人联系过他们。"

海青是公司里公认的模范员工，一直以来都是公司里最努力工作的几个人之一，对于偷懒的情况一直很反感。安帅可能早就被他盯上了。部署专员的工作流程全部运行在钉钉上，这意味着公司管理层随时可以调看一个员工的全部工作信息。公司里的每个人每天都需要频繁在手机的钉钉里进行操作，难保没有重视公司整体利益的模范员工会通过钉钉查看他人的工作情况。当发现有员工试图投机取巧时，光是模范员工们就能够代替管理者和老板将他们揪出来。我进系统看了一下，发现安帅做事情确实不够老练。有几次新建工单的时间都是当天早上的 8 点钟左右，按照常理，拜访客户的工单都是提前一天联系好提交的。早上 8 点客户一般还没上班，不可能这么早联系客户。前一天联系好忘了提交，第二天早上才提交的情况，偶尔出现几次可能还好，如果多次出现，确实没法不让他人怀疑安帅是为了逃避到公司打卡，才临时创建工单。

"我是真没想到这次会被开除，真的。我本来觉得，公司每周也就派发那么几个单子下来，别的都是我们自己联系自己填。我之前早上建工单，公司也都给（通）过了。我就觉得偶尔改一下工单，自己建一个糊弄一下什么的，不会有人看的。谁能想到海青这么闲，连这都要管。"安帅坐在楼梯上，一脸沮丧。经历了被拉出系统数据当面对证，他早已没了先前一口咬死拜访过客户了的淡定。

我试着打趣他，调节一下气氛："你之前不是说想当老板，然后让员工都用钉钉嘛。现在你还这么想吗？"安帅想了一下，说出了一段让我颇为惊讶的话：

其实我也不恨海青。我也知道我这样是错的，违反了公司规章，被开除我也认了。海青本来就是这样的人，会这么做也算是他负责吧。……我现在还是觉得钉钉好用，你看我当员工的时候，知道员工是怎么偷懒的，现在领教了钉钉的厉害了。以后当老板，更加能把钉钉用好，让底下的人偷不了懒。

第四章　监视、抵抗与资本主义

钉钉对监视技术的高度集成带来一系列连带效应。Haggerty 和 Ericson（2000：608）提出监视集合具有"异质元素多样性"（multiplicity of heterogeneous objects）。监视集合吸纳了一系列离散的人、技术、机构来共同达成监视目的。这极大地拓宽了监视行为的范围，提升了其监视能力。多样监视技术的混用制造了复杂的监视情境，这让使用者难以对千变万化的监视行为作出清晰认知，反抗的意愿与能力亦被削弱。"异质元素多样性"还使得针对某种监视情境的理解与反抗手段难以应用于另一种。劳动者不得不为每一种具体的监视行为寻找单独的反抗对策。使用者应对监视常用的三种策略是：寻找最佳配置、援引社会关系和动用反制技术。

a. 寻找最佳配置：使用者通过灵活调整人、技术、制度、环境等元素之间的关系，制造一系列的情境配置，来减少监视带来的负面影响。面对已读未读功能，安帅和洛阳试着在新的技术环境中，养成新的操作习惯。在摸索中，他们都养成了先不打开钉钉，而是在锁屏状态栏查看消息的习惯。通过这一技巧，他们可以假装自己不在场，重新构建起工作与生活的新边界，为自己争取更多个人时间。

b. 援引社会关系：除了单打独斗，钉钉使用者也通过援引社会关系来应对监视技术。他们结成"群体工作者"（collective worker）关系（Lucio et al.，1997），在社交圈里分享应对监视的经验，结成防御同盟。钉钉使用者用社会网络对抗监视网络。蓝翼员工在工作闲暇时分享应付打卡的经验，同事邹笛便在我陷入迟到危机时，带我穿过公司旁的一家超市，走后门近路，帮助我及时打卡。当日常状态面临威胁时，劳动者的社会关系可以帮助他们消除威胁，回归日常。即使不幸被监视系统当场抓获，使用者也还有机会借社会关系进行补救。岳茗将一台备用机放在公司，"有时候要迟到了，就让公司里的同事拿出来帮忙打卡。"这种合作对双方都有益，"我隔壁桌的同事也有两部手机，他要是来不及，那我就帮他打。"

c. 动用反制技术：这种明确的反抗矛头直指监视技术效力的源头，对技术知识的垄断。技术管理者引入监视技术加强对劳动者的控制，这使得技术成为劳资矛盾的中介，技术知识成为劳资较量的关键（孙萍，2019）。钉钉集成的大量监视功能之所以强力，正是因为大多数使用者无法了解其作用的具体机制。监视技术对他们来说是一个无法掌控的黑箱。使用者无力改变黑箱，只好改变自己的行为。而动用反制技术这一策略便是试着拆开黑箱。

传媒公司中层管理者尹傲告诉我："以前钉钉是可以用改定位的软件改的，把手机定位改成公司的地址，就可以在家里打卡了……我当时是觉得这个软件（钉钉）强制打卡太恶心了，就想要骗过它。于是下载试了一下。"

出于对打卡的强烈不满，尹傲积极查找了解打卡功能的原理，针对性地下载虚拟定位软件，通过篡改地理定位信息来欺骗钉钉打卡。钉钉使用者可以通过劳动与实践拨开监视技术的神秘面纱，了解系统内部的机理，寻找内部的孔隙，并伺机摆脱其控制。

在硬性监视和广义监视这两种情境中，由于明确感知到受监视，使用者能够在此基础上进行反抗。劳动者能够通过自己的劳动实践了解和掌握技术，一定程度上脱离监视技术的控制。而在软性监视和"监视-生活"一体化两种监视情境中，情境内的监视行为隐藏于一系列干扰元素背后。这使得使用者的监视体验十分模糊。当监视技术披上一层促进个人成长和提升生产效率的伪装，劳动者有时也服从监视的规训，展现出对监视技术的认同与接纳。

毫无疑问，当代监视技术的概念正在变得越来越模糊，越来越难以与生产行为区分，它们"不断集成种类多样的功能，以至于没有人能再确定什么是监视技术了"（Haggerty et al.，2000：610）。监视情境的多样性与模糊性，让劳动者难以把握监视行为的具体面貌，认知与反抗因此变得零散且分裂。

而与此同时，钉钉监视行为却是如此统一地服务于客户企业的资本积累目的。钉钉公司不断更新迭代应用，力求确保使用者的零星抵抗难以动摇工作场所中的资方专制。无论是安帅和岳茗的备用机把戏，还是尹傲的虚拟定位应用，都在钉钉不间断的更新下失效。钉钉添设了常用设备检验，这一功能允许管理者设定员工最多能在几台设备上安装钉钉，这可以确保一人一机，杜绝备用机作弊。尹傲的反抗也没能坚持多久："后来（钉钉）有一次更新后，那个软件就没用了，会提示开了虚拟定位，能被检测出来。我后来也没再试了。"为了应对虚拟定位，钉钉开发了作弊检测与报警功能，一旦有人篡改地理定位信息，系统便会自动向管理者报警。

显然，当代的监视与反监视，不再只是个体劳动者与某几个具体的监视行为实施者之间的小打小闹。劳动者们逐渐发现，他们的每个抵抗行为，都会成为某个庞大的监视服务供应商下一次例会的主题。大量人力物力在资本指挥下被迅速调集起来，以最快速度解决问题，瓦解抵抗。监视与抵抗已然成为个体与整个依赖监视行为获利的资本利益集团之间的"不对称战争"。毫无疑问，在当代社会，我们已经不可能在不讨论监视资本主义的情况下，去把握监视技术了。

第五章　监视资本主义

在 2015 年 6 月的 2.0 版本更新中，钉钉增设开放平台模块，吸引 ISV（独立软件开发部）加入钉钉。在此之后，钉钉的商业模式便不再是售卖管理服务那么简单。钉钉的商业帝国是一个包含钉钉公司、渠道服务商、子应用开发商、客户企业等利益主体的庞大结构。钉钉的"多边平台商业模式"（the multisided platform business model）以核心产品钉钉作为中介，连接起多方参与主体，通过促进不同主体交易获得收益。

钉钉母公司、钉钉合作伙伴（平台服务商）和钉钉客户是钉钉平台的三大参与主体。钉钉母公司是钉钉的开发者和平台的搭建者，享受平台中一切交易的分成。钉钉本身的基础功能几乎免费，这些低廉且易得的监视技术是吸引大批企业用户的"鱼饵"。作为低成本使用钉钉监视功能的代价，企业客户的注册信息被钉钉公司作为"商品"，提供给钉钉合作伙伴。合作伙伴中的渠道推广服务商利用这些企业信息，推广官方付费功能、第三方付费应用和渠道商自己的付费服务。应用开发服务商则利用钉钉平台与渠道商推广自己的管理应用产品。

Zuboff（2015）提出"监视资本主义"（surveillance capitalism），来描述 Google（谷歌）这类平台所代表的新兴积累逻辑（the emerging logic of accumulation），也即通过集中监视能力和技术，从个人权利和数据中抽取价值。Google 收集用户的信息，并将这些信息作为商品提供给广告服务商，以实现广告的精准投放。在监视资本主义模式中，财富源于对数据的收集与分析，这使得监视技术成为盈利的关键。

笔者认为，钉钉公司是监视资本主义的一种变体。监视技术是连接起钉钉公司、企业用户和平台服务商三类利益主体的纽带。钉钉与海量的合作伙伴不断在企业客户身上寻找商机，一有机会便推广管理监视服务。而部分企业客户亦积极融入该体系，乐于引入更多监视技术，以加强对劳动力这一可变资本的控制。在希望通过监视牟利的共同欲望推动下，三类主体形成合力，促使越来越多的监视技术被应用于工作场所。

与 Google 这类经典的监视资本主义模式不同的是，钉钉的商业模式更为扭曲。这种扭曲体现在与用户的关系，以及从业员工的处境两个方面。

在与用户的关系方面，Google 依靠为用户提供"个性化服务"，换取用户对监视的默认，监视者与受监视者在某种程度上达成了共谋。而钉钉体系的悖谬之处在于，有权决定采用钉钉的是客户企业中高级管理层，实际使用场景中受监视影响最深的却是普通员工。监视服务提供者（钉钉）与监视者（客户企业管理者）达成共谋，而受监视者（客户企业员工，或者说所谓个人用户）的利益则被无视，甚至被侵害。钉钉旗下诸多主体只承认企业客户的商业价值，个体用户在整个体系中是失声的、透明的、附属于企业的。蓝翼公司管理层的戴杰坦然承认这一点："员工肯定反感我们啊，管他们干什么？我们直接去找愿意付钱的就好。"

钉钉对个人用户利益的轻视，换来的自然是个人用户自觉或不自觉的抵制。笔者的信息人南溪就曾出于一种对钉钉朴素的反感，抵制了钉钉的扩张。笔者在 7 月中旬某日的一次上门推广中巧合地结识了南溪。当天上午大雨，笔者颇有些狼狈地换搭多种交通工具，才抵达这家位于梅市南部郊区的农业技术企业。南溪 25 岁，在公司任职前台。之所以说是巧合地结识，是因为笔者本来联系的是该企业的人事主管韩经理。但由于客户企业临时的日程变更，韩经理在与笔者对谈了十几分钟后，便匆匆赶往会议室参加会议。笔者闲来无事，便与坐在一旁的南溪搭话。由于年龄相仿，我们很快熟稔起来。南溪抱怨这里交通不便，进城逛街购物十分麻烦……偶然间，南溪透露韩经理有整顿公司销售业务的想法。笔者顿时来了精神，暗暗记下，准备等韩经理结束会议后与他详谈，推广两个付费应用给他。谁知，直到临近饭点，会议仍未结束。因下午还有另一家客户企业需要拜访，考虑通勤时间，笔者无法再等待下去。在加了南溪的微信后，笔者告诉她钉钉有两个功能"十分契合你们公司的需求"，希望她帮忙将此事转告韩经理。南溪通过了笔者的微信好友申请，忽然做了个鬼脸："我才不告诉他呢。"我愣了下，问她为什么。南溪想了想，告诉我："我们（前台）倒还好。销售组的大哥已经很累了，之前还和我抱怨钉钉签到，一天到晚总是要打卡。我才不帮韩经理管他们呢。"差点儿就成了韩经理的"帮凶"，我有些尴尬，赶紧转移话题。又闲聊一会儿后，笔者告辞离去。后来，南溪还透露："那天其实希望你早点走的。因为知道你是钉钉的嘛。钉钉我们全公司都在用，尤其是销售那边，管得很死。（我）就不想你们来推销这个东西。不过你人蛮好的，就没好意思赶你。还好那天经理开会开得很晚。"

从从业人员的处境角度看，尽管 Google 同样运用外包等机制降低成本，但凭借其对监视技术的垄断，Google 有能力从用户隐私与行为数据中赚取高额利润，从而减少对旗下劳动者剩余劳动的剥削。钉钉公司试图向 Google 模式靠拢，但钉钉在对先进监视技术的集中方面做得远不如 Google，这使得钉钉无法仅靠技术优势完成垄断，进行高效资本积累。于是，钉钉监视旗下劳动者的劳动过程，通过人的连接来弥补技术连接上的不足。钉钉公司还大量采用外包体制，依赖廉价的人力联系来替代技术联系。

蓝翼公司是钉钉旗下的渠道推广服务商。这类服务商是钉钉公司基于成本考量，将销售、客服等劳动密集型业务剥离外包的产物。蓝翼公司的多数员工从事钉钉部署推广工作，这些钉钉部署人员负责在钉钉、应用开发商、企业和个人用户之间穿针引线。他们一方面需要协调各利益主体之间的既有联系；另一方面需要积极为钉钉的"块茎式扩张"服务，不断寻找新客户，创造新的连接。笔者将这类为监视集合"块茎式扩张"（rhizomatic expansion）服务的劳动类型称为"块茎劳动"（rhizomatic labor）。

"块茎劳动"似乎是新兴、现代化、信息化的。它对劳动者的知识技能提出高要求，钉钉部署人员需要关注钉钉、合作伙伴和组织用户间不断变动的利益关系，随时调整自己的工作流程。为争取提成和转正，蓝翼员工需要学习钉钉的最新技术，调研客户企业的行业发展趋势，全方位发展自己。蓝翼公司的部署专员需要关注钉钉的版本功能和更新状况。安帅就提到他在完成上门推广后"不喜欢回公司"，因为"回公司会被要求上课"。安帅所说的"上课"是指在"钉钉大学"功能中，观看一系列关于钉钉功能、更新、理念、智能设备和第三方应用的视频课。部门主管云飞为新人部署专员制定了每周的最低学习量，督促新人部署专员"上课"。而这些自发或强制的学习行为，基本不会得到任何报酬。工作流程的高度数字化，意味着他们的劳动过程时刻面临钉钉最新监视技术的监视，任何微小失误都会被记录在案，导致绩效工资减少。

另外，"块茎劳动"又是陈旧、传统、高度被"剥削"的。蓝翼公司对员工的培训聊胜于无，多数部署专员必须自主学习。在外包制限制下，员工薪资微薄且缺乏上升空间，自发努力很难带来经济上的回报。蓝翼公司部署专员的月薪为 3000 元底薪加 1000 元绩效，试用期这一数目会打 8 折。钉钉系统内的繁多绩效考核指标，会使全额获得绩效工资成为奢望。尽管老员工会试着让新人相信转正了一切就会好起来，但事实上转正机会相当渺茫。我将这一现象称为"永久试用"，因为多数新人直至离职都未转正。一直处于试用状态让公司的人力成本进一步下降。"永久试用"模式让员工为避免淘汰和争取转正而努力，但副作用便是巨大的压力。他们中的大多数都会在某一时刻达到临界点。即使是那些付出大量心血掌握了工作诀窍的"优等生"，也常常在一段时间后意识到他们的努力很难得到满意的回报而选择离开。但蓝翼公司并不会因为老员工的离开受太多影响，因为在公司的应聘室内，一批新员工正准备入职。中国充裕的劳动后备军，保证了"永久试用"系统永不停歇地运转。

钉钉的"块茎式扩张"依赖对劳动者"块茎劳动"的系统性"剥削"。通过监视技术，钉钉公司将旗下劳动者整合进一套为其整体扩张服务的劳动过程控制系统中。这些劳动者工作得越努力，就会帮助监视集合吸纳更多主体加入，增加钉钉官方的收益，促进监视技术的进一步发展。钉钉旗下劳动者的劳动让他们自己的劳动环境变得更为严苛，也让更多企业的劳动者面临监视技术的威胁。在监视资本主义体系下，劳动者自己为自己生产枷锁。

第六章　结　语

21 世纪初，Haggerty 和 Ericson 敏锐地注意到了市场化浪潮下监视技术的整合与扩张趋势，适时提出监视集合这一概念。监视集合的扩张"很大程度上由经济需求推动"（2000：615）。伴随着监视技术系统的集合化与市场化，Haggerty 和 Ericson 认为一种超越劳动范畴的新的剩余价值已经出现，这种剩余来自所谓"剩余信息"（surplus information）。个人与机构的诸多交易与互动中产生的剩余信息，被监视集合挪用并转化为商业利益。

这一设想后来被 Google 等大型科技公司付诸实施。Zuboff（2015）将这种利用监视技术从个人信息中抽取价值的商业模式称为"监视资本主义"。历史似乎正向着 Haggerty 和 Ericson 的预测发展："剩余价值越来越多地指向由剩余信息产生的利润，这些剩余信息来自不同人群在日常生活中留下的痕迹。"（2000：616）Zuboff 则大胆地宣称："马克思的旧形象中，资本主义是一个以劳动为食的吸血鬼……而监视资本主义以每个人类的经验（experience）为生。"（2019：16）

从 Haggerty 和 Ericson 到 Zuboff 的脉络揭示了监视集合与现代资本主义的紧密联系。他们都致力于展现资本主义从剥削剩余劳动向剥削剩余信息的转变。而钉钉为我们提供了一个区别于经典监视资本主义的案例。在钉钉的商业模式中，两种剥削模式纠缠紧密且互为倚仗。钉钉既是收集信息的监视集合，也是系统性"剥削"员工"块茎劳动"的"血汗工厂"。对"块茎劳动"的系统性剥削支撑着钉钉低成本的"块茎式扩张"，而"块茎式扩张"又加剧了钉钉旗下劳动者和客户企业劳动者所受的"剥削"。

钉钉的高速扩张及其蕴含的破坏力值得我们警惕。我们必须认识到当代监视技术已经与一套依靠监视牟利的监视资本主义模式深度绑定。我们需要审视这一体系在多大程度上是建立在漠视，甚至是刻意损害基层劳动者合法利益的基础上的。我们需要对这一问题投入更多社会关注与社会行动。

参考文献

［1］DELEUZE G，GUATTARI F．A Thousand Plateaus：Capitalism and Schizophrenia ［M］．University of Minnesota Press，1987.

［2］EDWARDS R C．Contested Terrain：The Transformation of the Workplace in the Twentieth Century ［J］．Basic Books，1982，33（3）：1-8.

［3］HAGGERTY K D，Ericson R V．The surveillant assemblage ［J］．The British Journal of Sociology，2000，51（4）：605-622.

［4］LUCIO，MIGUEL，MARTINEZ，et al．The paradox of contemporary labour process theory：The rediscovery of labour and disappearance of collectivism ［J］．Capital & Class，1997.

［5］PAYNE J．Manufacturing masculinity：Exploring gender and workplace surveillance ［J］．Work and Occupations，2018，45（3），346-383.

［6］TIAN X．An Interactional Space of Permanent Observability：We Chat and Reinforcing the Power Hierarchy in Chinese Workplaces ［J］．Sociological Forum，2020.

［7］WOOD A J，GRAHAM M，LEHDONVIRTA V，et al. Good Gig，Bad Gig：Autonomy and Algorithmic Control in the Global Gig Economy ［J］．Work，Employment & Society，2019，33.

［8］ZUBOFF S．Big Other：Surveillance Capitalism and the Prospects of an Information Civilization ［J］．Journal of Information Technology，2015，30（1）：75-89.

［9］ZUBOFF S．The age of surveillance capitalism：The fight for a human future at the new frontier of power ［J］．Barack Obama's books of 2019，2019.

［10］哈里·布雷弗曼．劳动与垄断资本 ［M］．北京：商务印书馆，1979.

［11］孙萍．"算法逻辑"下的数字劳动：一项对平台经济下外卖送餐员的研究 ［J］．思想战线，2019，45（6）：8.

制造同意：
网络主播的情感劳动研究

❖ 孙　明　社会发展学院（华东师范大学）
　　徐连明（指导教师）

摘　要： 中国网络直播从秀场直播开始，逐渐发展为全民参与的移动直播，网络主播作为新兴职业，受到青年人的追捧，成千上万的青年人试图通过直播表演在数字世界中获得名声和"粉丝"。网络主播是线上的情感劳动者，直播平台把网络主播的情感劳动转化为可购买的商品，在直播平台进行生产、流通和售卖。本文以公会签约的职业主播为研究对象，利用劳动过程理论探讨直播行业对网络主播的情感劳动控制以及网络主播的自主性。

研究发现，情感展演和关系建构是网络主播情感劳动的主要内容，主播们精心设计直播间的表演，充分展现个人魅力，和观众建立亲密关系，刺激观众打赏以获得劳动报酬。直播行业通过层层外包的劳动力配置机制和分级授权的管理体制，重构了直播行业的劳动秩序。公会和直播平台共同掌握了直播行业的生产系统，公会打造网红流水生产线，直播平台成为情感劳动社会化生产的车间。直播行业通过意识形态支配制造甘愿，在"人人都能当网红"的意识形态控制下，网络主播主动参与资本的"赶工游戏"。网络主播认可公会和直播平台制定的行业规则，在认同的基础上发展出一套自我管理的技术，采取灵活的抵抗策略为自己争夺更多的劳动控制权。

关键词： 网络主播；情感劳动；劳动控制；自主性；公会

第一章 绪 论

一、问题的缘起

随着后工业社会的来临，劳动的形式从物质劳动向非物质劳动转变，工作的内容从人与机器的配合到人和人的互动，① 资本对生产力的入侵已然扩展到了过去属于劳动者私人领域的情感，劳动者的情感也被卷入生产过程。从"被管理的手"到"被管理的心"，劳动控制方式发生变化，情感领域成为资本控制劳动者的新面向，情感劳动也成为劳工研究的新议题。

2016 年被称作网络直播元年，随后网络直播进入高速发展阶段，涌现出了众多公会②和直播平台。网络直播行业已成为一个有利可图的娱乐产业，它给受教育程度低、被边缘化的人作为生产者参与中国创意经济的机会。③④ 网络主播作为新兴职业，也受到了青年人的追捧，成千上万的青年人试图通过直播表演在数字世界中获得名声和"粉丝"。网络主播是线上的情感劳动者，通过情感劳动创造价值和剩余价值，情感已经成为盈利的工具。⑤ 情感劳动成为当前研究网络主播工作形态的主要理论工具。⑥ 网络主播在直播间卖力表演获取打赏的过程，既是情感转化为商品的过程，也是网络主播情感劳动的过程。

在 W 公会实习的过程中，笔者参与公会对职业主播的培训，职业主播不同于个体主播，职业主播只有在接受公会全方位的培训后，才能在直播间熟练地进行情感展演。职业主播的情感展演遵循公会制定的情感展示规则，在公会的帮助下从事情感劳动，把情感转化为商品，在直播平台进行售卖。签约公会的网络主播处于直播产业链的底端，网络主播的情感劳动受到公会和直播平台的控制，网络主播从事的是不确定报酬的情感劳动，劳动权益无法得到有效保障。

---

① 丹尼尔·贝尔. 后工业社会的来临：对社会预测的一项探索 [M]. 高铦，王宏周，魏章玲，译. 北京：商务印书馆，1984：143.

② 公会，这里指的是主播经纪公司，公会和网络主播的关系就相当于明星和经纪公司。公会是专门负责培养职业主播的中介机构，对主播进行培训和包装后，向直播平台输送主播。

③ ZHANG X X, et al. Virtual gifting on China's live streaming platforms: hijacking the online gift economy [J]. Chinese Journal of Communication, 2019 (12)：340-355.

④ JOHNSON M P. Inclusion and exclusion in the digital economy: disability and mental health as a live streamer on Twitch. tv [J]. Information, Communication & Society, 2019 (1)：506-520.

⑤ 王宁. 略论情感的社会方式——情感社会学研究笔记 [J]. 社会学研究，2000 (4).

⑥ 王斌. 自我与职业的双重生产：基于网络主播的数字化表演劳动实践 [J]. 中国青年研究，2020 (5).

收入不稳定和缺乏劳动保障并没有让网络主播放弃直播，反而是越来越多的人加入直播行业，直播行业独特的情感劳动控制机制引发了笔者的思考。

因此，本文以公会签约的职业主播为研究对象，利用劳动过程理论分析网络主播的情感劳动实践，探究直播产业对网络主播情感劳动的控制以及网络主播的自主性。具体从三个方面展开讨论：

（1）作为新兴的情感劳动，网络主播的情感劳动过程是怎样的？网络主播在直播间如何进行情感展演？通过何种策略与观众建立情感联系？

（2）直播行业如何制造同意，让网络主播甘愿从事情感劳动？作为直播行业的中介机构，公会如何培养职业主播？制定怎样的情感展示规则？采用何种方式管理网络主播的情感展演？直播平台在其中发挥什么作用？如何打造商业化的亲密环境？如何监管网络主播的情感劳动？

（3）在直播平台和公会的双重控制下，网络主播的自主性如何体现，他们为何自愿加入直播行业的"赶工游戏"？

二、文献综述

社会学领域的情感劳动研究源自美国情感社会学家霍克希尔德 1983 年对空乘人员的研究，她揭示了资本通过情感管理制造"微笑"的事实。① 后工业社会伴随着服务业的发展，资本对劳动者的控制从身体变为情感，情感被卷入资本主义生产体系。情感劳动是服务业研究的重要理论范式，展现资本对于劳动者的新型控制与劳动者的新型异化。② 为了对网络主播的情感劳动实践进行研究，本文在回顾以往服务业的情感劳动研究的基础上，梳理当下有关数字时代情感劳动的讨论。

（一）服务业的情感劳动研究

服务业相对传统制造业而言，具有明显的情感劳动特征。从霍克希尔德对空乘人员和收账员的研究开始，研究者陆续对家政人员、酒店员工、销售员、美容师、茶艺师、足疗师、社会工作者等服务人员展开研究。已有的经验研究按照理论框架分为三类：

第一类关注劳动过程，探讨资本对劳动者情感的控制和劳动者的反抗，揭示劳动者私人情感被资本卷入生产的过程。"概念"和"执行"分离是常见的控制方式，如家政工情感劳动的"概念"由雇主掌握，雇主制定情感准则管理

---

① HOCHSCHILD D A R. The Managed Heart：The Commercialization of Human Feeling ［M］. Berkeley/London：University of California Press，1983：24-27.

② 郭景萍. 社会工作——作为一种情感劳动的探讨 ［J］. 广东社会科学，2007（4）.

家政工的情感，家政工通过搭建前后台的方式反抗。① 除此之外，还有生产政体分化和空间设计的方式。酒店员工的研究表明，资本利用社会文化传统对女性年龄进行建构，进而采取差异化的管理策略。② 资本还通过空间设计操纵劳动者的情感劳动，情感劳动呈现空间化的特点，在不同空间内劳动者的情感劳动策略不同。③④

第二类以劳动关系为核心，聚焦服务业"劳-资-客"三方关系，强调顾客的出现打破了传统二元的劳资结构，服务业呈现"关系取向"的特点。⑤ 服务业劳动者面对面和顾客互动的工作性质，使得情感经营成为劳动过程中的重要环节，劳动者需要和顾客建立情感关系。美容师为了提高自身的收入，扮演女儿、闺密、拟妻子的角色来制造熟客。⑥ 茶艺师通过对于潜在的顾客主动出击，通过关系运作获得顾客认可。⑦ 服务业的关系取向促使资本把劳动者私人领域的情感商业化，资方控制劳动者的情感打造口碑提升竞争力，劳动者依靠经营和顾客的关系获取报酬。⑧

第三类从劳动性别化视角出发，探讨服务业情感劳动的性别化机制，揭示情感劳动中存在的性别不平等现象。女性在情感劳动领域延续传统的两性权力关系，女性依然属于从属地位。⑨ 女服务员被要求强化女性特征，展现温顺以获得男性的喜爱。⑩ 情感劳动的性别化机制不仅导致女性劳动者情感异化，也会引致再生产工作场所内部的性别隔离和性别不平等，男性劳动者在从事情感劳动的过程中会产生性别气质焦虑。⑪

已有的情感劳动研究沿袭劳动社会学控制与反抗的经典命题，从劳动过程、

① 苏熠慧. 控制与抵抗：雇主与家政工在家务劳动过程中的博弈 [J]. 社会，2011（6）.
② 何明洁. 劳动与姐妹分化——"和记"生产政体个案研究 [J]. 社会学研究，2009（2）.
③ 苏熠慧，杜金瑾. 青年销售员与空间化的情感劳动——以 S 市 I 品牌 W 门店为案例 [J]. 青年研究，2020（1）.
④ 叶文振，奂倩. 劳动空间、青年女性与情感的生产和消费 [J]. 中国青年研究，2019（1）.
⑤ RITZER G. Prosumer Capitalism [J]. Sociological Quarterly，2015（5）：413-445.
⑥ 施芸卿. 制造熟客：劳动过程中的情感经营——以女性美容师群体为例 [J]. 学术研究，2016（7）.
⑦ 帅满. 茶艺师情感劳动的三阶段信任演化——以福建省厦市田园茶叶公司为例 [J]. 广西民族师范学院学报，2016（1）.
⑧ 李晓菁，刘爱玉. 资本控制与个体自主——对国内空姐情感劳动的实证研究 [J]. 妇女研究论丛，2017（5）.
⑨ HOCHSCHILD A R. The managed heart：The commercialization of human feeling [M]. Berkeley/London：University of California Press，1983：164-174.
⑩ 黄莺. 服务业生产政治与劳动者道德生涯 [D]. 上海：华东师范大学，2012.
⑪ 苏熠慧，洪磊. 交叉性视角下的男售货员性别气质分析——以上海市两家品牌店为例 [J]. 妇女研究论丛，2017（5）.

劳动关系和劳动性别的视角,全面展现后工业时代资本对劳动者情感的入侵。虽然描绘了服务业内部情感劳动的多样性,但还存在三点不足:一是研究对象以底层劳动者为主,如家政人员、酒店员工、销售员、美容师、茶艺师、足疗师等;二是劳动者主体性的缺失,强调资本对劳动者情感的控制,没有关注劳动者主体性的建构;三是忽视劳动者的积极情感体验,着重强调劳动者的情感异化,把情感劳动等同于情感异化和消耗。①

和传统服务业的情感劳动相比,网络主播的情感劳动具有"特殊性"。首先,情感劳动的工作场所不同。网络主播在互联网空间从事情感劳动,工作场所从线下转移到线上;其次,情感劳动的地位不同。不同于服务业情感劳动的辅助地位,网络主播的情感劳动被置于劳动的核心位置,情感劳动成为网络主播的主要工作内容;再次,情感劳动过程中"劳-客"关系不同。服务业劳动者要取悦顾客,两者地位不对等,而网络主播是关系的中心,观众则是网络主播的"粉丝";最后,情感劳动过程中"劳-资"关系不同。服务业的劳动者按照雇主制定的情感准则从事情感劳动,两者是传统的雇佣关系。而网络主播和直播平台、公会是弹性的雇佣关系,网络主播拥有更多自主权。

(二)数字时代的情感劳动研究

传统的情感劳动研究以服务业为代表,随着网络社会的崛起,互联网技术的革新带动网络服务业的发展,线上教育工作者、游戏陪玩师、虚拟恋人、网络主播等一批网络情感劳动从业者出现。

数字时代的情感劳动研究在数字劳动理论的基础上展开,网络情感劳动是数字劳动研究的重要形式。网络情感劳动者是平台免费的数字劳工,在平台从事数字劳动。意大利学者蒂齐亚纳·泰拉诺瓦在《免费劳动:为数字经济生产文化》一文中率先提出"数字劳动",表明数字劳动属于免费劳动,互联网用户消费过程中的额外生产,自愿无偿的生产行为。② 英国学者克里斯蒂安·福克斯把数字劳动界定为以异化为基础的数字工作。③ 两位学者对于"数字劳动"的不同定义,代表了意大利自治学派和马克思政治经济学派的不同主张,意大利自治学派把数字劳动看作是主体性的生产,马克思政治经济学派把数字劳动看作是人的异化。

网络情感劳动是否存在剥削,意大利自治学派和马克思政治经济学派的认

---

① 梅笑.情感劳动中的积极体验:深层表演、象征性秩序与劳动自主性 [J].社会,2020 (2).

② TERRANOVA T. Free Labor: Producing Culture for the Digital Economy [J]. Social Text, 2000 (6): 33-58.

③ FUCHS C. Digital Labor and Karl Marx [M]. New York: Routledge, 2014: 34-36.

识存在分歧。意大利自治学派认为网络情感劳动不存在资本剥削的情况，网络情感劳动属于免费劳动和主体性生产。网络情感劳动者出于自愿进行分享，无偿让别人使用，不获取报酬使其脱离了资本的控制，他们并非受剥削者，而是反抗商业化的先行者；此外，网络情感劳动是主体性生产，劳动者在情感劳动实践过程中，充分发挥自己的才能，喜爱和激情促使劳动者投入其中，源源不断地生产自我认同。① 马克思政治经济学派认为网络情感劳动存在剥削，网络情感劳动生产的商品被互联网平台占有。网络情感劳动者出于兴趣和喜好进行生产，生产出来的是产销合一的受众商品。② 受众的注意力被互联网平台贩卖给广告商以获利，网络情感劳动商品的价值和剩余价值被互联网平台榨取，网络情感劳动存在剥削是毋庸置疑的。一方面，网络情感劳动者无偿的劳动时间被资本化，③ 无偿的劳动时间创造出情感商品被互联网平台所有，互联网平台把情感商品转化为利润。另一方面，资本免费获取了网络主播情感劳动者的创造潜力，创造潜力激发网络情感劳动者持续不停地创作进而为资本谋利。④

关于网络情感劳动是否存在剥削的争论为本研究提供了新思路，网络主播的情感劳动是自主且受剥削的劳动。⑤ 在研究的过程中，既要关注数字时代资本对网络主播情感劳动剥削，也需要关注网络主播情感劳动过程中的主体性生产。在直播行业资方的代表为公会和直播平台，多元控制主体的出现让直播行业对网络主播情感劳动的控制机制变得复杂，网络主播的主体性生成空间更大。

三、核心概念

（一）网络主播

随着互联网技术的发展，人们从分享文字图片发展到分享音频和视频，直播平台声音和图像的实时传送，让实时互动得以实现。参考以往的定义，⑥ 可以归纳出网络主播具有以下特征：一是以网络直播平台为依托，网络直播平台既是网络主播的生产资料，也是情感劳动的载体；二是以才艺秀、"嗨聊"、玩游

① 刘芳儒. 情感劳动（Affective labor）的理论来源及国外研究进展 [J]. 新闻界，2019（12）.
② 章戈浩. 数字时代的受众商品论 [M]//胡正荣. 新媒体前沿. 北京：社会科学文献出版社，2012：38.
③ FUCHS C. With or Without Marx? A Rejoinder to Adam Arvidsson and Eleanor Colleoni [J]. Triple C, 2012（2）：633-645.
④ BUZGALIN A V, KOLGANOV A I. The Anatomy of Twenty-First Century Exploitation：From Traditional Extraction of Surplus Value to Exploitation of Creative Activity [J]. Science and Society, 2013（4）：486-511.
⑤ 郑吉伟，张真真. 评西方学者对数字劳动的研究 [J]. 经济学家，2019（12）.
⑥ 黄勇军. 网络主播：一个新兴职业的初步认知 [J]. 中国社会科学报，2016（9）.

戏等作为表演形式，多种表演方式旨在带动直播间氛围，让观众赠送虚拟礼物；三是表演者以现场直播的方式和观众进行线上的实时互动；四是网络主播的工作内容是以情感展演的方式获取观众的虚拟礼物，由网络直播平台按比例进行再分配，网络直播平台和公会提取分成后，剩下的收入为网络主播获得的劳动报酬。因此，网络主播是在直播平台进行情感展演，通过观众的虚拟礼物赠送获得劳动报酬的网络情感劳动从业者。

按照签约的主体进行分类，网络主播可以分为个体主播、公会签约主播和直播平台签约主播。本文的研究对象是公会签约的职业主播，直播平台签约主播往往是"粉丝"较多、影响力比较大的主播，公会签约主播是公会从新人培养起来的职业主播，个体主播没有雇佣关系，不受组织约束，可以完全按照自己的喜好进行直播。

（二）公会

公会是网络主播的经纪公司，作为直播行业的中介机构，主要向直播平台输送职业主播。直播平台把培养职业主播的任务外包给了公会，公会负责网络主播的招聘、培训和管理，注重培养网络主播掌握基本职业技能，提升网络主播的职业能力。网络主播是公会盈利的关键，公会借助直播平台的扶持资源，大力培养新主播，帮助新主播增长人气获得关注度，从网络主播的身上抽取虚拟礼物分成。

（三）情感劳动

情感劳动一词描述了后工业社会各种职业的劳动者都需要和他人进行有效密集互动的境况，情感劳动成为一种研究视角，开启了各种职业中涉及情感劳动的研究，情感劳动被视作是工作要求。[1][2]

在概念层面，学界对霍克希尔德的情感劳动（emotion labor）和奈格里的情绪劳动（affective labor）进行了区分。霍克希尔德于1983年提出情感劳动，把情感劳动定义为"为了报酬，员工按照组织规定的规则管理自己情感的表演过程"。[3] 奈格里的情绪劳动扩展了霍克希尔德情感劳动的意涵，把非物质的服务、无形的情感以及沟通行为都纳入情感劳动的概念中，情感劳动被看作是创造出

---

① WHARTON A S. The Sociology of Emotional Labor [J]. Annual Review of Sociology, 2009（1）：147-165.

② STETS J E. Current Emotion Research in Sociology：Advances in the Discipline [J]. Emotion Review, 2012（7）：326-334.

③ HOCHSCHILD A R. The managed heart：The commercialization of human feeling [M]. Berkeley/London：University of California Press, 1983：7.

轻松、愉快、社会关系等情感产品的劳动过程。①

学界有关情感劳动概念的讨论对本文的启发很大，网络主播的情感劳动不仅指在劳动过程中，网络主播按照组织管理方公会的要求整饰情感，在直播间进行情感展演，还指网络主播情感劳动过程中生产情感产品，包括为观众提供在线陪伴体验以及和观众建立的亲密关系。

四、研究方法

本研究结合 W 公会的实际情况，对网络主播的情感劳动实践展开研究，探讨直播行业对网络主播情感劳动的控制以及网络主播的自主性。本研究主要采用了参与观察法和访谈法进行研究。

（一）参与观察法

自 2020 年 5 月至 9 月，笔者在 W 公会实习担任了 4 个月的运营。W 公会的田野经历，一方面给笔者提供深入了解整个直播产业链的机会；另一方面，也让笔者熟悉到公会的日常运作，即如何招聘、培训、包装主播。直播行业主播、直播平台、公会之间错综复杂的经济关系，让笔者对网络主播的情感劳动实践有了更深的思考。在 W 公会担任运营期间，除了直接参与公会日常对网络主播的管理，也在直播平台进行线上观察，关注直播平台的设计与规则设定以及网络主播直播过程中的情感展演。直播平台技术设定、人气算法与审查制度，都会影响网络主播与观众的互动。

（二）访谈法

在 W 公会担任运营期间，笔者有机会与公司内部人员和网络主播进行深入访谈，访谈总数为 23 人。主要分为三类人员：第一类是公会内部的工作人员，共计 5 人，包括公会的创始人、运营总监以及运营；第二类是泛娱乐网络主播，共计 15 人，她们中有刚入公司的新人主播，也有具有丰富经验的老主播，还有从其他公司跳槽过来的主播。在 W 公会担任运营的经历以及和主播的相处，让笔者对网络主播如何在直播间进行情感展演，直播间外如何维护和"粉丝"的关系有了更深的体会；第三类是观看网络直播的观众，共计 3 人，在交流的过程中，笔者逐渐理解观众为了寻求情感陪伴、排解孤独感而选择观看直播。

---

① HARDT M, NEGRI A. Multitude：War and Democracy in the Age of Empire［M］. The Penguin Press，2004：108-109.

第二章　网络主播的情感劳动实践

网络主播的情感劳动被置于劳动的核心位置，情感劳动是网络主播的主要工作内容。本章关注网络主播的情感劳动实践，在描绘直播产业链的基础上，对网络主播的情感劳动过程进行分析。主要关注以下问题：网络主播在直播产业链中处于什么位置，网络主播在直播间如何进行情感展演以及通过何种策略与观众建立情感联系。

一、产业链上的人

（一）网络直播的发展历史

整个直播行业随着移动互联网技术的发展，历经了三次产业升级，从 1.0 时代的秀场直播发展为 3.0 时代的移动直播。

秀场直播是网络直播 1.0 时代的产物。2005 年，聚焦于陌生人社交的 9158 聊天社区上线。同时期的视频网站"六间房"旨在打造中国版 YouTube，业务方向转为秀场直播。"YY 语音"于 2011 年推出了视频直播功能和虚拟付费礼物系统，初步形成了直播行业以虚拟礼物为核心的盈利模式。至此，PC 端的秀场直播形成 9158、六间房以及 YY 三足鼎立的局面。

游戏直播是网络直播 2.0 时代的代表。技术的革新推动了手游产业以及电竞行业的蓬勃发展，"虎牙直播""斗鱼直播""战旗直播""龙珠直播"相继上线，抢占游戏直播市场份额。电子竞技职业化发展使得电竞选手和电竞赛事得到更多人的关注，游戏直播拥有越来越高的人气，在社会上流行开来。

移动直播是网络直播 3.0 时代的标志。随着 4G 和智能手机的普及，拥有一台手机便可以随时随地直播，标志着全民直播的时代到来。在全民直播的浪潮下，视频直播的场景也越发多元，涉及文化娱乐领域的各个方面，泛娱乐直播兴起。各行各业都开始尝试结合直播进行创新，"直播+"成为潮流。

随着网络直播行业的不断发展，各大直播平台为占据垄断地位开始争夺职业主播。行业竞争的加剧，专业培养职业主播的中介机构公会应运而生，职业主播成为直播平台在竞争中取胜的关键，市场对职业主播的需求旺盛。

（二）层层外包与分级管理

直播行业通过层层外包的劳动力配置机制，把直播行业的市场风险转移给网络主播。网络主播是直播行业生产的主体，公会是直播行业的劳务中介机构，直播平台把培育职业主播的任务外包给了公会，公会负责向直播平台输送职业主播。大公会通过加盟的方式占领直播市场，小公会加盟大公会以便获取更多的流水分成。从直播平台到大公会，大公会到中小公会，中小公会到网络主播，层层外包下的弹性雇佣，使得网络主播在没有任何劳动保障的情况下，为直播平台和公会创造效益。①

直播行业通过分级授权的管理体制，实现了对网络主播情感劳动剩余价值的攫取。直播平台划定分成比例对虚拟礼物进行再分配，直播平台和排名靠前的大公会合作，公会的流水越高，直播平台给到公会的分成比例也越高。大公会和直播平台结算完成后，再和底下加盟的中小公会进行结算。最后，中小公会和网络主播进行结算。分级授权管理的核心就是对网络主播收入分成比例的划定，不同级别决定占有网络主播情感劳动剩余价值的数量，级别越高，虚拟礼物分成的比例越高，榨取更多网络主播情感劳动的剩余价值。

直播行业层层外包的劳动力配置机制和分级授权的管理体制，塑造了虚拟礼物的层级经济关系，网络主播作为直播行业的生产者，实际上处于直播产业链的底部，网络主播的情感劳动的剩余价值被层层剥削，最后网络主播获取小部分的虚拟礼物分成。

二、情感展演与礼物打赏

（一）日常的情感展演

情感互动是一个双向的过程，在互动过程中两个人共享情感，拥有一个独属的情感体验空间。② 网络主播的日常情感展演实际上是通过语言和身体与观众互动，在互动的过程中和观众共享情感，建立独属的情感体验空间，引发观众的情感共鸣。③

语言交流最基础的是一整套的直播话术，在新主播完成试播后，运营会发放直播互动的培训材料，让新主播按照上面的话术和观众进行交流。直播话术的类型是根据直播间不同的场景划分为自我介绍的开场话术、直播间进人后的欢迎话术、互动中的问答话术、观众打赏后的感谢话术，以及直播结束的下播话术。直播话术构成了直播间反复上演的对话脚本，新主播在一次次练习中，慢慢从最初的冷场到能和"粉丝"聊得火热。

---

① 曹晋，张楠华. 新媒体、知识劳工与弹性的兴趣劳动——以字幕工作组为例 [J]. 新闻与传播研究，2012（5）.

② 诺尔曼·丹森. 情感论 [M]. 魏中军，孙安迹，译. 沈阳：辽宁人民出版社，1989：203.

③ 郑肯. 制造网红——直播时代的情感、算法与数码资本主义 [D]. 北京：北京大学，2020.

　　身体是网络主播和观众互动的核心，如何在直播过程中，更好地呈现自己的身体，是新主播需要学习的重要内容。直播间就如同戈夫曼"拟剧论"中的"前台"，网络主播进行基于外在形象的管理，以便"前台"的表演可以吸引更多的人观看。① 直播的封面通常就是网络主播个人的照片，外貌成为决定直播间人流量的关键。网络主播在直播之前有两项准备工作，第一项在化妆间完成化妆，第二项在衣帽间完成换装。整个直播过程中网络主播也都需要利用身体来进行表演，通过一系列肢体动作，调动观众的情绪，带动直播间的氛围。比如，比心的小手势，嘟嘴卖萌，双手捧脸，这些细节都可以充分展现网络主播的个人魅力，让观众获得良好的情感体验。

（二）开放式的情感脚本

　　网络主播的情感展演遵循着一套固定的表演流程，在不同直播间的网络主播，按照同一套固定的程序来进行表演。这套固定的表演流程按照直播时长划分为若干步骤：

● 直播前 10 分钟，网络主播介绍自己的同时要和"粉丝"互动。新主播要突出自己的特色，争取让新进场的观众变成自己的"粉丝"。

● 直播 10~40 分钟，网络主播在直播间里表演才艺。在表演才艺的过程中，"粉丝"会开始刷礼物，对刷礼物的"粉丝"要点名表示感谢。

● 直播 40~60 分钟，网络主播主要和"粉丝"进行互动。这时段的互动主要围绕着生活中的热点话题，或者是搞笑段子。

● 直播 60~80 分钟，网络主播开始玩游戏或者和大主播连麦。游戏的类型就是生活中的趣味小游戏，如成语接龙、猜谜语、我画你猜、脑筋急转弯、猜硬币等。和大主播连麦，以两分钟内收到的礼物数量决胜负，直播间氛围达到高潮，"粉丝"为了支持网络主播，会在短时间内赠送大量礼物。

● 直播 80~100 分钟，网络主播重新表演才艺。网络主播可以表演自己最擅长的才艺，表达对连麦时支持自己"粉丝"的感谢。

● 直播最后 20 分钟，网络主播结束直播和"粉丝"告别。需要对直播间所有人进行感谢，在表示感谢的同时，也需要预告下一次直播的时间。

　　直播间不是一个固定的表演场所，它是一个流动性的空间，同一时刻有人进入也有人退出。流动的直播间无形之中增加了表演的不确定性，这种不确定性让每一场直播的剧情都变得无法预料。面对直播中因不确定带来的挑战，多数网络主播会选择写直播脚本，以便更好地把握直播节奏，让直播达到预期的

---

　　① 欧文·戈夫曼.日常生活中的自我呈现［M］.黄爱华，冯钢，译.杭州：浙江人民出版社，1989：70.

效果。

直播脚本就如同电影中的剧本，和电影剧本不同的是，直播的剧本是开放式的，只有故事梗概，具体演绎需要网络主播根据观众的反应临场发挥，演出的效果也是由两者共同决定的。网络主播在写直播脚本的时候，确定的是聊天话题，后续"粉丝"也会参与讨论，话题的走向和故事的内容皆因"粉丝"的参与而发生改变。

（三）礼物打赏

网络主播学习各种情感展演策略以便于更好地和"粉丝"建立情感纽带，"粉丝"是否会以打赏的方式进行回馈，是衡量网络主播情感劳动成果的重要标志。倘若网络主播未获得礼物打赏，情感展演也被判定为无效的劳动。人类情感商业化后，私人领域的情感直接转化为公共市场的商品，情感劳动直接指向货币报酬，情感劳动是否转化为经济效益，也成为劳动成果的唯一衡量标准，劳动付出和劳动成果不对等的关系被掩盖。

劳动付出不再和劳动报酬挂钩。对于成长快的网络主播而言，劳动报酬远远高于劳动付出，付出和回报的不对等，增强了其对未来收入的担忧，害怕出现劳动报酬低于劳动付出的情况。而对于劳动报酬低于劳动付出的新主播，付出和回报之间的不对等被自我消解，"工作和玩一样"成为她们常挂在嘴边的话。

公会把礼物打赏和网络主播的人格魅力联系在一起，礼物打赏的数量代表着主播的人格魅力。礼物打赏和网络主播人格魅力挂钩，对网络主播从事情感劳动的要求更高，网络主播需要形成风格化的表演，调动"粉丝"的情绪，让"粉丝"产生情感共鸣。

网络主播依靠打赏一夜暴富是媒体制造出来的幻想，对于普通主播来说，努力成为头部主播，才能实现劳动报酬远高于劳动付出的目标。公会大多数的网络主播属于尾部主播，劳动报酬是低于劳动付出的，要想成为头部主播除了个人努力外，更重要的是公会和直播平台的扶持。

三、情感维护与关系建构

（一）匿名性社交

网络社会较现实社会而言，匿名社交已经是常态化体验。现实生活中人与人之间的交往基于面对面的互动，直播间内网络主播和"粉丝"拥有全新的互动空间，在这里，物理意义上的时空结构被打破，依托数字化技术实现虚拟在场，脱离传统的以血缘、亲缘、地缘、业缘为基础建立的人际关系，真实身份被隐匿，取而代之的是匿名社交。

网络直播的匿名性社交，让网络主播和"粉丝"都可以脱离现实中的身份桎梏和人情往来，在虚拟空间内更自由地表达。同时匿名性的社交也增加了网络主播赢得"粉丝"的信任，建立虚拟的亲密关系的难度。网络主播往往需要深层表演，表露真实的自我，从而赢得"粉丝"的信任、获得认同。网络主播为了达到深层表演的效果，需要把自己的负面情绪在生活中通过其他各种方式排解，然后才能在直播间进行满足"粉丝"期待的表演。

在一对多的互动过程中，网络主播深层次的表演，可以快速"破冰"，让"粉丝"熟悉网络主播，通过一系列的情感展演技巧和情感管理策略，"粉丝"会对网络主播表示认同，建立起一种基于情感的信任。这种信任一旦建立，"粉丝"会向网络主播展示自己的日常生活世界，诉说生活中无处排解的压力和烦恼，直播间就成为寻求情感慰藉的场所，在这里可以宣泄情绪，获得情感关怀。直播作为一项娱乐活动，使"粉丝"在日常生活中压抑的情绪得到释放，具备了情感治疗的效果。[①]

（二）付费式的亲密

人类情感商品化后，人们通过购买的方式从市场获得情感商品，[②] 网络主播和"粉丝"之间的亲密关系变成付费式的情感商品。网络主播和"粉丝"关系的推进以货币来衡量，刷礼物成为"粉丝"增加和网络主播亲密程度的必然选择，刷的礼物越多，"粉丝"等级越高，和网络主播的情感互动更多，网络主播的情感回应又进一步激励"粉丝"打赏。[③]

直播间常见的情景就是网络主播感谢打赏的"粉丝"，夸张的语言和动作，反复提及打赏者 ID 名称，让打赏者感到受到充分的尊重。直播间一对多的互动模式，限制网络主播和"粉丝"交流的时间，网络主播不可能长期和一个"粉丝"进行互动，这样会引起其他"粉丝"的不满。因此，网络主播和"粉丝"情感关系的维护和建立主要发生在直播间外，网络主播下播后要花大量的时间经营和"粉丝"的感情。

网络主播会依据付费的能力对"粉丝"进行分类，进而针对"粉丝"的类型采取不同的情感维护策略。针对第一类普通"粉丝"和第二类"铁粉"，主要通过建立"粉丝"群来维护关系。普通"粉丝"群的维护要保持日常的活跃

① 郭景萍．情感社会学：理论·历史·现实［M］．上海：上海三联书店，2008：179-184.
② 王宁．情感消费与情感产业——消费社会学研究系列之一［J］．中山大学学报（社会科学版），2000（6）.
③ 吴晨迪．熟悉的陌生人：移动视频直播中的陌生人互动［D］．合肥：安徽大学，2012.

度，让"粉丝"感受到"大家庭式"的温暖。"铁粉"群的门槛较高，达到一定的"粉丝"级别才能加入。不同于普通"粉丝"群，"铁粉"群的维护围绕参与感展开，直播间的场控或管理员都是由"铁粉"担任，负责活跃直播间的氛围和维护直播间秩序。此外，网络主播通过和"铁粉"共同讨论直播相关事务，赋予"铁粉"事业合作伙伴的角色，进一步深化和"铁粉"的关系。

第三类"粉丝"类型——"大哥"是网络主播最关注的群体，也是网络主播私下维护关系花费精力较多的人。"大哥"为网络主播一掷千金，可遇不可求，流动性强，在直播间停留的时间不固定。"大哥"有时会陷入对网络主播的"迷恋"，利用大额打赏来表达自己对网络主播的爱慕。如同吉登斯所说，"迷恋"让个体自我能够以和他人融合的方式获取安全感。① "大哥"占据礼物排行榜的前列，通过刷礼物的方式和网络主播发展私人关系，进一步和网络主播进行交往，在关系递进的过程中获得了本体性的安全感。

第三章　网络主播的情感劳动控制

直播行业的生产模式属于后福特式生产，以消费者为中心，为消费者的个性化需求提供定制化生产。本章分析直播行业对网络主播情感劳动的控制机制，公会如何打造网红流水生产线，规范网络主播的情感展演，满足消费者不同的个性化需求，以及直播平台如何利用技术搭建商业化的情感互动环境，对网络主播实行数字化监督。

一、公会：打造网红的流水生产线

（一）招聘：颜值、性格与性别

直播行业的高流动性是公会持续性向直播平台输送职业主播面临的首要难题，为了选拔在直播平台持续性进行生产，创造劳动价值的网络主播，W 公会制定一套符合直播行业高流动特征的招聘流程。②

在大公会招聘工作有专门的星探负责，W 公会作为小公会，运营兼任星探的工作，招聘工作由运营负责。W 公会给运营规定的招聘指标，一周内联系 3

---

① 安东尼·吉登斯. 亲密关系的变革：现代社会中的性、爱和爱欲 [M]. 陈永国，汪民安，译. 北京：社会科学文献出版社，2001：123.

② 张培培. 网红"工厂"：MCN 机构的发展历程、兴起逻辑及未来趋势 [J]. 未来传播，2021（1）.

人面试，一月内要签约 5 位网络主播，每达标一位网络主播给运营 300 元奖励。

　　颜值是招聘网络主播的首要条件。高颜值的网络主播被认为是有发展潜力的，而颜值的判断标准是传统的男性审美，大眼睛、高鼻梁、锥子脸等符合男性审美的身体特征备受青睐。性格是招聘网络主播的次要条件。网络主播在直播间进行情感展演，离不开和观众的沟通交流，善于沟通、乐于分享、热情大方是网络主播要具备的性格特质。才艺是网络主播招聘的加分项，但不是必备项，公会在招聘网络主播后，会对网络主播进行才艺培训。直播行业是情感劳动性别化的典型体现，网络主播被看作是"女性工作"，女主播被认为更有亲和力，能提供更多的情绪价值，男主播的生存相对而言较为艰难。

　　网络主播通过面试后，就可以和公会签合同，正式成为公会的签约主播。公会和网络主播签订的是经纪合同，而不是劳务合同。直播行业充满不确定性，公会签订经纪合同，把风险转移到网络主播身上，公会和网络主播之间不是传统的用工关系，网络主播的劳动权益无法得到保障。

　　（二）培训：被形塑的表演自我

　　网络主播加入公会后，公会按照组织化的规则控制网络主播的情感，网络主播的情感成为公会盈利的工具，公会制定一套情感展示规则，让网络主播在情感展示规则的指导下进行情感劳动。①

　　公会的情感展示规则呈现于《主播培训手册》，培训手册使网络主播在直播间的工作流程被标准化，为网络主播和观众的情感互动提供规范化的指导。网络主播情感劳动的表演策略分为浅层表演和深层表演两种：浅层表演涉及的是劳动者的面部表情和身体姿态，通过调整面部表情和身体姿态假装出要展示的情感；深层表演涉及的是劳动者的心灵和自我，唤醒内心的真实情感让表演变为真情流露。公会强调网络主播在直播间要真情流露，而不是谄媚讨好，用真情打动"粉丝"，和"粉丝"进一步建立情感纽带。

　　直播行业后福特式的生产模式，让公会在制定情感展示规则的同时，为网络主播打造鲜明独特的人设。情感展示规则的制定是出于网络主播职业化发展的需要，资本操控情感，使网络主播的情感劳动变成受外在情感展示规则支配的标准化的商品；网络主播鲜明独特的人设，可以满足消费者个性化的需求，不同的人设吸引不同类型的"粉丝"。网络主播的表演自我被公会形塑，表演自我的呈现为了调动"粉丝"的情感，刺激"粉丝"消费，完成情感商品的售

---

　　① 乔纳森·特纳，简·斯戴兹.情感社会学［M］.孙俊才，文军，译.上海：上海人民出版社，2007：31.

卖，出于盈利的目的，情感在不断地被制造出来，被操纵的情感沦为谋利的工具。①

（三）管理：报酬激励与柔性管理

公会对网络主播的管理采用的是报酬激励和柔性管理相结合的方式，报酬激励由一套完整的奖惩制度构成，分为奖励的正激励和惩罚的负激励。柔性管理是通过关系运作，让网络主播对公会产生认同，弱化网络主播对于劳动控制的反抗。两者结合使公会从传统组织压制性的管理者形象，转向扶持性的支持者形象。

薪资是资本进行劳动控制的重要手段。公会主播的工资由基本工资和礼物分成两部分组成，基本工资也被网络主播称为"保底骗局"，基本工资和绩效考核挂钩，不是无责任的底薪；而礼物分成比例由公会和网络主播共同进行商定，薪酬的计算以虚拟礼物销售计件，为了获取更高的收入，网络主播常常主动延长直播时间，加入"赶工游戏"之中。公会对网络主播情感劳动的监督是场外监督，通过巡视网络主播的直播间来实行监管。网络主播一旦违反了公会规定的情感展示规则，就要受到相应的处罚。

公会对网络主播的管理刚柔并济，除了制度化的报酬激励，还有关系运作的柔性化管理。公会的组织架构是扁平化的，组织内部没有等级分明的官僚层级，各部门共同协助网络主播成长，网络主播被看作是"自我实现的个体"。新主播加入公会由运营直接负责，相处的过程中运营会淡化管理者身份，扮演朋友的角色，不仅帮助新主播解决直播过程中遇到的问题，也会关心新主播的生活。

二、平台：情感劳动的社会工厂

（一）免费的数字劳工

数字时代的情感劳动从传统的工厂转化为社会工厂，整个社会都成为情感劳动的生产场所，直播平台成为情感劳动社会化生产的车间。② 对于网络主播来说，社会变成了工厂的延伸，直播平台就是新型的生产车间，工厂的社会化使工作随时随地都可以开展，工作和休闲已经融为一体。

网络主播在直播平台注册账号，完成实名认证后即可开始直播。签约公会

---

① 石磊，黄婷婷．情感商品与情感流通："三农"短视频的传播机理［J］．编辑之友，2020（9）．

② 林颖，吴鼎铭．网民情感的吸纳与劳动化——论互联网产业中"情感劳动"的形成与剥削［J］．现代传播（中国传媒大学学报），2017（6）．

的流程也可线上办理，网络主播在接受公会邀请后，点击签约公会按钮，即可完成公会签约。当网络主播完成账号注册，在直播间开始进行情感展演的时候，网络主播就变成了直播平台的数字劳工。

直播平台 24 小时开放，让网络主播变成全天候的数字劳工，白天和黑夜的划分不再是生产和生活界限，休息时间也可以变为工作时间。签约公会的网络主播是直播平台的免费劳动力，直播平台在不支付任何报酬的情况下，占有网络主播近 50% 的礼物分成。网络主播是受直播平台高度剥削的数字劳工，近 50% 的礼物分成无偿被直播平台占有，为的是获取直播平台的使用权，在直播平台赚钱的机会。

直播平台把观众和网络主播都纳入生产体系之中，表面上在进行消遣和娱乐，实际上却在为平台生产免费的内容。观众在进行情感消费的同时，也在进行参与性的情感生产，观众的关注、点赞、评论等行为属于参与性的情感生产。网络主播既是资本生产线上的数字劳工，也是拥有自我主体性的消费者，网络主播在情感劳动的过程中，也可以获得情感满足。网络主播在生产过程中获得的满足感，会进一步促进网络主播投入劳动生产。

（二）技术设置下的情感互动

直播平台用技术为网络主播和观众搭建了商业化的亲密环境，在技术控制下商业化的情感被生产和消费，个性和自由以及情感表达都受制于技术。[①] 观众进入直播间后可以发弹幕和网络主播互动，用虚拟礼物打赏网络主播。直播间会显示在线观看的人数，网络主播收到礼物金额以及网络主播当前时段的排名。

虚拟礼物系统和人气排名系统是情感商业化的典型设计。不同直播平台共享同一个标准化的虚拟礼物系统，虚拟礼物的设计掩盖了网络主播和观众的经济交易，去货币化实现了网络主播和观众之间的付费式亲密。[②] 例如花椒直播平台的虚拟礼物就有"一吻定情""为爱心动"等浪漫爱情相关命名，用礼物名称的象征性意义，营造网络主播和观众之间的亲密关系。观众购买商品，消费的不是使用价值，而是商品的符号价值。虚拟礼物价格的设定也具有特殊的意义，往往会选取 520 和 1314 等具有象征意义的数字，表达"我爱你"特殊含义。为了刺激观众进行情感消费，直播平台把虚拟礼物的价格等级和视觉刺激结合起来，虚拟礼物的价格越高，视觉刺激的效果越壮观。虚拟礼物差异化的视觉象征，成为观众彰显身份的象征资本，观众通过赠送价格等级高的礼物进

---

① 马尔库塞. 单向度的人 [M]. 张峰，译. 重庆：重庆出版社，1988：30-45.
② 让·波德里亚. 消费社会第 3 版 [M]. 刘成富，金志钢，译. 南京：南京大学出版社，2008：36-47.

行炫耀性消费，展现自身的社会地位。①

直播平台人气排名的算法被重新设置，以往依据观众的数量进行排名，现在以虚拟礼物的数量为判断标准，按照网络主播的收益进行排名。这也就意味着一个观众数量少但虚拟礼物数量多的直播间的排名要远高于另一个观众人数多没有收到虚拟礼物的直播间。人气排名系统会实时显示各位网络主播收到虚拟礼物的数值，随着礼物数值的攀升，网络主播的排名也可以得到提升。为了缩小和上一名的差距，网络主播会煽动观众的情感，"上啊""冲啊"这样的表述会从网络主播口中反复出现，网络主播把排名比作战役，号召观众上票获得最后的胜利。

（三）数字全景监控

直播行业的监控是"数字全景监控"，不需要人力，也不受物理空间限制，数字技术重新建构了直播平台的监管方式，网络主播在平台进行情感劳动的全过程都处于严密的监管之下。直播平台不断发展数字技术对网络主播实行数字控制，数字控制的智能化和隐蔽化，让网络主播深陷数字牢笼而无法自拔。

直播平台依托数字技术对全平台主播进行实时监管。从网络主播在直播平台注册的那一刻起，直播平台就通过手机和安装的软件来采集网络主播的数据。直播平台通过手机中 GPS 定位掌握网络主播的位置信息，把直播间推向同城的人，观众甚至可以看到自己和网络主播之间的距离。此外，网络主播的每场直播的时长、观看人数、礼物收入等信息都被直播平台记录在案。直播平台给网络主播派遣任务，根据收集到的数据，查看网络主播的任务完成情况，网络主播完成任务，虚拟礼物分成即可增加5%。平台系统的数据收集过程是隐蔽的，不易被网络主播觉察，在下载软件完成注册的过程中，网络主播同意的隐私条款，赋予直播平台采集数据的权力。

直播平台利用审查制度控制网络主播情感劳动过程，当网络主播情感展演的内容不符合直播行为规范，系统会提示网络主播进行整改。直播平台对网络主播的着装尺度有明确的要求，严禁大面积袒露身体，不准露胸线、乳沟或下臀线。直播平台除了对网络主播的着装有要求，还对直播间网络主播情感展演的内容进行审查。直播开播前的标题和封面都需要经过直播平台审查，禁止网络主播在直播过程中有性暗示、性挑逗等行为。直播间出现这些内容，严重的就会被封号，网络主播只能选择重新注册账号，或者是向直播平台申诉，等待账号解封。

---

① 凡勃伦. 有闲阶级论［M］. 蔡受百，译. 北京：商务印书馆，1964：31.

三、平台和公会合谋：意识形态的控制

（一）"人人都能当网红"：向上的社会流动

与传统服务业相比，网络主播情感劳动同意制造发生了变化，从制度化管理演变为意识形态的控制。"人人都能当网红"成为一种新型的意识形态控制，公会和直播平台两者合力为网络主播营造"网红梦"，让网络主播心甘情愿地投入情感生产中去，把生产过程中艰辛的情感劳动美化为实现梦想的必要付出。在阶层定型化的大背景下，公会和直播平台营造的"网红梦"迎合了网络主播追求个人成功，实现向上流动的需求。[①]

公会是"网红梦"的发源地，公会对网络主播意识形态的控制，主要通过成功叙事和美化劳动两种方式实现。成功叙事贯穿网络主播培育的全过程，招聘时期的成功叙事是用来吸引更多的年轻人加入网络主播行列，培训期间的成功叙事是用来激发网络主播成功的意愿，让网络主播坚信自己就是下一个成名的网红。成功叙事在网络主播心中埋下"网红梦"的种子，美化劳动让网络主播付出行动追逐梦想。网络主播高强度的劳动被美化为实现梦想付出的努力，劳动被赋予实现梦想的意涵，掩盖网络主播劳动剩余价值被公会无偿占有的事实。

直播行业为普通人提供了一条新的阶层跃迁路径，和依靠教育实现向上的社会流动不同，"素人—主播—网红"的跃迁途径，依靠人气实现向上的社会流动。网红主播把人气置换为财富，在短期内积累大量财富，从而跻身富裕阶层。年度盛典是直播平台为网络主播打造的专属成名之路，让网络主播实现从"素人"到"网红"的跃迁。直播平台给了普通人成名的机会，网红主播不断涌现，直播平台每天都在上演一夜成名的故事。

（二）"新人激励计划"：利益共同体的建构

如果说"人人都能当网红"把"网红梦"根植在网络主播心中，那"新人激励计划"就为网络主播实现"网红梦"提供了具体方案，把资本和网络主播的对立关系，转化为拥有相同目标的利益共同体。网络主播要实现从"素人"到"网红"的跃迁，就必须要掌握直播流程、人设打造、互动技巧、议题设置、"粉丝"维护等一系列的技能，公会和直播平台通过新人激励计划给予网络主播相应的培训和资源，让网络主播掌握必备的职业技能和发展所需的流量。

公会的"新人激励计划"侧重于基本职业技能的培训，目的在于让素人主

---

① 胡慧，任焰. 制造梦想：平台经济下众包生产体制与大众知识劳工的弹性化劳动实践——以网络作家为例［J］. 开放时代，2018（6）.

播变为职业主播。W 公会把新人主播的培养按照时间分为四个阶段：第一阶段新人期（0~15 天），网络主播在运营的帮助下确立自己的风格路线，熟悉直播流程；第二阶段过渡期（15~30 天），网络主播掌握平台的基本玩法，学会活跃直播间气氛，和"粉丝"积极互动；第三阶段成长期（30~60 天），网络主播学会维护和"大哥"的关系，加强才艺训练，提升直播间人气；第四阶段成熟期（60~90 天），网络主播可以脱离运营，独立完成直播。

直播平台的"新人激励计划"侧重于专业的指导和流量的扶持，目的在于培养出能为直播平台带来流量的明星主播。直播平台模仿传统娱乐行业的造星体系，发展出一套直播行业适用的造星体系。花椒直播平台"闪耀新星计划"的晋级者直接可获取《中国好声音》的录制名额，在"花房之夜"正式出道。无论是录制《中国好声音》，还是让网络主播正式出道，在直播平台的大力扶持下，越来越多的新人主播变为明星主播。直播平台造星体系的完善，在帮助网络主播实现"网红梦"的同时，也增强了直播平台的核心竞争力，为直播平台吸引更多的用户。

第四章 网络主播的自主性

网络主播的情感劳动受到资本的剥削，但网络主播的情感劳动也是主体性的生产。本章将围绕网络主播的自主性展开讨论，网络主播的自主性体现为对规则的主动认同、自我管理的技术以及灵活的抵抗策略三个方面。

一、对规则的主动认同

（一）自由人的想象：对工作自由的认可

网络主播对工作自由的认可，归功于公会和直播平台塑造的自由劳动的假象，进而让网络主播产生自己是自由人的错觉。自由劳动假象的塑造围绕三个方面：一是劳动时间自由，网络主播可以自主安排工作时间；二是劳动过程自由，网络主播可以自主决定直播间内容；三是财务自由，网络主播可以在时间自由的同时拥有高收入。自由劳动假象掩盖了网络主播劳动过程中的剥削和控制，自由人的想象让网络主播持续进行生产，为自己描绘一幅自我实现、自我成就的美好画卷。

劳动时间自由并不意味着真正的时间自由，公会为了满足网络主播对自由的渴求，发展了基于时间总量的新型时间控制策略。即考核直播的总时长，但不干预网络主播的日常时间分配。网络主播拥有的是时间安排的自由，而不是完全的劳动时间自由，网络主播要完成公会规定的总时长，否则就会被扣工资。

劳动过程自由是公会调动网络主播劳动积极性的一种方式。和传统工厂流水线的生产流程不同，网络主播从事的情感劳动是非物质劳动，在生产的过程中需要网络主播发挥自身的能动性，进行风格化的情感展演。网络主播掌握部分控制权可以决定直播间的内容，但不可否认的是，在网络主播劳动过程的各个环节中，公会也始终在场，以协助者的身份进行监督，对劳动过程的控制变得更加隐蔽。

财务自由是网络主播自由人想象的远景，公会和直播平台用未来的财务自由来遮掩现在对网络主播剩余价值的剥削。公会和直播平台对网络主播剩余价值的占有以虚拟礼物抽成的方式合理化，网络主播在无法获得高收入的情况下，把财务自由的设想聚焦于未来。未来实现财务自由的愿景，让网络主播更加注重自我实现，把自我价值放在首位，收入不再是关注的重点。

（二）命运自主的意识：进取的自我

公会和直播平台利用"网红梦"制造甘愿，网络主播的情感劳动被赋予了新的意义，情感展演工作不再是赚钱的手段，而是为"网红梦"的实现奠定基础。网络主播从事情感劳动的过程被内化为实现"网红梦"的过程，情感展演是实现梦想的日常练习，情感投入是实现梦想的必要付出，"素人—主播—网红"的跃迁路径让网络主播产生了命运自主的意识，不断自我进取以实现阶级跃迁。

在网络主播看来，成为明星级别的网红是一件可遇不可求的事情，在实力的基础上需要运气加持。但成为小网红，依靠自身的努力就可以实现，付出就可以看到成效。网络主播知道成为明星级别的网红难以实现，转而追求成为小网红，降低成名的不确定性，把"网红梦"转化为可衡量的"粉丝"数。为了早日成为小网红，网络主播在从事情感劳动的过程中，会通过各种方式提升职业技能，不断增加自己的"粉丝"数。要成为小网红，除了提升职业技能，还要拥有良好的外在形象，化妆技术、搭配技巧对于网络主播来说都是必须学习的项目。

网络主播为了实现"网红梦"，踏上自我积极进取的道路，从外在形象到内在技能，都成为其自我提升的着力点。此外，"素人—主播—网红"的跃迁路径让网络主播产生命运自主的意识，通过自己的努力积累财富和声望，实现阶层跨越。向上流动的动力支撑网络主播在自我进取的路上越走越远，对自己的要求也越发严格，在提升外在形象和内在技能的过程中不断形塑进取的自我。

二、自我管理的技术

（一）自我规训：严格的身材管理

直播间观众对网络主播的凝视，在某种程度上呈现福柯所说的全景敞视主义监狱特征，网络主播的身体成为观赏的对象，在"看"与"被看"的过程中，隐形的权力被生产出来，观众掌握了审美话语权，对网络主播的身体进行评价和监督。观众确立身体标准，公会负责身体改造，围绕网络主播的"身体政治"就此展开，网络主播的身体被观众和公会两股外在力量规训。①

然而，在实际生活中，网络主播把来自公会和观众的外在规训转化为自我的内在规训，进行严格的身材管理。从外在规训转化为自我规训，身体不单单是被改造的客体，还成为主体实现自我的一种方式，网络主播的目光从"他者"眼中的身体转向"自我"眼中的身体，"被规训的身体"变为了"自我实现的身体"。

值得注意的是，迈向理想自我的身体改造的方式是多样的，上形体课和舞蹈课是其中一种方式，就价格因素考虑，大部分网络主播选择去健身房。网络主播为了在镜头前展现完美的自我，在日常生活中严格管理自己的身材，推崇苦行僧般的自律。网络主播赋予身材管理一种独特的使命感，在身材管理和自我实现之间建立联系，未来的不确定性被苦行僧般的自律消解。身材管理一旦失败，会引发网络主播对未来的担忧，产生强烈的自责情绪。自责之后，网络主播又会制订新的计划，以更加严格的标准来要求自己，以追求新的成功。

（二）主动加班：反复的情感演练

网络主播从事的是不确定报酬的情感劳动，为了最大限度地实现劳动价值，网络主播会主动加班延长工作时间，反复进行情感演练，对情感展演方式进行改进，以争取获得更多的报酬。

网络主播主动加班是为了利用公会的资源进行有效的情感展演练习。在设施方面，直播间配备了电脑、麦克风、声卡、补光灯、监听耳机等一系列专业直播设备；在场地方面，公会有专门的化妆间和衣帽间，网络主播在妆容和搭配上的选择更多，镜头呈现的效果更好；在人员方面，公会有运营、摄影、技术方面的专业老师，遇到问题可以及时请教。

对网络主播而言，除了争取公会的资源进行情感展演的有效练习，还有必要投入更多的时间满足"粉丝"的需求。公会培训期间明确了情感展演的规则，

① 米歇尔·福柯. 规训与惩罚［M］. 刘北成，杨远婴，译. 北京：生活·读书·新知三联书店，1999：156.

让表演成为可能，但"粉丝"对于情感劳动的需求是多样的，标准化的情感展演并不能满足"粉丝"多样化需求。因此，网络主播主动选择加班学习新东西，满足"粉丝"不同的情感需求，针对不同"粉丝"的需求进行针对性的情感展演练习。

网络主播属于卡斯特所说的"自我程控的劳工"，[①] 她们会主动延长工作时间，在没有资本监控的情况下进行自我监督。网络主播是自我经营的主体，不是单纯被公会控制的客体，成长是加班的首要目标，反复的情感演练成为自我利益最大化的有效手段。在网络主播的心中，浮现的是一幅自我成长的美好图景，在强有力的自我驱动下，主动加班为自我成长创造条件。

（三）生产即生活：先直播后生活

网络主播生产和生活的边界是模糊的，工作时间需要在直播间进行直播，闲暇时间要维护和"粉丝"之间的关系。虽然网络主播可以自由安排工作时间，但网络主播的生活世界逐步被直播占据，"先直播后生活"是网络主播平衡工作和生活的一条准则。

不同于工厂流水线上固定的生产流程，网络主播的工作具有弹性化的特征，直播时间可以自由选择、妆容服饰自主搭配，直播内容也是灵活多变的。弹性化也就意味着网络主播工作和生活的界限日益模糊，日常生活中的闲暇时间也要投入直播相关的工作中去。当工作和生活无法兼顾的时候，"先直播后生活"成为网络主播的选择。经济理性渗透到网络主播的个人生活领域，网络主播为了获得劳动报酬实现自身的劳动价值，往往会减少和家人相处和娱乐社交的时间。

网络主播"先直播后生活"的选择也受到其未来职业发展方向的影响。公会对新主播的培养有一定的周期，在这期间，网络主播会全身心投入，看自己能否成为职业主播，获得较高的收入。如果长期没有起色的话，网络主播往往不会继续坚持，而是选择从事其他工作。机会成本让网络主播把精力全部投入工作之中，旨在成为一名职业主播，生产即生活成为网络主播通向职业道路的主动选择。

三、灵活的抵抗策略

（一）个体反抗：薪资的再商榷

网络主播的薪资制度是去标准化的，W公会与网络主播的薪酬分配由双方

[①] 曼纽尔·卡斯特. 网络社会的崛起［M］. 夏铸九，王志弘，译. 北京：社会科学文献出版社，2003：246-404.

商定后共同确立，公会依据网络主播的自身条件和发展前景会提出不同的薪资方案。大体而言，W 公会签约主播的工资由基本工资和礼物分成构成，基本工资的幅度在 3000~5000 元，礼物分成比例占 35%~45%。基本工资不是无条件发放给网络主播，需要满足一定的考核指标才可以获取。W 公会为基本工资设置的考核指标是直播时长，一个月直播有效天数 20 天，有效时长 120 小时。

不同于传统的长期雇佣制度，劳动者为获得公平的报酬，团结起来以集体的力量和雇主讨价还价，雇主为了持续性生产被迫提高劳动者的工资。网络主播薪资制度的去标准化，使得网络主播无法联合起来集体对抗公会，网络主播的基本工资和礼物分成比例不尽相同，不同的薪资方案让网络主播单独和公会讨价还价。

网络主播就薪资和公会再商榷的时候，处于弱势的网络主播，会规避激烈的冲突，通过个体自助式反抗获得合理的报酬。具体反抗策略有：一是网络主播选择和运营共谋以获得合理的报酬。利益互惠是网络主播能够拉拢运营的根本动力，运营工资一部分源于网络主播提成，网络主播的收入高就意味着运营的收入高；二是选择消极怠工或暂时停播施加压力。公会的沉没投资成本以及直播平台的处罚压力，使得公会往往不得不重新考虑薪资调整；三是通过内部打探公会其他主播的薪资和外部掌握其他公会的薪资的方式来为自己谋取涨薪的机会，增加薪资谈判中的砝码。

（二）联合"粉丝"：话语权的争夺

不同于工业时代的机器大生产，资本设计生产流程，劳动者执行生产过程，情感劳动属于非物质劳动，情感是重要的生产要素，属于私人生活范畴的情感变成商业社会的商品离不开劳动者的配合。概念构想的权力由公会和网络主播共同所有，网络主播对情感劳动过程有部分控制权，公会无法彻底垄断知识，因为只有网络主播掌握情感展演的知识，才能把生活中自然流露的情感转化为直播间的情感展演。

公会无法垄断知识，但掌控网络主播发展所需的资源，直播平台给予公会扶持政策，公会自主决定资源的分配。因公会垄断资源，网络主播不会彻底反抗公会与之决裂，而是选择联合"粉丝"为自己争取话语权。

网络主播联合"粉丝"争取话语权的第一步是重新定义"潜力"。直播平台的人气数据是可操控的，公会投入资金推广网络主播，增加网络主播曝光率，提升网络主播知名度。公会把潜力看作是最重要的指标，资源都会投入有潜力的网络主播身上。"潜力"是一个相对的概念，公会关于潜力的判断标准难以动摇，网络主播之间也存在激烈的竞争，不被公会看好的网络主播会联合"粉丝"争夺话语权，证明自己拥有巨大的发展潜力。

第二步是重新定义"人设"。公会通过一系列外在形象和个人才艺的人设包装，让网络主播从新人主播蜕变为职业主播。人设是公会帮网络主播打造的虚假自我，造成网络主播和真实自我的隔离，因此网络主播联合"粉丝"争夺话语权，重新定义人设，让人设从虚假自我变为展现真实的自我。

在联合"粉丝"和公会争夺话语权的过程中，网络主播得到劳动过程的部分控制权，"概念"和"执行"对网络主播来说融为一体，网络主播可以按照自己的想法进行情感展演。

（三）主动退出：谋求新发展

直播行业自由灵活的劳动特质吸引越来越多年轻人加入，行业内部网络主播频繁跳槽、离职，整个行业呈现高频流动的特征，网络主播频繁流动也侧面反映出直播行业劳动关系的不稳定。平台经济下的灵活就业，不同于传统的雇佣制度，网络主播和公会签订经纪合同而不是劳动合同，网络主播的劳动权益无法得到有效的保障，退出成为网络主播反抗资本控制的重要方式。

公会对于新主播和职业主播的意义不同，网络主播成长到一定阶段，便不再依赖公会的扶持，公会的存在从助力变为阻力，影响网络主播的未来发展。当公会成为网络主播发展障碍的时候，网络主播会和公会进行谈判，无法得到更多的帮助的情况下，网络主播选择加入大公会，或者直接和直播平台签约。

对于网络主播来说，和公会解约并不是一件容易的事，网络主播往往要承担收入的损失，甚至要支付赔偿金。公会和网络主播签订的经纪合同期限比较长，网络主播在合同未到期之前单方面解约，公会原则上可以追责网络主播。在实际解约过程中，公会以拖欠工资作为手段，让网络主播放弃解约。

对于网络主播而言，直播行业的高频流动既是机遇，也是挑战，意味着无限可能，也代表着没有保障。看好直播行业未来发展前景的网络主播，为了谋求新发展在直播行业内部流动，从小公会到大公会，再从大公会到直播平台；对直播行业未来发展前景表示怀疑的网络主播，会因为不稳定的劳动关系，选择主动退出直播行业，在其他领域谋求新的发展。

第五章　总结、讨论与反思

一、结论

（一）制造同意：直播行业的情感劳动控制

互联网平台企业的崛起很大程度上有赖于互联网技术和新的组织管理模式

的应用，① 直播产业的发展离不开劳动组织和管理模式的革新，直播行业通过层层外包的劳动力配置机制和分级授权的管理体制，重构了直播平台经济的劳动秩序。网络主播是直播行业生产的主体，公会是直播行业的劳务中介机构，直播平台把培育职业主播的任务外包给了公会。直播平台和大公会进行合作，小公会加盟大公会，层层外包和分级授权管理把直播行业的市场风险转移到网络主播身上。

直播行业经济利益的来源是网络主播全天候的情感劳动，私人领域的情感被转化为可定价的商品，在直播平台进行生产、流通、售卖。网络主播情感劳动的核心是情感展演和情感关系的建构。情感展演是基于语言和身体的情感互动，语言的交流营造在线陪伴的体验，化妆、穿搭呈现"理想中的身体图像"，带给观众愉悦的审美体验。情感展演遵循固定的表演流程，网络主播精心设计直播间的剧情，调动观众的情绪，和观众建立更深的情感联结。情感关系的建构是网络主播情感劳动的另一项重要内容。网络主播一方面通过深层表演让观众对自己建立情感信任，另一方面对不同付费能力的"粉丝"采取不同的情感维护策略。实质上，两者之间是由市场逻辑支配的付费式亲密关系，关系的推进以货币来衡量。

相对于传统服务业的情感劳动控制，数字时代公会对网络主播情感劳动控制的范围更广，对情感的入侵程度更深。公会对主播情感劳动的控制是纵深化的控制，从劳动过程延伸到招聘、培训等各个环节。公会全方位对网络主播进行包装，为网络主播提供情感展演的剧本，网络主播在反复演练的过程中形成自己独特的风格。公会对网络主播情感劳动的管理不是压抑性的控制，而是采取报酬激励和柔性管理相结合的方式，通过关系运作把劳资雇佣关系转化为朋友关系，弱化压制性的管理者形象，强化扶持性的支持者形象。

数字时代的情感劳动从传统的工厂转化为社会工厂，整个社会都成为情感劳动的生产场所，直播平台成为情感劳动社会化生产的车间，为社会工厂提供了新的"厂房"。② 情感劳动不再受到时间和空间的限制，网络主播在直播平台进行全天候的生产，沦为直播平台免费的数字劳工。直播平台对网络主播情感劳动的控制是通过数字化技术实现的，网络主播的情感劳动置于直播平台的数字全景监控之下，数字控制的智能化和隐蔽化，让网络主播深陷数字牢笼而无法自拔。

---

① 陈龙. "数字控制"下的劳动秩序——外卖骑手的劳动控制研究 ［J］. 社会学研究，2020（6）.

② 吴鼎铭. 互联网时代的"数字劳工"研究 ——网络"受众"研究的政治经济学视角 ［D］. 武汉：武汉大学，2015.

在公会和直播平台的合力控制下，网络主播依然积极进行情感劳动，原因在于直播行业通过意识形态支配制造甘愿：公会和直播平台合谋为网络主播营造"网红梦"，迎合了主播追求个人成功，实现"阶层向上流动"的需求，让网络主播心甘情愿投入情感生产中去，把生产过程中艰辛的情感劳动美化为实现梦想的必要付出。"人人都能当网红"塑造了网络主播的意识形态，"新人激励计划"在原有意识形态的基础上，提供了实现梦想的具体方案，把资本和网络主播的对立关系，转化为拥有相同目标的利益共同体。直播行业对网络主播意识形态的控制，让网络主播主动参与资本的"赶工游戏"，出售自己的情感，自愿把情感作为生产要素，为满足观众而进行情感展演，积极配合直播平台和公会完成情感商品的售卖。

（二）同意的主动认同：网络主播的自主性

在直播行业"人人都能当网红"的意识形态控制下，网络主播产生了自由人的想象和命运自主意识。公会和直播平台把网络主播线上的情感劳动塑造为自由劳动，宣称网络主播可以自主掌握劳动时间、劳动过程和劳动报酬，自由劳动假象掩盖了网络主播在劳动过程中的被剥削和被控制，导致网络主播产生自由人的想象，为自己描绘一幅自我实现、自我成就的美好画卷。向上流动的动力支撑网络主播在自我进取的路上越走越远，在提升外在和内在的过程中不断形塑进取的自我，以实现阶级跃迁。

自由人的想象和命运自主意识表明网络主播对同意的主动认同。网络主播主动认可公会和直播平台制定的行业规则，在认同的基础上发展出一套自我管理的技术。网络主播把来自公会和观众的外在规训转化为自我的内在规训，进行严格的身材管理。网络主播从事的是不确定报酬的情感劳动，为了最大限度地实现劳动价值，网络主播会主动加班延长工作时间，反复进行情感演练，争取获得更多的报酬。网络主播生产和生活的边界是模糊的，"先直播后生活"是网络主播平衡工作和生活的一条准则，当生产和其他社会需求相矛盾的时候，网络主播选择从事劳动生产实现自身劳动力价值，尽可能将劳动转化为收入。

网络主播薪资制度的去标准化，使得网络主播无法联合起来集体对抗公会和直播平台，取而代之的是采取灵活的抵抗策略。网络主播就薪资和公会再商榷的时候，选择运营介入协调、消极怠工或暂时停播施加压力、内部对比和外部竞争等方式，和公会进行周旋，在薪资的弹性空间范畴内为自己争取最大化利益。为了争夺更多的劳动控制权，网络主播联合"粉丝"和公会争夺话语权，按照自己的想法进行情感展演。"粉丝"作为第三方参与博弈，让网络主播在对抗直播平台和公会的时候拥有更多的自主权。同外卖行业一样，直播行业的劳资双方共同默许了随时进入和随时退出行业的可能。[1] 网络主播和公会签订经纪合同而不是劳动合同，网络主播的劳动权益无法得到有效的保障，退出成为网络主播反抗资本控制的重要方式。

二、讨论

根据本文的研究，直播行业对网络主播情感劳动的控制是意识形态的支配，网络主播的情感劳动不是强制性劳动，而是在认同的基础上自发性生产。公会和直播平台共同制定了直播行业的游戏规则，网络主播在"人人都能当网红"的支配下，主动参与资本的"赶工游戏"。网络主播在情感劳动过程中的主体性地位，并没有打破传统的劳资关系，网络主播情感劳动创造的剩余价值依然被直播平台和公会榨取，数字时代劳动控制变得更加隐蔽，数字化的牢笼让网络主播深陷其中而不自知。

面对强大的直播平台和公会，网络主播的反抗显得微不足道，当网络主播的劳动权益遭到侵害时，网络主播是否能够维护自身的合法权益，这是需要进一步思考的问题。直播行业的劳动关系目前处于劳动法尚未涉及的灰色地带，网络主播难以用法律维护自身的合法权益。[2] 网络主播作为新兴职业，直播行业新兴的用工方式不符合传统的劳动关系认定，当网络主播和公会或直播平台发生劳资纠纷时，现行的法律出现不适用的情况，造成网络主播劳动权益遭到侵害，却无法使用法律维权的局面。

网络主播无法维护自身合法的劳动权益，缘于直播行业的新型用工方式超越了传统企业的雇佣制度。[3] 网络主播、公会、直播平台，多元主体让直播行业的用工模式多样化，法律关系难以界定。网络主播可以选择和直播平台或者是公会签约，成为直播平台或公会的签约主播，也可以选择不签约，单作为个体主播在直播平台工作。个体主播、公会签约主播、平台签约主播，不同的主播类型和直播平台、公会的法律关系都不相同。

网络主播劳动权益无法得到保障，还缘于国家没有进入生产领域内部对劳资关系的斗争进行干预。布洛维的"生产政治"理论指出，生产并不局限于经济范畴，还包括政治和意识形态的因素，其中国家干预是影响生产领域工人抗

---

① 李胜蓝，江立华. 新型劳动时间控制与虚假自由——外卖骑手的劳动过程研究［J］. 社会学研究，2020（6）.

② 高平. 网络主播劳动关系的认定与思考［J］. 河北农机，2019（10）.

③ 吴清军，杨伟国. 共享经济与平台人力资本管理体系——对劳动力资源与平台工作的再认识［J］. 中国人力资源开发，2018（6）.

争能力的重要因素。① 国家互联网信息办公室和文化部发布了《互联网直播服务管理规定》和《网络表演经营活动管理办法》，只规定直播平台和网络主播签订协议，强调直播平台对网络主播具有监管责任，没有通过立法保障网络主播的合法劳动权益。国家对直播行业生产领域的干预停留在建立行业规范，对直播行业的管理，忽视了对网络主播的权益保护。

现有的司法实践判定网络主播和公会无劳动关系，发生劳资纠纷的时候，网络主播无法维护自身合法权益。但是，当网络主播选择跳槽时，法院判定网络主播损害公司的利益，需要承担赔偿责任。② 网络主播因身陷不稳定、无保障的劳动关系，沦为新型的"不稳定无产者"，符合盖伊·斯坦丁关于"不稳定无产者"没有长期雇佣关系、无法享受劳动保障、无法享有社会福利的界定。③

不稳定无产者意味着网络主播在享有劳动自主权的同时，失去了劳动保障，当发生劳资纠纷时维权困难，无法和资方代表直播平台和公会进行对抗。直播平台主播之间的激烈竞争、公会不清晰的职业规划以及难以实现的"网红梦"，成为网络主播当下处境的真实写照。根据对 W 公会的研究以及以往文献相关问题的讨论，笔者认为，改变这一现状可以从三方面入手：一是国家以立法手段干预直播行业生产内部的劳动组织，把直播行业新型的雇佣关系纳入劳动法的保护范畴，为网络主播维权提供法律基础；二是直播平台和公会为网络主播提供完善的职业发展生涯规划，明确网络主播的职业晋升的路径，帮助网络主播实现长远的职业发展；三是网络主播要提升自身的职业技能，在激烈的市场竞争中，放大自身的个人优势，为适应直播行业的变化不断更新自己的知识结构。

三、反思

在质性研究中，研究者和被研究者互为主体，两者的互动方式会影响到研究过程和结论。④ 基于质性研究方法论回顾整个研究过程，发现本研究尚且存在两点不足。其一，实习运营的"内部人"身份容易产生个人主观倾向。网络主播群体因职业特殊性具有极强的自我保护意识，为了进入田野，笔者选择加入 W 公会成为一名运营实习生。运营实习生的身份让笔者能够接触到公会的职业主播，参与 W 公会日常对职业主播的培训和管理工作。笔者进入田野后，向 W

① BURAWOY M. The politics of production：factory regimes under capitalism and socialism ［M］. Verso, Press, 1985：38.

② 周宁，杨伟国. 竞业限制是否能约束新型工作方式——以网络主播"跳槽"案为例［J］. 中国人力资源开发，2019（4）.

③ STANDING G. The Precariat：From Denizens to Citizens?［J］. Polity, 2012（4）：588-608.

④ 陈向明."质的研究"中研究者如何进入研究现场［J］. 高等教育研究，1997（4）.

公会的负责人表明自己的研究者身份，在征得负责人的同意后，开始以"内部人"的身份和网络主播打交道、和网络主播做朋友，从而为进一步的深入交流做准备。和网络主播以朋友的身份相处，容易让研究者在研究过程中无法保持客观中立的立场，受到个人主观因素的影响。因此，在整个研究过程中，研究者反复提醒自己要跳出运营这个身份，保证研究过程的客观性。其二，访谈对象的选择和研究结论推论性的问题。网络主播群体内部具有异质性，笔者前期努力和 W 公会的网络主播接触，在差异化筛选的基础上，尽可能多地访谈异质性网络主播，使资料收集饱和涵盖网络主播的各种类型。但由于时间有限，W公会内部尚存在未访谈到的网络主播。推论是质性研究者要面对的问题，采取概率抽样方法抽取样本，然后将获得的结论推向总体。① 本文研究的是和公会签约的职业主播，相关结论适用于与公会签约的职业主播，个体主播和公会、直播平台不存在雇佣关系，适用性有待考证。

① 陈向明. 从一个到全体——质的研究结果的推论问题 [J]. 教育研究与实验，2000（2）.

新社会运动视角下有机食品共同购买团体的发展问题研究：以北京市、成都市为例

❖ 渊文芊（浙江大学）

　周沐君（指导教师）

　　摘　要：21世纪以来，随着我国国民生活水平提高、收入水平上涨，居民越发重视起与饮食健康和可持续生活相关的问题，并采取了不同的策略来为自己和家人购买高品质的农产品。在这些策略中，自发组建共同购买团体，寻求与可靠的生产者合作成为部分消费者突破食品安全困境的模式之一。这些社团最早兴起于2010年，至今已发展成为我国有机农业运动的组成部分，却普遍面临着规模偏小、影响力不足等问题。针对这一现象，本文以北京市、成都市三家共同购买团体为研究对象，通过参与式观察、深度访谈与文献研究法，从新社会运动研究视角切入研究了中国共同购买团体的发展困境问题。

　　研究首先描述了我国共同购买团体的基本状况，论证了共同购买团体扩大规模既有助于维持良好的经济运营状况，也有助于更广泛地传达运动的理念话语。接下来，本文从公共领域与市场领域两个方面出发，指出虽然我国消费者对有机食品有了一定的需求量，但我国公共领域内缺少共同购买团体能够合作的中间组织，这导致它们在需要完成复杂的框架建构任务的同时，缺乏足够可供利用的运动资源。而在市场领域内，共同购买团体所强调的照顾生产者、保护环境等理念诉求又与商业化运营之间存在根本性矛盾。这样一来，公共领域内较少的运动资源和市场领域内理念性与经济性的张力，共同阻碍了共同购买团体在中国的组织发展，最终导致其无法落实"替代性食物网络"的运动诉求。

　　关键词：新社会运动；替代性食物网络；食品安全；共同购买团体；消费者

第一章 导 论

一、研究背景

农业生产和食物消费一直是人类社会赖以生存的源泉。但农业的现代化在为人类带来了更充足的食物来源、更低的农产品价格的同时，却也引发了诸多环境和社会问题。在此背景下，自 20 世纪 60 年代以来，如有机农业运动、公平贸易（fair trade）、慢食运动（slow food）等"替代性食物网络"（Alternative Food Networks）开始在北美、西欧等地初具规模。"替代性食物网络"是指一类相对于主流的新自由主义农业体系而言的"另类"农业生产与消费方式。不同于后者对粮食产量与市场规模的追求，"替代性食物网络"强调农业生产的生态可持续性。其参与者主张在耕作中杜绝化肥、农药的使用，在产品销售中直接对接生产者与消费者来重新建立二者的信任关系，同时注重维护小型农业生产者的权益。这些权益既包括经济上的分配正义，也包括对农业生产技术的所有权（Jarosz，2008）。这些林林总总的理念与实践围绕着食物的生产、加工、运输和消费的各个环节展开，总体上反映了一些民众对于现行农业生产体系的反思（Constance，2014）。

针对"替代性食物网络"，学界对其实际产生的社会影响存在一定的争论。在一些学者看来，这些农业-食物领域内的社会运动发展至今已经成为一股针对全球资本主义市场所发起的、颇具影响力的社会反击力量。许多小型农户在"替代性食物网络"的支持下能够脱离大型农业企业，自行生产谋生（Lyson，2004）。而其他学者则注意到，主流市场很大程度上收编了"替代性食物网络"运动所打开的新兴市场（niche market），将有机食品重塑为一种迎合城市中产阶级消费趣味的新潮商品。虽然也有一部分人执着于"替代性食物网络"的理念宗旨，却因为过于小众而难以实现其整体的社会运动愿景（Guthman，2014）。

相比于欧美、日本等地，我国的"替代性食物网络"大致兴起于 21 世纪初，虽然其起步时间较晚，但也有了多种多样的表现形式。其在生产端包括社区支持农业（Community Support Agriculture）农场、尝试开展生态农业的自然村落以及少量的市民租赁农地，在消费端则涵盖了由消费者自行组织的共同购买团体（buying club）或称"消费合作社"（consumers' co-operation），也有一些专门为消费者与生产者提供链接渠道的中介组织，比如各城市举办的农夫市集（Famers' Market）和一些电子商务销售平台（Si et al.，2015）。本研究聚焦的研究对象便是在消费端由消费者自行组织的共同购买团体①，有些消费者会更愿意称它们为"消费合作社"，暗示着他们认为这些社团不同于以团购为手段来压低价格的一般团购组织，而是一种能够集合消费者的影响力，通过共同行动来缓解一些公共问题的社会组织。

二、问题的提出

我国的共同购买团体最初大多起源于城市中等收入群体对食品安全和家人健康的担忧（Si et al.，2015）。由于不看好主流市场中的食物品质乃至不放心符合国家标准的有机食品，这些消费者开始自主选择农户进行合作。这些农户大多明确拒绝使用化肥农药，一部分人还会钻研出一些"独到"的有机耕作技术以提升菜品的总体品质。在农户与消费者双方协商好生产方式和菜品价格后，共同购买团体会以团购的方式定期从这些农场中采购菜品。而随着时间的推移，一些共同购买团体的活动会逐渐从比较单一的"餐桌自救"演化为更具有"替代性食物网络"色彩的社会活动，比如帮扶受灾的合作农户、举办宣扬可持续生活理念的沙龙、回收包装材料以保护环境等。一些受到感召的社员也会开始接触所在地区的"替代性食物网络"，最终成为该运动的参与者。

笔者之所以认为我们应当关注共同购买团体，是因为他们在整个"替代性食物网络"中有着很重要的功能，即培养具有"农业-食物"运动意识的、所谓"有理念"的消费者。已有不少学者注意到，如果要让众多的有机农户实现农场经营发展的可持续，那么吸引足够多的愿意与主流市场划分边界、与生产者共担风险的消费者就是十分重要的前提条件（叶敬忠 等，2012；陈卫平，2013）。而作为唯一一类完全由消费者自觉发起、自行组织的"替代性食物网络"组织，共同购买团体在理论上更能够保证消费者的高参与度。发达的消费者组织不仅能为现有农场提供更丰富的销售渠道，也有可能带动更多的传统生产者向"替代性食物网络"所推崇的种植、经营方式转变（Little et al.，2010）。以亚洲地区声誉较高的中国台湾主妇联盟消费者合作社为例：作为一家比较成熟的共同购买团体，主妇联盟迄今为止已发展了七万余户注册社员。② 庞大的社员规模不仅为中国台湾的许多有机种植农户提供了稳定的销售渠道，还带动了更多的中国台湾农户转型成为环境友好的有机种植者，甚至能够在东南亚地区的咖啡种植业中推行公平贸易运动（主妇联盟，2017）。

中国台湾"主妇联盟"能够在大规模运营的同时实践"替代性食物网络"

---

① 此处及后文中的共同购买团体，如无特殊说明，均指代购买有机食品的共同购买团体。
② 中国台湾主妇联盟生活消费合作社．我们的故事——从一群妈妈开始的消费运动［EB/OL］．［2022-04-28］．https：//www.hucc-coop.tw/about/story．

的价值理念，这一点使其成为北京、成都等地众多共同购买团体心目中理想的模仿目标。然而，"替代性食物网络"并非一成不变，不同的政治、社会和历史条件会滋生出形态各异的农业-食物运动组织（Jaroz, 2008）。虽然以"主妇联盟"为模仿目标，北京、成都等地区的共同购买团体在规模方面却远不及前者，也尚未对食物的生产端产生与之接近的推动作用。即便是北京市成立最久、会员数量最多的共同购买团体在体量上也不及"主妇联盟"的二十分之一，而一些零散分布在西南地区的社团还要再小上一些，社员往往只有数百人。同时，笔者了解到，这些共同购买团体也极少能带动本地农户转型成为有机生产者，反倒是一些农户会向消费者普及有机农业背后的价值主张。这些现象似乎都表明，北京、成都等地的共同购买团体既没有足够大的规模，也还没有产生比较显著的社会影响。

那么是哪些因素导致了北京、成都等地的共同购买团体尽管存在了十余年，却并没有达成与中国台湾"主妇联盟"相似量级的规模扩张？而在规模扩张乃至基本生存面临困境的情况下，不同的共同购买团体又对之作出了怎样的回应？从这些问题出发，本研究希望能围绕共同购买团体的发展困境问题展开中观层面的探讨，研究各个共同购买团体在日常运营、组织结构、运动理念实践等各个方面的异同，以期寻找出是哪些中间机制影响了这些社团的规模发展。

三、研究设计

（一）规模的测量

测量一个组织的规模可以有许多种方式，比如说企业的产值与员工数量、政党的党员与支持者数量、非政府组织的参与者与服务对象数量等。为了避免后文对规模的讨论产生歧误，笔者在此将共同购买团体的规模定义为该团体所拥有的登记社员或会员数量，同时用能够每周在社团中团购食品的社员所占比例来大致标明该共同购买团体的规模有效性。使用这样一种规模度量方法是出于以下两个原因：首先，社员数量能够最直观地反映出受到社团影响而参与替代性食物网络的人数，从而较为直接地呈现出社团的社会影响力。其次，就笔者的观察来看，不同社团中的社员平均购买力相差不大，但同一社团内较为积极的社员与普通社员之间的购买力差别比较明显。因此，我们需要用积极参与共同购买活动的社员比例来大致反映社团的"规模有效性"。

（二）研究方法

由于规模问题可能关系到各个共同购买团体的发展历程、运营实践、理念主张等许多难以量化的方面，本研究的数据收集方法采用了质性研究方法中的参与型观察法，辅以对核心人员的深度访谈、对共同购买团体运营实践的案例研究，以及对过往一些会议记录、聊天记录和文案材料的分析。在收集和使用这些数据的过程中，笔者均已争取到受访者的同意，大多数文字材料也为受访者所直接提供。

本文的田野调查自 2019 年 11 月开始，持续至 2020 年 1 月末。此次研究中，笔者共选择了北京"新希望"生活中心、北京靖谷合作社、成都家园消费者合作社三家共同购买团体作为主要研究对象（以上社团名称均为化名），公开以研究者的身份参与了这些社团的日常工作活动。由于共同购买团体的许多活动都借由网络平台展开，笔者也加入了几个社团的微信群以观察和比较消费者之间的言论互动。具体来说，笔者最初在 2019 年上半年的"农业社会学专题"课程中了解到"替代性食物网络"运动的相关话题。在当年 7 月份确定了硕士论文的选题方向后，笔者在导师的引荐下与北京有机农夫市集（以下简称"农夫市集"）的工作人员建立了联系，并于 2019 年 11 月在农夫市集的社区店内实习，参与菜品售卖、集市筹备、农场参访与农夫市集的每周例会等活动。农夫市集虽然并非严格意义上的消费者组织，其运作理念也更加倾向于扶助有机农业生产者一端，但它在全国的"替代性食物网络"中具有相当的影响力，其成员在经久的工作实践中也掌握了大量有关该领域的信息并形成了一套自己的理解。这对于当时对我国"替代性食物网络"了解尚浅的笔者来说有着很大的助益。

2019 年 12 月，通过农夫市集工作人员的介绍，笔者联系到了靖谷合作社的两位组织者芳姐和琳姐、北京"新希望"生活中心（以下简称"新希望"）的组织者小明妈，并在次年 1 月份通过芳姐联系到了成都家园消费者合作社（以下简称"成都家园"）社长李女士，还意外听说了京 C 合作社及其组织者姜老师的共同购买团尝试。在与这些核心成员接洽后，笔者先后以志愿者的身份参与了新希望、靖谷与成都家园的日常运作，主要内容包括帮助仓库发货，参与门店运营，帮助组织"行动者同盟"共学营，参加义工聚会与社员的跨年活动等。而由于 1 月末暴发的疫情打断了田野研究进程，笔者对京 C 的了解则主要取自对姜老师的访谈和以往的会议记录。

虽然笔者能够用参与型观察来直接地了解共同购买团体的日常运作模式，体验消费者之间的互动关系，但却只能通过访谈来获知社团几年来的发展历程和在田野过程中没能够经历到的重要事件（比如农场参访）。因此，笔者也对几个机构的组织者、核心消费者、生产者共计 11 人进行了以半结构式访谈为主的深度访谈，访谈方式均为面谈，单次访谈时间不少于一个小时。除了专门进行的深度访谈外，笔者在参与社团日常运营的过程中也与消费者和核心社员有过许多"非正式"的访谈和交流。大家在日常状态下时常会说出一些有趣的"金句"。例如成都家园的核心义工方女士将"理论实践两张皮"这一党建话语套用到社团的运营状态上，以及农夫市集员工对"加入都是为了理想，最后却又变成卖菜"的自我调侃都曾给本研究带来不少启发。

第二章　文献综述

本研究的核心目的是探讨中国"替代性食物网络"中的共同购买团体为什么很难扩大规模，这一方面涉及在中国的语境下社团规模难以壮大的各种原因，另一方面也会涉及面临发展困境的社团会怎样来调适自身的运营方式，而这反过来又会对社团发展产生怎样的影响。围绕这两点，文献综述将分为三个部分。第一部分将共同购买团体放在新社会运动研究的框架内，探讨作为新社会运动组织的共同购买团体如何维系和发展。第二部分围绕共同购买团体展开，归纳其特征并突出强调共同购买团体与一般团购组织的联系和区别。第三部分归纳了现有文献对我国"替代性食物网络"发展困境的探讨，试图寻找其中的可借鉴之处与可供延伸讨论的空间。

一、作为新社会运动组织的共同购买团体

在检索到的现有文献中，极少有学者专门为共同购买团体这一类组织如何扩大规模、调整组织模式、实现组织目标提供研究框架。但笼统来看，既然共同购买团体的组织者自我定位为"替代性食物网络"中的一员，其组织目标也与后者的运动目标有很高的重合度，我们可以将共同购买团体当作"替代性食物网络"这一社会运动业类下的一种特殊的社会运动组织来研究。

一般来说，包括共同购买团体在内的一系列"替代性食物网络"可以归属于新社会运动（new social movements）的范畴。作为一个学术概念，新社会运动最早出现于20世纪80年代的西欧，女权运动、环保运动、性少数群体的平权运动以及更加一般的身份政治等都可以划分到新社会运动的子类之中。目前，学界主要从两个方面解释了新社会运动的兴起背景与"新"在何处：一者，在西方高度现代化的背景下，国家与资本力量的影响不仅限于公共领域之中，也越发弥散到了人们的私人领域里，塑造着人们的思维习惯、语言符码与生活方式，而新社会运动便是人们在私人领域发起的针对国家与资本力量渗透的社会运动（Melucci，1994）。因此，如梅鲁奇（1994：109）所说，在新社会运动中："政治行动不再是冲突的主要表现方式，主要目标也不再是达成某种政治结果，

而是重塑组织信息的语言和文化规范。"① 新社会运动的政治斗争强度可能会降低，但其斗争的领域则扩大到了社会生活的许多方面，并会通过改变生活方式、定义文化规范、重组语言符号等新型的方式来达成运动目标（Melucci，1994；冯仕政，2013）。

二者，随着西方社会由工业化时代步入后工业时代，原有的社会进步主义取向被逐渐消解，人们不再认为社会结构有着向某个唯一正确的方向演化的可能。这使得新社会运动不再像传统社会运动一般力图操控社会的宏观"演进方向"，宣扬宏大的意识形态，而是要求主流社会尊重、认同、支持运动参与者的某种特定的身份或者价值主张，它们因此也被称作"认同感运动"（图海纳，2008；赵鼎新，2012）。在一些价值理念与主流社会相距甚远的新社会运动中，运动的参与者甚至只会要求一个可以退出的、不受主流社会干预的空间（Offe，1985）。

简言之，相较于传统的社会运动，新社会运动强调参与者要认同和实践某种特定的价值观，但却是相对去意识形态化、去阶级化的。其抗争领域也从比较单一的政治领域延伸到了经济、文化、生活方式等更加私人化的空间。对照这些特点，"替代性食物网络"的确与新社会运动有很大的亲和性："替代性食物网络"的参与者主要为城市中产阶级，他们在生态环保、帮扶小农、重建农户与消费者之间互信关系等方面的运动目标多属于一些具体的价值理念，而不具有明显的阶级利益属性。同时，无论是在我国还是在其他国家，这些运动的参与者往往会特别反对经济领域中的大型农业企业对人们生产生活的干预，却很少在政治领域内与国家权力产生直接矛盾。他们只会在可能且必要的情况下给予权力部门修正性的建议，或是干脆对其采取回避性的态度。另外，特别就北京、成都等地的共同购买团体来说，它们的创建灵感大多都来源于仿照日本生活俱乐部而创立的中国台湾主妇联盟生活消费合作社（主妇联盟，2017），而日本生活俱乐部在发起之初正是将自己定义为"批判日常生活实践"的新社会运动的一部分（帅满，2012）。

我们再来看新社会运动门类下的社会运动组织具有哪些特点。很多学者认为，与传统社会运动组织，尤其是科层化的专业社会运动组织相比，新社会运动组织在结构方面比较松散，管理方式也倾向于扁平化，其组织成员与普通民众、核心成员与普通成员之间的界限一般是流变的（Offe，1985）。这些组织之所以具有这些特点，一是因为与传统社会运动相比，新社会运动如上文所述很

---

① MELUCCI A. A Strange Kind of Newness: What's "New" in New Social Movements? ［M］// LARANA E, et al. New Social Movements: From Ideology to Identity. Philadelphia: Temple University Press, 1994: 109.

少与国家政权产生直接冲突，从而也就不大需要严密的组织制度来提高自身的对抗能力（图海纳，2008）。二是从更根本的角度来看，新社会运动组织的松散与流变性其实也植根于运动自身的高度自反性——既然发起的初衷是为了挑战各个领域支配者的过度控制，那么运动的参与者也就需要不断反思自己的组织是否足够开放、民主，能够让所有成员尽可能地表达和协商自己的意见，而非重新建立一个科层化的组织来管理成员的言行举止（Melucci，1994）。

然而，缺乏严密的组织结构也为新社会运动组织带来了许多负面影响。首先，组织松散意味着缺乏要求成员们参与的硬性规章制度，从而导致这类组织较难克服部分成员"搭便车"的问题（赵鼎新，2012）。但新社会运动组织恰恰又更加需要成员的直接参与，因为去实践某种价值观或者生活方式不只是达成新社会运动目标的工具，也是目标本身的一部分（Melucci，1994）。同时，专业社会运动组织可以通过游说、谈判等方式从基金会、企业、利益集团这些外部组织获取运动所需要的资金和人力资源，而大多数新社会运动组织则更类似于草根组织，高度依赖由成员自愿提供的内部资源（McCarthy et al.，1977）。这就为新社会运动的组织动员提出了一个难题，即如何能够在组织结构相对松散的情况下，尽量提高每一位成员的参与度以达成运动目标，汇集运动资源。

许多学者指出，如果要解决上述问题，新社会运动组织必须努力塑造成员们的集体认同感。他们意识到，对某种身份或者价值观的认同并不是天然就存在于人群之中的，认同感的形塑首先是一个历史的过程，其背后需要一定的框架建构（framing）来解释划定"我们"的意义（赵鼎新，2012）。更进一步来讲，即使一个人认同了某种价值观或者自己归属的身份群体，他也同样有可能出于对各种利益和风险的考虑而拒绝参与社会运动（赵鼎新，2012）。尤其对于本文研究的共同购买团体这样的组织来说，虽然成员之间存在着许多社会身份上的客观共性，比如她们多为担忧食品安全问题的消费者、城市中等收入群体，教育水平都比较高，且大多是全职家庭主妇，但这些共性都与"替代性食物网络"的价值追求之间没有直接的因果关系。甚至在社员们成为运动理念的支持者之后，我们也很难确定她们愿意付出多少经济和时间成本来参与共同购买团体所组织的各项活动。因此，共同购买团体在实践中往往会有意无意地在"家庭主妇"这一身份群体之上做文章。

此外，松散的组织结构还导致新社会运动组织更容易受到外部政治环境的影响。例如，中国台湾学者万尹亮（2017）特别关注了"公民社会的发展如何影响'替代性食物网络'中的日常消费实践"这一问题。他从消费者运动的角度出发，指出中国大陆和台湾地区的"替代性食物网络"虽然在兴起时有不少的共性——二者的导火索都是一系列食品危机爆发后消费者对主流市场的不信任，出发点也都是提升饮食品质、解决食品安全问题这样的实用主义动机。但中国台湾地区相对较弱的行政干预能力使得"主妇联盟"具有更为宽松的社会动员空间。同时，在主妇联盟成立之前兴起的其他社会运动也为"主妇联盟"提供了一些关键的运动资源（Wahn，2015）。因此"替代性食物网络"在中国台湾的发展规模要比中国大陆更加庞大，参与这一行动的消费者也更能意识到自己消费行为的外延性。

综上所述，将共同购买团体作为一种新社会运动组织来研究可以给我们提供三个方面的启发。第一，新社会运动松散的组织形式与共同购买团体多元化的运动理念之间可能存在一定的内部冲突；第二，在支持者群体边界不清晰的情况下，共同购买团体需要寻找有效的框架建构方法来塑造社员们的认同感，提高其参与度；第三，外部的社会政策环境会在一定程度上影响到我国共同购买团体乃至整个"替代性食物网络"组织的发育状况，这种影响不仅限于组织规模，也会最终影响到不同组织的发展形态。

在承担社会运动组织的功能之外，共同购买团体在日常运作中最常发挥的作用是帮助社员们通过团购的方式来获得符合其要求的农副产品。

Anand 和 Aron（2003）将团购定义为需求相似的消费者们集合在一起购买同一类产品的消费行为。与个体消费者相比，团购更容易集中买方优势，因此消费者能够利用自己的集体购买力从生产者手中争取到较一般市场来说价格更便宜或者品质更稀缺的商品（Anand et al.，2003）。从这一角度来看，共同购买团体可以宽泛地划归为一种由有相似购买需求的消费者集合在一起，定期向生产者直接团购商品的消费者团购组织。

我国有机食品共同购买团体的雏形可以追溯到城市居民为了追求食品的安全和品质，依靠网络平台自发组建的众多有机食品"团购群""妈妈群"。这些一般性团购组织会以集体购买的方式从选定的农场中购买保证安全、口感较好、价格相对划算的农产品（杨莹 等，2013）。虽然在这一语境下，消费者的团购行为是一种比较单纯的经济行为，它们还是与本文的研究对象之间存在千丝万缕的关联：一者，它们有时会与共同购买团体选择相同的农场作为购买渠道，拥有相似的菜品来源；二者，它们的消费者构成也与许多共同购买团体相似，多为一、二线城市的中产阶级家庭；三者，从实际影响来看，这些一般性的团购组织也参与"替代性食物网络"，不仅为许多寻求更多消费者的有机农场提供了销售渠道，也成为部分共同购买团体的"竞争对手"。在实际观察中，笔者发现，许多共同购买团体正是发端于城市里的"妈妈群"，有些运营不善的共同购买团体也会"退化"为一般的团购组织。

虽然团购很多时候只是一种单纯的经济行为，但当消费者以团购的方式集结购买力时，他们不单单可以利用买方优势获取高性价比的商品，也可以借此来表达自己的不满，倒逼主流市场改变生产、分配的方式，或干脆在主流市场之外重新寻找和培养符合其价值期望的生产者（Herrmann，1993）。在这种情况下，团购就成为消费者以群体为单位，通过购买一种而非另一种商品来表达自身价值取向的渠道，从而具有了传递社会运动理念，实现社会运动目标的潜质。而当这种带有价值诉求的团购行为组织化、日常化之后，它们便延伸为了本文的主要研究对象，即共同购买团体。

在实际运作中，一般性团购组织与共同购买团体之间最重要的分别在于二者的组织目标有别。按照 Jensen（1989）的分类方法，共同购买团体的组织目标分为功能性目标（functional goals）与结构性目标（structural goals）两种。其中，功能性目标是指社团发挥的经济功能，比如为成员提供廉价优质的商品、保证社团账目收支平衡等；结构性目标则是指社团各自相异的理念追求，例如美国一些规模极小的共同购买团体主张帮助中低收入家庭降低基本饮食开销，法国、英国则有许多倡导购买本地食物的共同购买团体（Hupper，2017）。消费者在一般性团购组织中购买商品时，主要考虑的是绩效与风险这些功能性目标，简言之就是商品的性价比与购买到的商品是否与产品描述相符（赵保国 等，2013）。因此一般团购组织的召集人也会优先从这两点着手，一方面要掌握很多基本的商业运营知识，另一方面也要学会甄别农产品是否符合事先商定的生产标准。而在共同购买团体中，消费者们不仅需要掌握上述一般团购组织的产品鉴别和商业运营能力，更重要的是，他们还需要付出更多的"代价"来实践组织的结构性目标。具体来说，社员们需要自觉反思过于注重消费者自身体验的消费主义，这意味着消费者要明白"物美"和"价廉"不能同时实现，他们需要为农户的劳作付出相当的资金支持并接受在自然环境下生产出的品相一般的农产品。同时，共同购买团体还会兼顾环境保护、重建生产者与消费者之间互信关系等诸多理念。如果要达成上述结构性目标，长期运营和维持共同购买团体对消费者群体本身的要求是很高的（Ikerd，2012）。

总而言之，共同购买团体既是一种经济组织，同时又兼具社会运动组织的功能。如果抛开运动理念和价值诉求，共同购买团体就与一般团购组织无异；而如果组织经营不善或者不能够满足社员的购买需求，共同购买团体也会难以为继。但换一种角度来说，共同购买团体的经济面向又使它们在理想状态下得以实现运动资源的自给自足。这种经济与运动的双重性使得共同购买团体面临着复杂的机遇和挑战。

二、我国的"替代性食物网络"组织

根据笔者从网络和不同的受访者处收集到的信息，中国大陆目前约有 15 个有机食品共同购买团体，分布在北京、天津、成都、南宁、昆明、上海、杭州等地。其中成立时间最久的社团如广西"爱农会"、上海菜团，以及笔者此次的研究对象北京"新希望"生活中心至今已有十余年的运营历史，它们几乎与小毛驴农园这一批国内最早的"替代性食物网络"组织同时出现。而在随后两三年内，我国又出现了一批从城市 BBS、母婴论坛中组织起来的实验性消费者团体，"成都家园"便是其中一个。

与我国"替代性食物网络"兴起的原因相似，推动这些社团成立的最初动力都是消费者在生活水平上升的情况下，对食物品质、食品安全的追求。在随后的摸索中，这一批消费者才注意到环境保护、重建消费者–生产者关系、扶持小农等"替代性食物网络"的运动理念与她们一开始所追求的食品安全之间存在着千丝万缕的关联，从而转型成为"农业–食物"运动的参与者。

而近几年新成立的一批共同购买团体，如靖谷合作社与京 C 合作社则在成立之初便具有较为明确的"替代性食物网络"理念意识，这要归结于我国"替代性食物网络"十余年来的发展所起到的理念普及作用。例如，靖谷合作社的发起人芳姐原本便是幼儿园里一起团购有机农场食品的家长。由于经常参与北京有机农夫市集的活动，芳姐与市集上的有机农户有过很长时间的来往，她的第一批团购菜品也正是来自这些农户。同时，靖谷的另一位发起人琳姐曾留洋多年，经常参访国外的有机农场，研究生态农业的种植技术。因此，靖谷合作社在成立初期便尤为强调生态环保与照顾小农这两项理念。而身为在读哲学博士，京 C 的组织者姜老师也有过在日本生活工作、接触生态农业的经历，她还将自己的合作社定义为一次唤醒公民意识的"思想实验"。

具体到我国"替代性食物网络"中的组织如何维持其成员规模和内部团结，现有研究大多关注到了信任建构的问题，即消费者如何能够相信农户提供的产品真正符合其标准要求。在宏观层面，一些学者对比了消费者在主流市场与"替代性食物网络"两种不同的环境下建立对食品安全信任的模式有何不同：在主流食品市场中，消费者是否相信食品的质量主要取决于他们是否相信自己了解到的信息的真实性以及政府相关部门的绩效，这更多地属于一种系统信任（陈卫平，2013）。而徐立成、周立（2016）则将在"替代性食物网络"中形成的信任类型归纳为人格信任，强调在我国生产者与消费者群体庞大而松散的条件下，要更加注重搭建连接二者的"信任中介"平台。

也有一些研究更具体地关注了建立消费者与生产者之间、消费者与社会组织之间信任的过程。由于消费者和生产者之间并不存在一个具有法律效力的第三方组织，加之消费者大多已经失去对食品安全的系统信任（Wang et al.，2015），消费者是否选择购买有机食品或者加入共同购买团体在相当程度上取决于他们所拥有的熟人网络（罗攀，2018）。而在通过熟人网络加入共同购买团体的基础之上，合作频率、是否拥有理念上的共性等多方面因素，对建立信任机制会产生进一步影响（帅满，2013）。

但对于兼顾经济与运动理念的共同购买团体而言，消费者们能够建立起对产品品质的信任只是第一步。许多学者认识到，不同的消费者加入共同购买团体的诉求是多样化的。如一项对澳大利亚有机食品消费者的统计调查显示，消费者往往身处于一系列关于食品、营养、环境和政治的竞争性话语之中，其自身也有着各种各样的期望、信仰和价值偏好，再考虑到实用、成本和便利等问题，几乎很少有消费者仅仅是出于追求社会正义的动机来购买有机食品（Lockie et al.，2002）。而这一状况在我国的语境下似乎尤为突出，大量研究已证实，我国消费者选择"替代性食物网络"的初始动机几乎全部集中于获取安全可靠、品质较高的食物（Scott et al.，2014；司振中 等，2018）。这种购买农产品时的实用主义动机在与扶持小农、体谅生产者这样的运动理念对接时便很有可能出现问题。徐立成、周立（2014）也认为，我国的消费者群体强调维护自身权益但缺乏责任意识，认为自己是食品安全问题的受害者，但忽略了自己对"物美价廉"的消费追求反而是生产端过量使用化肥农药以降低生产成本、提升产品品相的直接动力。

在笔者看来，现有的研究提出了如下几个重要但也涵盖进一步研究的问题。第一，这些研究普遍注意到建立与系统信任相区别的人格信任是共同购买团体能够吸引更多社员、与农户长期合作的前提。然而在实际的操作中，建立信任关系与理解"替代性食物网络"的运动主张、积极参与社团活动之间并非完全同步的。一名普通消费者可以基于许多种原因去相信共同购买团体与农户能够为其提供符合其要求的产品，但对于共同购买团体的组织者来说，同样值得关注的问题是如何将普通消费者通过各种渠道建立的信任转化为对社团理念的理解，并进一步将理解延伸至相应的实践行动中去。如果要理解这其中的转化过程，我们就不仅需要关注共同购买团体如何建构信任，还需要关注不同的社团是否以及如何能够将信任与行动嫁接起来，而后者会关键性地影响到共同购买团体能否在扩大规模的同时维持其理念诉求。

第二，万尹亮以市民社会发展程度来解释共同购买团体的规模发展当然是有其说服力的。对于新兴的社会组织来说，发达的公民社会不仅意味着宽松的政策条件，也往往能提供更为充足的人才来源、更积极的民众参与等隐性的比较优势，这样的背景自然有利于共同购买团体一类的公民团体的良性发展（阿尔蒙德，2014）。然而，以市民社会为解释路径却面临着两个问题：其一，单以市民社会为解释变量太具涵括性，我们需要清楚具体是市民社会中的哪些机制影响了组织规模的发展，才能够更清晰地解决研究问题；其二，即便统一政策条件下的不同菜团也有着规模大小上的区别，因此仅以市民社会的发展状况作为解释变量就难以完全解释北京、成都这些共同购买团体之间的规模差异。本研究希望能进一步将"市民社会的发达程度"这一中介变量作一个展开，详细描述市民社会中的哪些因素阻碍了中国的共同购买团体扩大规模。

第三，目前大多数提及我国共同购买团体的研究都认为我国消费者群体缺少责任意识，对有机农业认识不足，而消费者组织也不够成熟、完善。这些问题会导致共同购买团体在运营过程中陷入困境时，更容易重拾商业化运作模式，"从一个纯粹的共同购买组织异化成一个合作营利组织。"（付会洋 等，2015）这些问题在我国大陆的共同购买团体中当然是存在的。但在笔者的后续观察中，一些在表面看来"不成熟、不完善"的痕迹，比如组织松散、运营业余等问题，反而恰恰是一些共同购买团体还得以维持至今的原因，而一些社团的核心成员甚至有意使社团保持这样一种外界看来不够"完美"的状态。事实上，如上文所述，共同购买团体具备经济性与理念性的双重特征，而这两者之间有时却又相互矛盾。这一方面意味着一种"完美"的、单一的共同购买团体运营模式或许很难存在，另一方面也意味着消费者在不同的政策、社会环境下有一定的灵活选择组织模式的空间。现有研究中尚无专门就消费者如何使自己的组织模式适配中国大陆社会环境的探讨，本研究希望能够弥补这一空白。

第三章　共同购买团体及其规模问题

一、当前规模

在历经十年左右的发展后，北京、成都等地的共同购买团体在数量上已经有了一定的积累，在运营模式和组织理念上也有了一些微妙的分别。但就笔者走访和了解到的共同购买团体来看，它们与日本和我国台湾地区的同类组织相比规模还都很小：

- 位于北京的新希望作为中国大陆目前规模最大的共同购买团体，也仅拥有社员五千余名，数量不及中国台湾主妇联盟的十分之一；据新希望的组织者小明妈统计，这些社员中能够每周在新希望购买菜品的有 20%~30%；
- 靖谷合作社规模则更小一些，拥有会员 1000 余位，目前每周在靖谷购买菜品的社员有 40%~50%，社团组织者芳姐希望规模能扩大到 3000 人左右；

● 虽然成都家园的社员中能够每星期购买菜品的人数比例能达到大约75%，但成都家园仅有 400 户社员，数量不及主妇联盟的百分之一。

部分共同购买团体信息表

名称	成立年份	社员数量	预期社员数量	每周团购比率
新希望	2010 年	5000 余人	无上限	20%～30%
靖谷合作社	2014 年	1000 余人	3000 人	40%～50%
成都家园	2012 年	400 余人	400 余人	75%
台湾主妇联盟	1992 年	70000 余人	无上限	——

以上社团与台湾主妇联盟相比规模上如此悬殊的差异也就引出了本文试图探究的第一个问题，即北京、成都的共同购买团体为何普遍规模偏小。这是不是因为这些共同购买团体的核心成员并没有认识到扩大规模的优点，或者扩大规模对共同购买团体而言实际上并无益处？

二、规模的影响与核心成员的认知

带着上述问题，笔者在田野调查中留意观察了规模对共同购买团体的影响以及各个社团的核心成员对规模的认知。第一，规模的优点最集中地体现于社团经济性的面向上。具体来说，当一位普通消费者想要成为共同购买团体的社员时，她首先需要向社团缴纳一笔预存款：成都家园需要每位社员加入时预存3000 元用于日后消费；新希望要求办理 500 元的储值卡成为会员，否则在购买商品时不能享受会员价；靖谷则需要每位社员每年缴纳 100 元年费，社员停缴就会自动失去社员资格。这也就意味着社团规模越大，短期内可供其支配的资金也就越多。一旦某些产品批次出现问题或者农户受灾需要紧急补助，社团都可以比较及时地腾出资金。

同时，各个社团的核心成员也比较认同大一些的规模有利于社团的日常运营。比如新希望的小明妈与靖谷的琳姐都从销售的角度考虑，指出更多的社员能够为组织带来更多的账目流水，琳姐特别说到了社员增加对产品销售的帮助：

> 最早的时候我们才一百多个人，然后有些农户他们一卖东西就是几十斤、几十斤这样子，然后有一次就订了好几十斤香菇堆在家里面，群里人太少，短时间卖不出去。最后香菇也不新鲜了，食材和钱都损失掉……现在人多了一些之后，比如说去年团购了 100 箱橙子，群里两个小时就全部

秒杀了。①

　　此外，从维持收支平衡的角度出发，共同购买团体虽然没有盈利的需求，但短期储存、分发菜品的仓库或门市店铺租金、菜品的运输成本、雇工费用等运营成本仍然是组织者和最早的出资人需要负担的硬性支出。再加上共同购买团体作为同时注重农业-食物理念与经济效益的组织，各个社团都希望能在增加农户收益的同时，尽量让消费者社员买到价格合适的有机产品，"不谷贱伤农，也不让农产品成为奢侈品"②，它们在给菜品定价时的利润率会远低于一般零售商，这就使得它们需要更多的社员才能保证基本的收支平衡。京 C 的姜老师就向笔者指出了扩大规模的迫切性：

　　　　我们现在有五个雇员，五个人的薪资在北京五险一金要上，接下来我们运营成本一年大概得有七八十万，还有房租，还有车的运营成本。我们的产品定价现在假如说卖 10 块钱，有 7 块钱是采购价格，那 3 块钱就是我们的运营成本，我们的理想状态是当我们规模大的时候能够覆盖住，但现在我们还是亏损的。③

　　第二，扩大规模能够扩充社团整体的购买力，从而使社团与更多的有机农户合作，这既有助于为更多的有机农户提供销售渠道，也能为社员提供更加丰富的菜品选择。例如，社员人数相对较多的新希望能够同时在多家农场开展订单式种植，为社员提供多种品种价位不同的西红柿、小米等产品以供社员挑选。对比之下，当京 C 合作社在成立初期仅有二百多位社员时，姜老师只能先与一家农户进行风险共担式的订单种植，一方面互信互助的农户数量较少，另一方面也导致"我们这两百户以为什么都解决了，想吃什么有什么，结果发现种出来的时候这个季节连续西葫芦，那个季节连续茄子，大家就不愿意了"。④ 事实上，与大多数订购式农场相比，更加丰富的菜品选择本就是共同购买团体在招募社员时的一个比较优势：单个农场在种植面积有限的情况下，每个季度能为其订购会员提供的产品种类往往只有固定的数种，消费者无论满意与否都要"照单全收"；而共同购买团体则能通过同时从多家农场订购不同产品的方式来协调和缓解这一问题，给了消费者更多的选择空间。而如果社团规模过小，无

---

①　访谈录音，2019 年 11 月 30 日。

②　成都家园合作社入社公约。

③　访谈录音，2020 年 3 月 15 日。

④　会议记录，2019 年 3 月 24 日。

法起到在消费者与数个农场之间"牵线搭桥"的作用，消费者不如直接向农场购买菜品，共同购买团体就会面临生存的问题。

第三，共同购买团体规模扩大有助于普及"替代性食物网络"的价值理念，这一点在已经颇具地区性影响力的中国台湾主妇联盟中表现得尤为明显。根据主妇联盟官方网站上的统计数据，该组织于 2019 年共为 160 家农户、200 家加工生产者提供了销售渠道，供应品项超过 1000 项，"以友善农耕的方式，永续农业面积超过 488 公顷，大约 122 座国际标准棒球场的面积。"[1] 相比之下，北京、成都等地的共同购买团体对生产端和一般消费者的影响还并不十分突出，但小明妈已经对此有了一些自己的思考：

> 每个人都有自己的独立思想和自由，这个社会已经发展成这样了，就看你有没有本事影响到他，那个才是真正厉害的。所以为什么现在会有农场死掉，会有渠道死掉，会有团购不好，对吧？我觉得大家不要去抱怨，因为你要反过头来看你自己，你有没有跟上这个时代在调整自己的方向？靠情怀是吃不了饭的。可能某一阶段我们是用情怀把人"忽悠"进来了，但是你只是安全的，你不好吃，消费者他根本就不会买账，哪怕是你的"铁粉"。[2]

综上所述，扩大规模对于共同购买团体来说有许多方面的正面影响。而社团的核心成员或是像小明妈一样，认为新希望应该越大越好，或是像芳姐和姜老师那样，虽然并不希望社团的规模"太大"，但也觉得单单为了覆盖成本而不亏损，自己所在的社团规模还是小了一些。只有成都家园的组织者李女士对待规模的态度最为保守，她认为："大有大的好处啊，但我的目标就是不垮掉！不像他们有人说，像合作社要扩张啊，我没这些想法，因为确实精力也不够。"[3] 但总之，各个共同购买团体的核心成员还是在一定程度上认可规模扩大对社团的正向效益的。

第四章　我国语境下的社团规模发展问题探究

通过上文的分析，我们可以基本确定在理想状态下扩大规模对共同购买团

---

[1] 中国台湾主妇联盟官方网站。
[2] 访谈录音，2019 年 12 月 3 日。
[3] 访谈录音，2019 年 12 月 31 日。

体具有一定的正面意义，而且组织者们对此也或多或少地表示了认可。但社团所存在的规模偏小、影响力不足等问题还是不容忽视的。因此，本章将结合共同购买团体在运营中所出现的实际情况，阐明在我国大型城市这一具体的社会及经济环境之下，"替代性食物网络"中的共同购买团体为什么难以发展壮大，它们在发展中究竟面临着怎样的结构性困难。

一、公共领域

笔者之所以选择先从公共领域入手来探讨共同购买团体的发展问题，是因为这类社团作为一种社会运动组织，理应在公共领域之中博得更多人的关注和认可，扩大自己的影响力乃至话语权。而且这些社团所追求的帮扶小农、保护环境等目标都不是少数几个人的参与就可以产生实际影响的，组织者们自己也都希望能从食品安全问题开始来唤起民众关心公共事务的公民意识。然而，笔者实际观察到的现象却是靖谷、成都家园和京 C 合作社都只是在依靠现有社员的私人关系网络来介绍熟悉的朋友参加社团活动；只有新希望愿意面向公众做自我推广，试着从完全陌生的消费者群体中招收社员，但新希望自我推广的领域却是相对市场化的。可以说，这些共同购买团体几乎是主动退出了公共领域，这也与它们的影响力和规模偏小的结果之间存在着千丝万缕的关联。从这一现象出发，我们有必要考察清楚是什么因素导致共同购买团体这类组织没能够进入中国大陆的公共领域。

首先，我们要明确共同购买团体是一类由"农业-食物"运动意识较强的消费者组成的社会组织，其大多数社员都是普通的消费者，并且在实际人口构成上以全职家庭主妇为主。这也就意味着，与农夫市集、CSA 农场这些一开始就由专业的社会活动家与有机农户组建而成的"替代性食物网络"组织相比，共同购买团体的组织者一方面在机构运营方面有些"业余"，另一方面却要面临更繁重地面向社团内部做理念宣传教育的工作。然而，这些社团的组织者们却认为整体轻视民众公共活动参与的社会环境对她们新兴的组织来说可能是雪上加霜，像成都家园的李女士就这样表达了宣传价值理念的难处：

在以经济建设为中心的政策观念的影响下，市民不了解参与这些事情对我们自己有多么重要，更不要提如何具体地去推动落地实践……更别说争取自己的食物主权，没有。所以尽管合作社有种种天然的优势，但要找到志同道合的合作事业的消费者不容易。①

———————
① 会议记录，2019 年 3 月。

　　在李女士看来，城市中的消费者通常将食品安全问题的症结归诸政府监管不力且"黑心"生产者太多，他们也习惯于等待政府给出相应的解决方案。这样一来，共同购买团体一开始在大多数消费者眼中便只是一种替代政府来监管生产者的中介机构，只要社团筛选出"合格"的生产者，食品安全问题就基本解决了。

　　而同样是解释食品安全问题，共同购买团体等"替代性食物网络"组织的逻辑却是：在市场经济的条件下，大型农业企业和零售商为了获得利润，一方面会去迎合并且强化消费者对物美价廉的追求，另一方面又通过压低农产品收购价格、削弱农户自主生产能力的方式来赚取中间差价。在此种情形下，部分农户为了基本的生存而不得不超量使用化学制剂，最终引发食品安全危机。这样一来，对食品安全问题的不同解释导致许多消费者止步于出钱团购，而组织者却要求社员在购买的基础上还要从根源上反思自己的消费取向，理解生产者的不利处境，并尽量多参与社团运营。其间的分歧使得社团在招募社员时往往得不到一般消费者的理解。举例来说，当李女士最开始提出要学习我国台湾的主妇联盟，让社员们共同参与社团运作时，不少社员都认为这样多此一举、浪费精力。而靖谷合作社的芳姐也提到，除了一开始从华德福学校里招募进来的社员，现在新加入的许多消费者都并不了解有机农业背后的理念，这导致他们并不明白为什么在支付了高于市场价几倍的菜品价格后，自己仍然不能"享受"到高质量的服务。比如某年春节前夕，社员们希望靖谷能赶在快递停运之前把预购的芋头派送出去。不巧的是，由于当年冬春之交雨水比较多，农户无法按期收获芋头，这就导致一部分社员认为靖谷违约在先，不顾预购说明而选择了退货。芳姐表示，遇到这种情况，她们只能坦诚地向社员们说明农户生产会遇到难以避免的突发状况，但退货造成的损失只能"自认倒霉"、自己来弥补。类似的事情也让靖谷的核心成员下定决心在 2020 年多举办线上读书会，来尽力向社员们普及"农业-食物"理念。

　　上述两位组织者的言论和经历意味着中国大陆确实有一部分消费者存在行动力不足而自我中心意识过强的问题，而这在一定程度上给组织者面向公众宣传社团理念造成了很大的负担。但需要指出的是，组织者们对消费者的总体判断事实上也仅仅是基于她们接触过的数量有限的消费者得出的；由于缺乏相关的统计数据，我们也很难确证如果这些问题都存在的话，它们的严重程度与其他国家或地区相比又如何。但从更微观一些的角度出发，我们也可以发现，许多社会运动组织在前期扩张时，都会选择从一些相近的社会运动中汲取资源，从而减轻组织早期资源不足时会面对的压力；但无论是在城市 BBS 上发帖团购，还是向进到店内的消费者讲解食物背后的理念，这些社团于公共领域内招募社员的方法几乎是完全独立且随机的，她们无法预测自己接触到的下一位消费者对"替代性食物网络"抱有同情还是敌意，这很可能增加了这些"妈妈们"面临的前期压力。

这一现象在与中国台湾主妇联盟生活消费合作社的对比中显得尤为突出。中国台湾主妇联盟正式成立于1992年，而在1994年通过所谓的"消费者保护法"之前，中国台湾正处于消费者运动的浪潮之中：20世纪90年代前后的消费者基金会所发起的运动曾一度成为中国台湾动员程度最高的社会运动，拥有近73%的民众支持率；消费者基金会在此期间也以中小学课堂、大众传媒、居民社区为平台，组织了众多的消费者教育活动（Wahn，2015）。而主妇联盟正是脱胎于消费者基金会与环境保护基金会，最初的几名理事会成员也大多是这些运动的参与者（主妇联盟，2017）。此外，主妇联盟与女性权益运动也有着密切的关联，这让它在成立初期就为家庭主妇购买菜品的消费行为赋予了更加丰富的含义，让社员们意识到自己的购买行为不仅是在为家人提供安全的食品，也会直接有助于特定生产者群体的生计，从而将主妇群体从私人领域推向公共领域（主妇联盟，2017）。因此，虽然主妇联盟也发端于家庭主妇群体对食品安全问题的担忧，但十几年来社会运动所铺垫的消费者教育、发起人与其他社会运动的密切关联，以及最终塑造出来的运动话语使得许多社员很容易从相近的社会运动中了解到主妇联盟，也更容易接纳"替代性食物网络"的理念话语，从而成为这一社会运动的支持者。

与中国台湾地区相似，中国大陆在21世纪初也曾经因三鹿奶粉、苏丹红添加剂等问题爆发过消费者对食品安全问题的集体不满。但不同的是，随着《中华人民共和国消费者权益保护法》的二次修订，中国大陆的消费者权益问题基本得到解决，原本的运动目标，即消费者维权，也没有继续生发出对于食品安全问题更深层次的反思（Wahn，2015）。更有学者指出，由维权运动所强化的消费者权利意识导致部分消费者尤为警惕自身权益受损，专注于确认生产者是否符合标准，却很难去进一步反思自己消费行为所能带来的外部影响（徐立成 等，2014）。笔者认为，这些问题确实在一定程度上造成了消费者虽然重视食品安全，却又对是否加入"替代性食物网络"组织颇为犹豫的矛盾现象，也使得共同购买团体难以依靠任何此前的消费者运动来为自己拓宽招募社员的渠道。

而公共领域中一般消费者的不了解、不信任反映在共同购买团体的经营实践中，就是这些社团的组织者发现自己很难与通过公开渠道招募来的社员建立信任。像李女士就认为自己早期公开在城市BBS上张罗起来的共同购买QQ群"一团混乱"：

我们那个时候都是好几百号人加在一个群里，（像是）一个平台，想进来就进来，有农友也有消费者，但是发的消息有真有假。因为这些原因，农户跟消费者还会对骂，有的时候还有人格攻击出来。①

琳姐也在帮靖谷合作社从普通消费者中招募社员时受到过误解：

我有一次很积极地向别人推荐社里在卖的食材，说了好多农友的好话，说食材背后的那些价值和故事。结果她的小孩就问她妈妈，问我是不是搞传销的。我就很受打击，发现这样宣传效果不好，会有误解。现在也就不会特意去跟人家讲了，只是邀请很好的朋友来家里吃饭，有缘分的人觉得好吃，我再介绍食材来源，借机邀请他们入社。②

可见，虽然依靠公共平台来组织共同购买团体可以较快实现规模扩张，让成都家园短时间内就招募到了数百位成员，但由于成员缺乏对社团以及农户所发布消息的信任，这样的规模扩张效益实际上是很低的。在这种情况下，李女士快刀斩乱麻地放弃了早期积累的社员规模，在 QQ 群中单独联系了一些聊得来的、理念、思想都比较接近的朋友，依靠私人关系网络重新组建了社团微信群，这才逐渐使成都家园步入正轨。说起这段经历，李女士还借用党建话语向笔者强调，社员的"思想政治觉悟"一定要放在前面考虑。而在靖谷合作社中，琳姐由于在向普通消费者出售菜品时被误解为"搞传销的"而感受到了消费者的不了解、不信任所带来的困扰，从此便减少了从原本不熟识的消费者群体中招收社员的尝试，只会用微信公众号来向外界传递靖谷支持的理念与生活方式。虽然偶尔会有阅读量上千的文章为靖谷带来新的社员，芳姐和琳姐也都表示，不会再特意去写文章来为组织做更多的宣传。

总的来说，共同购买团体作为一类承担责任消费功能的社会组织，理应主动进入公共领域去吸引一般消费者并将其培养为有"农业-食物"运动意识的社员。然而，中国大陆消费者较强的自我权利意识，加之组织者缺少其他的社会运动业类为其提供方便且成功率较高的社员招募渠道，使得这些原本也非全职社会活动家的组织者至少是暂时性地回避了公共领域中的发展可能。最终，共同购买团体大多选择了继续维持或者萎缩为只依靠私人社会网络去扩大规模的半封闭式组织。当然，这种半封闭运营不能说是没有优点的，它在一定程度上能够帮助像李女士

① 访谈录音，2019 年 12 月 31 日。
② 访谈录音，2019 年 11 月 27 日。

和琳姐这样的组织者放开手来做"思想政治建设",提高社团内部的理念性。而对于这样一种运营模式,本文将在后面展开更加详细的分析和讨论。

二、市场领域:商业的影响

如果说公共领域是共同购买团体的组织者想要进入却频频受阻的空间,那么主流市场则是她们想要规避却又避之不及的领域。在笔者的观察中,虽然"替代性食物网络"从定义上来讲就是一类替代主流市场的、另类的食物生产与消费方式,这些共同购买团体也会竭力将自己与商业组织划分开来,强调自己不会以营利为目的,也不会用营销手段来迎合消费者对所谓"物美价廉"的追求,但这都并不意味着它们真的能够与主流市场之间划分出清晰的界限。因为一方面,市场中的资本和商业组织并不会回避有关"安全、高品质食品"的新兴市场(niche market);另一方面,在大多数消费者看来,市场也是一个开放的、流动的领域,当共同购买团体难以满足他们对菜品或者服务的需求时,他们会减少在社团中的购买量,转而在各种"妈妈群"、电商网站上选购有机食品。简言之,一旦越来越多的经营主体开始进入生态农产品的市场,共同购买团体就难免会面临要在市场领域中与商业资本争夺一部分购买力的挑战。

而消费者的这种需求恰恰在最近几年通过电商平台得到了满足。近几年来,我国提供有机农产品购买渠道的电子商务平台与各类进口商超发展迅猛。像阿里巴巴旗下的盒马鲜生就在两年多的时间内,通过线上、线下双重渠道迅速入驻了北上广深等二十多个一线城市,吸引了大量既具有消费能力又追求食物品质的消费者。而这些消费者与共同购买团体的社员群体之间存在着很高的重合度,位于北京的新希望和靖谷合作社首当其冲:两个社团中的不少社员都会在盒马鲜生和其他电商平台上购买有机蔬菜,就连芳姐自己偶尔也会在"盒马"上购买烹饪时紧急需要的菜品;更是有一部分社员认为盒马鲜生的服务更加专业,手机软件操作界面也比社团微店、群内接龙更简洁,尤其是半个小时内配送到家的服务让他们觉得很是方便。因此,这些社员更倾向于只在社团里购买五荟散、糕点、芝麻糖这些别处买不到的手工制品,家里的菜品还是以市场中的有机、生态食材为主。针对这些现象,近几年社员购买力流失较多的小明妈告诉笔者,如果说新希望最早在 2010 年左右的时候,还能给那些不知道去哪里买生态食材的"妈妈们"提供特别的购买渠道;那么到了现在,随着电子商务的普及,每个"妈妈"都知道几个不同的购买渠道,而每个有渠道的"妈妈"又都可以自己开微店来代卖商品。小明妈说道,新希望这样的共同购买团体已经不能只通过掌握特别的购买渠道这一点来吸引消费者了,"商场就是战场,不想被淘汰掉的话，你必须懂怎么去经营管理，必须有自己的品牌。"①

　　但更关键的一点在于，如果说共同购买团体在市场领域中无法与商业机构竞争，其背后的原因却也不仅仅是社团的服务不够周到或者商业营销不够专业，而是属于"替代性食物网络"的一些理念从根本上阻止了组织者们向商业化运营的方向发展。举例来说，为了实践环境保护和可持续生活，这些共同购买团体一直以来都会通过重复使用产品包装、减少快递发货次数、缩短食物里程等方式来尽量降低食物运输过程所带来的环境污染。靖谷的核心义工曾做过一个计算，如果每件农产品都由农户直接派发给消费者，而非由社团集中到自己的仓库后再分别销售，其使用的包装量会是现在的数十倍之多。与此同时，靖谷、成都家园和京 C 在选择合作的农场时也将减少食物里程作为原则之一：在作物种类相同的前提下，这些社团都会优先从距离所在城市更近的农场购买产品。李女士更是认为，如果四川省内丰富的物产都难以满足消费者的需求，消费者更应该去检视自己的欲望是不是过度膨胀了，而不是反过来要求社团提供更丰富的产品。

　　看上去，环境保护只需要社团的组织者在选择运输方式和合作农户时多加考虑，而且参与共同购买活动的消费者越多，环境保护的效果应该会越明显。环保与规模之间在理想状态下应该并不存在必然的张力。然而，一旦将共同购买团体的环保运作放置在市场领域之中，环保理念就变成了一种经济劣势。例如，为了降低配送的包装消耗，靖谷在集中收到农户的菜品后并不会单独发快递给每个社员，而是要求社员到邻近的取货点来上门取货。在几年前大家主要还是在农贸市场和超市买菜的时候，消费者并不认为去到店里取货是件很烦琐的事情；但在盒马鲜生这样的生鲜电商逐渐兴起之后，就开始有消费者希望靖谷也能像电商一样将菜品送货上门。芳姐和琳姐告诉笔者，靖谷为了减少包装消耗，至今仍然拒绝开通快递到家的服务，但不少消费者开始将靖谷与生鲜电商的服务相比较，觉得取货很麻烦，于是降低了购买频率，逐渐淡出了社团的共同购买活动。可见，商业机构改变了一部分消费者惯常的线下消费方式，而为了坚持环保理念，靖谷受到了来自这些商业机构的明显的冲击。

　　而在说服消费者要"食在当地"，接受只与近距离的生产者合作时，靖谷也会比较直接地向消费者指出减少食物里程对环保的必要性，芳姐曾调侃道，自己严肃的言论可能"劝退"了不少只想进来买买菜的消费者。成都家园则选择将环境保护与健康生活相关联，间接"说服"消费者支持本地食物。以下是笔者在成都生活的社员微信群中观察到的一段有趣的对话，其中，李女士试图劝说几位注重口感的社员减少食物里程：

　　① 访谈录音，2019 年 12 月 3 日。

社员甲：一直觉得成都米难吃没营养，跟东北大米比没那么 Q 弹，油脂含量也低点。成都家园能不能考虑进一些东北大米？

李女士：四川人吃不了东北大米，因为东北大米更韧、更油，吃完感觉湿气更大，一吃身体就明显有起湿疹。身处盆地，老不见太阳，所以四川人才会爱吃辛香麻辣祛除湿气，如果再搭配北方大米，那就反其道而行之了。物无美恶，就看怎样因人因地制宜。广东人管北方粳米叫"肥仔米"，说明人家尽管知道北方米更有营养，但也不会天天当家常饭吃，只用来给瘦弱的儿童当补品吃。

社员甲：原来还有这个道理，我们还一直觉得要去买东北米才好，又学习了！

社员乙：啊，难怪我吃了三个月东北大米，长了五六斤，这段时间还起了湿疹。

李女士：一方水土养一方人，当季当地就好啦，回归简朴饮食，减少食物运输距离。成都家园的大米就是本地籼米，品种是老品种，乾隆朝贡米，也很好吃呀！[1]

在这个案例中，李女士告诉想要远程购买大米的社员甲，成都家园不需要远距离从东北购置大米，本地大米也可以满足社员的合理需求。但李女士并没有直接教育消费者要懂得保护环境，而是告诉社员本地的大米更适合四川人的体质，先抓住消费者注重食品安全和健康的诉求，再将这些诉求嵌套在可持续农业的理念话语之中，从而完成一个辗转的消费者教育过程。类似的案例在成都家园的社员群中发生的频率很高，因为整个"说服"的过程也是重新塑造消费者对食品认识的过程，组织者们愿意在这种重新阐释食品意义的尝试中多花费一些时间；但若想要通过这种"缝隙"之中的理念传递来改变社员对食物的评价标准，愿意为此而放弃市场上口感更好的东北大米，她们必须要付出旷日持久而又难以得知效果的努力。

综上所述，虽然环境保护与社团规模之间并不存在内在的矛盾，但一旦落实到执行的层面，就会出现问题。由于我国消费者整体上对"替代性食物网络"认知不足，而成都家园与靖谷又只依靠数量极少的几位核心成员来向普通社员传递价值理念，这些核心成员们往往会感到不堪重负，从而不希望在完成现有社员的理念教育之前再继续招纳社员。进一步来说，落实环保理念所导致的购

---

[1] 成都家园微信群聊天记录，2020 年 6 月 10 日。

买力流逝其实只是共同购买团体在市场环境下所面临问题的冰山一角。成都家园与靖谷的几个核心成员都心知肚明自己提供的服务无法与商业机构相竞争，但她们同时从根本上认为商业机构完善的服务是在助长消费者的自我中心意识，而以低价营销来吸引购买力的手段更是为她们所鄙夷。因此，这些组织者完全不会因为服务比不上商业机构而感到遗憾。在这样的情形下，共同购买团体几乎无法在市场的商业竞争中立足，而唯一可行的方案是通过塑造社员们对社团的认同感，同时强化其对主流"农业-食物"领域经营逻辑的批判，来让社员们自觉与主流市场划分边界。

第五章　研究结论与讨论

共同购买团体是一类消费者自行组织的、直接面向有机农户购买生态食材，并在这一过程中实践"农业-食物"运动理念的组织。作为"替代性食物网络"的一部分，共同购买团体还同时承担着教育消费者、统筹协调消费者与农户之间关系的重任。但目前来看，中国大陆的共同购买团体规模普遍偏小，社会影响普遍偏弱，还没能形成对农业生产端的反作用。从这一基本问题出发，笔者以北京和成都市内三家共同购买团体为主要研究对象，在新社会运动的视角下分析了导致我国共同购买团体面临上述困境的原因，并将共同购买团体的组织者视为行动主体，比较了不同社团在应对发展困境时所灵活调整出的几种经营模式。

一、研究结论

研究发现，相比于台湾地区，北京、成都等地的公共领域内缺乏能够为共同购买团体提供资源以及理念支持的其他消费者运动，而21世纪初频发的消费者维权运动反而导致一般消费者难以跳出只注重自身消费体验的框架。这导致倡导的共同购买团体在公共领域中重新对食品安全问题作出框架建构时往往不被消费者理解。组织者们因此暂时放弃了在公共领域内自我宣传，开始将组织转变为依靠私人关系网络来招募社员的"半封闭"式社团。公共领域发展空间的缺失从源头上导致共同购买团体很难扩大自身的规模与社会影响。

在公共领域发展空间不足的情况之下，共同购买团体却又同时面临着市场领域带来的双重夹击：近年来迅速兴起的生鲜电商等商业机构以便捷的服务、稳定的菜品质量吸引了大批想要购买有机食品的消费者；相反，对于共同购买团体来说，无论是要践行环保理念，还是尊重农户的劳动付出、共同承担生产风险、接受品相一般的农产品，普通消费者最终要面对的都是比商业机构品质更低的售后服务、更多的个人付出，以及持平甚至偶尔更高的菜品价格。在市场没有明确边界的情况下，运动理念与商业运营之间的张力导致共同购买团体在市场领域这一商业机构的"主场"之中，很难与后者争夺购买力。

在面对上述各种结构性困境的同时，共同购买团体的组织者们作为行动主体，灵活发展出了不同的组织运营模式来为自己的组织创造发展空间。本文的主要研究对象，即靖谷合作社、北京新希望生活中心与成都家园合作社，分别探索出了"做大做强"与"小而美"这两种迥然不同的运营模式：新希望选择"做大做强"，向有机食品领域内的商业机构学习运营方法，先尽可能招收到更多的社员，再向消费者普及运动理念。但"做大做强"模式的缺陷是直接而明显的：科层化的员工管理方式阻断了社员之间、社员与农户之间建立人际信任关系的渠道，而用于吸引消费者的低价营销也使得新希望有时会去压低农户的出货价格，这些都是与"替代性食物网络"的理念主张相违背的。笔者发现，在得以发展得足够庞大之前，新希望的社会运动理念已经打了折扣。

而靖谷与成都家园则是追求"小而美"的代表。它们的组织者认为，依靠朋友关系建立起来的社团规模虽小，但有助于提升自身的理念化程度。从结果来看，靠着私人关系结合起来的消费者之间有着天然的信任关系，这样一来，即便社员们一开始并不了解共同购买团体的社会运动理念，他们也会因为信任介绍自己入社的朋友而去优先相信整个社团，给予社团更多的包容；而在互相信任的前提下，一部分社员们也愿意从朋友的角度出发，主动放弃主流市场提供的有机产品购买渠道，这为小规模社团抵挡了一部分市场领域中商业机构的冲击。

但正如图海纳在《行动者的归来》一书中所言：

> 这种主体观念的反转并不是没有危险，也不是没有局限。主要的危险在于，以非社会性（the nonsocial）之名将行动者锁在对社会性（the social）的拒斥之中，不论这种非社会性是某个个人、团体或共同体……主体在自身与社会间所设定的距离决不能自我封闭，它必须为行动的归来铺路，必须将自身投入社会运动或文化创新中。①

如果说共同购买团体仍然希望自己所坚持的那些具有公益性的价值理念能够获得更多人的认同、对食物的生产和消费产生实质性的影响，而非自身蜕变为一种精致而美好的亚文化，只存在于都市的少部分群体之中，那么简单地以"小"为"美"是不足以支撑起它们宏伟的运动目标的。说起如何让社团的理

---

① 阿兰·图海纳. 行动者的归来 [M]. 舒诗伟，译. 北京：商务印书馆，2008：27.

念为更多的民众所知，成都家园的核心成员认为可以寄希望于创办更多采用"小而美"模式经营的共同购买团体。为此，李女士还专门与成都几位倡导合作社模式的实践者组成了"行动者同盟"以向更多有意尝试创办合作社的"行动者"传授她经营成都家园积累的经验教训。但也正如本文所述，小规模的共同购买团体需要核心成员自愿提供较高强度的义务劳动，还必须研习与农业、管理有关的专业知识。因此，"小而美"的共同购买团体是否真的能实现其"星星之火，可以燎原"的愿景，仍然需要更长时间的实践来检验。

二、研究不足与展望

首先，本次研究最大的不足在于没有足够关注到与共同购买团体对接的农户群体。农户的叙述有助于我们了解共同购买团体对农户的实际影响，笔者原本计划在2020年1月22日参与一次众多农户交流互动的"田间学校"，以获得更多的有关生产者对共同购买团体的反馈，然而突然暴发的疫情使得这次探访没能成行，这不得不说是一个很大的遗憾。

其次，在研究方法上，本研究只采用了质性研究方法，而各个共同购买团体的消费者人数累计已有近5000人。如果能发放结构性调查问卷，就各个社团中的消费者人口学特征、购买频率和额度、对社团理念的理解程度等因素进行描述比较，或许能获得更加丰富的关于社团规模和消费者教育的信息。

最后，出于地域的限制，本研究的实地田野调查仅限于北京、成都，但中国香港与中国台湾同样存在大量的形式各异的共同购买团体，尤其是本文多次提到的主妇联盟更是为众多社团提供了创建灵感和长期目标。笔者希望未来的研究者能够深入比较主妇联盟与中国大陆诸共同购买团体之间的异同，这将能在扩充比较研究案例的同时，从更加宏观的角度看待不同地区"替代性食物网络"的差别由何而来，深入理解中国大陆的共同购买团体何以面临规模发展的困境。

参考文献

[1] CALHOUN C. Imagining Solidarity：Cosmopolitanism, Constitutional Patriotism, and the Public Sphere［J］. Public Culture, 2002, 14（6）：147-171.

[2] D'SOUZA G, LKERD J. Small farms and sustainable development：is small more sustainable?［J］. Journal of agricultural and applied economics, 1996, 28（1）：73-83.

[3] GOODMAN D, DUPUIS E M, GOODMAN M K. Alternative food networks：Knowledge, practice, and politics［M］. Routledge, 2012.

[4] GUTHMAM, JULIA. Agrarian Dreams：The Paradox of Organic Farming in California

［M］. Berkley: University of California Press, 2014.

［5］HIBBERT S, PIACENTINI M, DAJANI H A. Understanding volunteer motivation for participation in a community - based food cooperative ［J］. International Journal of Nonprofit Volunteer Sector Marketing, 2003, 8 (1): 30-42.

［6］HERRMANN R O. The tactics of consumer resistance: group action and marketplace exit ［J］. Advances in Consumer Research, 1993, 20 (1): 130-134.

［7］HUPPER A. The Role of Cooperation and Prosocial Behavior in Food Buying Clubs: An Exploratory Study ［J］. 2017.

［8］IKERD J. Cooperation: The Key to Sustainable Livelihoods in Food Systems ［J］. Journal of Agriculture, Food Systems, and Community Development, 2012, 3 (1): 9-11.

［9］JAROSZ L. The city in the country: Growing alternative food networks in metropolitan areas ［J］. Journal of Rural Studies, 2008, 24 (3): 231-244.

［10］JENSEN H R. Consumer policy in Co-op Denmark as perceived by the member representatives ［J］. Journal of Consumer Policy, 1989, 12 (4): 465-483.

［11］KATCHOVA A L, WOODS T A. The effectiveness of local food marketing strategies of food cooperatives ［R］. 2011.

［12］ANAND K S, ARON R. Group Buying on the Web: A Comparison of Price-Discovery Mechanisms ［J］. Management Science, 2003, 49 (11).

［13］LITTLE R, MAYE D, ILBERY B. Collective purchase: Moving local and organic foods beyond the niche market ［J］. Environment and Planning, 2010, 42 (8): 1797-1813.

［14］LYSON T A, GUPTILL A. Commodity agriculture, civic agriculture and the future of US farming ［J］. Rural sociology, 2004, 69 (3): 370-385.

［15］LOCKIE S, LYONS K, LAWRENCE G, MUMMERY K. Eating "Green": motivations behind organic food consumption in Australia ［J］. Sociologia Ruralis, 2002, 42 (1): 23-40.

［16］MCADAM D, MCCARTHY J, ZALD M. Comparative Perspectives on Social Movements: Political Opportunities, Mobilizing Structures, and Cultural Framings ［M］. Cambridge: Cambridge University Press, 1996.

［17］OFFE C. New Social Movements: Challenging the Boundaries of Institutional Politics ［J］. Social Research, 1985, 52 (4): 817-868.

［18］SI Z Z , SCHUMILAS T, SCOTT S. Characterizing alternative food networks in China ［J］. Agriculture and Human Values, 2015 (32): 299-313.

［19］I-LIANG W. The Transformation of consumer movements through democratization and the development of civil society in Taiwan ［J］. International Journal of Consumer Studies, 2015, 39 (5).

［20］WANG R Y, SI Z, Ng C N, SCOTT S. The transformation of trust in China's alternative food networks: Disruption, reconstruction, and development ［J］. Ecology and Society, 2015, 20 (2).

［21］加布里埃尔·阿尔蒙德, 西德尼·维巴. 公民文化——五个国家的政治态度和民主制度 ［M］. 张明澍, 译. 北京: 商务印书馆, 2014.

［22］陈卫平. 社区支持农业情境下生产者建立消费者食品信任的策略——以四川安龙村高家农户为例 ［J］. 中国农村经济, 2013 (2): 48-60.

［23］冯仕政. 西方社会运动理论研究 ［M］. 北京: 中国人民大学出版社, 2013.

［24］陆继霞. 替代性食物体系的特征与发展困境——以社区支持农业和巢状市场为例 ［J］. 贵州社会科学, 2016 (4): 158-162.

［25］罗攀. "有机" 可乘——关于北京 "有机食品" 消费热潮的人类学调查 ［J］. 思想战线, 2018, 44 (6): 46-54.

［26］石嫣, 程存旺, 雷鹏, 朱艺, 贾阳, 温铁军. 生态型都市农业发展与城市中等收入群体兴起相关性分析——基于 "小毛驴市民农园" 社区支持农业 (CSA) 运作的参与式研究 ［J］. 贵州社会科学, 2011 (2): 55-60.

［27］E. F. 舒马赫, 虞鸿钧. 小的是美好的 ［M］. 郑关林, 译. 北京: 商务印书馆, 1984.

［28］帅满. 信任转化与演进机制研究: 以网络结构信任为中介的考察——以自组织 "菜团" 为例 ［J］. 中国研究, 2014 (2): 120-142+223-224.

［29］帅满. 安全食品的信任建构机制——以 H 市 "菜团" 为例 ［J］. 社会学研究, 2013, 28 (3): 183-206+245.

［30］司振中, 代宁, 齐丹舒. 全球替代性食物体系综述 ［J］. 中国农业大学学报 (社会科学版), 2018, 35 (4): 127-136.

［31］中国台湾主妇联盟生活消费合作社. 菜篮子革命: 从共同购买到合作找幸福 ［M］. 北京: 三联书店, 2017.

［32］阿兰·图海纳. 行动者的归来 ［M］. 舒诗伟, 等译. 北京: 商务印书馆, 2008.

［33］中国台湾主妇联盟生活消费合作社. 关于我们: 从一群妈妈开始的消费运动 ［EB/OL］. ［2022-04-28］. https: //www. hucc-coop. tw/about, 2019-12.

［34］徐立成, 周立. "农消对接" 模式的兴起与食品安全信任共同体的重建 ［J］. 南京农业大学学报 (社会科学版), 2016, 16 (1): 59-70+164.

［35］徐立成, 周立. 食品安全威胁下 "有组织的不负责任" ——消费者行为分析与 "一家两制" 调查 ［J］. 中国农业大学学报 (社会科学版), 2014, 31 (2): 124-135.

［36］杨莹, 王发财, 高雨薇. "绿之盟妈妈馆": 食品安全危机下的 "组团自救" ［J］. 绿色中国, 2013 (14): 50-53.

［37］叶敬忠, 丁宝寅, 王雯. 独辟蹊径: 自发型巢状市场与农村发展 ［J］. 中国农村经济, 2012 (10): 4-12.

［38］张丽，王振，齐顾波．中国食品安全危机背景下的底层食物自保运动［J］．经济社会体制比较，2017（2）：114-123.

［39］张璟，郑风田，倪国华．静悄悄的革命：市场领域里的社会运动与另类食物体系的形成——社区支持农业在中国的传播与发展［C］//北京农业经济学会 2013 年学术年会论文集，2013.

［40］周立，方平．多元理性："一家两制"与食品安全社会自我保护的行为动因［J］．中国农业大学学报（社会科学版），2015，32（3）：76-84.

［41］赵鼎新．社会与政治运动讲义（第二版）［M］．北京：社会科学文献出版社，2012.

［42］赵保国，成颖慧．网络团购中消费者购买意愿影响因素研究［J］．中央财经大学学报，2013（10）：91-96.

第三部分

性别、家庭和社会问题篇

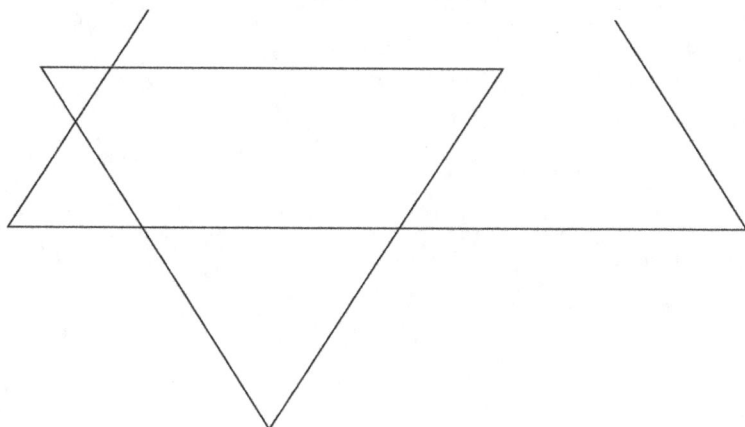

中国职业性别隔离的时空变迁

❖ 吴晓阳（上海大学）
黄苏萍（指导教师）

摘　要：近几十年来的统计数据显示，女性接受高等教育的比例已超过男性，然而劳动力市场中依然存在明显的职业性别隔离。理解职业性别隔离的变迁模式和影响因素能够帮助我们解释性别"不平等"的成因，对改善社会现实有所启发。以往研究集中在讨论国家层面的宏观变化，且使用单一的指数来描述隔离程度，易忽略不同职业、群体和地区间的异质性，更缺乏影响因素的实证分析。在前人基础上，本研究使用1990年、2000年和2010年3轮人口普查数据作了进一步研究。

首先，本研究比较了不同隔离指数的差异，并试图描绘出职业性别隔离变迁的"侧画像"。研究结果与前人有一致之处，但也存在差别：1990年到2010年职业性别隔离总体下降，但变化是"非对称"的，许多男性代表性更高的职业走向"中性化"，原先女性代表性更高的职业却依然由女性主导；年轻期群、教育程度更高的群体的职业隔离程度更低；按地级市把普查微观数据汇总为空间型数据后，发现职业性别隔离存在地区之间的差异，但只有D指数表明东部地区的职业性别隔离最高。

其次，本研究分析了宏观因素对地区职业性别隔离的影响，得出以下结论：第一，随着地区的经济发展（用人均GDP表示）、服务业就业比重变大，职业性别隔离程度趋向加剧，这显示出现代化过程中性别平等和经济发展的非同步性；第二，不过，技能型行业就业比重越大，地区的职业性别隔离越低，这反映出现代科层理性和技术理性可以消解职业不平等；第三，女性平均教育年限的提高能够降低职业性别隔离，这印证了生命周期理论中人力资本的解释；第四，生育率的上升会加剧地区的职业性别隔离。本文还比较了2000年和2010年的宏观因素影响程度的变化，发现2010年时女性平均教育年限对职业性别隔离的削弱作用发生了下降。

关键词：职业性别隔离；隔离指数测量；社会变迁；空间异质性

第一章　引　言

一、研究背景

当人们用"男护士""女医生""女司机"来称呼这些职业中男性或女性从业者时，这实际上反映了职业间的性别隔离。尽管劳动力市场总体的性别比例趋向平衡，职业性别隔离的总体趋势也在逐渐下降（吴愈晓 等，2008；李汪洋 等，2015），但是不少职业依然存在明显的性别隔离。比如在2002年到2018年，政府和企事业单位的负责人中女性占比始终维持在1/3以下（见图1-1），其他职业同样变化缓慢。在其他条件相同的情况下，工作收入的性别差距中有49.86%是由职业性别隔离造成（He et al.，2017），有53.24%是由职业晋升的不平等造成（卿石松 等，2013）。并且，中国目前的社会保障体系建立在就业的基础上，市场上的每一个劳动力个体依附于所从事的职业，许多社会因素交织在一起共同决定了资源的分配，性别是其中最常见也最"隐蔽"的维度。

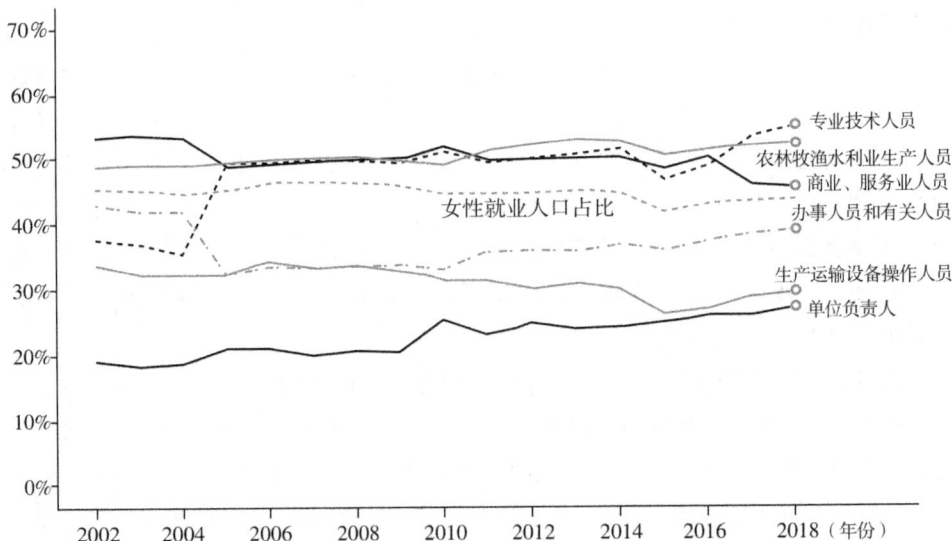

图1-1　6个职业大类的女性占比，2002—2018年

资料来源：作者根据《中国就业和人口统计年鉴》第二部分"全国劳动力抽样调查"整理。

注：图中的虚线是女性就业人口占就业总人口的百分比。

二、研究意义

在结构功能主义的视角中，现代化必然伴随着社会的理性化，科层化的职业系统将是社会劳动分工的主流。在这一对理性化的构想中，性别隔离和其他类型的隔离被认为是低效的和违背平等主义的。不过，在"现代化"的过程中，社会变迁的许多维度并不是同步的，例如"家庭-工作"冲突被保留了下来，经济发展可能伴随着职业性别隔离的加剧。社会学把性别（gender）看作是个人的先赋特征，如果性别成为职业差异和不平等的重要来源，那就需要我们反思制度化的职业隔离背后的各种社会力量。以往对职业性别隔离的研究大多使用省份、国家层面的普查和抽样数据，有时会忽略不同职业类型、不同就业群体、地区间的异质性，也未对影响因素作系统的实证研究。本研究期望对过去的研究进行更细致的考察，从中发现职业、群体、空间上的性别隔离特征，以及随时间发生的变化，并分析与其他社会经济特征之间的联系。理论研究为职业性别不平等提供了多种解释路径，实证研究能够为这些理论机制提供现实的依据，并帮助理解和解释职业性别隔离变迁的可能成因，回答那些看似理所当然的问题：职业性别隔离的变化对男性和女性来说是对称的吗？教育依然在削弱职业隔离吗？生育因素会加剧职业中的不平等吗？等等。

本研究也希望对相关的社会政策有所启发。职业性别隔离的研究具有重要的现实意义，中国有专门针对性别不平等的立法，职业隔离直接与薪酬差距、职位晋升等就业不平等挂钩（王天夫 等，2013；He et al.，2017；卿石松 等，2018）。职业性别隔离背后的社会问题没有看起来那么"私人"，家庭内部的性别分工、社会政策对生育负担的忽视、教育系统的专业性别隔离等是阻碍实现性别平等的制度性因素。正如当下所面临的低生育率问题，难以从个人的层面上来寻找解决之道。解决就业性别不平等和低生育困境可以是并行不悖的，社会政策是消除性别不平等、提高就业质量最直接的途径，同时也避免让生育成为一种负担，生育率自然会恢复到人口更替水平。不过，本研究更希望能够加深人们对于性别不平等的认识，努力成为行动者去改变不同领域的性别隔离。

第二章　文献回顾

"隔离"（segregation）最早被用来描述基于种族和宗教身份的隔离，例如在一些地区不同种族居住在彼此分离（separated）的社区。除了在生活空间中划出一道难以逾越的界限，隔离还渗透在不平等的权力关系中。在后一种权力关系的意义上，隔离的概念被运用到了其他领域来分析不平等的社会事实，例如性别、社会阶层、年龄，甚至是出生地域。有别于种族和宗教隔离在物理上的强制性区分，职业性别隔离更为隐蔽，与性别有关的职业分化被看成是天经地义的。围绕性别这一先赋特征形成的职业差异，往往与宏观的社会事实相联系。本章概述了用来解释职业性别不平等的主要理论，介绍了社会科学中职业性别隔离的经验研究，并在最后提出了几个假设。

一、职业性别隔离的国内外研究

对职业性别隔离研究的上一个高峰期是在 20 世纪 90 年代，彼时涌现了许多来自各个学科的学者，他们不仅记录下了职业性别隔离的现象，也提出了各种解释性别不平等的理论和方法论（Blau et al.，2006）。Petersen 等人分析了美国从 1974 年到 1983 年职业性别隔离的变化，提出了"不平等且隔离（unequal and separated）"（Petersen et al.，1995）。他们所使用的数据来自美国联邦劳动力调查，详细地区分了当时的职业分类，覆盖了 80 多万的就业人口。不仅职业可以被分为女性职业和男性职业，而且男女性职业之间存在明显薪酬差距，甚至在同一岗位上女性员工所获得的回报也低于男性。Charles 和 Bradley（1998）收集了北美 200 多所高校中不同学历层次的录取性别比以及不同研究领域教职工的性别结构，发现了当时教育领域中"平等却隔离（equal but separated）"的现象。也有研究作了跨地区的比较（Charles，1992），国家变迁会反映在职业隔离的变化上，例如在 1989 年以前，东德的职业性别隔离程度高于西德，到 1998 年两德统一后，东西地区的隔离模式逐渐趋同（Rosenfeld et al.，2002）。

社会变迁中社会不平等的变化引起了国内学者的关注，不少学者用抽样调查和普查数据对几十年来职业性别隔离作了较为全面的分析（蔡禾 等，2002；李春玲，2009；吴愈晓 等，2008；李汪洋 等，2015；赵媛媛，2019）。2000 年的一项全国调查计算了不同职业的性别比，显示出当时对女性隔离的职业数目远多于对男性隔离的职业数目，新兴职业比蓝领职业的隔离要严重，而且这种不平等程度在体制外单位要大于体制内单位，在沿海省份要大于内陆省份（蔡禾 等，2002）。所有制类型、行业类型与职业性别隔离、收入的性别不平等之间存在重要关系（Shu et al.，2003）。多数人认为从总体上看，中国职业性别隔离程度较低。但行业内部的细分职业性别隔离程度较大，在一些行业隔离程度正在加深，职业性别隔离在地区间体现出不同的特点（易定红 等，2005）。后来有学者认为职业隔离不是线性下降的，我国的职业性别隔离程度在 20 世纪 80 年代持续上升，但其中非农职业的性别隔离经历了一个先升后降的过程（吴愈

晓 等，2009；李汪洋 等，2015）。原因在于不同历史阶段职业性别隔离的主要因素发生了变化，比如职业类型、教育程度或户口性质等。从收入和职业关系入手的研究发现，虽然在一定程度上，经济发展可以降低性别间的收入不平等，但性别间的收入差异随就业部门的市场化程度加深而扩大，造成收入差距的重要因素就是职业隔离（贺光烨 等，2015；He et al.，2017）。职业间隔离导致的工资性别差异正在逐渐降低，但职业内的工资差异在上升（何泱泱 等，2016）。

如果将经济发展、技术革新、市场化或其他因素看作是一类事件，事件发生的地点必然会对所在地的社会事实产生影响。有调查显示，职业性别隔离呈现出空间上的波动，在沿海省份要大于内陆省份（蔡禾 等，2002）。这种不平等的空间分布特征与当时经济开放的先后有关。男女平等在计划经济时期得到官方的承诺，后来的市场化往往被认为与性别不平等的变化有关（Xie et al.，1996；王天夫 等，2008；吴小英，2009；李汪洋 等，2015），激励方式的变化对农村和城镇女性就业造成了深远影响（Zhang，2013；吴愈晓 等，2008；贺光烨 等，2015）。经济改革对不同地区性别平等所起作用是复杂的，如果刚刚进入市场化的地区原先依赖于体力活动，性别偏好反而会得到强化（Qian，2008；Almond et al.，2019）。除此之外，地区的文化差异也会对女性就业率和薪酬差距产生影响（Antecol，2000）。

二、职业性别隔离的理论基础

消除职业性别隔离有两个理想条件，一是男女都实现了充分的劳动参与，二是具有明显性别偏好的职业在职业结构中占比很小。上述两方面的因素对应于劳动力的供给和需求这两侧，经济学从人力资本和个人选择入手，而社会学者十分关注社会约束的作用，尤其是社会变迁中职业性别隔离的变化。下文试从这两个学科的理论流派来介绍职业性别隔离背后的机制。

（一）人力资本与雇主歧视

在劳动经济学的研究中，曾流行用生命周期人力资本模型（life-cycle human-capital model）来解释市场上薪酬的性别差异，这一模型最早是由Ben-Porath（1967）提出的。男性和女性在教育程度上的差距、家庭内的分工导致他们在工作上的人力资本投入不同，反过来人力资本的差异又会固化原先的家庭内分工（Blau et al.，2006），这形成了一种负向的"反馈效应"。女性选择职业时会考虑到该职业人力资本的"折损率"，即她在回到这个职业时的实际工资比她辞职去做全职妻子时的工资要低（Polachek，1975）。为了减小中途辞职对个人收益的影响，女性会选择从事折损率较低的职业，通常是工作时间灵活的起薪高、升值空间低的工作（Polachek，1980）。

上面是从受雇者一侧来解释，雇佣者也处在市场理性的解释力中。市场理性认为个人具有同等的机会，只要有交换的资本就可取得预期的地位，但实际结果往往受到雇佣者"统计学歧视"的影响（Bielby et al.，1986）。那么是什么造成了歧视，一个很重要的原因是信息的不充分，企业倾向从群体特征来推断个体特征。例如，雇主相信女性群体的生育行为会产生潜在的生产成本，于是在雇佣女员工前会有所顾虑。在生育率很低的时候，企业性别歧视程度会降低，女性技术工人的职业溢价会增加（郭凯明 等，2016）。不过我们还要问，生育必然是女性个人或她的家庭独自承受的负担吗？或许社会学提供了另一个解释视角，企业存在的性别偏好不仅是因为劳动力的个人特质，还有建立在社会性别角色（gender role）基础上的制度约束。

（二）隐秘的制度约束

基于"理性选择"的人力资本理论为男女职业的分化提供了有力的因果解释，在强调结构性力量的社会学视角中，社会制度那种超越个人的力量却很难被经济理性完全解释，"制度替你做了那些生死攸关的选择"（Douglas，1986）。市场假设的理想劳动力是一个没有性别和家庭，可以随时流动的自由个体（贝克 等，2000）。然而到目前为止，企业中与性别有关的规范不可忽视，规范的合法化是不可见的（Connell，2006）。

新制度主义用组织神话（myth）（Meyer，2000）犀利地指出科层化的组织本身被认为是现代的、理性的。组织对目标的分解、分配和实施都被视为是性别中立的，人们为组织的整体目标而各司其职。然而组织作为行动者的集合所追求的利益，并不同于其个体成员的目标，个人不仅在和其他个体的关系上失去权利，而且在和组织的关系上也失去了他们的权利（Coleman，1974）。关于组织的研究发现看似中立的制度，其实维持着男性中心地位的合法性，或者与阶层、种族"共谋"形成多维度的职业隔离（Reskin，1988；Risman，2004）。正式组织表面上是性别中立的，因为它的制度声称以平等、公正、效率等理性原则为轴心，从而排除了对制度背后的非理性的批判，性别成为资源非均匀分布的一个隐性来源。制度主义对"理性选择"的批判并非反对理性本身，过去主导的是一种以男性经理人为模板的理性（Acker，1986）。

现代性的后果之一是科层制理性与市场理性代替了传统社会制度，不过，祛魅的后果也可能是让多种力量同时回到历史舞台。对目前的中国来说，职业性别隔离不只受到一种市场规则的作用，市场话语会和传统话语、国家话语其他两种话语模式相结合（吴小英，2009）。根据市场转型理论，市场化和社会经济发展这两个维度对性别不平等的影响方向和强度并不完全吻合，尤其是当不同话语形成结合，可能会扩大不平等。就业部门的市场化可能会加大收入的性别差异（贺光烨 等，2015；He et al.，2017）。

（三）非对称的革命

England（2010）等人曾针对美国社会提出"停滞且非对称的革命"（stalled and asymmetric revolution）这一颇具争议的观点。本研究之所以将这个观点单列出来解释，是因为它同时强调劳动力供需双方的微观选择和结构性约束，对其他社会也有借鉴意义。尽管性别平等运动已席卷全球，目前的性别革命对男女来说是不对称的，女性比男性更有可能跨越性别界限进入男性主导的职业。女性员工占多数的工作的价值通常受到贬视，且几乎没有什么制度上的变化（Levanon et al.，2009）。男性缺乏动力去跨越性别界限，因为当他们进入传统上由女性主导的领域时，不仅会得到比原先职业更低的报酬，还要经受性别文化的贬视。因此，男性和女性都倾向流入原先男性主导的职业，职业性别隔离减弱的主要形式是女性进入男性主导的领域，而不是男性进入女性主导的领域，导致了所谓的"非对称的革命"。

这一观点在 England 提出之前已有一些学者进行过讨论，并曾经受到过一些批评。有学者认为"运动尚未停滞"，呼吁男性也去跨越性别的限制："把男人带回来！"（Reskin，1988，2011）。人们通常认为隔离发生在性别色彩浓厚的传统职业，但是性别关系是动态建构的（Connell，2006），并不存在固定的男性职业和女性职业。新技术的诞生创造了新的职业，隔离可能会因此消除，也可能依然发生在新的职业中（Cockburn，1985）。基于对理想男性气质的崇拜，性别权力关系依然在定义什么工作才是有价值的。也有社会学家认为之所以平等运动进入了低潮，是因为女性群体中有着异质性的职业取向，如 Hakim（2006）的性别偏好理论，不过偏好理论依然是以社会化、角色理论为底色的。

三、理论基础与假设提出

综合前人的研究结果和理论视角，本研究接下来将提出相应的研究问题和假设。职业性别化转变往往发生于工业社会中产业结构转型过程中，服务业类职业的女性化不仅使得这些职业的工作被固化为"女性领域"，较低的报酬和声望也阻碍了男性流向这些职业。按照 England 的观点，那些对男女都有很大经济激励的行业，去性别化的程度也会较高。如果以技能溢价来衡量某一行业的激励大小（见图 2-1），激励较大的行业也更为"中性化"（见图 2-2）。例如，科学研究、金融业、信息技术业等主要通过教育来获得技能的行业，有相对平衡的性别比。大学教育为商业、服务业提供了大量的白领阶层劳动力，过去几十年里女性就业增长的热点就集中在白领职业（李春玲，2009）。受过高等教育的女性在进入男性主导的管理类和专业技术类职位方面取得的进步，很可能推动了高学历职业的性别隔离程度的急剧下降。综上，本研究提出以下假设：

假设1：女性平均教育年限越高的地区，职业性别隔离越弱。

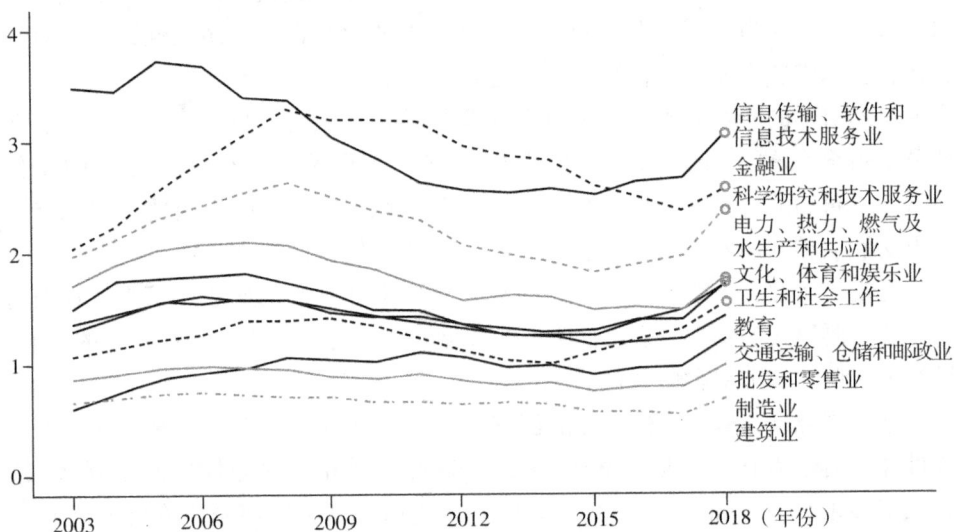

图2-1　不同行业的技能溢价（相对于农林渔牧行业的人均收入比值），2003—2018 年

在图2-2中还可以看出，原本偏向中性的职业发生了转变。批发零售业女性化的程度正在不断加深，批发零售行业具有更大的工作灵活性，技能要求不高，而教育业的技能要求高但灵活性相对较大，上述特点吸引了女性的"主动选择"；而制度主义则认为，市场化使国家计划的供销体系逐渐退出历史舞台，原先强调性别中立的计划分配原则让位于供需原则，新的组织结构和传统的性别观念对女性就业都是不利的。此时本质主义和平等主义可以同时运作，本质主义支持隔离但平等（separate but equal）的性别制度，认为男女的职业取向不同（Charles et al.，2004）。鉴于中国大部分地区仍处于经济发展的阶段，职业的水平隔离可能会随着经济发展而加剧，然而现代科层制理性和技术理性又强调"选贤举能"，根据学历文凭、技能证书来选拔人才，据此提出以下2个看似具有竞争性的假设：

假设2：服务业就业比重越大的地区，职业性别隔离程度越大。

假设3：技能型行业就业比重越大的地区，职业性别隔离程度越小。

劳动参与和生育行为的角色冲突（role incompatibility）是一个被不断研究的

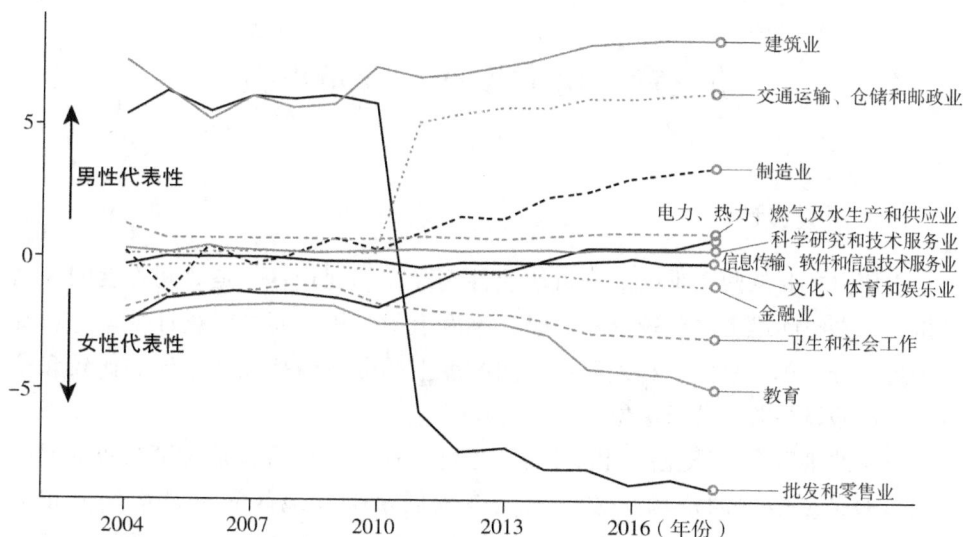

图 2-2　行业的性别化程度，2004—2016 年

资料来源：作者根据《中国人口和就业统计年鉴》整理计算。

注：技能溢价指的是技能型职业（skilled occupation）相对于非技能型职业的薪资差距（Van, J. , 2009）。图 2-1 中是各行业与第一产业进行比较，大于 0 说明行业报酬较高。这里以农林渔牧业作为基准，数值见附表。图 2-2 的隔离指数介绍见第四节，这里作了调整以测量单个行业的性别隔离：$D_i = \dfrac{m_i}{M} - \dfrac{w_i}{W}$，表示行业 i 中女性比例和男性比例的差值，大于 0 表示对女性隔离，小于 0 表示对男性隔离。具体数值见附表。

议题。当集体单位和扩展家庭对生育、养老的支持都逐渐削弱，没有薪酬的家庭劳动（domestic work）成为家庭自行协商之事（Cook et al. , 2011；Ji et al. , 2017）。生育率的提高使女性更有可能退出劳动力市场（Bloom，2009；David et al. , 2009；郭凯明 等，2016）。女性就业机会的增加被认为是减少性别隔离的前提之一（李汪洋 等，2015），Goldin 和 Katz（2002）曾发现，能够获得避孕药的大学学历女性会推迟初婚年龄，而且更容易进入专业型和技术型的非传统职业。于是本研究提出如下假设：

假设 4：地区的生育率越高，职业性别隔离程度越大。

第三章　研究设计与变量设置

一、研究设计

本研究主要从两个维度来分析职业性别隔离的变迁：一是时间维度的纵向分析，二是空间维度的比较分析。时间维度上的分析主要是对统计数据作详细的描述，分析单位是职业和人群；空间维度上的分析包括地区差异的比较和第五章中的假设检验，分析单位是地级行政区划。

下文的第四章"职业性别隔离的描述性统计"也可看作是对第二章的回应和初步验证。中国的市场化改革和经济发展水平在地区间不是均匀分布的（Hauser et al.，2005），因此本研究在描述职业隔离的变化时也会关注地区差异。第五章使用回归模型对第二章提出的几个假设进行检验，分析单位是地级行政区划，个别地区的行政界限发生了变化。本研究对三轮人口普查中有变动的地理单元进行了调整，通过合并地理单元来获得分析单位的统一性，均按照曾隶属或新划归的行政区划向上进行合并为更大的地理单元，因而实际的分析单位数量为321个，少于各年份人口普查的地级区划数量。

二、数据来源

本研究使用的数据主要有1990年第四次全国人口普查、2000年第五次全国人口普查和2010年第六次全国人口普查[①]。1990年和2000年的普查数据来自国际普查微观数据开放项目（IPUMS）[②]，分别含有1180多万和1183多万个样本，都是基于人口普查的1%抽样；2010年的数据是地级市层面的普查汇总资料，来自抽样比为10%的普查长表数据。上述微观数据和地级市汇总数据分别覆盖了全国人口的约1%和10%，都是具有很高代表性的横截面数据。2010年的汇总资料未公开样本权重，本研究在对1990年和2000年的微观数据按地理单元汇总时，也未使用原数据提供的个体权重。除了人口普查数据以外，其他地级市层面的数据来自各地级市的《统计年鉴》和《中国城市统计年鉴》。宏观的社会环境变迁与地区的精神概貌往往互相勾连，不过由于大多数抽样调查在省、市层面的代表性较弱，本研究没有收集态度或观念方面的数据。

---

① 国家统计局（2012）：http：//www.stats.gov.cn/tjsj/pcsj/rkpc/dlcrkpcsj/.

② https：//international.ipums.org/international/.

三、变量设置

（一）职业性别隔离的测量

中国的职业大典把职业分为大类、中类和细类，对比李春玲（2009）和李汪洋等（2015）的研究（见图3-1），按照职业中类测量的隔离指数和按照细类测量的指数非常接近，因此本研究只计算到中类。为了保持各时期的职业分类一致，本研究把三个时期的职业统一编码为63个职业中类，去掉了"无法确定类别的其他职业"。下面介绍几种职业性别隔离指数的计算方法。

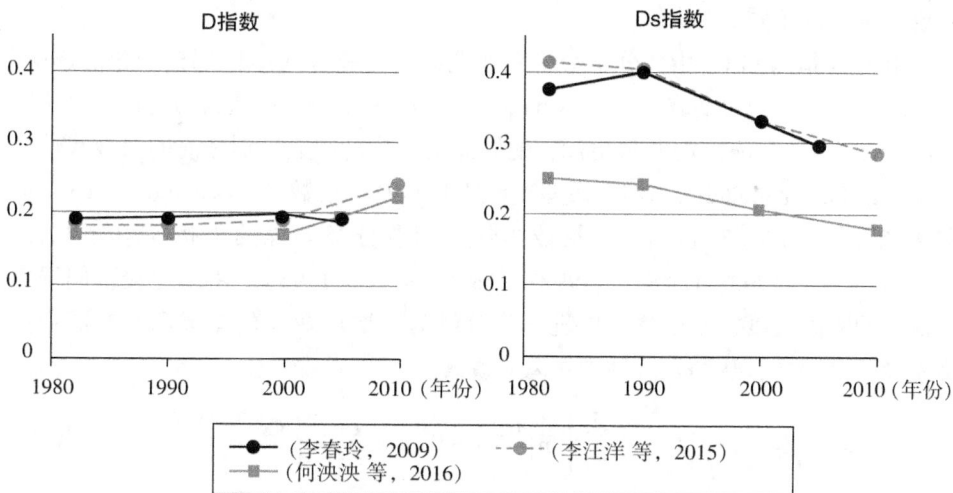

图3-1　隔离指数 D（左）和 Ds（右）的比较

注：作者根据李春玲（2009），李汪洋、谢宇（2015），何泱泱 等（2016）文中数据整理。

较早用来测量隔离程度的指数是邓肯提出的相异指数 [index of dissimilarity，简称 D 指数，见公式（3.1）]（Duncan，1955）。但由于对各职业赋予不同的权重，D 指数容易受职业结构变化影响（Charles，1995；杨伟国 等，2010）。

$$D = \frac{1}{2} \sum_i^n \mid \frac{w_i}{W} - \frac{m_i}{M} \mid \qquad (3.1)$$

公式（3.1）中，w_i 表示女性在职业 i 中的人数，W 是女性就业人数，m_i 表示男性在职业 i 中的人数，M 是男性就业人数，n 是职业数量，乘上 $\frac{1}{2}$ 是对总值作标准化处理。D 指数的范围是 [0，1]，0 表示不存在职业隔离，1 表示完全隔离，若 $D = 0.5$，则表示需要有50%的男性或女性转换职业来达到完全不隔离。

为了减小职业规模变动的干扰，Gibbs（1965）提出了标准化 D 指数（size-standardized index of dissimilarity），简称 Ds。Ds 值不会受职业规模变化的影响，因为它假设各职业的权重相同［见公式（3.2）］。Ds 会受到女性和男性的就业相对规模的影响。

$$Ds = \frac{1}{2} \sum_{i=1}^{n} \left| \frac{w_i/T_i}{\sum_{i=1}^{n} (w_i/T_i)} - \frac{m_i/T_i}{\sum_{i=1}^{n} m_i/T_i} \right| \tag{3.2}$$

公式（3.2）中，T_i 代表在职业 i 中的从业总人数，即女性和男性的总和 $T_i = m_i + w_i$。其余符号的意义与公式（3.1）相同。Ds 取值与 D 指数的取值范围一致，含义也相同。

由于 D 指数和 Ds 指数分别会受到职业结构、就业人口性别比变化的影响，测量结果会不一致（见图3-1）。Charles 和 Grusky（1992）认为两者都不是边际自由（marginal-free）的测量指标，他们提出了分析职业性别隔离的对数线性模型（Log-Linear Model），在模型基础上提出了关联指数［Association Index，简称 A 指数，公式（3.3）］。A 指数排除了职业分类差异的干扰（Xie，1992；Charles et al.，1992；Charles，1992；Charles et al.，1995），用以比较不同国家或地区的隔离程度，A 指数可以进一步分解为主要职业间的差异和主要职业内部差异两个层次，从而发现性别隔离的模式。

$$A_k = \exp \left(1/n \cdot \sum_{i=1}^{n} \left[\ln \left(\frac{w_{ik}}{m_{ik}} \right) - 1/n \cdot \sum_{i=1}^{n} \ln \left(\frac{w_{ik}}{m_{ik}} \right) \right]^2 \right)^{\frac{1}{2}} \tag{3.3}$$

公式（3.3）中，k 表示第 k 个国家或地区，i 表示职业 i。其余符号的含义和取值与 D 指数的公式一致。A_k 等于 1 时表示不存在职业隔离，指数值越大性别隔离越强。

除此之外，还有其他指数被运用到隔离测量上，如 I 指数（Karmel，1988；Watts，1998）、M 指数（Mora et al.，2011）、H 指数（Theil，1971）等。在具体的研究目的下选择合适的测量指数和模型更为重要（Grusky et al.，1998）。在下文中，本研究会同时计算 D、Ds 和 A 这三种隔离指数并比较它们的异同。

（二）服务业、技能型行业的就业比重

社会经济发展涉及生产效率提高、市场开放、技术现代化等多个维度（Shu et al.，2002；贺光烨 等，2015；刘精明，2020）。伴随着经济发展的是服务业和技能型行业的迅速壮大，服务业部门发达的国家具有更高的职业性别隔离，而技能型行业的发展则会削弱职业性别隔离（Charles，1996）。尽管不同文化对技能的价值判断存在差异，经济全球化使得现代工业社会对于技能的定义逐渐趋同。有研究技能回报的学者使用了后工业社会理论的定义，假定技能只在学校中习得和形塑，而且在工作时要使用到计算机等工具（Liu et al.，2013）。本研究根据第二章中所作的探索性研究（技能溢价计算），并参考国内相关研究的设定（王鹏 等，2015），把需要专业性才能和一定教育程度才能从事的行业作为技能型行业，比如第六次人口普查中的技能型行业有："信息传输、计算机服务和软件业""金融业，租赁和商务服务业""科学研究、技术服务和地质勘查业""教育业""卫生、社会保障和社会福利业"。

（三）地区总和生育率

总和生育率（Total Fertility Rate，TFR）指人口中的女性在其育龄阶段可生养的孩子的平均数目。需要强调的是，本研究计算的生育率是地区的总和生育率，已有研究证明年龄结构是劳动参与率的相关变量（王广州，2020），年龄别的生育率也会不断变化（郭志刚，2009；Bloom et al.，2009）。计算 TFR 的公式为：

$$TFR = 5 \times \sum (ASFR) = 5 \times \left(\frac{Births_{15 \sim 19}}{Women_{15 \sim 19}} + \frac{Births_{20 \sim 24}}{Women_{20 \sim 24}} + \cdots + \frac{Births_{45 \sim 49}}{Women_{45 \sim 49}} \right) \#$$

$$(3.4)$$

公式（3.4）中，*TFR* 为总和生育率，*ASFR* 为年龄别生育率（age-specific fertility rate），得到的加权之和就是总和生育率。

（四）社会抚养费征收力度

生育率与职业性别隔离之间存在的相关性可能是由其他社会经济方面的变量引起的，也可能是由于两个变量互为因果。女性在作生育和就业决策的时候会同时考虑它们带来的影响（Becker，1960）。这要求研究者区分出因果效应和干扰效应，推断生育率对职业性别隔离的作用。以制度主义的视角看，主流文化的价值取向、社会政策和经济压力使个人成为社会的中介（agency），人无不处于制度的约束之下，生育制度通过个人这个中介与劳动力的就业决策产生关联。制度差异近似于社会实验的控制组和对照组，已有研究把社会抚养费作为政策指标来分析独生子女政策对地区生育率和出生性别比的影响（Ebenstein，2010）。

本研究用各个地区的社会抚养费征收力度作为政策工具变量，测量生育率对职业性别隔离的作用。使用社会抚养费征收力度这一工具变量首先是基于理论假设，社会抚养费的处罚目的不是为了减小或增加职业性别隔离（变量的外生性），但是生育率的下降又会影响到女性的劳动参与和职业选择以及雇主招聘女员工时的预判（对因变量的作用），因而可用来检验生育率是否和职业隔离虚假关联。

在政策具体执行时，每个省份的计生委按照国务院颁布的计生条例制定了各自的标准，因此社会抚养费的处罚力度表现出地区间的差异。某些省份允许农村户籍人口生育第二胎，前提是第一胎为女婴（郭志刚 等，2003）。并且，有研究发现独生子女政策推出后，为了规避生育数量的限制，出现了汉族和少数民族人口通婚率上升的现象（Huang et al.，2015）。本研究收集了 31 个省（自治区、直辖市）2000 年后颁布的社会抚养费标准，2000 年以前的征收标准来自 Ebenstein（2010）和 Scharping（2003）整理出的资料。参考 Gu et al.（2006）和 Ebenstien（2010）的做法，在计算地级市的征收标准时根据当地的人口特征对省级行政区的社会抚养费进行加权。中国婚外生育和婚前生育的比率非常小，因此也不考虑早婚和婚外生育的征收标准。社会抚养费数据的描述图表见附录。

（五）其他变量

本研究使用了女性的平均教育年限作为人力资本的一个指标来看教育对职业性别隔离的影响。女性平均教育年限根据人口普查计算，是一个地方的不同学历群体受教育年限的加权平均值。本研究中使用的其他控制变量有农林牧渔业的就业比重、人均 GDP、地区的失业率。上述控制变量均是从已有研究中发现，农业发达的地区女性的劳动参与率反而较高（Goldin，2006）；女性的就业更容易受到失业率的影响（Pettit et al.，2006）。

第四章　职业性别隔离的描述性统计

在本章的描述性分析中，将对上文提及的三种隔离指数加以运用，比较指数的选择是否会有误导性，再使用 A 指数对职业性别隔离的总和值进行分解，观察不同职业、不同就业群体内部的性别隔离。然后，本研究的视野将转向空间异质性，关注职业性别隔离在地区间的差异，利用这些差异来分析影响职业隔离的宏观因素，后续的第五章回归分析将对影响因素建立模型。简而言之，本章试图描绘出职业隔离变迁的"侧画像"。

一、职业性别隔离变迁的非对称性

过去研究对职业性别隔离的测量结果存在争议，如表 4-1 中的指数值所示，Ds 指数和 A 指数相比 1990 年分别下降了 45% 和 47%，但 D 指数却表明隔离加剧了 39%。由于规模大的职业有更大的权重，D 指数可能会夸大或低估性别隔离的实际程度。如图 4-1 表明，仅仅关注总和指数会掩盖职业性别隔离变化趋势的差异。基于对数比（log ratio）构建的 A 指数 ［见公式（3.3）］ 更适合用于职业间的比较（Grusky et al. ，1998），从而描绘出每个职业的变迁模式。

表 4-1　隔离指数的比较

时期	三种指数		
	D	Ds	A
1990	0.158	0.406	3.21
2000	0.172	0.348	2.71
2010	0.220	0.280	2.18

资料来源：根据 1990 年、2000 年 1% 人口普查抽样，2010 年中国人口普查 10% 抽样计算。

注：A 与 D、Ds 的含义不同，它是一个基于对数比构建的隔离因子（见第三章）。

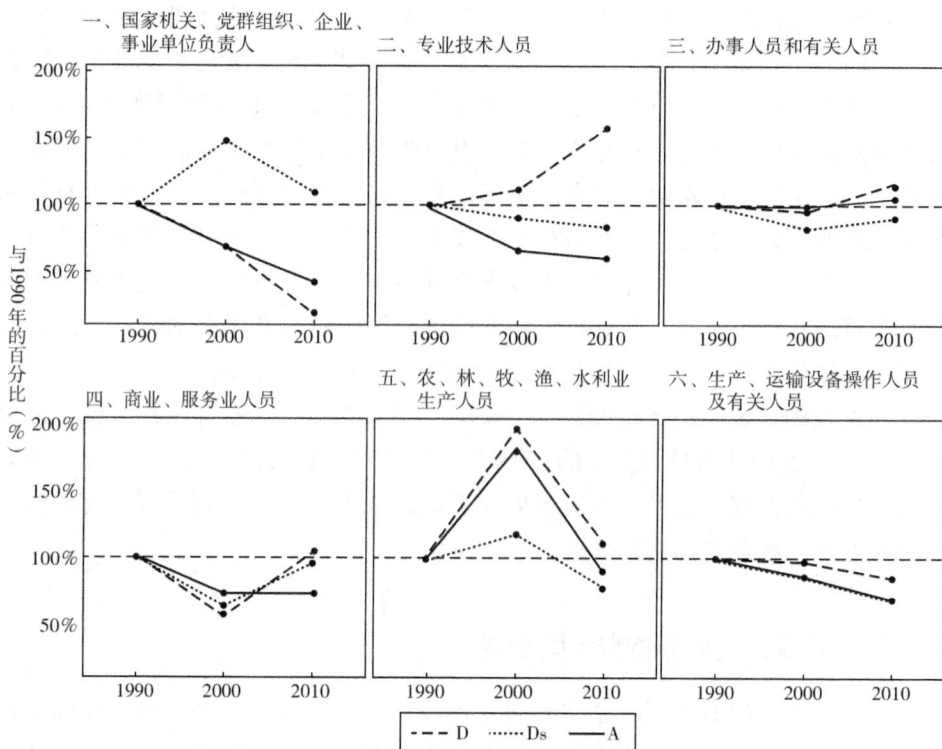

图 4-1　不同职业大类的隔离指数比较

资料来源：根据 1990 年、2000 年、2010 年中国人口普查 10% 抽样计算。

注：为了比较变化幅度，3 种指数都转化成以 1990 年为基准的百分比。

本研究进一步用 A 指数计算了 1990 年至 2010 年细分职业的性别隔离指数，测量结果可能更接近这些职业实际的性别化程度（见图 4-2），细分职业表现出不同的变化趋势。在 6 个职业大类中，第三个职业大类"办事人员和有关人员"是最为中性的职业，但其中的职业中类"安全保卫和消防人员"（序号 21）在 2010 年时男性的代表性要比女性高 5.16 倍（$e^{|-1.64|} = 5.16$），性别隔离比 1990 年加剧了 1.3（$e^{|-1.64|} - e^{|-1.35|} = 1.30$）；第四个职业大类"商业、服务业人员"是非常典型的女性主导的职业，在 1990 年到 2010 年始终保持着女性化的模式，女性成为商业服务从业者的可能性比男性大 1.62（$e^{0.48} = 1.62$），不过其中的细分职业"运输服务人员"（见图 4-2 中职业序号 28）在 20 年间从女性化转向了男性化；第六个职业大类"生产、运输设备操作人员及有关人员"1990 年的性别隔离模式不明显（隔离指数为 0.045），但是到了 2010 年整体上成为男性主导的职业（-0.356），并且在该职业大类内部存在明显的异质性。

在声望比较高、激励较大的第一、二大类职业中，男性代表性较高的职业正在走向"中性化"。例如，除了党政各级机构负责人外，管理类职业里的国家机关、民主党派和社会团体、企业、事业单位的负责人的性别隔离逐渐减小，尽管依然是由男性主导。专业技术人员中一些原本由男性主导的职业变得更加中性了，对于决心进入职场的女性来说，专业技术性教育可能是她们享有相对公平机会的少数途径之一。因为在专业技术类职业中，组织可以更容易地根据正式的文凭、职业证书来筛选人才，现代科层制"选贤举能"的理性原则能够得到更好的实践。但是，专业技术职业中细分职业的变化不是对称的，原先拥有更多女性从业者的职业依然是女性占多数，例如卫生专业技术人员（序号为 10）中女性的代表性是男性的 2.77 倍（$e^{|-1.02|} = 2.77$），经济业务人员（序号为 11）中女性的代表性是男性的 4.18 倍（$e^{|-1.43|} = 4.18$），过去 20 年里这些职业的女性代表性变得更大了，说明男性更缺乏动力去跨越性别界限，而男性主导的专业技术职业变得更加中性了。

二、职业性别隔离的群体间差异

上文观察到的是就业者总体的职业隔离变化，不同就业群体的职业隔离趋势是否也体现了相似的变化趋势呢？表 4-2 分别计算了 1990、2000、2010 年小学及以下、初中、高中、大学专科、本科及以上教育程度群体的隔离指数。表 4-2 的上半部分反映出高学历就业人口的职业性别隔离更弱。除了 1990 年，2000 年和 2010 年都表明教育和职业隔离之间存在负相关关系，受过大学教育的就业群体比高中和初中学历的就业群体隔离程度更低。这意味着职业隔离整体

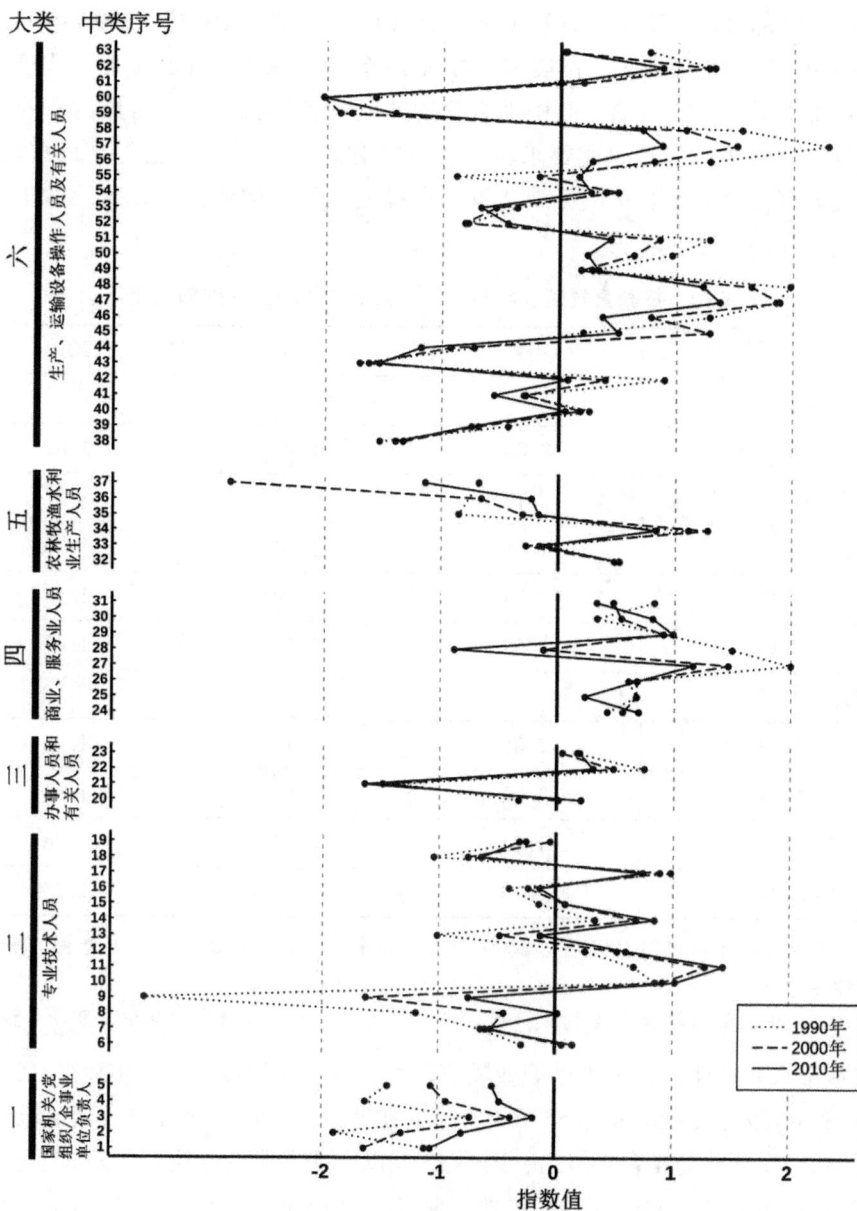

图 4-2 63 个职业中类的隔离指数 A 的数值

资料来源：根据中国 1990 年、2000 年人口普查 1%抽样，2010 年人口普查 10%抽样汇总计算。

注：使用公式（3.4）中的 $\ln\left(\dfrac{w_i}{m_i}\right) - 1/n \cdot \sum\limits_{i=1}^{n} \ln\left(\dfrac{w_i}{m_i}\right)$ 计算每个职业的局部隔离指数，正值表示职业 i 中女性的代表性高于男性，负值表示男性代表性高于女性。

指数的下降部分是由于受教育程度的提高（Blau et al.，2013）。1990 年至 2010 年，高中教育程度就业人口的隔离指数仅下降了 12.06%，而其他教育程度的就业人口都下降了 20% 左右。高中教育程度的就业者多从事蓝领阶层的职业或从事服务业类职业，这些职业要求具备中低文化程度，但隔离变化是最缓慢的，表明受教育程度中等的女性更难从事隔离程度较低的职业，蓝领阶层的男性也更少选择女性主导的职业。

表 4-2　按教育程度和年龄分组的就业群体职业性别隔离变化

	1990	2000	2010
教育程度			
小学及以下	2.08	1.98	1.81
初中	2.10	1.78	1.57
高中	1.98	1.84	1.56
大学专科	1.74	1.69	1.53
本科及以上	1.69	1.47	1.41
年龄组			
25~34 岁	2.06	1.70	1.48
35~44 岁	2.02	1.88	1.61
45~54 岁	1.94	1.93	1.78
55~64 岁	2.10	2.32	2.25

资料来源：根据中国 1990 年、2000 年人口普查 1% 抽样，2010 年人口普查 10% 抽样汇总计算。

注：表中的隔离指数为 A 指数；教育程度"高中"包括普通高中和中等职业学校。

接下来看按年龄组分类的职业隔离趋势，本研究计算了 4 个年龄组（25~34 岁、35~44 岁、45~54 岁和 55~64 岁）的职业隔离指数。表 4-2 下半部分呈现的是从 25 岁开始的 4 个年龄组，因为 25 岁以上的就业者已经基本完成学业。在 1990 年至 2010 年，每个年龄组的职业隔离程度都有所下降。在此期间，25~34 岁和 35~44 岁年龄组的隔离程度比另外两个年龄组的隔离下降幅度要大一些。从中还能看出同一期群（cohort）的职业性别隔离随时间推移而发生的变化。如 1990 年时 25~34 岁年龄组的就业人口在 2000 年进入了 35~44 岁年龄组，隔了 10 年以后该群体内的职业隔离发生了下降。类似于代内阶层流动的定义，同期群隔离程度的下降可以称为"代内去隔离化"。

高等教育程度的女性在进入男性主导的管理类和专业技术类职位方面取得

的进步，很可能推动了高学历女性职业隔离程度的急剧下降。如图4-3所表明的，专业技术职业是本科学历以上女性就业的热门职业。拥有本科学历的就业者主要集中在专业技术人员、办事人员、商业服务人员、单位负责人这四个职业。本科以上学历就业人口中女性的占比从1990年的25.9%上升到2015年的44.4%，本科学历的就业女性中专业技术人员的占比甚至要高于同等学历男性的相应比例。正如Gouldin（2006）所言，"寂静的革命"正发生在教育程度较高的人群中，随着教育年限的普遍提高，这一变化正在惠及各个职业群体。不过，本科学历的就业男性中单位负责人和办事人员这两个职业的比重要高于相同学历的女性，可以猜测有相当一部分的男性专业技术人员跻身管理层，这涉及职业性别隔离的另一个维度"垂直隔离"。本研究在这一节作了较为详细的描述性分析，希望可以为未来研究提供有意义的研究方向。

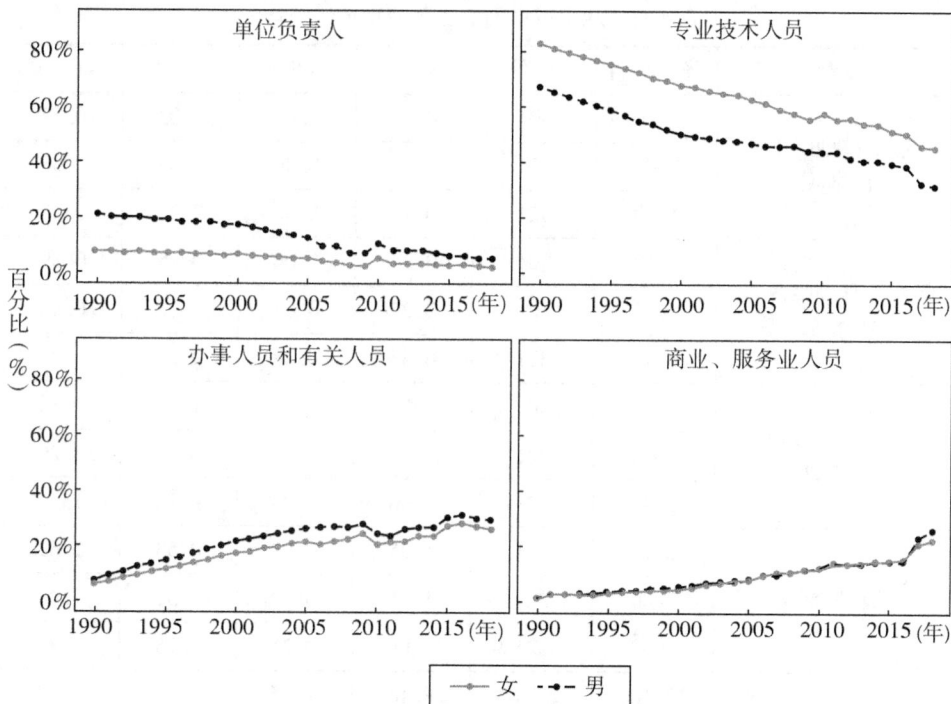

图4-3 拥有本科以上学历的就业者的职业构成

资料来源：根据《中国人口与就业年鉴》第三部分"全国月度劳动力动态调查"计算。

注：上图展示的是本科学历的男女就业者中比重最大的4个职业大类。1991—1999年和2001—2004年为线性插值数据，使用1990年和2000年的普查数据推算，因为全国劳动力动态调查从2005年才开始实施。

三、职业性别隔离的空间异质性

上文已对各个细分职业的性别隔离进行描述分析，如先前许多学者的研究表明，中国的职业性别隔离从 1990 年以来总体上是下降的。关注国家层面的职业隔离会给人一种错觉，似乎经济发展会削弱职业性别隔离，空间维度的差异是否同样如此，即经济发展程度较高的地区职业性别隔离会较弱。表 4-3 是地级市层面的主要变量，包括了不同时期的职业性别隔离指数和其他宏观的社会经济特征。

根据 2010 年人口普查数据，Ds 指数没有体现出与 D 指数相似的空间模式。过去研究认为，沿海地区隔离要大于内陆地区，本研究的测量结果质疑了这一结论。这与职业性别隔离指数的边际依赖有关，D 指数容易受到地区间职业结构差异的影响，中国地区间经济结构的差异悬殊，很可能会影响到地方的职业结构。

表 4-3　地级市层面的主要变量描述统计

变量	普查时期	观测值*	均值	标准差	最小值	最大值
职业性别隔离 D 指数	2010	304	0.16	0.07	0.03	0.37
	2000	321	0.13	0.06	0.03	0.38
	1990	321	0.14	0.08	0.02	0.42
职业性别隔离 Ds 指数	2010	304	0.24	0.04	0.15	0.39
	2000	321	0.27	0.04	0.16	0.49
	1990	321	0.33	0.08	0.21	0.82
职业性别隔离 A 指数	2010	304	2.65	0.47	1.92	5.12
	2000	321	3.83	0.95	2.3	8.26
	1990	321	5.96	1.96	2.92	13.8
总和生育率	2010	321	1.25	0.33	0.53	2.62
	2000	321	1.31	0.40	0.52	3.48
	1990	321	2.24	0.75	0.75	5.34
平均教育年限（女性）	2010	321	8.18	1.15	3.38	11.4
	2000	321	6.18	1.33	1.11	9.65
	1990	321	5.32	1.55	9.57	9.57
平均教育年限（全体）	2010	321	8.55	1.05	3.76	11.5
	2000	321	7.4	1.19	1.57	9.99
	1990	321	6.11	1.41	0.68	10.2

续表

变量	普查时期	观测值*	均值	标准差	最小值	最大值
地区人均GDP （万元）	2010	321	1.06	0.75	0.17	6.13
	2000	321	0.40	0.34	0.07	2.16
	1990	206	0.18	0.13	0.04	1.00
农林牧渔业 就业比重	2010	321	0.39	0.23	0.00	0.89
	2000	321	0.41	0.12	0.091	0.90
	1990	244	0.46	0.14	0.16	0.91
服务业 就业比重	2010	321	0.36	0.06	0.13	0.33
	2000	321	0.20	0.10	0.06	0.70
	1990	244	0.15	0.11	0.01	0.76
技能型行业 就业比重	2010	304	0.02	0.01	0.00	0.09
	2000	321	0.05	0.03	0.01	0.14
	1990	321	0.01	0.02	0.01	0.11
失业率	2010	304	0.03	0.02	0.01	0.12
	2000	321	0.04	0.03	0.01	0.21
	1990	321	0.01	003	0.00	0.08

资料来源：1990、2000年中国人口普查1%抽样，2010年中国人口普查10%抽样。

注：* 地级市数据存在缺失，因此观测值数量会小于321；人均GDP以1990年为基年剔除了物价变动；职业隔离测量未含职业为"不便分类的其他从业人员"的就业人口。

满足边际独立的A指数表现出与Ds指数相似的结果（见图4-4），A指数和Ds指数更少受到职业规模变化的影响，因而它们的分布更为集中，D指数分布则较分散。Ds指数在控制职业规模的边际变化后，西部的隔离指数相对大小上升了，中部依然保持较低水平。东北地区在1990年时的职业隔离程度相对其他地区是较低的，但到2010年它的整体分布表现出的职业隔离要大于其他地区。不同地区的发展水平和市场化水平不同，地区女性劳动参与行为会与之相关。在经济学中，关于女性就业研究有一个"U"形曲线理论（Goudin，2006），女性就业和经济发展之间是非线性关系。在第一产业为主要经济来源的低收入地区，妇女大量参与生产活动，主要是以家庭成员的身份参与劳动。在这种情况下，生产工作和家庭没有严格的界限，比较容易协调。因此在没有控制职业结构的情况下，中西部地区（见图4-4）的职业隔离是最低的。随着技术变革和市场转型，产业重心逐步转向更加资本密集型的工业或者手工业，工作场合与家庭产生空间上的分离。从线性发展的角度来看，东北地区处于中西部地区和东部地区的中间地带，当地的女性劳动参与率低于东部地区，因此职业性别隔离也会更高。虽然"U"形规律不一定适用于所有地区，中国尚未经历经济繁荣时就已基本实现女性的充分就业，以及生育率的快速下降，不过改革以后就业的性别不平等重新成为一个亟待解决的问题。

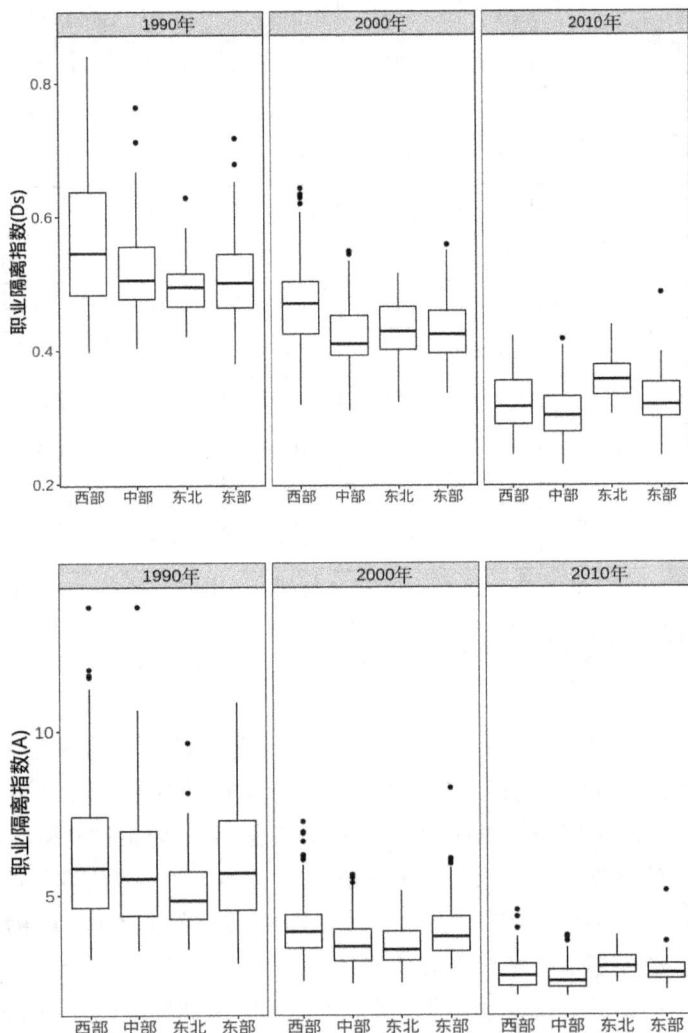

图 4-4 Ds 指数（上）和 A 指数（下）的分布

注：D 指数未放在图 4-4 中，三种指数的对比见附图 2。

四、职业性别隔离的相关因素

前人的研究大多停留在对职业性别隔离进行描述，描述性分析可以揭示职业变迁的具体模式，但容易忽略职业性别隔离的影响因素（Grusky et al.，1998）。教育程度更高的就业者中职业性别隔离更弱，从地级市层面来看，教育也表现出对职业性别隔离的削弱作用（见图 4-5 中 Ds 指数和 A 指数），但是教育与职业性别隔离的负相关关系在逐年减弱。因而可以推测，随着时间的推进，女性教育年限的提高很难再产生结构性的改观，因为仅仅通过教育年限无法看到教育内部的问题，例如，专业性教育的性别分化会加剧日后的职业隔离（贺光烨，2018），而且中等职业学校系统的缺陷很难为蓝领阶层的职业性别平等起到积极作用。受限于普查数据的变量维度，本研究无法获知地级市层面在教育方面更为细致的差别。

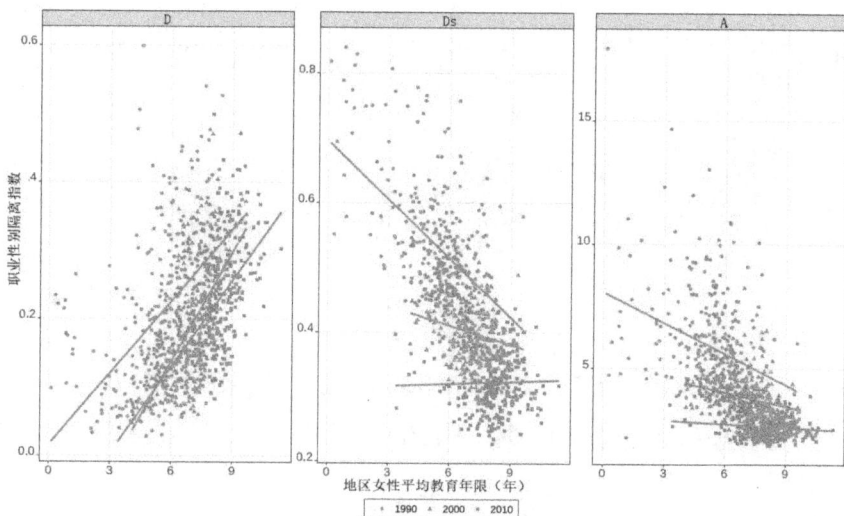

图 4-5　地区女性平均教育年限和职业性别隔离指数的关系

令人困惑之处是，图 4-5 的左边第一张图中 D 指数和地区女性平均教育年限的相关关系是正向的，这可能是由于 D 指数对职业结构的边际依赖，教育年限高的地区往往有更发达的第三产业，因此 D 指数和教育年限的负向关系反映的是其他潜在变量的影响。在后文的回归分析中，我们将看到在加入其他自变量和控制变量后，其实教育的影响方向发生了变化，这类似于统计学上的"辛普森悖论"。在生命周期人力资本理论和制度主义的视角里，生育行为都被认为是劳动参与和职业隔离的影响因素，无论是作为微观层面的个人选择，还是家庭分工的制度安排。仅从两者的相关性上看（尽管这不太合理），除了 D 指数，

A 指数和 Ds 指数在 1990 年时与地级市层面的生育率呈正相关，2000 年生育率和职业性别隔离却呈现出负相关的关系（见图 4-6）。对于这一现象的出现，有学者曾讨论过"生育-就业"关系的反转（蒙克，2015），家庭结构和劳动力市场的变化引起了这种看似是悖论的现象。不过生育率本身的内生性问题意味着生育率具有很强的空间相关性，高生育率地区的女性平均教育年限可能更低，而且当地职业结构也更偏向传统产业，因此生育率的背后有其他宏观因素在影响着职业性别隔离。在后续的回归分析中本研究引入了工具变量法，试图摆脱这一逻辑和经验上的纠缠。

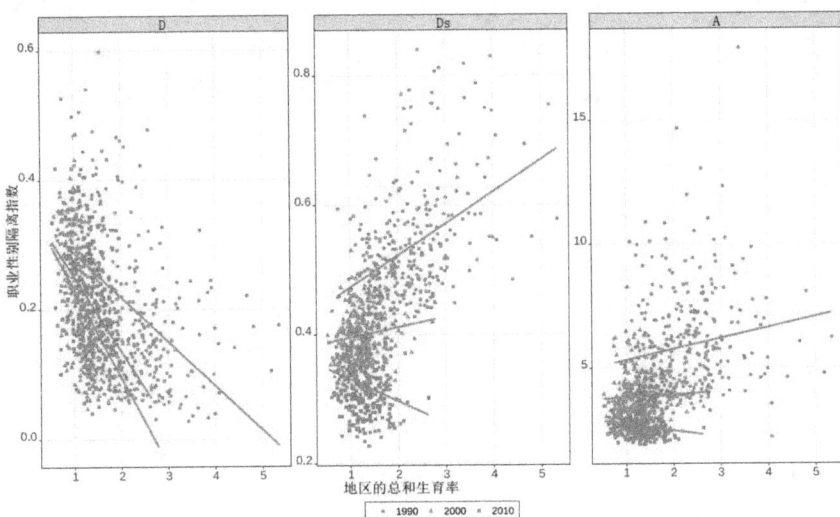

图 4-6 地区总和生育率和职业性别隔离指数的关系

注：从左到右分别是 D、Ds、A 指数。

第五章 职业性别隔离的影响因素

地区间表现出职业性别隔离的差异正反映了许多相互关联的社会因素的作用。本研究在此检验了上文所提出的几个假设，回归模型所使用到的变量已在前文中介绍。在介绍模型之前，本研究认为有必要强调，三种隔离指数都能用来测量职业性别隔离程度，不同隔离指数有各自的适用范围，研究者需出于不同的研究目的使用相应的指数（杨伟国 等，2010），最好同时比较多种指数的测量结果（Charles et al.，2006）。不过，D 和 Ds 都不是边际自由的指数，而且 D 更容易受到职业规模的影响，那么它在模型分析中就更容易受到农业就业规模、服务业就业规模和技能型行业就业规模这三个自变量的影响，把 D 指数作为因变量的模型与 Ds 和 A 指数进行对比，也可以看作是对模型结果的稳健性检验。

一、模型介绍

本研究用 D、Ds 和 A 三种隔离指数作为因变量分别构建了回归模型。回归模型的分析单位是空间单元，即人口普查时收集数据的地级行政区划。本研究先对 2010 年的数据建立线性回归模型，在获得 OLS 模型的结果之后，为了更稳健地测量自变量和因变量间的关系，处理生育率的内生性问题，用社会抚养费征收力度作为生育率的工具变量，通过两阶段最小二乘法（2-stage least square）拟合原来的模型。两阶段最小二乘法具体的做法是先以生育率为因变量作第一阶段回归（first-stage regression），再用第一阶段回归所得到的生育率估计值和其他自变量一同加入模型，开始第二阶段回归。第一阶段回归要通过 Wald 弱工具变量 F 值检验，两阶段二乘法要通过内生性检验，才能说它要优于 OLS 回归模型。以下是两类模型的表达式：

1. OLS 线性回归模型

$$S_i = \beta_0 + \beta_1 \log(\text{gdpper}) + \beta_2 empagri_i + \beta_3 empservice_i + \beta_4 empskill_i + \beta_5 edufemale_i + \beta_6 \widehat{TFR}_i + \beta_7 unemp_i + \varepsilon \quad (5.1)$$

模型（5.1）中 S_i 表示地区 i 的职业性别隔离程度，$\log(\text{gdpper})$ 表示地区人均 GDP 的自然对数，$empagri_i$ 表示地区农林牧渔类行业（第一产业）的就业比重，即这些行业就业人数占总就业人口的比重；$empservice_i$ 表示服务业的就业比重；$empskill_i$ 表示技能型行业的就业比重；$edufemale_i$ 表示女性平均受教育年限；$\widehat{TFR}_i$ 表示地区的总和生育率；$unemp_i$ 表示地区失业率；β_0 是模型整体的截距项，ε 为误差。

2. 两阶段最小二乘法模型

$$S_i = \beta_0 + \beta_1 \log(\text{gdpper}) + \beta_2 empagri_i + \beta_3 empservice_i + \beta_4 empskill_i + \beta_5 edufemale_i + \beta_6 \widehat{TFR}_i + \beta_7 unemp_i + \varepsilon \quad (5.2)$$

$$\widehat{TFR}_i = \gamma_0 + \gamma_1 \log(gdpper) + \gamma_2 empagri_i + \gamma_3 empservice_i + \gamma_4 empskill_i + \gamma_5 edufemale_i + \gamma_6 unemp_i + \gamma_7 fines_i + \varepsilon \quad (5.3)$$

模型（5.2）中 S_i 表示地区 i 的职业性别隔离程度，$\widehat{TFR}_i$ 是从模型（5.3）获得的生育率拟合值，其他变量与一般线性回归模型相同。模型（5.3）是两阶段最小二乘法（2-stage least square，下文简称 2SLS）的第一阶段回归模型，$fines_i$ 是地

区 i 的社会抚养费征收力度，γ_0 到 γ_7 是各个自变量的影响系数，其余变量均与模型 (5.2) 一致。第一阶段回归得到拟合值 $\widehat{TFR_i}$，然后将它代入两阶段最小二乘法的第二阶段回归模型 (5.2)，以此来估计生育率对职业性别隔离的作用。

二、模型结果

（一）OLS 回归模型

表 5-1 是分别以 2010 年各地级市的 D、Ds 和 A 隔离指数为因变量建立的 OLS 回归模型，三种职业性别隔离指数都表示数值越大，地区的职业性别隔离程度越高。从模型结果来看，以 Ds 指数为因变量的模型 2 与以 A 指数为因变量的模型 3 中自变量对职业性别隔离的影响方向一致，只是影响系数大小有所差异，这表明它们共同反映了职业性别隔离背后的机制。但是以 D 指数为因变量的模型 1 中，技能型行业的影响不显著，第一产业就业比重具有显著影响。下面将对此异同进行描述和解释。

如果人均 GDP、服务业的就业比重体现了经济发展的程度，表 5-1 中的 3 个模型都表明，经济发展并不必然伴随着职业性别隔离的削弱，服务行业的发展推动着庞大的女性劳动力进入市场，同时市场的力量催生了越来越细的职业分工，加深了职业的性别分化。尽管庞大的服务行业和白领阶层塑造了经济部门的转型，在服务业内部还有不同类型的行业。在模型 2 和模型 3 中，技能型行业的就业比重越大，地区的职业性别隔离越弱。

在模型 1 中，技能型行业的就业规模对 D 指数没有显著的影响，原因可能是 D 指数对职业规模的边际依赖掩盖了技能型行业的影响。由于 D 指数根据职业规模给每种职业赋予了不同的权重，规模越小的职业在总和值中承担的权重越小，而技能型行业就业比重最大的地区也仅有 8.67% 的人口在该行业工作。在 3 个模型中，农林牧渔业的就业比重这一控制变量仅仅对 D 指数有影响，因为农业的就业比重在地区间差异很大，因此农业就业比重对 D 指数贡献率的变异度（variation）较大。特别是当职业分类和行业分类很接近时，行业结构直接影响了职业性别隔离，我国的"农林牧渔业职业"和"农林牧渔业行业"几乎是对应的，农业类产业就业人口的波动直接造成了职业结构的波动。在分别对农业职业和非农业职业 D 指数测量，并拟合回归模型后，非农业职业的性别隔离指数会受到技能型行业的负向影响，且通过了 5% 的显著性水平（非农与农业职业模型比较见附表，未放在正文中）。这或许解释了过去学者计算隔离指数时为什么要单独分析非农职业，如果要纳入农业职业，那么 D 指数不是一个合适的选择。

表5-1　职业性别隔离影响因素的回归结果（OLS）

	职业性别隔离		
	模型1（D指数）	模型2（Ds指数）	模型3（A指数）
log（人均GDP）	0.024***	0.022***	0.258***
	(0.007)	(0.006)	(0.065)
农林牧渔业就业比重	-0.230***	0.003	0.052
	(0.018)	(0.015)	(0.172)
服务业就业比重	0.348***	0.362***	4.774***
	(0.105)	(0.089)	(1.015)
技能型行业就业比重	-0.300	-0.755+	-14.292**
	(0.535)	(0.453)	(5.185)
女性平均教育年限	-0.010**	-0.017***	-0.234***
	(0.003)	(0.003)	(0.034)
总和生育率	-0.024**	-0.024**	-0.227**
	(0.009)	(0.007)	(0.083)
失业率	0.787***	0.496**	6.613***
	(0.204)	(0.173)	(1.980)
常数项	0.334***	0.422***	4.101***
	(0.033)	(0.028)	(0.322)
Observations	304	304	304
Adjusted R^2	0.744	0.276	0.270

注：括号内为标准误；$^+p<0.1$，$^*p<0.05$，$^{**}p<0.01$，$^{***}p<0.001$。

　　模型2和模型3中，技能型行业的就业规模对职业性别隔离存在显著的负向影响，与经济发展指标（人均GDP）和服务业就业比重的影响方向相反，假设2和假设3得到证实。这也与过去的研究一致（Charles，1996；李汪洋 等，2015）。现代化理论强调社会发展对制度变革的作用，市场转型理论则认为市场化过程加剧了性别的社会不平等，上述模型结果反映了这两种看似矛盾的现象。伴随着经济发展的是市场化的加深，多种社会力量交织在一起，一方面是传统话语和个人主义话语为性别不平等的存在提供了合理性，另一方面是组织理性对职业隔离的消解，后者体现在技能型行业就业比重对职业性别隔离的负向作用。

女性平均教育年限对职业性别隔离均具有显著的负向作用。女性平均教育年限每增加 1 年，Ds 模型中地区的职业隔离下降 0.017 个单位，意味着 1.6% 的男性或女性的职业受到影响，使得整体的性别隔离发生下降。同样地，A 指数模型则是下降了 0.234。表 5-1 的 OLS 回归模型中，地区的总和生育率都表现出对职业隔离的负向作用，生育率越高，职业性别隔离越弱。按照结果来看，地区的总和生育率上升 1 个单位（平均每个育龄女性一生中多生一个孩子），D 指数和 Ds 指数都会下降 0.024，A 指数会下降 0.227。这显然否定了假设 4。不过，不能就此简单地判定地区的生育率升高可以减弱职业隔离，有数不清的文献指出生育率研究中存在的内生性问题，生育行为和女性的就业决策会同时受到其他因素的影响，例如经济发展、社会政策调整（Blake，1970；Mishra et al.，2010；Kato，2020）。例如，经济发展使生育成本增加了，而且生育率更低的地区往往有更高的平均教育年限。有鉴于此，接下来将用两阶段最小二乘回归再次拟合上述模型，以检验生育率对职业性别隔离的影响。

（二）稳健性检验

在处理模型中生育率变量的内生性造成的有偏估计时，本研究利用地方的社会抚养费征收力度作为生育率的工具变量，估计出生育率对职业性别隔离的影响。上一小节已经给出三种指数的对比，由于 D 和 Ds 会受到职业规模和女性劳动参与率变化的干扰，在这一节比较 OLS 和两阶段最小二乘回归模型时，只用边际自由的 A 指数作为因变量。表 5-2 是两阶段最小二乘法（2-stage least square）拟合的模型结果，第一阶段回归通过了弱工具变量测试（F statistic = 11.65，>10 表示不存在弱工具变量问题），内生性检验表明原先的 OLS 回归是有偏的。

表 5-2 职业性别隔离影响因素的回归结果（OLS 和 2-stage least square 对比）

	职业性别隔离（A 指数）	
	模型 1（OLS）	模型 2（2SLS）
log（人均 GDP）	0.258 ***	0.463 ***
	(0.065)	(0.139)
技能型行业就业比重	−14.292 **	−15.006 *
	(5.185)	(7.453)
女性平均教育年限	−0.234 ***	−0.143 *
	(0.034)	(0.069)

续表

	职业性别隔离（A 指数）	
	模型 1（OLS）	模型 2（2SLS）
生育率	−0.227**	1.245*
	（0.083）	（0.603）
农林牧渔业就业比重	0.052	−0.044
	（0.172）	（0.260）
服务业就业比重	4.774***	5.526***
	（1.015）	（1.489）
失业率	6.613***	4.711
	（1.980）	（3.063）
常数项	4.101***	1.695
	（0.322）	（1.442）
Observations	304	304
第一阶段 F 统计量	—	11.65*
Wu-Hausman 内生性检验	—	7.562**

注：括号内为标准误；+ p<0.1，* p<0.05，** p<0.01，*** p<0.001。

表 5-2 的模型 2 即为用两阶段二乘法回归拟合的完全模型。控制变量中的服务业就业比重对隔离程度的正向作用依然显著，农业就业规模的负向作用依然不具有统计学意义上的显著性影响。模型 1 的 OLS 模型中地方总和生育率的影响系数为负，在模型 2 中生育的影响系数由负转为正（在 5% 的水平上显著），而且系数绝对值增加了 5 倍，这表明生育率的内生性问题使得 OLS 回归的估计值是有偏的。在模型 2 里，地区的生育率每升高 1 个单位，A 指数会增加 1.245 个单位值。模型 1 中女性平均教育年限的影响系数要大于模型 2，表明地区的女性平均教育年限和生育率之间存在强相关性，或者它们对职业性别隔离的效应有着更复杂的关系。教育程度的提高会降低女性的终身生育数量，反过来生育数量的增加会减少后代的受教育机会，这一效应在发展中国家最为明显（Bailey，2006；Bloom，2009）。因此在模型 1 中，女性的平均教育年限和生育率对职业性别隔离程度的影响系数有一部分是互相干扰的。当通过社会抚养费这一工具变量，把生育率对职业性别隔离的因果效应估计出来后，模型 2 的两阶段最小二乘回归模型中生育率的影响系数不但由负向转为正向，生育率对职业性别隔离的影响系数也变大了。表 5-2 中的模型证实了假设 4，即生育率对职

业性别隔离具有正向影响。生育负担的加剧会影响到职业中的性别不平等。

（三）同一模型在不同时期的比较

经过加入工具变量法的稳健性检验后，除了生育率的影响方向发生了转变，其他主要自变量对职业性别隔离的作用方向都没有变化。本研究进一步探讨了以上模型在不同时期的差异。在研究不平等的变迁时，当研究者从不同地点、不同时期或用不同设计方案收集数据时，可能会推演出不同的结论（Shu et al.，2002）。比较同一模型中影响系数在不同时期的差异，可以帮助我们发现职业性别隔离的影响机制中宏观因素的变化。由于 1990 年地级市的人均 GDP 数据缺失数量过多，本研究只比较 2000 年和 2010 年这两个时期的模型（见表 5-3）。

表 5-3　2000 年和 2010 年职业性别隔离影响因素的回归结果（2-stage least square）

	职业性别隔离（A 指数）	
	模型 1（2000）	模型 2（2010）
log（人均 GDP）	−0.127	0.463***
	(0.140)	(0.139)
技能型行业就业比重	−0.932	−15.006*
	(8.023)	(7.453)
女性平均教育年限	−0.535***	−0.143*
	(0.092)	(0.069)
生育率	1.924**	1.245*
	(0.735)	(0.603)
农林牧渔业就业比重	−1.797*	−0.044
	(0.702)	(0.260)
服务业就业比重	3.256	5.526***
	(2.297)	(1.489)
失业率	−2.387	4.711
	(2.428)	(3.063)
常数项	5.498***	1.695
	(1.282)	(1.442)
Observations	294	304

注：括号内为标准误；·p<0.1，*p<0.05，**p<0.01，***p<0.001。

人均GDP的对数在2000年时对职业隔离是负向作用（尽管没有通过10%显著性水平检验），这意味着当时地区的经济发展并没有加剧当地的职业性别隔离。从2000年到2010年，随着地区经济发展水平的差异不断扩大，地级市人均GDP的标准差由0.34万元上升到0.75万元（见第四章中的表4-3），这也造成了地区之间在职业性别隔离上的差异。从表5-3的模型中也可以看到，2000年时技能型行业对就业规模没有显著的作用，这或许和那时各个地区的技能型行业占比都非常低有关（过大的标准误表明可能存在多重共线性问题）。在2010年，技能型行业就业比重越大的地区有着更低的职业性别隔离，服务业就业比重越大的地区有更高的职业性别隔离。在控制其他变量的情况下，依然表明人均GDP、服务业发展和技能型行业有着不同的效应，它们可能反映了现代化的不同维度，而不同维度的变迁并不是同步的。20世纪的最后20年里经济发展是伴随着市场化而发生的，在我国加入世贸组织后，国内市场的开放程度进一步加深，市场化可能会加大性别不平等。女性教育年限的提高依然可以带来职业隔离的削弱，但是教育年限的作用已经大大降低。女性平均教育年限每增加一年，在2000年可使当地的职业性别隔离减小0.535，在2010年可以减小隔离程度0.143，女性教育年限单位增长的负向效应下降了73.2%。这表明在过去的10年里，教育对性别的不平等的作用发生了弱化，如果要继续发挥教育对社会平等的积极作用，就需要在教育系统中作出一些结构性的变革，例如降低学校专业教育的性别隔离。

表5-3中基于2000年的数据拟合的模型同样表明较高的生育率会导致地区职业隔离的加剧，假设4依然得到证实。这印证了生命周期人力资本理论对于"母职惩罚"的解释在过去同样适用，生育负担的加重使这一地区的女性更容易退出劳动力市场，或者选择"家庭友好型"的工作，从而导致职业性别隔离程度的上升。与完全由市场主导的社会法规或社会政策相比，我国现有的劳动法中关于女职工生育的法条是鼓励女性就业的，例如带薪产假。但是照料孩子的任务主要是由家庭内部承担的。因此，侧重母亲育儿的福利政策的设置实际上强化了"男主外、女主内"的传统分工模式（Pettit et al., 2005）。

第六章 结论与讨论

生活在有机团结型的社会中，职业不仅是个人安身立命的基础，还是其获得自我认同、实现社会价值的媒介，在此意义上职业不只是一份工作（job），还是一项事业（career）。本研究对中国从1990年到2010年不同职业的性别隔离变化作了详细的描述，也对造成地区差异的因素进行了回归分析。本研究的结论和主要贡献有以下几个方面。

前人的研究局限于使用单一的隔离指数（D 指数）来说明职业隔离的现状以及变化趋势，有的测算了不同的隔离指数，但未进一步正视它们的差异和缺陷。本研究发现 D 指数的变化趋势表明隔离在不断加深，从 Ds 指数和 A 指数出发结论则正好相反。后续的回归分析也表明以 A 指数和 Ds 指数为因变量的回归模型结果更接近。尤其是中国地区之间社会经济特征差异悬殊，职业规模的波动会遮蔽职业隔离的结构性变化。由是，本研究用边际自由的 A 指数计算了1990 年到 2010 年之间 63 种职业的性别隔离模式，尽管职业隔离总体上是在下降的，但特定职业的性别比与 20 年前相比仅有细微的变化，这些领域的"性别革命"似乎是"停滞"的。本研究也分年龄和教育程度对职业性别隔离作了分析，高学历就业人口的职业性别隔离低于中低学历就业人口，年轻劳动力群体的职业性别隔离更低。

过去的研究已经广泛讨论了经济发展，二、三产业就业比重的增加，教育年限提高，生育率等因素对就业的影响，本研究把上述因素与职业性别隔离联系起来，发现它们不同程度地影响着职业性别隔离。地区服务业就业规模的增长、经济发展（用人均 GDP 表示）加剧了职业隔离，技能型行业就业比重越大，地区的职业性别隔离更低，这意味着"现代化"的各个维度并不是同步发展的。上述结果从侧面证实了"非对称革命"的观点，技能型行业对教育程度较高的男性和女性都有很大的吸引力，更多女性进入了技能型行业中，但是服务业的发展强化了性别分工。女性教育年限的提高也可以减小地方的职业性别隔离，但是相比 2000 年，在 2010 年时教育对于削弱职业隔离的贡献力下降了，这意味着如果想要继续发挥教育对社会平等的积极作用，需要再作出一些结构性的改变。

本研究的另一贡献是利用社会抚养费数征收力度这一工具变量，发现生育率上升会加剧地方的职业性别隔离。对"工作–家庭""生育–就业"关系的研究已积累了卷帙浩繁的文献，不论是何种因果方向或更复杂的因果机制，公私领域冲突背后的共同假设是理性人对机会成本的考虑、风险规避的逻辑。但是生育并不必然成为女性就业的负担，就像在福利国家的政策框架里，"工作–家庭"的冲突能够得到较好的协调，这些地区的生育率和女性就业率都高于同等发展水平的国家。对不同国家的比较研究发现，政府制定支持育儿政策的概率与已婚女性和母亲的劳动参与呈正相关（Pettit，2005）。这对当下制订社会政策有一定的启发意义，如果让生育继续成为个人或家庭的负担，对于高生育率地区的人口就业质量、低生育率地区的劳动力供给均有不利影响。

本研究所作的实证分析为理解不同理论视角下的职业性别隔离提供了经验证据。在韦伯式的理论框架中，资本主义和科层制是理性化的"两股强力"，它们都有类似的工具理性行动，两者相辅相成地把现代世界推向理性化。但是，"资本主义是技术官僚和事实性知识（factual knowledge）真正的敌人"（Ritzer et al.，1988）。服务业和技能型行业对职业性别隔离的相反作用体现了两股互相矛盾的力量：一方面是市场的力量推动着越来越细的分工，在效益最大化和本质主义性别观念的共同作用下，组织倾向于维持甚至加剧性别分工，尤其是在职业声望较低的职业；另一方面是追求实质理性的技术官僚的崛起，后致因素在此类职业中起到决定作用。因此这场"非对称革命"的后果是，那些女性占主导地位的职业依然是女性的领域（更多是在服务行业），男性占主导地位的职业可能会逐渐中性化。

受限于最新微观数据的可及性，本研究所使用的 2010 年普查数据是汇总数据，难以把它和 2000 年、1990 年的普查微观数据结合起来进行更细致的研究。待挖掘的部分依然很多，以下是未深入探讨的几个问题：首先，本文未深入探讨体制内外的性别比例，政府部门之间、"中央-地方"之间在职业的性别比例上是否存在差异；其次，女性教育年限的不断提高真的带来了更平等的职业性别结构吗，是否也要考虑模型的识别问题，这一问题并未在文中得到最终答案；最后，本研究未考虑其他因素例如性别的社会观念、社会化过程对职业不平等的影响。

总结起来，本研究提醒了将来的研究者们用批判的眼光看待不同的隔离指数，而且仅用总和指数来描述职业性别隔离，无异于仅用 GDP 总量来衡量地区的发展程度。再者，理解职业性别隔离需要把它和其他社会现象联系起来，本研究用实证的方式探讨了职业性别隔离的部分相关因素。关于政策上的具体建议，本研究认为这方面的选择留给公共机构或企业的一线决策者是最合适的，对于性别平等有关政策的实施，各行各业的工作人员最有话语权。

写在最后，构造反事实（counterfactual）是因果分析的常用方法，我们不妨设想一下，假如各行各业的性别比与现在正好相反，那么我们关于值得推广的政策和值得研究的知识的标准，是否会发生本质的转变？这个虚拟的设想，也许会被认为是对平等主义的过度迷恋，但绝不是重新划出一道性别鸿沟，而是试着去揭示隔离的来源以及隔离所造成的困扰。

参考文献

[1] ACKER J. Hierarchies, Jobs, Bodies: A Theory of Gendered Organizations [J]. Gender and Society, 1990, 4 (2): 139-158.

［2］ LEVANON A, ENGLAND P, ALLISON P. Occupational Feminization and Pay：Assessing Causal Dynamics Using 1950—2000 U. S. Census Data ［J］. Social Forces, 2009, 88（2）：865-891.

［3］ RESKIN B F, MAROTO M L . What Trends? Whose Choice? Comment on England ［J］. Gender and Society, 2011, 25（1）：81-87.

［4］ BAILEY M J. More power to the pill：The impact of contraceptive freedom on women's life cycle labor supply ［J］. Quarterly Journal of Economics, 2006, 121（1）：289-320.

［5］ GU B C, WANG F, GUO Z G, ZHANG E L. China's Local and National Fertility Policies at the End of the Twentieth Century ［J］. Population and Development Review, 2007（33）：129-148.

［6］ RISMAN B J. 2004. Gender as a Social Structure：Theory Wrestling with Activism ［J］. Gender and Society, 2004, 18（4）：429-450.

［7］ BEN-PORATH Y. The Production of Human Capital and the Life Cycle of Earnings ［J］. Journal of Political Economy, 1967, 75（4：1）：352-365.

［8］ BIELBY W T, BARON J N. Men and Women at Work：Sex Segregation and Statistical Discrimination ［J］. American Journal of Sociology, 1986, 91（4）：759-799.

［9］ BLAU F D, BRINTON M C, GRUSKY D B. The declining significance of gender? ［M］. Russell Sage Foundation, 2006.

［10］ HAKIM C. Women, careers, and work-life preferences ［J］. British Journal of Guidance & Counselling, 2006, 34（3）：279-294.

［11］ COLEMAN J S. Power and the Structure of Society ［M］. New York：Norton, 1974.

［12］ COOK S, Dong X Y. Harsh Choices：Chinese Women's Paid Work and Unpaid Care Responsibilities under Economic Reform ［J］. Development and Change, 2011, 42：947-965.

［13］ GRUSKY D B, CHARLES M. The Past, Present, and Future of Sex Segregation Methodology ［J］. Demography, 1998, 35（4）：497-504.

［14］ BLOOM D, CANNING D, FINK G, FINLAY J. Fertility, female labor force participation, and the demographic dividend ［J］. Journal of Economic Growth, 2009, 14（2）：79-101.

［15］ DOUGLAS M. How institutions think ［M］. Syracuse University Press：First Edition, 1986.

［16］ DUNCAN O D, DUNCAN B. A Methodological Analysis of Segregation Indexes ［J］. American Sociological Review, 1955, 20：210-217.

［17］ EBENSTEIN A. The "Missing Girls" of China and the Unintended Consequences of the One Child Policy ［J］. Journal of Human Resources, 2010, 45（1）：87-115.

［18］ ENGLAND P, BEARAK J. The sexual double standard and gender differences in attitudes toward casual sex among U. S. university students ［J］. Demographic Research, 2014,

30: 1327-1338.

[19] GIBBS J P. Occupational differentiation of negroes and whites in the United States [J]. Social Forces, 1965, 44: 159-165.

[20] GOLDIN C. The U-Shaped Female Labor Force Function in Economic Development and Economic History [M] //Schultz TP Investment in Women's Human Capital and Economic Development. University of Chicago Press, 1995: 61-90.

[21] GOLDIN C. The quiet revolution that transformed women's employment, education, and family [J]. American economic review, 2006, 96 (2): 1-21.

[22] GOLDIN C, KATZ L F. The Power Of The Pill: Contraceptives And Women's Career And Marriage Decisions [J]. Journal of Political Economy, 2002, 110 (4): 730-770.

[23] ANTECOL H. An examination of cross-country differences in the gender gap in labor force participation rates [J]. Labour Economics, 2000, 7 (4): 409-426.

[24] HUANG W, ZHOU Y. One-Child Policy, Marriage Distortion, and Welfare Loss. Working Paper.

[25] KARMEL T, MACLACHLAN M. Occupational Sex Segregation: Increasing or Decreasing? [J]. Economic Record, 1988, 64: 187-195.

[26] LIU Y, GRUSKY D. The Payoff to Skill in the Third Industrial Revolution [J]. American Journal of Sociology, 2013, 118 (5): 1330-1374.

[27] CHARLES M, GRUSKY D B. Models for Describing the Underlying Structure of Sex Segregation [J]. American Journal of Sociology, 1995, 100 (4): 931-971.

[28] CHARLES M. A World of Difference: International Trends in Women's Economic Status [J]. Annual Review of Sociology, 2011, 37: 355-371.

[29] CHARLES M. Cross-National Variation in Occupational Sex Segregation [J]. American Sociological Review, 1992, 57 (4): 483-502.

[30] MARKEY R, COCKBURN C. Brothers: Male Dominance and Technological Change [M]. London, England: Pluto Press Limited, 1983.

[31] MEYER J W, JEPPERSON R L. The "Actors" of Modern Society: The Cultural Construction of Social Agency [J]. Sociological Theory, 2000, 18 (1): 100-120.

[32] RICARDO M, RUIZ - CASTILLO J. Entropy - Based Segregation Indices [J]. Sociological Methodology, 2011, 41: 159-194.

[33] ENGLAND P. The Gender Revolution: Uneven and Stalled [J]. Gender and Society, 2010, 24 (2): 149-166.

[34] PETTIT B, HOOK J. The structure of women's employment in comparative perspective [J]. Social Forces, 2005, 84 (2): 779-801.

[35] POLACHEK S. Occupation Segregation: A Defense of Human Capital Predictions [J]. The Journal of Human Resources, 1985, 20 (3): 437-440.

［36］POLACHEK S. Occupational Self-Selection: A Human Capital Approach to Sex Differences in Occupational Structure ［J］. The Review of Economics and Statistics, 1981, 63 (1): 60-69.

［37］QIAN N. Missing Women and the Price of Tea in China: The Effect of Sex-Specific Earnings on Sex Imbalance ［J］. The Quarterly Journal of Economics, 2008, 123 (3): 1251-1285.

［38］ROSENFELD R A, TRAPPE H. Occupational sex segregation in state socialist and market economies: Levels, patterns, and change in East and West Germany, 1980s and 1998 ［J］. Research in Social Stratification and Mobility, 2002, 19: 231-267.

［39］CONNELL R. Glass Ceilings or Gendered Institutions? Mapping the Gender Regimes of Public Sector Worksites ［J］. Public Administration Review, 2006, 66 (6): 837-849.

［40］RESKIN B. Bringing the Men Back in: Sex Differentiation and the Devaluation of Women's Work ［J］. Gender and Society, 1988, 2 (1): 58-81.

［41］RITZER G, WALCZAK D. Rationalization and the Deprofessionalization of Physicians ［J］. Social Forces, 1988, 67 (1): 1-22.

［42］THOMAS S. Birth Control in China 1949—2000 ［M］. New York, NY: Routledge Curzon, 2003.

［43］HAUSER S M, XIE Y. Temporal and regional variation in earnings inequality: urban China in transition between 1988 and 1995 ［J］. Social Science Research, 2005, 34 (1): 44-79.

［44］SHU X L, BIAN Y J. Intercity variation in gender inequalities in China: analysis of a 1995 national survey ［J］. Research in Social Stratification and Mobility, 2002, 19: 269-309.

［45］SHU X L, ZHU Y F. Uneven Transitions: Cohort- and Period-based Changes in Gender Attitudes in China: 1995—2007 ［J］. Social Science Research, 2012, 41 (5): 1100-1115.

［46］HENRI T, FINIZZA A J. A Note on the Measurement of Racial Integration of Schools by Means of Informational Concepts ［J］. Journal of Mathematical Sociology, 1971 (1): 187-193.

［47］PETERSEN T, MORGAN L A. Separate and Unequal: Occupation-Establishment Sex Segregation and the Gender Wage Gap ［J］. American Journal of Sociology, 1995, 101 (2): 329-365.

［48］VAN ZANDEN J L. The skill premium and the "Great Divergence" ［J］. European Review of Economic History, 2009, 13 (1): 121-153.

［49］WATTS M. The Use and Abuse of Entropy-Based Segregation Indices ［C］. 6th Meeting of the Society for the Study of Economic Inequality, 2015.

［50］JI Y C, WU X G, SUN S W, HE G Y. Unequal Care, Unequal Work: Toward a more Comprehensive Understanding of Gender Inequality in Post-Reform Urban China ［J］. Sex

Roles，2017，77（11）：765-778.

［51］ZHANG Q. Gender Disparities in Self-employment in Urban China's Market Transition：Income Inequality，Occupational Segregation and Mobility Processes［J］. The China Quarterly，2013（215）：744-763.

［52］贝克·乌尔里希，伊丽莎白·贝克-格尔斯海姆. 个体化：制度化的个人主义和社会政治后果［M］. 北京：北京大学出版社，2011.

［53］蔡禾，吴小平. 社会变迁与职业的性别不平等［J］. 管理世界，2002（9）：71-77.

［54］郭凯明，王春超，何意鎏. 女性家庭地位上升、生育率差异与工资不平等［J］. 南方经济，2016（4）：45-62.

［55］郭志刚，张二力，顾宝昌，王丰. 从政策生育率看中国生育政策的多样性［J］. 人口研究，2003（5）：1-10.

［56］何冰冰，刘国恩，徐程. 中国职业隔离与性别工资差异的变化趋势研究［J］. 经济科学，2016（4）：78-89.

［57］贺光烨，吴晓刚. 市场化、经济发展与中国城市中的性别收入不平等［J］. 社会学研究，2015，30（1）：140-165+245.

［58］贺光烨. 专业选择与初职获得的性别差异：基于"首都大学生成长追踪调查"的发现［J］. 社会，2018，38（2）：213-240.

［59］李春玲. 中国职业性别隔离的现状及变化趋势［J］. 江苏社会科学，2009（3）：9-16.

［60］李汪洋，谢宇. 中国职业性别隔离的趋势：1982—2010［J］. 社会，2015，35（6）：153-177.

［61］刘精明，朱美静. 经济发展、市场化与收入不平等——基于地区截面数据的实证分析［J］. 东南大学学报（哲学社会科学版），2020，22（1）：101-114+147-148.

［62］蒙克. "就业—生育"关系转变和双薪型家庭政策的兴起——从发达国家经验看我国"二孩"时代家庭政策［J］. 社会学研究，2017，32（5）：218-241+246.

［63］卿石松，郑加梅. "同酬"还需"同工"：职位隔离对性别收入差距的作用［J］. 经济学（季刊），2013，12（2）：735-756.

［64］卿石松，郑加梅. 职位性别隔离与收入分层［J］. 南方人口，2013，28（6）：62-68.

［65］王天夫，赖扬恩，李博柏. 城市性别收入差异及其演变：1995—2003［J］. 社会学研究，2008（2）：23-53+243.

［66］吴愈晓，王鹏，黄超. 家庭庇护、体制庇护与工作家庭冲突——中国城镇女性的就业状态与主观幸福感［J］. 社会学研究，2015，30（6）：122-144+244-245.

［67］吴愈晓，吴晓刚. 1982—2000：我国非农职业的性别隔离研究［J］. 社会，2008（6）：128-152+226-227.

［68］吴愈晓，吴晓刚．城镇的职业性别隔离与收入分层［J］．社会学研究，2009，24（4）：88-111+244.

［69］杨伟国，陈玉杰，张成刚．职业性别隔离的测度［J］．中国人口科学，2010（3）：77-87+112.

［70］赵媛媛．中国城镇地区职业性别隔离水平的趋势分析［J］．人口学刊，2017，39（5）：56-66.

附　录

研究中涉及的数据和处理代码：https：//github. com/xyangwu/segregation.

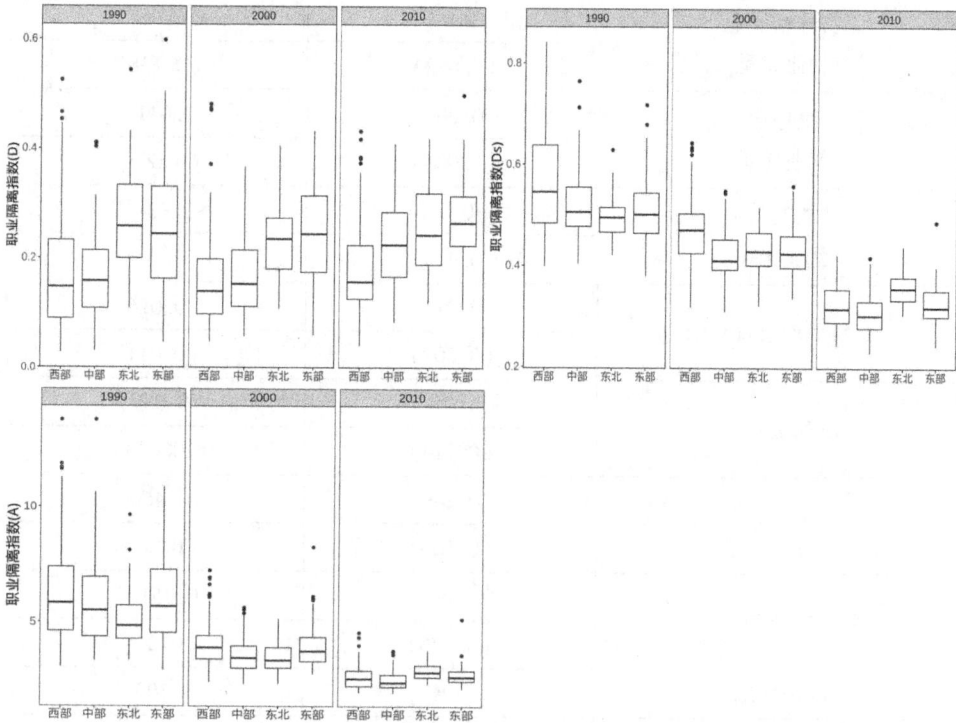

附图 1　D 指数、Ds 指数和 A 指数箱线图

附表 1　农业职业与非农业职业的影响因素回归结果

	D 指数	
	农业职业	非农业职业
log（人均 GDP）	−0.002	−0.001
	(0.005)	(0.009)
农林牧渔业 就业比重	−0.087	0.678 ***
	(0.082)	(0.138)
服务业 就业比重	−0.007 *	0.011 *
	(0.003)	(0.005)
技能型行业 就业比重	−0.016	−2.334 ***
	(0.419)	(0.700)
女性平均教育年限	−0.014 *	−0.026 *
	(0.007)	(0.011)
总和生育率	−0.078 ***	0.039 +
	(0.014)	(0.023)
失业率	0.249	0.460 +
	(0.160)	(0.269)
常数项	0.138 ***	0.251 ***
	(0.026)	(0.044)
Observations	304	303
R^2	0.216	0.214
Adjusted R^2	0.198	0.195
Residual Std. Error	0.033（df＝296）	0.056（df＝295）
F Statistic	11.670 ***（df＝7；296）	11.444 ***（df＝7；295）

注：括号内为标准误；$^+$p<0.1，*p<0.05，**p<0.01，***p<0.001。

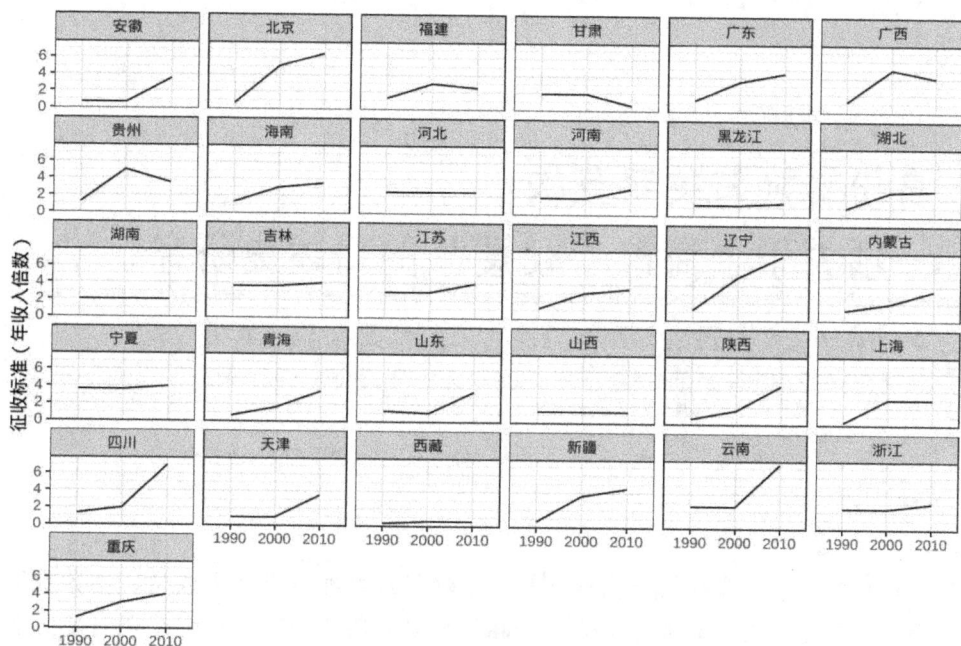

附图2　各省（自治区、直辖市）社会抚养费收费标准变化，1990—2010年

注：不同省份的计生部门根据国务院颁布的条例制定各自的计划生育条例，条例规定了计划外生育征收相应的社会抚养费，上图为1990年到2010年31个省区市的社会抚养费征收标准（按年收入的倍数收取）。

身份转换与关系互构：
一项关于上海市"社嫂"的口述史研究

❖ 唐晓琦（华东理工大学）

徐选国（指导教师）

摘　要：改革开放以来，单位制在市场经济的冲击下逐渐式微，尤其是国有企业改革这一重大举措更是带来了群体性职业调整和旧有社会管理制度的崩析，给基层社会管理带来了新的挑战。在此背景下，上海市开始探索"两级政府、三级管理、四级网络"的社区管理体制，面向社会招聘一批来自国有企业的优秀中层干部，"社嫂"群体由此产生。可以说，这个群体是改革的见证者和亲历者，她们用自己的行动和实践参与改革进程，对这一群体进行口述史研究，对基层社会体制改革和社区建设具有重要的历史价值。

本研究试图从国家-个人关系视角出发，采用口述史的方法搜集大量有关"社嫂"群体的一手资料，以社区为研究场域，勾勒这一群体在改革进程中的身份转换图景。笔者将这一身份转换过程细化为身份制造、身份体验、身份建构和身份存续四个阶段，并对其在重大历史事件进程中的回应、体验和行动逻辑进行深描。同时，将社区视为调和二者关系的中间力量，暗合了社区组织通道、物理空间和情感沟通的三重功能，从而揭示国家与个人在社会转型不同时期的关系脉络，扫描从单位制到社区制的社会管理制度变迁轨迹。

研究发现，"社嫂"身份是国家与个人互相建构的产物。单位制和社区制之间呈现出延续性和断裂性并存的特征，身份转换的过程并不是一帆风顺的，身份的实质意涵不断在实践中丰富以及受集体主义共识的深刻影响。在整个身份转换的过程中，笔者认为，国家与个人关系在社区的功能调和下始终处于动态的变化之中。同时，本文也对单位制和社区制之间的继承性和延续性进行了相应的讨论和反思，以期从"人"的角度出发，为国家与个人关系以及社区制的研究提供新的思考方向。

关键词："社嫂"；体制转轨；身份转换；关系互构；口述史

第一章 导 论

一、问题的提出

中华人民共和国成立之后，"单位"这一具有典型中国印记的概念与实体，是我国基层社会的主要管理单元，[①] 严格而有序的"国家-单位-个人"秩序一度成为我国管理体制的独特色彩。严密而无缝的管理秩序成就了社会的稳定，却也在一定程度上成为国家发展的阻力，发展与稳定的双重困境迫使国家开始新的探索，推动新一轮的改革进程。1992 年，党的十四大明确提出"我国经济体制改革的目标是建立社会主义市场经济体制"，国有企业作为兼具生产与社会管理功能的单元，因社会管理负担较大而难以发展出市场竞争力，这也使得国有企业"市场化"改革逐步被提上日程。

自上而下的经济体制改革打破了"国家-社会"秩序的延宕。市场化改革促使国有企业逐步剥离社会管理职能，这一职能剥离的过程也是单位制不断走向解体的过程。同时，这一变革也打破了"单位人"赖以生存的"全包式"模式。20 世纪 90 年代的上海作为过去计划经济体制下中国最大的工业生产基地与重镇，一方面面临着国企改革的重大挑战，另一方面城市规模开始高速扩张，迎来了势在必行的社会改革，形成了声势浩大的"三个 100 万"：一是国企改制，百万工人下岗需要再就业；二是城区改造动迁，百万市民迁移需要再安置；三是市场经济大发展，百万流动人口需要再管理。在此情况下，上海市开始探索"两级政府、三级管理、四级网络"的社区管理体制，[②] 并结合社区建设的现实需要，面向社会招聘来自国有企业的优秀中层干部，纳入社会事业编制，给予其"社区干部"的身份。可以说，其身份转换的历程与社会改革和制度变迁紧密相关，与社区的建设发展相得益彰。

"社嫂"的身份转换与社会管理体制改革及制度变迁直接相关，作为转型时期历经两种体制的划时代群体，其身份实现了由国有企业中层干部向社区干部的转变。那么，为什么"社嫂"能够从国有企业的中层干部转换为社区干部？

---

① KING W M，PARISH W L. Parish. Urban Life in Contemporary China ［M］. Chicago：University of Chicago Press，1984：296-298.

② 徐永祥. 社区发展论 ［M］. 上海：华东理工大学出版社，2000：161-165.

这样一群人身份转换背后的动力机制和发生机理是什么？在此过程中又采取了什么样的策略来完成身份的转换？本文通过对上海市 16 名"社嫂"的深度访谈，以"社嫂"的身份制造、初到社区的身份体验、社区工作探索中的身份建构和"离岗不离场"的身份存续为主要行文线索，从微小的个体在重大历史进程中的回应、体验和行动逻辑出发，理解社区制的生成与发展在中国社会转型过程中的实质意涵，揭示个人与国家关系的多重关系。

二、文献回顾

（一）国有企业改革与工人的身份转换

20 世纪 90 年代，在国有企业改革的进程中，工人的身份地位也发生了重大改变，呈现出多方向、不同路径的身份转换。学术界认为国企改革以来工人阶层的身份地位整体呈下降趋势，且大多数工人属于利益相对受损群体和社会底层群体。[①] 陆学艺在《当代中国社会阶层研究报告》中提出工人在社会生活中担任重要角色的时代已经一去不复返。[②] 对于个人来说，"工人"身份具有明显的结构属性和符号意义，是个人与国家相互联结的象征，但国有企业改革使得工人们失去了被国家庇护的身份符号。[③] 项蕴华、张迈曾提出社会结构的重组让"下岗女工"经历了从"半边天"到"边缘群体"到"再就业"的身份转换。[④] 仇立平将职业地位作为社会分层的指示器，提出经济体制改革引发的社会结构变化影响了人们的社会和经济地位，工人的身份地位由此发生转变。[⑤]

此外，国企改革下企业工人身份转换背后的心理认知和行动实践也一度成为学术界的重点关注问题。从心理层面而言，工人面对这一改革的结果是拒绝的，田步双将其心理归纳总结为失衡心理、不满情绪、无奈和焦虑心态。[⑥] 工人不会同意所谓的下岗，一是下岗意味着丢饭碗，二是意味着工人身份之下的政

---

① 陶宇. 单位制变迁背景下的集体记忆与身份建构 [D]. 长春：吉林大学，2011：27.

② 陆学艺. 当代中国社会阶层研究报告 [M]. 北京：社会科学文献出版社，2002：108-109.

③ 李锦峰. 国企改制过程中的国家与工人阶级：结构变迁及其文献述评 [J]. 社会，2013（3）：204-241.

④ 项蕴华，张迈曾. 下岗女工身份构建的叙事分析 [J]. 吉林大学社会科学学报，2005（2）：154-158.

⑤ 仇立平. 职业地位：社会分层的指示器——上海社会结构与社会分层研究 [J]. 社会学研究，2001（3）：18-33.

⑥ 田步双. 试析当今国企工人的社会心理 [C] //中国现代社会心理和社会思潮学术研讨会论文集，2004：7.

治权利和资源的剥夺。① 由此，下岗工人面临着一种心理困境：由于收入差距拉大、相对剥夺感增强而产生心理疏离。② 从行动层面而言，众多学者关注由国企工人群体所进行的集体行动、抗争和资源争取等方面内容，对由身份转换进程中的行动策略进行分析和阐释。如：黄岩结合西北某省纺织公司的集体抗争来观察国企改革困境及工人的抗争策略，提出急剧恶化的生存现实、相对剥夺感的强化以及改制过程中的不公正遭遇导致工人的抗争越来越激烈。③

（二）体制转轨背景下的社区制转向

经济体制改革触发了基层社会管理体制的变迁，改革带来的现实难题要求建立一种新的组织形态承担整合社会的功能。④ 由此，我国城市基层社会管理体制逐步由"单位制"向"社区制"过渡，开启了社区建设的新篇章。

学术界普遍认为，对中国单位现象的研究始于《共产党社会的新传统主义：中国工业中的工作环境和权力结构》一书中对中国单位现象的解读，⑤ 并从制度、国家行政权力、体制等视角进行阐述，认为单位制是中国社会转型前城市社会管理中的重要制度安排，其最基本的外在表现是城市基本单元。⑥ 在该体制下，国家通过各类单位组织调控社会资源总量，为单位提供基础生活福利保障，也为成员间交往提供了合法性身份，⑦ 使得整个社会生活高度组织化，呈现出个人弱自主性和国家强控制性的特征。但单位制的缺陷却在社会前进步伐中日益暴露，一是压抑了社会自主发展的空间和动力，泯灭了个人的自主意识和创新精神，⑧ 二是在严密秩序下，社会组织自治和市场机制没有话语权。⑨

国家在社会经济生活领域大规模退出，企事业单位开始逐步剥离社会管理与公共服务职能，大部分非专业性的社会服务功能从单位转移到了社会和社区。

---

① 李钧金. 车间政治与下岗名单的确定——以东北的两家国有工厂为例［J］. 社会学研究，2003（6）：13-23.

② 黄红. 改制后东北国有企业工人的社会心理困境分析——以哈尔滨某国有改制企业为例［J］. 学术交流，2009（6）：45-48.

③ 黄岩. 国有企业改制中的工人集体行动的解释框架——以西北某省 X 市 H 纺织公司的一场抗争为例［J］. 公共管理学报，2005（4）：57-63+89+99.

④ 何海兵. 我国城市基层社会管理体制的变迁：从单位制、街居制到社区制［J］. 管理世界，（6）：52-62.

⑤ 华尔德. 共产党社会的新传统主义：中国工业中的工作环境和权力结构［J］. 龚小夏，译. 香港：牛津大学出版社，1996：25-26.

⑥ 刘天宝，柴彦威. 中国城市单位制研究进展［J］. 地域研究与开发，2013（5）：13-21.

⑦ 李汉林. 变迁中的中国单位制度：回顾中的思考［J］. 社会，2008（3）：31-40.

⑧ 侣传振，崔琳琳. 从单位制到社区制：国家与社会治理空间的转换——以现代国家政权建设为视角［J］. 武汉理工大学学报（社会科学版），2007（5）：632-636.

⑨ 路风. 单位：一种特殊的社会组织形式［J］. 中国社会科学，1989（1）：71-88.

随着改革的逐层推进，打破了原有管理空间单位化、管理组织科层化、单位功能全能化等弊端，建立了一种新的社会整合体制——社区制，① 它是以社区为依托的新型社会整合体制，是管理体制的新探索。② 当然，在体制转轨的过程中，国家与个人的关系在市场、社区等新兴元素的扰动下发生了明显的变化，③ 国家自上而下的单向管理逐渐演变为政府与社区协作的双向管理模式，社区开始承接社会公共职能，与此同时，城市居民也从"单位人"转变为"社会人"。④ 体制转轨是一个多维、非线性过程，是社会组织模式的重建，⑤ 也是改革开放与市场经济发展过程中政府与社会、政府与公民关系调整的具体体现。⑥ 社区作为新型管理体制下的重要单元，成为基层社会管理体制的关键所在，在解决社会问题、维护社会稳定、促进社会和谐等方面发挥着独特作用。

（三）有关身份转换的研究

其一，关于身份转换的研究主要集中于某些特殊的社会群体，比如：失地农民、农民工、家政工等。史红平关注农民工群体，认为其向市民身份的转换实质是农民舍弃过去社会规范和价值标准，重新学习新社会规范的过程。⑦ 杨胜华分析企业产权改革中的职工身份转换过程，对身份转换的范围、界定和建议作出阐述。菅志翔以保安族为分析对象，提出身份意识来源于自上而下的国家构建。⑧ 其二，身份的转换具有一定的困境。王春光认为农村人口缺乏融入城市的社会、制度和文化系统，⑨ 导致心理适应困难。⑩ 其三，身份转换的背后往往是社会结构的变迁，并带来新的社会结果。如：在失地农民和农民工由"农民"

① 郭凤英，陈伟东. 单位社区改制进程中社区治理结构的变迁［J］. 湖南师范大学学报，2011（1）：44-48.
② 何亚群，王明生. 单位体制与社区体制：当前我国城市社会整合的二元模式探析［J］. 广东社会科学，2005（6）：148-152.
③ JEAN-LOUIS R. The Rise of the Social and the Chinese State［J］. China Information，2003：1-27.
④ 陈至成. 从"单位人"转向"社会人"——论我国城市社区发展的必然性趋势［J］. 温州大学学报，2001（3）：70-74.
⑤ 卢汉龙. 单位与社区：中国城市社会生活的组织重建［J］. 社会科学，1999（2）：52-55.
⑥ 魏娜. 我国城市社区治理模式：发展演变与制度创新［J］. 中国人民大学学报，2003（1）：135-140.
⑦ 史红平. "农民"向"市民"的身份转换［J］. 电子科技大学学报（社科版），2006（1）：64-66.
⑧ 菅志翔. 国家构建中的族群身份转换——以保安族为例［J］. 广西民族学院学报（哲学社会科学版），2004（5）：85-91.
⑨ 王春光. 农村流动人口的"半城市化"问题研究［J］. 社会学研究，2006（5）：107-122.
⑩ 肖仲辉. 论我国失地农民身份转换过程中的心理适应问题［J］. 中共四川省委党校学报，2006（4）：66-70.

身份转向"市民"身份的过程中，城镇化是重要的社会结构性要素。①

（四）既有研究述评

学界关于社会管理体制转型下的研究已经较多，其研究的主题主要分为三个层面：一是宏观的社会体制改革，论述我国从计划经济体制向市场经济体制转向、从单位制向社区制转向的体制性改革。二是从中观组织出发，以国有企业及其相关组织为研究对象，从其发展和改革轨迹窥探社会转型的动态发展。三是聚焦于改革下的个体生存、就业和发展，回应时代变迁下的生活图景。现有研究虽然取得了众多学术成果，但仍具有一定的局限性。

一是理论和方法上具有偏向性。从理论上看，众多研究多从全能国家、② 控制-服从③及对立-冲突④等视角对国企改革下的国家与个人作出分析和阐释，在这种视角下国家与个人仍然呈现出二元的关系样态，具有一定的局限性。同时，在研究方法上以往的研究较多运用定量和一般意义上的质性研究，而从个体或群体生命史、口述史角度的研究则较为匮乏。基于此，本研究以口述史研究为方法论基础，试图将"社区"这一元素带入国家与个人关系，并以此为基点分析国家与个人关系的特征变迁，试图对"社嫂"的身份转换过程作出理论解释，探讨其身份转换背后的动力机制。

二是忽略了个体在改革中的积极作用。在众多关于改革背景下个人发展与生存的研究中，大多聚焦于国企改革对个人工作生活带来的负面影响，缺少对国企改革中的个人积极作用分析，过于关注问题与困境。即使谈及发展，也多是立足于宏观的社会进步视角和中观的企业改革发展视角进行论述，较少从正面出发研究个体行动对于社会改革的促进价值和建设意义，对于国企改革浪潮下衍生的新群体"社嫂"的研究几乎没有，更没有提及这部分群体在社区建设过程中的积极作用。换言之，忽略了个人作为积极行动者在社会改革和制度变迁进程中的推动作用，忽视了个人力量的潜在优势。

三是过于关注单位制和社区制之间的断裂性，忽视了二者的继承性和延续性。一方面关注单位制在社会改革进程中的不适性和解体的必然性，从单位制带来的消极影响和弊端着手，聚焦于单位体制背景中自上而下的强国家政治。

---

① 霍鹏，张冬，屈小博. 城镇化的迷思：户籍身份转换与居民幸福感 [J]. 农业经济问题，2018（1）：64-74.

② 杨宜音. 当代中国人公民意识的测量初探 [J]. 社会学研究，2008（2）：54-68+243-244.

③ 胡金光. 国家与公民个人的角色关系演变——转型期社会矛盾解读 [J]. 江苏省社会主义学院学报，2011（5）：73-77.

④ 申林.《利维坦》中国家主权与个人自我保存权之间的张力 [J]. 武汉大学学报（哲学社会科学版），2014（3）：63-69.

另一方面则关注社区制的必要性，经济领域的变革引发了社会领域的变革，社区成为基层社会管理的抓手是社会改革和制度变迁下的必然结果。在这种语境下，社区制被视为国家进行社会管理的新型工具，而失去了自身的自治性和社会性色彩。同时，将单位制和社区制视为两种不同制度的不同结果，忽视了二者之间的继承和延续。本研究通过分析"社嫂"身份转换过程的行动策略，洞悉其在社区工作中的方法，发现虽然工作的物理空间已然发生变化，但"社嫂"们也将在企业中形成的工作方法和经验带入社区，构成早期社区建设的元素，甚至沿用至今。在这种意义上，将单位制和社区制相勾连，为该领域的研究提供了新思路，在社会转型的历史发展中找寻个人的价值和意义。

综上所述，以往的研究成果不仅拓展了笔者看问题的视角，而且得以更加透彻地分析和阐述本研究的内容，但现有成果的不足之处和该群体的特殊性及其价值意义激发了笔者的关注和思考。对于本研究来说，国有企业中层干部，在社会改革过程下，在国家组织动员和体制吸纳下被赋予了"社嫂"身份，并作为改革的亲历者和实践者参与其中，在对其身份转换过程进行阶段性分析时，将个体的主观体验与客观现实相联系，从而借助个人的体验和行动与宏观的社会变迁相联系，透视制度变迁下的国家与个人阶段性发展特征。从宏观上讲，体制转轨和制度变迁是"社嫂"身份制造的现实土壤，只有将其放置到宏观的社会背景中，才能把握和理解这一群体身份转换的发展脉络。从微观上讲，"社嫂"的身份转换过程对洞悉单位制到社区制的变迁历史有着突出意义，笔者从"承继"的角度出发，通过对这一群体的身份转换分析探索单位制和社区制的断裂性和延续性，挖掘身份转换背后的动力机制。

三、研究设计

（一）理论基础

国家与个人的关系是理解近代以来中国社会变迁的一个基本视角。在学术界众多的研究中，多从关系的两端进行探讨分析：一是从国家角度讨论国家权利和国家意识对个人的整合，二是站在个体角度上探讨个人自主意识的觉醒和发育对国家进程的影响。在众多研究中，"国家的声音"占据重要的位置。国家主义派主张将个人意志浸没于国家精神中，[①] 并认为个人总是服从于更大的集体。[②] 但市场的兴起对国家-个人关系产生了剧烈冲击，个人作为常被忽视的分

① 谭凯.国家主义派关于国家与个人关系认识的演变［J］.哈尔滨师范大学社会科学学报，2015（5）：152-156.

② 阎云翔.中国社会的个体化［M］.陆洋，等译.上海：上海译文出版社，2012：376.

析维度走向公众视野，实现了从宏观社会结构到微观个体的关注转移。① 但以往的研究仍然存在两点不足：一是将国家与个人的关系视为二元对立，割断了二者之间的联系和互动。二是缺乏在具体事象中分析国家与个人关系的演变。笔者认为，在体制转轨和制度变迁进行的不同阶段，国家与个人的关系受到的影响因素不同，因而国家与个人关系在具体情境下势必存在一定的差异性。

（二）分析框架

针对本文提出的研究问题，笔者在反思国家与个人二元关系的基础上试图将社区纳入国家与个人关系之中，在具体事象中考察社区如何对国家与个人关系进行调和，使二者重新实现整合和联动，并建立了本文的分析框架，主要包含以下要点：第一，国家力量通过企业单位、社区组织等中介力量与个人发生互动。第二，社区在国家与个人的关系中具有以下三重功能属性：一是作为社区体制的基本单元，二是作为勾连国家和个人的场域，为国家与个人关系的互动提供了物理空间，三是社区具有本体论上共同体的含义，提供着情感的营造和沟通，这也为国家与个人关系的相互契合提供了可能。第三，个人在社区中的实践行动不仅推动了社区的生长，还对"社区"的概念和实体进行建构和生产，注入社区发展的社会性。具体的分析框架如图 1-1 所示。

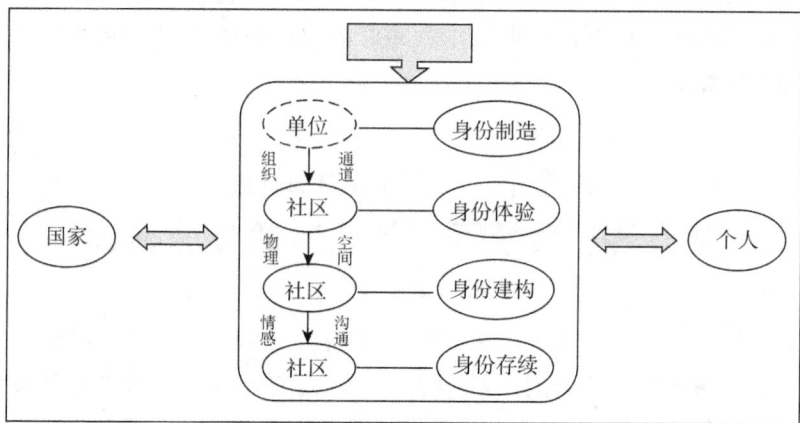

图 1-1　研究框架

（三）研究方法

本研究采用口述史的研究方法，通过对"社嫂"口述资料的收集，以及与

① 周少来. 在个人与国家之间——霍布斯政治逻辑辨析［J］. 青海师范大学学报（哲学社会科学版），2003（5）：44-48.

历史亲历者的互动，在个体经历和宏大的社会历史进程中建立联系，并试图超越宏观与微观之间的二元对立。本文的研究对象属于社会转型时期产生的特殊代群，其身份带有明显的结构属性，倾听她们在社会改革和制度变迁过程中的心路历程，站在口述者的立场上理解和体会她们在身份转换过程中的行动逻辑，并通过透视"社嫂"在社区建设视域下的身份转换过程，有助于洞察从单位制转向社区制转向的变迁全过程。

本文的研究对象是从 1996 年上海市组织的社区招聘考试中选聘出的一批国有企业中层干部，国家将其纳入社会事业编制，使其成为从事社区工作的社区干部，又称"社嫂"。本研究共访谈 16 名"社嫂"，包括上海市的 P 区、X 区、T 区等 5 个辖区范围。从年龄结构上看，研究对象的平均年龄超过 60 岁，最大为 71 岁，最小为 45 岁。从当前工作状态上看，可以分为在岗、退休返聘、自主工作和退休在家四种类型，其中 2 人在岗，6 名退休返聘，3 名退休后从事社区相关工作，5 名退休在家。

此外，通过对口述资料的梳理发现，该群体具有以下四重特征：一是具有纺织厂、仪电厂和服装厂等国有企业的干部经历，学历、技能和综合素质较高；二是绝大部分群体成员是党员，具有浓厚的爱国主义和集体主义情怀；三是多为女性，16 名研究对象均为女性，通过调查得知，该群体的女性成员远远高于男性，男性仅占极少比例；四是退休后的群体成员整体倾向于继续在社区工作或从事与社区相关的工作。

第二章　有组织的剥离：
社会转型背景下"社嫂"的身份制造

工人是计划经济时期为人所青睐的职业身份，标志着一代人的辉煌，集体主义共识的印记也深深地镌刻在每一位工人的内心，这一时期的国家与个人关系呈现出高度整合的特征。然而，随着单位制走向消解，社区成为社区制的重要元素，替代单位继续发挥组织通道的作用。面对社会转型期的困境和难题，上海市进行了一场有组织的"剥离"工程，动员国有企业的中层干部进入社区，承担起社区建设的重任，在社区中继续发挥关键人物作用，"社嫂"这一身份应势而生。

一、国企改革：企业"不适"和单位制解体

（一）企业"不适"：市场经济的冲击

1992年党的十四大最终确立"我国经济体制改革的目标是建立社会主义市场经济体制"。从制度上来看，由计划经济转向社会主义市场经济是经济发展方式作出的战略性调整，是国家打破传统体制，提高经济效率，实现资源快速流通的必要措施。回顾上海国有企业改革时期，不难发现对于保持原有企业单位意识和运营模式的企业来说，无疑是一场猝不及防的"灾难"，引发了企业的"不适"。

这种企业的"不适"主要体现在两个方面：一是管理理念的不适。企业的管理层历经计划经济时期的发展阶段，其管理理念带有明显的计划经济烙印，难以在短时期内作出改变。二是运营模式的不适。计划经济体制下的企业生产和发展受到国家指标的限制，国家根据不同企业的规模、生产能力及社会整体需求制定生产指标，企业只需要按照指标进行生产。但市场经济却瓦解了这一传统的计划运营模式，企业需要自产自销，实现生产、销售"两条腿"走路。对于企业而言，原有的运营模式已经面临淘汰，新的运营模式仍在探索，这就造成了"发展差"，即现有的运营模式无法满足企业的生存要求。

（二）单位制解体：国家主导下的变迁

市场经济的到来催生了国有企业改革。从小厂倒闭到大厂合并，从技术外流到工人外放，从计划供应到主动寻找外销机会，无不彰显着市场经济的到来，在大环境的推动下开始按照市场发展的轨迹建构新的行业发展和职业规则。口述者深处其中，觉察到了企业的不同，并开始关注厂里的变化，试图找到一些方向性的东西，又企图维持着一切原有的模样，害怕生活轨迹的改变，其实质是个人对国家意志的维护和对传统的"依存式"发展的坚持，但赖以生存和生活的单位走向解体已是事实。

国有企业改革开始一段时间后，单位制解体的种种表征开始展现出来，如：生产技术流向乡镇企业、生产任务量大幅度减少、产品滞销和企业"关停并转"等。正如口述者所说：

> 厂里的机器拿到郊区，再安排一批技术工人到郊区去扶持她们，教她们怎么缝纫，怎么熨烫，怎么包装，怎么漂染，怎么做成衣服，把这一整套的技术都教给了乡镇企业。（RXQ20190319）

我们的厂是纺织厂，主要做毯子，厂里的机器是一天24小时开着的，

但后来没销路，厂里就把很多车间停产了。（YZY20190708）

　　当时企业也在走下坡路，生产出来的产品只能在仓库里堆着，很多企业都停产了。（LHL20190520）

通过口述者的叙述，我们可以看到"厂子办不下去"的背后是单位制解体的多重表征，主要从以下三个方面遭受瓦解，呈现出自上而下的"强动员"特征。首先，国家层面确立由计划经济体制向市场经济体制转轨，多措并举地催生了改革，如：鼓励乡镇企业的发展，全面带动市场竞争；其次，国有企业接受全面整改，以"关并停转"方式缩减企业规模，打破单位体制下的纵向依赖；最后，以"事件"为基点，打破"国家-个人"的传统职业观，引发个人层面的社会职业流动，仅上海地区就有百万家庭有下岗的经历。

二、改革浪潮下的生存危机与迷茫心态

（一）艰难求生的命运图景

作为社会行动者的工人，其行动动机和目的与其构成环境结构要素的一系列规范的认识及一系列资源的掌握密切相关。[①] 在特殊的历史时期和社会环境下，能够审时度势抓住发展机遇的工人少之又少，一是不甘放弃引以为傲的工人身份，二是不敢成为"冲向社会的先锋"。当然，还有很多工人因文化水平不高、年龄优势不足、技术能力有限只能简单地希冀获取基本生活需要的资源，面临着艰难求生的现实境遇。

改革浪潮下的工人根据个体表现的不同可以分为两类：一是相对年轻的群体，主动寻找发展机会，拒绝单位的"再就业"安排，选择辞职下海等道路；二是依旧遵守单位的制度安排，内退、签协保、岗位调动等方式构成了安排基调。久而久之，焦虑、不满、抵触等负面情绪蔓延形成较大的社会消极心理，尽管个体分流状况不同，但整体勾勒出的是"企业阵痛"下艰难求生的图景。

　　真的很惨，原来当挡车工的，就去人家乡村企业，到车间做技术指导或者质量管理。还有就是到商场里面做营业员。国企改制后，都不管你的，没有办法的，全上海都一样，哪里有招聘你也可以去参加，胆大的试试看也许就有工作了。（RXQ20190319）

---

① 唐军. 生存资源剥夺与传统体制依赖：当代中国工人集体行动的逻辑——对河南省 Z 市 Z 厂兼并事件的个案研究［J］. 江苏社会科学，2006（6）：174-183.

此时的"社嫂"多处在企业改革的风口浪尖上，其身份仍然是国有企业的中层干部，但即使作为企业的中层干部，其个体命运也受到了社会转型的冲击。面对企业，面对昔日并肩作战的工人，面对自我，带有荣誉和骄傲光环的中层干部在这一特殊时期也有着独特的心路历程。

（二）迷茫：面向改革的个体心态

对于传统的"单位人"而言，失去单位的管控，剥离对单位的依赖，根据市场的新兴规则生产和生活，是可怕的灾难。在新的体制和规则下，个人由于"陌生"打破了原有的习惯，出现深深的无力感。严格而有序的社会运行结构被打破，作为企业中层干部的口述者也走向了迷茫之路，体现在其相互矛盾的心态上，一方面相信自己在单位勤勤恳恳地工作，获得过很多荣誉，也为国家发展贡献了自己的力量，国家不会放任企业倒闭的，根本而言从内心深处不愿意打破传统的单位依赖。张静等人提出个人在剥离单位后，单位就对个人没有责任了，个人与国家的组织化连接一旦消失，法律和制度给予她们的权益，就难以经由组织途径获得实现。[①] 正如口述者的表达：

> 当时是单位制，一个人有了单位，他的一切就是从头到尾单位都全包了，如果说离开了这个单位，人真的可能会有一种恐慌的心情在里面。（ZH20190402）

在单位体制下，无法因工人的表现而决定职业流动，严重的依赖性导致了企业生产动力不足，需要改革为社会发展带来新的动力。改革是一个"去传统化"的过程，不管是制度层面，还是个人的主观认知都需要一个适应与调整的过程。但由改革衍生出的众多社会新问题，如：下岗再就业、人口流动性大及社区管理失序等，迫使国家重新审视社会发展，用新的制度规范重建社会保护机制。

三、组织剥离：社区建设与"社嫂"身份的制造

（一）社区功能的凸显

随着单位体制的逐步解体，国家与个人之间缺乏组织化的联结通道。从社会发展的角度来讲，需要重新建立国家与个人之间的联结纽带，建立起一种替

---

① 张静，董彦峰.组织分化、政治整合与新时代的社会治理［J］.文化纵横，2018（4）：76-87.

代的组织化机制，搭建新的社会资源网络，形成新的社会性保护机制，即社区制，来重塑国家、组织与个人的相互联结关系。

社区制成为继单位制走向解体后的基层社会管理体制的新探索，社区这一"类单位"的准组织化功能逐渐凸显，表现在以下三个方面：一是在国家与个人两极的状态里，需要社区承担起将国家与个人勾连起来的责任，畅通一条制度化的沟通渠道，缓解改革带来的社会紊乱局面。二是经济体制改革带来的"群体性失业"问题需要在社区中解决，成立职业介绍中心，登记下岗失业工人信息，完成新工作的匹配，这时的社区成为经济体制改革的后备支持力量，整体上呈现出为经济体制改革服务的倾向。三是大批下岗失业工人回到社区，增加了社区负担，社会不安定因素迅速增长而难以掌握、疏导和控制，社区成为解决个人问题，化解社会矛盾的稳定器。

（二）契机：上海市城区工作会议

1996 年 3 月，上海市召开城区工作会议，市委、市政府联合下发《关于进一步完善"两级政府、三级管理"体制的政策意见》和《关于加强街道、居委会建设和社区管理的若干政策意见》，提出要通过完善市、区、街道三级管理体制，加强社区建设，为城市经济体制改革创造良好的社会环境。上海纺织控股集团董事长朱匡宇建议"将企业里经过党的培养且具有较强工作能力的中层及以上干部按照属地化原则选聘到社区"得到了认可。随即，上海市通过"选取试点—全市推开"的路径推进有能力的企业中层干部进入社区探索基层社会管理的新模式。

在此背景下，国家试图从企业的中层干部中挑选适合社区工作的人选，选聘一批优秀的社区干部挑起社区建设的大梁。因此，当时的考试主要瞄向的是对"社区"的理解，且并不强求标准化的考试，而是尽可能考验他们对社区的认识程度及其对未来的职业规划。据口述者回忆：

> 就考了一门语文，大概内容是以"假如我是新时期的居委会干部，如何做好社区工作"为主题写一篇作文。面试的问题大概分为两个方面：一是个人的基本情况，二是对社区的了解程度。（DYY20190308、ZH20190402）

总而言之，"社嫂"这一身份的制造是特定历史时期特定条件下的特有产物，在社会转型中被赋予了重要的时代意义，在国家有组织的动员下，一批国有企业中层干部摇身变成了社区干部，并开启了对社区制的探索。不可否认的是，其身份本身带有时代使命和国家任务，具有复杂的构成色彩。

（三）职业变迁下的个人思考

市场经济的冲击，国有企业的改革，单位制的解体，从企业到社区的组织动员，这一切的一切是那么突然，却又顺理成章，大部分企业中层干部都接受了单位的推荐，离开企业岗位奔赴社区。笔者对个人和家庭面临这一身份转换时的心态作出了具体阐释。

其一，口述者对其新的身份具有强烈的认同感，并将自己进入社区工作与国家需要相联系，确信自身具有明显的身份优势，可以帮助社区建设。从本质上看，职业的变动并未打破其对国家和个人紧密关系的认知，依然保持着传统的单位烙印。其二，在国家意志的积极推动下，个人作出积极回应的背后包含着为国家奉献的革命热情等主观因素，也夹杂着对个人职业发展和生活便利等因素的现实考虑，笔者将其视为统一下的个体感知差异，如：出于离家近、工作轻松和方便照顾家庭等现实考量。

但客观上来说，社区工作当时并不被看好，长久以来社区工作被视为没有文化水平和能力的人混日子的存在。当外界提及"社区工作"时，往往带有嘲笑和看不起的成分，认为社区干部是"婆婆妈妈"的，年轻人去是没能力、没志气的表现。综合来看，制度变迁下"社嫂"的身份制造是一场有计划、有组织、有期待的"剥离"工程。笔者这里称其为"剥离"，是因为个人相较于国家而言处于一种被动状态，是迎合国家意志作出的个人选择。由此，国家与个人之间基于高度整合的关系实现了契合，国家为个人提供了合法性的身份转换制度，个人积极响应国家动员，承担起发展社区建设的时代使命。

第三章　复杂的蜕变：社区职业的身份体验

本章侧重于探讨"社嫂"初进社区时遭受的身份蜕变体验。在这一时期，社区作为勾连国家和个人的场域，为二者的互动提供了物理空间，但整体上社区的生产性和功能性较弱。在具体实践中，国有企业中层干部的身份从形式上退出，但在个人身上遗留下的身份印记并未完全去除。同时，社区干部的身份虽然已经通过制度化的渠道确立，但并未具有身份的实质意义。无论其社区干部形象还是行动都处于一种混沌状态，与原有社区环境、社区工作队伍及社区网络结构产生一定的张力，形成混沌期"苦闷"的身份体验。

一、待开发：初进社区的直观印象

当前上海市社区旨在探索社区多元治理、垃圾分类、社区服务，然而在初期的探索与工作时，却是当前所无法想象的。笔者所访谈的"社嫂"，在谈及初进社区的印象时，认为社区就是一个大工地，处于一种"待开发"的状态。

从社区的原生环境来看，工作环境简陋而恶劣，拔野草、捡垃圾、调解纠纷，再顺便搞搞经济几乎成了全部的工作内容，这几乎是每一位"社嫂"至今都记忆深刻的情形。从社区工作人员的队伍构成来看，整体呈现出"老杂弱"的现实状态。一是整体年龄偏大，缺乏管理理念。二是文化水平低，甚至只会写自己的名字。三是人员队伍构成薄弱，多是不愿意参加插队落户、上山下乡，或者因疾病退回来的街道安排的就业者。口述者一致将其称为"老一批居委会干部"，这里的"老"不仅仅是年龄层次上的意义，更多的是"社嫂"用其和自己的身份作出区别，以此对自己的新身份作出形象建构，具有身份区隔的意义。

二、碰撞与摩擦：难忘的身份困境

（一）"先锋兵"与"混日子"：自我和他者眼中的"社嫂"

"社嫂"在社区实践情境中，其身份体验受到了自我和他者两种不同主体的认知。一方面，"社嫂"作为行动者主体，认为自己带着国家的期望和任务经过层层选拔进入社区，是改革大军中的"先锋兵"。另一方面，长久以来的社会偏见也导致了"社嫂"的身份困境，形成了一种潜在的施压、暗示和渗透。

就口述者对"社嫂"的身份认知来看，她们认为自己为国家所需要，是探索社区建设的先锋兵。据口述者介绍，不是所有企业工人都可以成为"社嫂"的，能够拿到推荐信的人基本都是厂里的中层干部，获得过先进党员、先进工作者、优秀劳动者等荣誉，而且在数量上严格控制，甚至出现一个单位只选出一个人的现象。且从口述者的言语中特别强调进入社区的条件严格，经过厂里选拔推荐、笔试、面试和培训等环节，以此和普通工人的身份形成鲜明对比。

就"社嫂"之外的其他人是如何看待社区干部这一身份，笔者也进行了分析，整体上并未突破历史性的传统价值观念影响，对"社嫂"依然保持着旧有的认知和评价。首先，对"社嫂"群体不看好，认为其"嗲气"，都是在企业中坐办公室的人，胜任不了社区工作。其次，对社区工作持贬低态度，认为年轻人来社区工作是"混日子"的，有志气的年轻人不会选择社区工作。最后，"社嫂"的社会地位低。这恰好与企业中具有荣誉象征的工人身份形成鲜明的对比。通过他者的认知和评价可以发现，虽然"社嫂"的身份已经成功制造，但要想做到"名实相符"，使其在社区中发挥"领头羊"的关键作用仍需要经过一个打破旧观念、建立新形象的建构过程。

（二）不适应：磨合时期的张力表达

"社嫂"脱离了旧有的企业工作场域，转向了社区工作场域，在此过程中，口述者也经历了不小的挑战，表现出人与人、人与环境的种种摩擦，笔者将其归结为初进社区的不适应，具体表现为工作环境的不适应、工作对象的不适应和工作机制的不适应三个方面。

其一，工作环境不适应。这种不适应集中表现在两个方面：一是由企业相对封闭的工作环境步入"无边界"的社区工作环境；二是完成工作方式由单一转变为合作。其二，工作对象不适应。这里的不适应是"社嫂"和社区居民双方的不适应：就"社嫂"而言，在企业中更多的是与"物"打交道，而在社区更多的是不得不去与"人"打交道；就社区居民而言，新来的"社嫂"打破了社区原有的平衡状态，居民们对其穿着和工作方式都难以适应。其三，工作机制不适应。企业的工作机制更加简单，层级关系不突出，较为明显的身份区分是干部和工人，但来到社区，纳入事业编制，层级关系突出。

由此，"苦闷"成为初进社区阶段"社嫂"最大的心理感受。社区的现实图景已经给了当头一棒，在心理落差还未抚平时，又迎来他者的闲言碎语和社会偏见，这对于活在"荣誉"里的国有企业干部来说是最大的苦恼。笔者认为这一时期产生的摩擦和苦闷，其实质是两种身份的相互博弈，国有企业干部的身份逐渐消解，社区干部的身份未得以实践，新旧身份的博弈造就了这段独特的身份体验记忆。

（三）优势转换：实现身份蜕变的辅助剂

从上文论述中可以看出，口述者初进社区的体验是复杂的，新身份的建构和工作的开展也存在一定的困难。在自我和他者对"社嫂"身份的认知中引发了种种的矛盾与冲突，产生了"苦闷"情绪。那么，"社嫂"如何突破这一困境，顺利度过身份的体验期？

其一，积极的自我暗示。一方面，"社嫂"认为来到社区就应该适应社区环境，"迷茫和苦闷"的困境是可以改变的。另一方面，具有敏锐洞察力的"社嫂"已经觉察到社区未来的发展前景是必然的，认为自己进入社区是正确的选择：

> 从我个人来说，我是在适应环境。我从来没想过跳槽，既然来了，我就努力适应环境。我也看到了社区以后的发展前景，因为退休工人以后要分摊到社区的。（SHQ20190402）

其二，责任话语下的承担。虽然这一时期的"社嫂"已经离开了企业单位，但先前的集体主义意识依然深深影响着当时"社嫂"的心理认识和行动实践，强大的国家意志仍然在个人身上发挥作用，主要体现在"社嫂"群体多次提到要在社区中再创辉煌，给国家一个交代。正是这样一份责任话语下的承担，推动了上海社区模式建设，为全国的社区发展带来了新的经验和模式探索。

其三，凭借企业工作经验的优势。"社嫂"在企业工作的相关工作经验也成为其化解摩擦、突破苦闷困境的重要优势资源。"社嫂"作为一种传输载体，将企业的工作经验运用到社区工作中，不仅成为个人宝贵的工作财富，也成为早期社区建设的先进经验。

第四章　主动的探索者：社区工作中的身份建构

从上一章的论述中，我们可以看到，"社嫂"在经历混沌期"苦闷"体验的过程中，利用自身的优势突破困境，实现身份的复杂蜕变。在这之后，旧有的身份已经消解，新的身份逐渐占据主体地位，并在社区这一物理空间中用实践建构"社嫂"身份，探索社区制的运行机理。在本章中，笔者从国家的期待、居民的期待和自我的期待三个部分展现"社嫂"如何成功实现身份的建构。

（一）国家期待下的社区制探索

社区发展是一个长期且需要不断探索创新的过程，需要个体积极参与其中并发挥作用。"社嫂"在面对国家推动社区制发展的期待时，将企业工作中形成的"企业人格"传承到社区，为推动社区制发展进行制度探索、规范管理和方法拓展，不断丰富和深化社区制的内涵，助力"上海模式"的形成。其探索工作主要包括以下三个方面：

其一，落实居委会筹建工作，促进制度的完善。"社嫂"来到社区后首先面对的挑战之一就是筹建居委会。在口述者的眼中，筹建居民委员会的工作是"开天辟地"的大事，可以反映出筹建居民委员会的困难和重要性。据口述者介绍，当时街道并没有告诉她们要如何筹建一个居民委员会，也没有具体的筹建制度和工作流程，所有的工作都要"社嫂"自己摸索，在某种意义上，这也表现出"社嫂"作为社区制探索者的身份意义。

其二，合并多家物业公司，对社区进行规范化管理。20 世纪末期，上海市提出要以发挥物业管理中的基础性作用为抓手，全面推进文明社区的建设工作。自此，开始将物业管理提到议事日程上来，并提出一个小区只能有一个物业公司管理的具体要求。而有些小区的物业管理单位多达 14 家，造成管理混乱、矛盾突出的问题，既不符合物业管理的要求，更不适应广大居民群众的需求，物业管理多家合一的任务又将"社嫂"推到了社区建设的前线。

其三，成立业主委员会，拓展社区工作方法。根据《上海市居住物业管理条例》的界定，业主委员会由业主大会或业主代表大会选举产生，业主委员会应由业主担任，且在具体内容中规定了"一个物业管理小区要建立一个业主委员会"。"社嫂"在帮助成立业主委员会的工作中也形成了自己的工作方法，拓展了社区工作的思路。首先是宣传和挖掘合适人选。其次，对符合条件的候选人进行摸底排查，确保选出的业主委员会成员能够代表居民利益，为居民发声。最后，做好选举工作的引导，引导居民选举党员、有奉献精神的人、懂社区管理的人参与其中，增强小区自我管理的能力，培育社区公共意识。

（二）居民期待下的社区实践

在"社嫂"的工作记录本上记录着社区每年的重点工作，据其介绍，刚进入社区时并不知道如何开展社区工作，很长一段时间内只是被动地接受领导的工作安排，但慢慢地这种被动的局面就被突破，经历过"融洽"的优势转换后便开始主动出击，主动为居民争取资源，主动和居民建立信任关系。正是在这一件件的实事中，"社嫂"们赢得了居民的赞扬，不仅坐稳了社区干部的位置，也赋予了"社嫂"身份独特的价值意义。

1. "走"出来的居民信任

为打破陌生和社会偏见的困境，"社嫂"们打响了"走访"的第一战，随即"串百家门，知百家情，解百家忧，暖百家心"的口号在社区响起，成为"社嫂"与居民建立信任的重要渠道，主要遵循"走访百家—主动关心—满足需求"的工作路径，呈现出以情为民的特征，也形成了当时走访工作的制度规范。

> 这样一整套下来，工作就明朗了。在解百家忧的时候，就要把看到的问题和需求分分类，把相同的归到一起，不同的再针对性解决。要开会，像车间开会一样的，大家一起讨论现在有什么问题，怎么解决这个问题。（LHL20190520）

规范而又细致的走访工作具有两个方面的意义，一方面，是将企业中形成的成功经验运用到社区建设中；另一方面，则建构了居民区工作的规范性和精细化服务的内涵。此外，在走访中主动关心居民则是破解陌生困境的"灵丹妙药"。在居民不接纳、不主动、不配合的境况下，"社嫂"迈出了促进双方关系建立的至关重要一步。

2. 为民请"命"：请求信背后的责任担当

在给访谈资料编码时，笔者发现一个有趣的现象，在问及国企改革时期的情况与初进社区的体验和感受时，口述者的回答多以"我"为主体，但谈到社区工作和与社区居民的故事时，称谓便成了"我们"。口述者在不经意间显露出的言语差异，其实也是其身份发生转换的标志，这一时期的"社嫂"不再是形式上国家选聘的"社区干部"，而是真正意义上社区居民的干部，个人与身份实现了真正意义上的统一。

L 社区是上海市 20 世纪末有名的"破烂小区"，大批居民在市政动迁中告别了原来的居住地，来到新的家园，但新的家园却是一个破烂小区，居民生活的配套设施不完善，基本生活资源匮乏，社区矛盾突出。在此小区还有一个很出名的"维权队"，当 L 书记刚到社区第一天任职时，就遭到了该小区维权队的阻挠，认为其不会帮助居民解决问题。

> 我来第一天他们就不让进小区，还推了我，说上面派个女的过来当书记有什么用，你一个女的只会带孩子，怎么帮我们解决问题。（LHL20190520）

面对居民的质疑和大力阻挠，L 书记当机立断，表明态度，给居民下了保证：

> 居民朋友们，我是你们新来的书记，不管你们认不认，你们都是我的居民，我是你们的书记，我们是一体的，这是我们共同的小区，我保证一年内让你们看到小区的变化，若一年没有变化我自己走人，不用你们来赶我走，也请你们给我时间证明。（LHL20190520）

经历了那么多年，L 书记在讲述当年的经历时显得冷静而又威严，仿佛在诉说记忆中一段难熬的岁月，又仿佛在谱写一曲赞歌。L 书记以钉钉子的精神去各家各户走访，从刚开始的不让进门，到后来的十分钟、二十分钟，最终获得了居民的认可，在走访的过程中建立了良好的关系，实现从"我"到"我们"的思想共识转变，从局外人到自己人的观念转变。同时，埋头为社区群众干实事的"社嫂"经过艰苦的努力，终于使得社区生活正常化，居民看到了社区的变化，生活设施的改善，对社区的认同感和归属感也在不断增强。

3. 团队组建下的居民认同

国有企业改革带来的工人下岗，百万工人回归社区，痛苦的情绪和不安的因素都在威胁着社区的团结稳定。看着居民们满脸的愁容，看着社区里的老人在路边呆坐，"社嫂"们又开始了新一轮的主动出击，即在加强社会主义精神文明建设的号召下，组织居民群众组建文化团队，一是丰富居民群众的文化生活，二是借助团队和活动将人会聚，居民们有地方可去，有事可干，一定程度上有利于社区的和谐安定。同时，出乎意料的是，从单纯的组建团队到挖掘居民力量再到链接社会资源，居民文化团队的组建在不自觉过程中已经超出组建团队本身的意义，为后期居民自治、创新基层社会治理提供了典型的借鉴意义。一位受访"社嫂"说道：

> 当时条件没有现在好，正好旁边有个超市，打木兰拳的需要放音乐，我就帮他们跟超市经理协商，形成共建单位，促成超市和拳操队的对接。一方面便利了早上大家的锻炼，另一方面也照顾了超市的生意，这是双赢的。（RXQ20190319）

组建居民文化团队的最终目的是把社区居民聚集起来，将居民与居民、居民与社区干部、居民与周边环境联系起来，形成一股社区建设的合力。在当时的社区发展状态下，"多元主体共治"的思路并未被提出，从口述者的介绍中得知，链接区域资源的思路是来自在企业里的合作经验，基于共同利益的各方在可以接受的范围内作出让步，最终实现共赢。

（三）自我期待下的身份塑形

将"社嫂"置于社区的组织空间和关系空间中看待其行动逻辑，会发现其在自我身份审视下形成了一套实践逻辑，保持身份独立、寻求支持，正确定位"社嫂"位置等构成了口述者身份建构的自我发展策略。

其一，保持身份独立，脱离"小三产"。保持"社嫂"身份的独立性，与老一批的居委干部作出区隔，形成身份的标榜是口述者开始身份建构的第一步，其中最主要的体现是脱离"小三产"。RXQ谈道：

> 当时街道还有经济职能，经济来源于周边属于居委会管理范围内的收入。我在的居委会周边有一个理发店、一个日货商品店及一个熨烫店，这三个店的收入属于我们居委会。把收入交到街道社区服务中心，街道社区服务中心会反馈给我们交上来钱的40%，老一批的居委会干部都是退休返聘的，工作开支多下来的这个资金都是他们的工资。（RXQ20190319）

作为国家的干部，口述者对自己有着严格的要求，在面对"小三产"的收入诱惑时，主动厘清界限，脱离"小三产"系统。随着社区建设的逐渐规范化，街道的经济职能彻底丧失，街道的经济职能剥离，"小三产"也从社区舞台中彻底退出，这也反映出"社嫂"在社区工作中方向的正确性，其工作思路是紧跟时代发展要求甚至是超前发展的。

其二，寻求支持，服从指挥听命令。在纵向的管理体制下，"社嫂"需要借助服从命令来取得领导的支持。国家通过下发任务指令和考核的方式对"社嫂"的工作提出要求，但所布置下来的工作仅仅是方向上的指导，并没有规定具体的完成形式和方法。口述者表示自己当时就是按照街道领导的布置和精神要求完成工作，但具体工作如何落实要靠口述者自己探索。在慢慢的工作经验积累中，"社嫂"也赋予了关于自己服从命令行为的一套合理逻辑。CLG 谈道：

> 对上，我们要对领导负责，想领导之所想，领导不支持，你很多工作根本没有办法开展。（CLG20180914）

其三，做好中间枢纽，定准"社嫂"位置。对上，"社嫂"要完成领导布置的任务要求。对下，"社嫂"要满足居民需求，为居民做实事。"社嫂"所处的位置是连接国家与个人的中间点，既作为联结者，又作为独立个体与国家、与居民发生互动。通过口述者的叙述可知，在社区具体实践中，很多时候都面临着街道的任务型要求和居民的实际需求的矛盾与冲突，作为执行层，"社嫂"处在街道和居民的中间，合理定位自身的身份位置十分重要。口述者认为社区干部既要承担上级政府的工作要求，同时也要承担起居民委员会的职能工作，做好居民服务工作。

在这一时期，我们可以从"社嫂"身上看到与众不同的东西，这是历史代群所具有的独特气质，是充满"使命感"的集体身份反思。其一，从"社嫂"身上体现出从物到人的实践智慧延续。早期的社区建设一片空白，在无任何借鉴和参考的前提下，"社嫂"将企业单位里的管理思路和方法经验带到社区，其实质是一种文明的传承。就"社嫂"在社区中的实践来讲，可以将其视为上海早期社区建设的探索者，在社区建设的过程中无意识地将单位制和社区制联结起来，将单位制时期的有益因子传输到社区制中，为我们重新认识两种社会管理体制提供了新的思路。其二，"社嫂"身上养成了一种时代的"社区气质"，在这种气质中，包括大气谦和的为人处世作风，包括责任与担当的国家使命，包括刚柔并济的工作方法，也包括爱国爱民的党性意识。同时，"社嫂"作为社区的代言人，在面对国家和个人时的不同行动策略，也表现出了社区制作为居民保护网络的面向，是社区制发展中的主动探索者。

第五章　积极的"表现者"：
"离岗不离场"的身份存续

在经历社区建设大发展的十年后，部分"社嫂"已经到了退休年龄，逐渐要离开自己的工作岗位，据笔者调研，目前绝大部分"社嫂"已经退休，调研中的 16 人仅有 2 人在岗，退休后的"社嫂"并没有过上众人眼中所谓清闲的"退休生活"，而是成为积极的"表现者"。

一、双向需要：个人与社区的现实选择

历史的进程总有着惊人的相似性，"社嫂"在社会转型期曾作为年轻的新鲜血液充实到社区，而社区干部职业化、专业化、年轻化的要求又成为新时代基层社会治理创新的必然要求。相较于新一批职业化、专业化、年轻化的社区干部，"社嫂"又成为他们眼中老一批的社区干部。面对即将消失的职业身份，口述者也有着自己的想法：

> 我们舍不得离开的，已经干了那么多年，和居民们已经熟识了，社区就像自己的家一样，哪有人愿意离开自己的家，但也没有办法，到年龄总归是要退休的，还是要把机会让给年轻人的。（CLG20180914）

通过口述者的叙述可以发现，"社嫂"的职业身份终将消失，新一批的社区干部会接替而来，这也是历史和社会前进的规律。口述者虽然也深知这一规律，但仍对社区充满着留恋和不舍，并将社区比作自己的家，直言不愿意离开，想要继续为居民服务，在社区舞台中发挥作用。

从国家层面来看，社区干部职业化、专业化、年轻化是新时代下实现基层社会治理创新的必然要求，社区工作越来越得到国家的重视，国家也在不断制定相关政策为社区建设输送源源不断的人才资源和储备力量，希望越来越多的年轻人能够加入社区，促进基层社会治理的创新。一方面，国家需要年轻的专业化人才加入社区；另一方面，新一批的社区干部在社区实践中又遭遇种种困难，老一批的书记已经退休，社区工作队伍"断层"问题严重，部分口述者说道：

> 现在全市各个区、各个街道都有这个感觉，很多新的书记上来以后，

有很大的问题，没有老书记在的时候太平。原因在于他们认为自己是书记，享受待遇就好了，不想做事情，这样怎能得到老百姓的认可呢？（LHL20190520）

从个人层面来讲，年轻的社区干部在熟悉社区居民、适应社区工作方面存在着一定的困难，口述者在认可年轻社区干部能力的同时，也表现出担忧，认为年轻书记需要在老书记的带领下熟悉社区后再独立进行工作，并表示愿意帮助新一批年轻的社区干部适应社区。口述者将其视为自己的责任，认为这是自己责任感的体现。正是这样的一个社区过渡期，为"社嫂"身份功能的存续提供了现实土壤，成为其积极表现的情感动力。

二、存续："社嫂"身份功能的再发挥

面对社区干部的断层问题，国家和政府积极探索解决方式，充分利用"社嫂"的身份资源，成立相关老书记工作室，在新时代的要求下交托给"社嫂"新的使命，即负责带教新书记的工作，为社区培养一批优秀的接班人。口述者对此有着自己的思考：

> 我们是传帮带，把好的经验和做法传授给他们，领导既给我们提供了机会，也给我们提了要求，让我们做到正确定位不越位、出谋划策不决定、用心带教不敷衍。（CLG20180914）

老书记工作室的成立在一定程度上缓解了新书记的工作压力，新一批的社区干部在工作过程中遇到不明白或者拿不准的问题可以及时向带教的老书记请教，这时的"社嫂"起到智囊团和输送带的作用，将自己的实践智慧向下一代传送，在某种程度上又是一种延续和继承。虽然社区干部的身份从官方意义上已经解除，但存续的是"社嫂"人格和社区工作经验。此外，大部分的"社嫂"在退休后依然借志愿者、社会工作者等身份将"社嫂"身份之下的"人格"存续，将"社嫂"这一身份下形成的意识和价值观念下沉。此时的"社嫂"已经跳出了自上而下的行政性约束，行动逻辑中更多体现出的是自主性。作为生活主体的"社嫂"，用其积极的行动表现支持新时代下社区的建设与发展。

三、身份存续的自我反思

将口述者放置到社会历史变迁的动态进程中考察，我们可以看到其身份之

下带有一种明显的"集体主义共识"，而这种集体主义共识的生产口述者称其为"时代的教育"。在特定的时代背景下，不管是家庭还是个人，其生活都带有独特的时代烙印。本文中的口述者大多经历过抗美援朝、知青下乡、改革开放等事件，其产生和培养的价值观念也受到社会背景的影响。同时，集体主义共识在"社嫂"退休后再次得到充分的展现，以一种回报国家、回报社会的心态为"社嫂"的身份存续提供茁壮生长的土壤。ZHJ坦言：

> 我退下来了以后，好多地方聘我都拒绝了。社区培养了我，就是不给钱我也要回报这个地方，一年365天我从来都不休息，退休了也一样，只要小区有需要，我肯定站出来。（ZHJ20190101）

社区的公共性是支撑基层社会内在秩序和维持有效社区治理的重要内涵，在口述者的理解中，组织培养了自己，自己就应该用行动回报组织，这是理所当然、不可置疑的事情。正是这样一种集体主义共识将国家和个人紧密地团结在一种社会价值框架内，为个人的行动逻辑提供了边界，从资料中可以看出"社嫂"的个人认知和行动逻辑存在于国家主导的集体主义共识框架内。

当然，在"社嫂"成为积极表现者的背后，也有"私"的个人想法，主要集中体现在自我价值的再发挥和内心精神的自我满足上。相对于工作带来的满足感和价值感，退休后的口述者并不甘愿回归家庭生活。此外，相对熟悉的工作环境和良好的居民关系也为"社嫂"退休后的积极行动提供了广阔的施展空间。一方面，在继续的社区工作中口述者获得了心理上的调适，有一种工作的成就感和价值意义；另一方面，也帮助口述者摆脱了家务负担。作为社区建设的亲历者，她们自身带有一种成就感，且其在社区工作中获得的成就感远远高于做。WM谈道：

> 从我而言，不管当时在企业还是现在在社区，我都是工作型的，不喜欢在家做家务，我觉得女性应该走出家门，做自己喜欢的事情。（WM20190612）

综上，口述者在退休后成为"离岗不离场"的积极表现者，在老书记工作室、社会组织、社区志愿者队伍中继续发挥着"社嫂"身份的余热。在这一身份存续的背后，既有国家力量的推动，也有个人的自我选择，整体而言，"社嫂"的行动逻辑呈现出强烈的集体主义共识特征。

第六章 群体身份转换：
国家、社区、个人的互构

　　本文通过细致的笔触，翔实地描述了"社嫂"这一群体在体制转轨下的身份转换过程，不仅是为了留存如此具有重要意义社会群体的声音，更是立足社会体制改革的现实变迁角度，窥视上海从单位制向社区制转变的图景。同时，从个体视角审视社会改革、国家意志如何影响个体行动，并尝试将社区作为调和力量破解国家与个人关系的二元性。在本章内容中，笔者将社区这一元素带入国家与个人关系，并试图对"社嫂"的身份转换过程作出理论解释，探讨其身份转换背后的驱动机制。

一、国家：组织与推动

　　在"社嫂"身份转换的过程中国家无疑扮演了重要的组织和推动角色，且与个人发生着复杂的交织互动。笔者这里所使用的国家不单单是指政治意义上的国家概念，更是指国家在实践层面的具体代表，笔者主要是将与个人互动的国家具体化，指明与个人发生互动关系的主要形式载体，可以指代国家政策、单位领导和相关政策。如，在身份的制造阶段，与个人直接对话的是企业单位，单位领导的动员和组织其实质是代表国家发声。

　　首先，从本研究的起点市场经济改革的附属品——国有企业改革开始，国家自始至终占据主导地位。国家积极推动市场经济改革，并随之改革社会管理体制，鼓励个人自主就业和经济再发展，看似打破了"吸纳型"国家-个人关系，其实质却是对国家与个人关系的延续，探索一种新机制使个人对国家利益至上的内化达到了极致状态，国家与个人的关系并未被打破，而是在分化中走向再整合。其次，在改革的过程中，国家看到了经济体制改革带来的社会失序，组织了一场"身份制造"的工程，动员一批有能力、肯吃苦、愿意奉献的企业中层干部投身社区建设这一极具挑战性的社会事业。可见，在口述者从企业中层干部到社区干部的身份转换过程中，国家的强动员起到了重要的助推作用。再次，在国家给予口述者"社嫂"身份后，并没有停止对这一群体的组织和推动，即使在改革的混沌期，国家与个人的关系出现弱化，这也是由于改革带来的体制衔接差和联结渠道的不畅通造成的。最后，在"社嫂"退休时，国家再次向其抛下"橄榄枝"，组织成立老书记工作室和"传帮带"工程，动员退休后的"社嫂"继续在社区中发挥余热，这实质上是一种国家组织的再推动，推动个人选择与国家期待相符合的答案，为国家与个人关系达成契合提供可能。尽管"社嫂"的身份转换过程是复杂而曲折的，是特定历史时期的特殊产物，但综观这一身份转换的过程，国家都是作为主导性因素对其产生控制和推动。

二、社区：吸纳与整合

市场要素的孕育和生长促使国家与个人之间的包容合一性开始逐渐分化①，也导致了城市基层社会管理体制的变迁，社区成为国家重建基层社会管理体制的重要抓手，同时，为其提供了身份转换的机会土壤，并将个人的行动力量充分整合到社区建设中。

首先，就社区本身而言，处于一种落后的"待开发"状态，急需要一批有能力、有素质的工作人员队伍接过社区建设的大旗，解决日益严重的社会问题。就国家而言，为加强解决改革遗留问题和发展新兴问题的制度性建设。其次，由计划经济向市场经济的转向，由单位制到社区制的基层社会管理体制变迁，新旧体制的不同运行模式处在交替期，形成了特定阶段的混沌期，需要尽快发挥社区的"准组织化"功能，使得国家与个人的联结渠道得到畅通，这也为"社嫂"的身份转换提供了可能。再次，20世纪末期在全国范围内兴起的社区建设运动为"社嫂"提供了发展契机，在全国性的社区建设实践中形成了著名的武汉模式、沈阳模式和上海模式等有效探索，其中，上海模式的探索既是上海政府对社会转型作出的正确定位，也为"社嫂"提供了证明自我的机会，促成了"社嫂"的身份转换。最后，随着上海社区建设的新发展，社区干部专业化、职业化、年轻化的发展诉求被提上社区治理的日程，而"社嫂"这一因社会改革产生的时代群体也走向了退休，然而退休后的"社嫂"并没有走下社区舞台，虽然她们的职业身份已经完成了使命，但社区的现实需要她们进行身份的存续。此时的社区更多的是发挥情感沟通的属性，利用情感枢纽，个人的选择迎合了社区的现实需要，也达成了与国家关系的社会契合。因此，社区又一次为"社嫂"的身份存续提供了机会。

三、个人：回应与实践

诚然，个体可以通过个人的价值判断产生回应或拒绝两种截然不同的结果，这都是个人基于外在环境作出的某种自由选择，实际上，在个人-组织-国家之间，本来就存在一种微观、中观和宏观的关系，个人的行动选择既受制于群体

---

① 赵晔琴. 身份建构逻辑与群体性差异的表征——基于巴黎东北新移民的实证调查［J］. 社会学研究，2013（6）：193-214+245-246.

或社会的客观期望，也依赖于个人的主观表演①。在从企业中层干部到社区干部的身份转换过程中，我们可以直观地看到个人的主动性和自主性呈现不断增强的趋势，且积极地用社区实践建构自己的新身份。换句话说，国家虽然制造了"社嫂"的身份，个人才是"社嫂"身份实质形成和发挥作用的主要载体。

首先，当国家有计划、有目的地赋予其新的身份时，口述者大多作出了积极回应。这其中不乏个人的动机，但无论出于何种动机的考虑，个人都拥有决定是否接受"社嫂"的选择权，在此意义上，个人的积极回应恰好迎合了国家的号召。其次，作为年轻的新鲜血液充实到社区中的"社嫂"进入社区后遭遇了意想不到的张力冲突，说明身份转换的过程并非一帆风顺，不是仅依靠国家的一纸政策规定就能使其发挥作用，需要"社嫂"主动寻找打破困境的突破口。就"社嫂"这一群体来说，一方面，"社嫂"作为国家中的个人，也用其个体行动积极与国家再建联结。另一方面，身份本身是无意义的，有意义的是身份所属位置上的附加意义。最后，退休后的"社嫂"依然选择回应国家的需求，在老书记工作室、社会组织、社区志愿者队伍中依然是社区建设的主力军。处在这一时期的"社嫂"，已经不再需要依靠强制的制度性规范和积极的国家动员，更多展现的是个人的自主性选择。同时也为我们理解那个时代国家与个人关系提供了新的思考视角，不仅要关注宏观的社会背景和历史现实，还需要站在个体的视角上观察和理解个人作出的选择。

纵观"社嫂"身份转换的过程，可以发现在不同阶段的身份及其实质意涵并不相同，各有侧重，整体的趋势是旧有身份不断被消解和新身份得以建构和丰富。同时，在这一转换过程中，国家与个人的关系也经历了复杂的演变，从高度整合到联结弱化到联结强化再到社会契合，但二者的关系仍然需要借助社区这一中介变量进行调和，致使整个过程呈现出三者互构的复杂交织局面。

第七章　结论与讨论

本文以社会转型期间通过国家政策从企业中层干部中选拔出的 16 名"社嫂"为研究对象，以深度访谈的方法收集她们的口述历史资料，深入描述了"社嫂"这一群体的身份转换过程，不仅是为了从口述史角度留存具有重要意义的社会群体声音，更是立足社会管理制度的现实变迁角度，观照上海社区制早期探索的图景，揭示国家与个人关系在社会转型不同阶段的现实样态。

---

① 周晓虹．认同理论：社会学与心理学的分析路径 [J]．社会科学，2008（4）：46-53+187．

一、"社嫂"身份是国家与个人互相建构的产物

计划经济向市场经济的转向是在国家权力支配下完成的，经济的改革波及社会领域，引发了社会的自我保护功能，社会秩序的紊乱、大批工人的失业及早期社区的困境倒逼着国家对社会领域进行改革，主要体现在由单位制向社区制的变迁。很明显，国家组织了一场大规模的"剥离"运动，上海市百万工人下岗，同时，也组织了"社嫂"的身份制造工程。"社嫂"作为时代的产物，具有明显的单位结构属性，国家通过组织、宣传和动员对个人进行塑造包装，使得个人在动荡的社会改革期间找到了组织的方向性。但是，我们也应看到，"社嫂"的身份制造仅靠国家的组织动员是无法实现的，个人的行为选择也至关重要。不管是个人出于现实就业的考虑还是对国家意志的追随，个人对国家制度号召的积极回应成就了"社嫂"这一群体身份，在此种意义上，"社嫂"身份无疑是国家与个人互相建构的产物。

二、单位制和社区制之间呈现延续性和断裂性并存的特征

"社嫂"携带着深刻的时代烙印，其作为企业改制再就业员工，远离国企中层干部岗位，进入社区重新上岗，试图重新在社区中发挥自身才干，并为探索社区管理方式作出贡献。与此同时，他们也遭受到早期社区工作环境及其人员的抵制与不配合，度过了一段"苦闷"的身份体验。然而，"社嫂"在这一过程中作为两种体制的缩影，可以看到单位制和社区制之间并存的延续性和断裂性特征。就延续性而言，综观"社嫂"在早期社区探索的工作历程和其身份转换下的行动策略，可以发现位于现代社会管理制度转型中的单位制与社区制，并非我们所认为的那样二者是割裂的，而是依托于该群体实现了某种意义上的延续和继承。"社嫂"自身所要求的纪律性、群众性、规范性，推动着上海市社区居委会工作从一开始便重视团结民众、完善社区规章制度建设、重视上级交代的任务使命，如此也帮助探索出了部分社区管理制度的雏形，例如"三驾马车"制度、党员联系群众制度，这些原有企业管理的要素，经过"社嫂"的提取与转换，成为解决社区管理难题的必备要素，奠定了当下探寻基层社会治理体制的制度基础。就断裂性而言，体现在社区制对单位制的超越和发展。首先，打破了传统的自上而下的社会控制，培育了自下而上的社会性力量，这对于社会的生产和发展起到重要的促进作用。其次，"人"的主体性和自主性不断增强，个人由服从和依赖逐步建构自我，在社区事务的参与中发挥作用，催生了社区自治的民间力量。最后，在社会管理的过程中不再仅仅依靠国家权力和资源，而是社区多元主体间社会性力量的推动，这在一定程度上也为打造共建共

治共享的社会治理格局奠定了基础。

三、身份转换的过程并不是一帆风顺的，身份的意涵在实践中不断丰富

本文研究发现，"社嫂"身份在制造和建构的过程中并不是一帆风顺的。其一，国家组织了一场身份制造工程，赋予口述者"社嫂"的身份称呼，提供了一种进入社区的合法性渠道，但这种新的身份无论是对于口述者还是社区居民都需要一段适应的过程，经历过一番苦闷情绪和张力冲突的磨合后，才逐渐被接纳。其二，"社嫂"身份之下的实质意涵是在实践中形成的。从开始的模糊设定到逐渐明确化再到丰富化和代表化，个人的社区实践起到了重要的滋养作用。"社嫂"没有任何可供学习和参考的经验，她们边做边学，成为社区制的探索者，形成了极具特色的"上海模式"经验。在此意义上，"社嫂"身份的实质才得以丰富，这也是该群体的价值和意义所在之处。其三，这一身份在国家的政治进程中和社区建设中起到了至关重要的作用。其丰富而曲折的身份转换过程不仅可以反映中国城市基层社会管理体制变迁的全过程，更凸显了社区干部在基层管理、社会管理和政治管理中所具有的中国特色。

四、集体主义共识深刻影响着个人的行动逻辑

观察"社嫂"身份转换的四个不同阶段，笔者发现在每个阶段中都有一个共同的因素在影响着个人的行动逻辑，即集体主义共识，也就是说"社嫂"在各个阶段采取的行动逻辑是在集体主义共识的框架之内形成的。在身份制造阶段，受集体主义共识的影响，个人积极响应国家号召，投身社区建设事业，展现出了集体主义共识的力量。在身份体验和身份建构阶段，"社嫂"的行动实践无不体现着集体主义色彩，责任、奉献、牺牲成为其身份之下的"人格"成分，而该成分来自时代的集体主义思想教育。在"离岗不离场"的积极行动中，"社嫂"又深受集体主义共识的影响，选择继续为社区服务，将"社嫂"身份存续。在这一过程中，时代教育下的集体主义共识已经不再是一种思想引导，而是一种内化于心的人格品质，深深影响着她们的行动逻辑。

本文是对体制转轨背景下"社嫂"的身份转换的初步探究，分析了基层社会管理制度变迁过程中个人的身份转换过程及身份转换背后的动力机制。在一定程度上，"社嫂"是两种体制之间的载体，一方面，在其身上具有单位体制的印记和特征，另一方面，她们又要突破这种特征，重新融入和建立新的社区特质。这一过程是复杂交织的，笔者这里对两种体制间关联和张力并未作出过多阐释，也未从性别视角给予关注，这些可以成为未来的研究方向和议题。

家-国视野下
三代"工家女"生命历程中的身份演变

❖ 艾美伶（华东师范大学）

文　军（指导教师）

　　摘　要：新中国成立以来，中国妇女，尤其是曾被吸纳进集体主义经济中的城市劳动妇女，经历了群体性的身份演化。本研究将计划经济时期出生于工人家庭且自身为集体主义劳动妇女，或市场经济时期出生于工人家庭的女性定义为"工家女"。对于"工家女"而言，她们的阶级身份是"工"，是社会主义革命所解放的劳动者；代际身份是"家"，是家庭生活中的女儿、妻子与母亲；性别身份是"女"，是社会性别中的女性。本研究通过对一代（生于1930—1949年）、二代（生于1950—1978年）及三代（生于1978年以后）28位"工家女"的深度访谈，讨论"工家女"在解放初期如何"为工"、体制交轨时如何"做工"以及个体化时代"再难为工"的身份流变，基于"家-国"视野审视阶级、性别如何交互作用于不同代际"工家女"的生命历程，以及家、国在其中发挥的作用。研究认为，"工家女"的身份原点与代际联结在于家，工人阶级的身份与社会性别交互作用于不同代际"工家女"的身份建构，国家主导下的"家-国"互动掣肘了工家女"小我"与"大我"的身份融合。其身份演变背后是妇女解放运动的迷思和传统产业工人的失语。

　　关键词：工家女；家-国；身份；工人

第一章　绪　论

　　妇女史有两个目的：将妇女还原到历史中去；为妇女重建我们的历史。①

——琼·凯利-加多

一、研究缘起

　　新中国成立以来，解放、改革与转型发展的时代轨迹镌刻于一代代国人的生命史中。宏观社会变迁与微观个体生活紧密相连，在这场以国家意志为主导的社会转型中，产业工人中接近半数的女工，从妇女解放运动中的"当家做主"到社会主义工业化建设中的"领导阶级"，再到体制转轨中的"富余劳动力"，从私领域迈向公领域，通过血缘与业缘深嵌于共和国厚重的历史长河中，在"为国"和"为家"中寻求角色的平衡点。

　　她们是国人、是家人，也是女人。现有的"女工""劳动妇女""妇女劳动者"等词都不足以表达出这群深嵌于国家工业化建设、顶起工人家庭半壁江山的妇女的多元身份属性及其身上所承载的家国情怀。据此，本研究提出"工家女"的概念，特指计划经济时期出生于工人家庭且自身为集体主义劳动妇女②或市场经济时期出生于工人家庭的女性。把"工家女"拆解开来，"工"是阶级身份，指国家工业生产中的劳动者、社会主义革命所解放的劳动力；"家"是代际身份，是微观家庭单位中鲜活的人，是妻子、女儿与母亲；"女"是性别身份，是嵌入社会结构中被言说的"中国妇女"。

　　本研究以身份作为切入点，通过对 20 世纪 30 年代至 90 年代出生的 28 位"工家女"的口述访谈，再现新中国成立以来国家主导下的传统产业工人家庭微观镜像：新中国第一代工人老大姐们在解放初期支援社会主义建设"昂首挺胸"进入工厂，孕育了她们被称为"坎坷一代"的子女；工二代经历了 20 世纪六七十年代中国社会的变革，通过各种正式、非正式途径进入工厂，历经体制的鼎

---

　　① 琼·凯利-加多. 性别的社会关系——妇女史在方法论上的含义［M］//刘霓. 西方女性学. 北京：社会科学文献出版社，2001：97-98.

　　② 根据宋少鹏的界定，集体主义是具有共和国计划经济特色的、有别于资本主义的生产、生活方式，故本研究将集体主义时期供职于单位制工厂的劳动妇女称为集体主义劳动妇女. 宋少鹏. 从彰显到消失：集体主义时期的家庭劳动（1949—1966）［J］. 江苏社会科学，2012（1）：116.

盛和改制；工三代作为独生子女一代，成长于体制转轨之时，在新世纪里再难为工。本研究将家庭引入国家-个人的分析框架，尝试探讨阶级、性别等要素如何在"家-国"的观照与互动中作用于不同代际工家女的身份实践，以兹建立私人生活史与公共世界之间的关联，为"女性"个体"寻找历史主体之名"，自下而上地书写底层劳动妇女的家国生命史。

二、文献综述

（一）工人身份

华尔德用"新传统主义"和"组织性依赖"解释中国传统社会家族和单位制之间的内在联系及单位工厂政体[①]，田毅鹏等用"社会整合"和"资源配置"定义国家赋予单位的社会功能[②]，孙立平用身份序列论诠释单位组织的身份制度体系[③]，吴清军提出国企工人内部因身份不同而分为不同的利益群体并催生了不同的行动导向[④]，李锐金对下岗过程中的身份实践研究说明了单位制工厂中身份标签的重要作用[⑤]，以及李静君的工人身份解构论[⑥]、刘欣的权力衍生理论[⑦]等，已有研究都说明了城市中国的单位体制将工人分割在不同的身份等级序列中，而由计划到市场的经济转轨使工人开始面临身份转型及阶级重构。当下，针对工人的研究多从公领域出发探讨工人阶级经历的生产政治，如勾勒宏观制度转型中的工人群体变革等，而对私领域如家庭、个人的关注相对较少，并存在女性形象缺位、鲜少将女工的公、私身份串联起来研究的问题。佟新结合"后女权主义"理论将"历史时间"的概念用以分析时间中的社会结构问题，探讨资本的全球化以及持续侵入、家庭父权制并未消弭等因素是如何交叉作用改变了

---

① 华尔德. 共产党社会的新传统主义：中国工业中的工作环境和权力结构 [M]. 龚小夏，译. 香港：牛津大学出版社，1996.

② 田毅鹏，等."单位社会"的终结——东北老工业基地"典型单位制"背景下的社区建设 [M]. 北京：社会科学出版社，2005.

③ 蔡伏虹. 身份继替与劳动再造——子女接班制度演变过程研究 [D]. 上海：上海大学，2015.

④ 吴清军. 国企改制中工人的内部分化及其行动策略 [J]. 社会，2010（6）：65-89.

⑤ 李锐金. 车间政治与下岗名单的确定——以东北的两家国有工厂为例 [J]. 社会学研究，2003（6）：13-23.

⑥ 李静君. 中国工人阶级的转型政治 [M] //李友梅，等. 当代中国社会分层：理论与实证. 北京：社会科学文献出版社，2006.

⑦ 刘欣. 当前中国社会阶层分化的多元动力基础——一种权力衍生论的解释 [J]. 中国社会科学，2006（5）：101-114.

当代中国女工的历史命运，使其成为转型社会中最底层的劳动力①，为社会主义劳动关系中重阶级身份、轻性别身份的传统逻辑，以及女性在公领域的结构性缺位提供了新的思路。当作为劳动者的公领域身份与作为女性的所谓私领域身份相遇时，女性工人不应在公领域内被长期忽视，其性别身份也不应被阶级身份长期整合甚或消弭。

（二）妇女解放

中国妇女的解放运动是从属于民族、国家的"元叙事"，国家女权主义（state feminism）中的"自上而下的政治整合"概念②，家长制社会主义（patriarchal socialism）将中国妇女政策视为中国的传统文化、政治制度与社会体系共同作用而催生的结构性产物③，国家权力扎根理论（grounded state power）认为国家权力在日常社会关系中弥散且富有成效④。罗丽莎通过对国营振福丝织厂的人类学观察提出"主观解放"的概念及把妇女解放局限于参加社会劳动与否的非历史性⑤；伊丽莎白·克罗通过对比中国妇女自我书写的文章与官方出版物分析国家话语对妇女解放运动的诠释与妇女自身感受之间的距离⑥；贺萧从社会性别和集体记忆的角度探讨了社会主义中国农村妇女的解放之路及其局限性⑦；金一虹指出强有力的政治动员使"劳动分工"中去性别化特点达到顶峰，进而塑造了"铁姑娘"⑧；李小江提出妇女解放是基于动员妇女参与生产实践的需要、劳动妇女的自我意识是被忽视的⑨；姚琛指出改革时期作为个体的妇女开始在国

① 佟新. 社会结构与历史事件的契合——中国女工的历史命运 [J]. 社会学研究, 2003（5）: 52-57.

② WANG Z. Dilemmas of Inside Agitators: Chinese State Feminism in 1957 [M] //STRAUSS J C. The history of the PRC (1949—1976), Cambridge University Press, 2007; 姚琛. 新中国妇女解放实践的国家干预机制 [J]. 杭州: 浙江大学, 2009.

③ ANDORS P. The Unfinished Liberation of Chinese Women 1949—1980 [M]. Indiana University Press, 1983; 姚琛. 新中国妇女解放实践的国家干预机制 [D]. 杭州: 浙江大学, 2009.

④ 朱爱岚. 中国北方村落的社会性别与权力 [M]. 南京: 江苏人民出版社, 2010.

⑤ 罗丽莎. 另类的现代性（改革开放时代中国性别化的渴望）[M]. 黄新, 译. 南京: 江苏人民出版社, 2006.

⑥ CROLL E J. Changing Identities of Chinese Women: Rhetoric, Experience and Self-perception in Twentieth-century China [M]. Zed Books, 1995; 王政. 国外学者对中国妇女和社会性别研究的现状 [J]. 山西师大学报（社会科学版）, 1997（4）.

⑦ 贺萧. 记忆的性别: 农村妇女和中国集体化历史 [M]. 张赟, 译. 上海: 上海人民出版社, 2007.

⑧ 金一虹. "铁姑娘"再思考——中国文化大革命期间的社会性别与劳动 [J]. 社会学研究, 2006（1）: 169-193.

⑨ 李小江. 改革与中国女性群体意识的觉醒——兼论社会主义初级阶段的妇女问题及妇女理论问题 [J]. 社会科学战线, 1998（4）: 300-310.

家和市场之间艰难寻求平衡，进而出现"妇女与社会、与男人、与自身的失调和错位"① 等。学界对妇女解放运动的探讨大多以社会性别作为核心分析范畴，在肯定中国妇女解放运动成效的同时，认为中国妇女的解放是"被塑造"的整体性解放。既有研究更多的是"就解放而言解放"，而较少跳出妇女解放问题本身，在更大视域下将妇女解放与女性国民身份等议题结合探讨。中国妇女解放运动与现代民族国家历史进程的相关性不言而喻，妇女解放运动赋予了原本存在于私领域的妇女以公领域的身份，但公私领域的身份如何在不同时期在女性个体身上杂糅与整合，其实无论对于国家、家庭还是女性个人来说，都是一个问题域。

（三）家国之维

"国"与"家"是传统中国微观与宏观、个人与社会相勾连的话语实践②。这两个概念在中国传统社会就密不可分，始终在不断流动的机制中建立公私边界、分享社会权力、建构社会秩序。"国"始终处于家-国关系中的主导地位，"家"为"国"的无上性提供了基本的和首要的支持③。杜赞奇指出，新中国实际上建立了一种"总体性社会"的框架，大规模的、史无前例的"国家政权建设"和"民族形成"渗透于普通人的日常生活，个体与国家的关系得到了根本性的改造，达到了空前密切的程度。④ 陈映芳指出，社会主义中国一方面鼓励受压迫的家庭成员尤其是妇女去反抗现存的家庭权威结构、走出家门投入国家所倡导的社会主义建设中来；另一方面又通过建立"国事"与"家事"之间的一体化逻辑，渲染"先大家、后小家"的家国情怀，合理化家庭位于国家之下的价值地位秩序⑤。如果说国家是权力机制的顶层建筑，那么家庭则是权力机制实施的细微场所。对中国社会家国关系的探讨，有助于明晰如何基于家-国视野来审视国家/家庭中的个人，尤其是女性身份在权力作用下的分裂与辐合。作为女性主体的公民，其公私身份的合一或为理想主义的制度建构，日常生活中公领域的"为工"和私领域的"居家"难以简单构建出一体化的"为女"。换句话说，制度话语中家国合一的理想主义在日常实践中幻化为家国之争，"工家女"始终是在国家—家庭—个人这条关系链下被建构的家国身份，结果是其作为女

① 姚琛. 新中国妇女解放实践的国家干预机制 [D]. 杭州：浙江大学，2009.
② 翟学伟. 中国人的行动逻辑 [M]. 北京：社会科学文献出版社，2001.
③ 任志安，林国荣. 大共同体？小共同体？——评秦晖的《从大共同体本位走向市民社会》[J]. 社会学研究，2000（2）.
④ 杜赞奇. 文化、权力与国家 [M]. 王福明，译. 南京：江苏人民出版社，1994.
⑤ 陈映芳. 如何认识今天的家庭危机？——国家-家庭关系的视角 [J]. 城市治理研究，2018（4）.

性的主体性身份被无声消弭。

三、研究思路和方法

新中国成立以来，"工家女"的身份始终处于动态演变中，在从私领域迈向公领域的过程中，嵌入为"工"；未曾离"家"；始终为"女"。本研究基于共和国成立 70 年来的社会时间轴来行文布局，将工家女划分为三代。第一代：生于 1949 年（中华人民共和国成立）前。在新中国成立后起初是工人家属，后来通过招工、五七家属工等途径，在国家制度安排中拥有了工人的社会身份。第二代：生于 1949—1978 年（中华人民共和国成立后至改革开放前）。囊括"50后""60后""70后"群体，先是产业工人家庭的女儿，后通过知青返城、招工、顶替等途径延续了父辈的工人身份。第三代：生于 1978 年（改革开放）以后。成长于计划经济与市场经济交锋的年代，是第二代产业工人家庭的女儿，祖辈和父辈均扎根于单位制工厂，同时是中国的独生女一代。

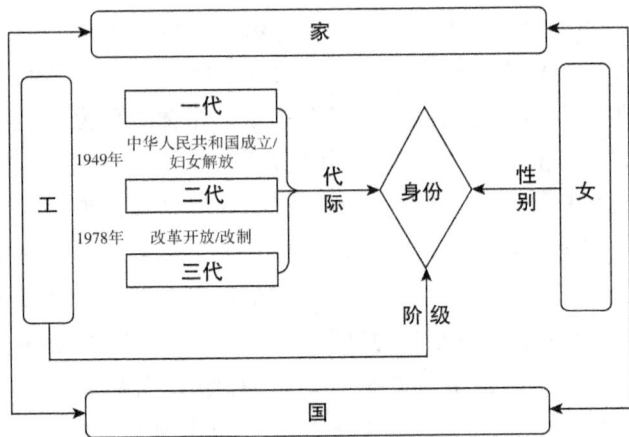

图 1-1　研究框架

本研究以 H 厂①工人社区为主要田野点。笔者自幼成长于此，家族中诸多亲属曾供职于 H 厂，对田野地点及访谈对象的熟悉使得笔者能够较为迅速且深入地进入田野；与访谈对象共同的日常经验免除了访谈中的交流障碍、经验区隔等；但笔者多年在外求学，亦形成了一套不同于访谈对象的思维体系与文化

---

① H 厂位于辽宁省 F 市 P 街道，始建于 1928 年，最初为日本人为战争军需补给所建，中华人民共和国成立后归为国有，继续从事以军工品为主的生产工作；1995 年 H 厂裁员近三分之一；2008 年 H 厂被迫实行政策性破产和企业重组，人数由原有的 2218 人减减为 1206 人，通过提前退休、内部退养、自谋职业、整体移交及重组安置等渠道安置职工，H 厂更名为 H 股份有限公司。

背景，这促使笔者能注意到更多有价值的"日常"。在研究中，笔者时刻注意平衡自己"局内外"的身份，尽可能地保持价值中立；并通过将两种身份"互为参照"，一方面共享日常生活经验，另一方面通过反思与跳出"去熟悉化"，进而最大限度地保持对经验材料的敏锐与理性。

2019年起，本研究从访谈家族成员入手，并通过"滚雪球"的方式在H厂工人社区中拓展访谈对象；同期，以笔者为负责人的课题组对福建L厂以及重庆T厂的老工人开展了"破产改制国企老工人生命历程调研"，本研究将该项调研中符合"工家女"特征的10位被访者的资料一同纳入整体分析，最终获得28位"工家女"的详细经验材料（信息见附录）：第一代6位（其中通过访谈子女间接回溯1位）、第二代15位、第三代7位。访谈内容主要涉及个人与家庭基本情况、个人进厂前后的生命史回溯、婚姻与家庭、邻里社区、离厂前后的生命史回溯等。

笔者还通过对中华人民共和国成立初期的主流报纸如《人民日报》、官方文件如"中共中央会议讲话"等，以及地方档案资料如《F市志》《H工厂志1987—2010》的精读、归纳和阐释，厘清主流话语体系所建构出的"事实"，并将其与被访者的口述文本相互佐证、结合分析，以兹呈现微观身份叙事与宏观历史变迁之间的互构，综合探析"家–国"制度逻辑下三代"工家女"的制度生命和身份演变。

第二章　走出家门：第一代"工家女"如何为工

> 中国的妇女是一种伟大的人力资源，为了建设伟大的社会主义社会，发动广大的妇女群众参加生产活动，具有极大的意义。
>
> ——毛泽东

一、"制造"妇女：社会主义劳动者的身份建构

传统旧社会往往将妇女视为被统御于家族男性权威下的依附性角色，要依靠家庭中的男性成员确立身份；20世纪以来，中国共产党将妇女解放上升到民主革命的高度；新中国成立后，动员和组织一切可能劳动的妇女走上生产战线、进入公共劳动领域成为新中国政治理想的一部分，在"妇女能顶半边天"的口号中，广大妇女经历了从传统父权制社会中的"家庭人"向作为社会主义劳动者的"国家人"的身份转型。

新中国主要通过政策、立法及媒介"三部曲"建构起"非传统的、大众的、

作为政治主体"的妇女劳动者的身份标志，更赋予了其作为社会主义劳动者的身份价值、社会价值和革命价值，进而推动广大妇女走出家门、参与生产劳动。"铁姑娘"们代表了"历史的先锋"和"社会主义的春天"，被制造为新中国解放事业的代言人，公领域中的女性公民被史无前例地塑造出来并整合进单位社会统一的调控体系和共和国工业化建设序列中。在此背景下，包括产业工人在内的城市生产劳动者中的女性比例迅速增长。据悉，1957 年至 1958 年仅一年，全民所有制单位的女职工人数就从 328.6 万（占职工总数的 13.4%）上升至810.8 万，1960 年更达到了 1008.7 万人（占职工总数的 20%）（见图 2-1）。

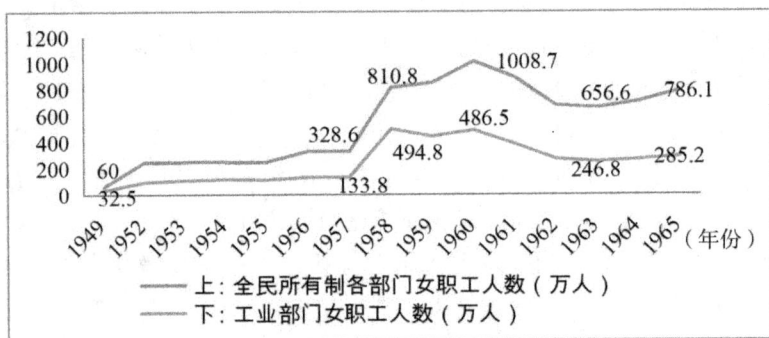

图 2-1　1949—1965 年全民所有制各部门、工业部门女职工人数①

　　"当时国家鼓励女人出来工作，给我们翻身。我爹是厂里面做工的，招咱们这些家属去干活儿，那时候可高兴了，感觉走路腰板儿都能挺直了，咱也是有身份、有工作的人了呀。国家用人，特别兴奋，干活也特别卖力气，还是共产党好！"（F02）被访者 F02 在 1952 年进厂为工，当时 16 岁。F02 的丈夫是由成都电力学院毕业后分配至辽宁的大学生，在 H 厂从事电气技术工作。在全民参与工业化建设的背景下，F02 受到国家话语对于妇女务工的鼓舞、感念于新中国蓬勃发展的远景和党的恩德，在国家号召下积极参加社会劳动、进厂务工，并在工作中结识了工程师丈夫，她的经历是新中国初期妇女工人的典型缩影。

　　然而，这种身份转型是不彻底的。能够进入全民企业的女工仅是这一时期参与社会生产的劳动妇女中的一小部分，相对而言，进入集体劳动经济中的妇女人数更为可观。据悉，1958 年，在全国各地以响应"全民办工业"的国家号召、支援地方支柱性国企投入工业化生产的 73 万多家民办企业中，女工占比

---

　　①　佟新. 异化与抗争：中国女工工作史［M］. 北京：中国社会科学出版社，2004.

85%以上。① 还有更多的劳动妇女作为家属工或者临时工被动员加入社会生产，实行有工做工、无工即散的原则，甚至无法被纳入官方统计数字。"最开始是让你去做临时工，'三八部队'。被叫到厂里抢活儿，他们任务多得做不完。有活就去，后来说人多，再放回家一段时间。那时候大家也积极，都觉得能进厂里帮忙、帮国家可光荣了。感觉突然间日子可充实了，回家里还得喂孩子、洗衣做饭，浑身都是劲儿。就觉得老爷们在搞社会主义建设，搞得热火朝天的，女人们在家不也得做好后备军嘛。"（S03 回忆母亲 F01 当年做临时工的经历）该时期的大多数女工，虽然在名义上获得了劳动者的身份和就业的权利，但相比她们作为国家正式工的丈夫，其工人身份更多代表一种临时性的赋予和聊胜于无的保障。

抑或是说，中华人民共和国成立后城市社会中的大多数妇女虽然获得了就业权，被国家话语建构成为新中国重要的劳动力资源，但始终处于差异化身份体系中较为低端的位置，受国家制度影响身份的浮动性也较大。为了让劳动妇女接受这种"弹性"身份，国家通过宣传教育女工要"一颗红心，两手准备，随时等待国家的召唤"，通过赋予劳动保家卫国、建功立业、建设社会主义等崇高的意义感与使命感，促使不稳定就业体系中的劳动妇女安心居于劳动力蓄水池的位置。

二、贤妻良母：工业建设后备军的身份塑造

传统旧社会认为妇女（和家庭）处于公领域之外的私领域中，不具备公领域的政治身份；中华人民共和国成立后，原本属于私领域的家务劳动在广义上发生了变化。为了服务于社会主义工业化建设的中心，一方面，生产单位将职工家庭及家属统一纳入单位管理，并通过生产区和生活区毗邻而建等方式在空间上模糊公私界限、进而稳固工业化建设的大后方；另一方面，国家开始在话语层面不断建构家庭劳动的意义，妇联将家务劳动定义为"不仅仅包括为了全家人的衣食住行服务以及为培养下一代服务的家庭内部工作，还包括为家庭副业生产的劳动，如家属为工厂、企业、合作社等做各种各样的加工活和辅助活、帮助国家完成生产任务等"。② 对于家庭劳动政治意义的构建，既源于中华人民共和国成立初期城市工作岗位需求的限制、儿童公共养育的负担等；也因为生产单位意识到男工的一线生产无法离开妻子的家内照料，家庭中的各项再生产活动如家务劳动、夫妻关系等都被视作影响生产的因素，而家庭中妇女一直以来都承担

① 曹冠群. 全国妇女工作会议总结报告［J］. 妇女工作，1958；唐晓菁. 家—国逻辑之间——中国社会主义时期"大跃进妇女"的"泥饭碗"［J］. 妇女研究论丛，2013（3）.
② 中华全国妇女联合会宣传教育部，武汉市妇女联合会宣传部. 1958：12.

了绝大多数的家内劳动。

1957年9月，中国妇女第三次全国代表大会以《勤俭建国、勤俭持家，为建设社会主义而奋斗》为题，号召全国妇女坚持执行"两勤"方针，指出"全体妇女，不论是家庭主妇还是参加社会劳动的妇女，都有责任治理好自己的家庭；妇女对于勤俭持家，更担负着特殊重要的责任"。①《人民日报》指出，"对于从事主要家务劳动的妇女，应该动员她们管好家务，教养好子女，使自己的亲人安心工作。"②朱德也提出"勤俭持家，人人有责，妇女是家务的主持者，在这方面负有更大的责任。如果每个妇女多能勤俭持家，就可以对祖国的社会主义建设事业作出重大的贡献"。③国家话语对于妇女家内责任的刻意保留，正当化了集体主义时期劳动妇女承担生产与生活双重负担的常态，即使是已然获得职业、承担生产任务的劳动妇女，其在家庭当中所被期待扮演的贤妻良母的角色以及承担的家务劳动负担也并没有分毫弱化。换句话说，进入生产序列的劳动妇女实际上成为国家与家庭两方相争夺的对象。

"她要上班就是把我和哥哥放到化机厂的婴儿室，她每天都要把我们两个孩子抱着走一个来回，带着去上班，天天如此，都是走路哦，这边走过去好远的，还要抱着我带着我哥……是啊，我妈妈又要照顾家里又要工作，她还带了好几个徒弟，不仅教他们工作上的事，连生活上的事都教，非常好的一个人。她调回来之后，每天早上都给我们做早餐，包包子啊等。我爸爸这个人，除了忙他的工作，唯一的爱好就是下象棋，他很懒，喜欢玩儿，有时候玩得家都不回那种，基本不管家里的事。"（S12）被访者S12回忆了母亲当年一边参加工作、一边照顾家庭的经历，父亲在她的记忆里就只是"甩手掌柜"，基本不管家务事。传统父权文化使得家庭内部承担家务劳动的主力军仍旧是广大妇女群体，劳动妇女在国家和家庭的两相争夺中以牺牲个人的时间和精力艰难地寻求着平衡，以此维系其被国家和家庭共同期待的"被解放了的贤妻良母"形象。

纵使在国家主导的社会主义实践过程中，社会主义生产体制统筹了生产和再生产两个领域，国家意识形态与话语的建构赋予了妇女劳动者工人阶级的全新身份，并尽力消弭两性间的差异；但事实上，在以生产为中心的公私相嵌型结构中，家国同构的治理模式弥合了公私领域的分界线，国家在赋予劳动妇女社会身份的同时也在承认传统性别分工的合理性，甚至主张男女之间在国家建设和家庭生活中的合作关系。走出家门的劳动妇女，其传统性别身份并未完全

---

① 中国妇女管理干部学院．中国妇女运动文献资料汇编［M］．北京：中国妇女出版社，1988；刘维芳．中国妇女工作"两勤"方针确立的前前后后［J］．当代中国史研究，2007（6）．

② 本报评论员．劳动就业的门路是广阔的［N］．人民日报，1957.

③ 朱德．勤俭持家［J］．中国妇女，1958（1）．

缺席，仍旧处于现代家庭的统辖范畴之内，家内义务不减、家外责任增添，且时刻准备着在家内、家外流动。妇女的日常生活在家门内外被定位、形塑和建构，在迎合新中国的工业化建设需求的同时努力维持着旧家庭的正常运转。

本章主要探讨了新中国第一代"工家女"走出家门、被国家"制造为工"的过程。国家政策法规的落地及公共话语的宣传共同将妇女从家庭推向社会、从边缘推向主流，建立起了共和国初期"妇女能顶半边天"的身份认同。但性别化的劳动分工仍是制度性的存在，相当一部分劳动妇女的阶级身份是不稳定的，她们多被冠以"临时工""家属工"等有别于全民工人的身份，被视为城市工业建设招之即来挥之即去的后备军。国家通过对家务劳动的社会化建构来模糊公私领域的界限、平衡"家"与"国"对妇女的双向需求。"家-国"始终是形塑"工家女"身份的制度脉络。于国而言，国家和民族革命与妇女解放是这一代妇女走出家门、获取社会身份的制度背景，妇女就业从中华人民共和国成立初就被贴上了"政治标签"，国家最大化地吸纳妇女劳动力进入工业化建设的同时，也将妇女参与公领域的生产劳动上升到了妇女解放事业的革命高度。对于被"制造"的妇女而言，"家"是相对于公领域"国"的私领域，但也是国家实现社会治理的基本单位，家庭无力与国家争夺妇女，但国默许劳动妇女的第二身份仍旧是作为贤妻良母的家庭妇女。家国一体的治理逻辑促使为工的阶级身份与为女的性别身份在这一代"工家女"身上汇聚融合。新中国第一代劳动妇女就这样被"制造"出来，在官方话语中"当家做主"，在生命实践中"为国为家"。

第三章　家厂内外：第二代"工家女"如何做工

> 我们的境遇还不如农民，农民还有土地，播种时还有收获的希望。可危机中的工人，或许真的就像《国际歌》里唱到的，我们一无所有。
>
> ——贾樟柯《中国工人访谈录》中的某工人

一、体制入嵌：集体主义余音下的身份承继

故事：

必武是新中国第一代产业工人，与妻子芦花（F01）在 1950 年至 1964 年，孕育了四男三女。出生于 50 年代的次子小星、长女小菊（S03）、三子

小国都经历了上山下乡；出生于 60 年代的次女小娟（S04）、三女小春（S05）、四子小全则在初中、十年制或技校毕业后经历一段待业期，进入 H 厂工作。必武于 1972 年受到"文化大革命"波及，含冤离世。"文化大革命"结束后，厂里为"文化大革命"中的冤假错案平反，下达了一个进厂工作的"全民"指标，这意味着家中的一名子女可以凭此进入 H 厂。家里适龄的待业青年是正要毕业的二女小娟。小娟代表家庭去厂里参加诉苦大会，准备平反材料，也顺利通过了厂里组织的"全民"考试，但最后却没能成功进厂。理由是因为家中的老伯父（必武哥哥）认为有四个男孩，没有理由将宝贵的全民工作机会给女孩。芦花于是紧急召回了当时还在下乡的三子小国，小国利用这个工作机会顺利返城并进入 H 厂，成为新一代的产业工人。而小娟又回到学校读了一年高中（当时称之为十年），毕业后进入了 H 厂办集体企业。

20 世纪 70 年代至 80 年代是城市妇女劳动者入嵌集体主义劳动经济的又一重要阶段。A 家第二代人正是在此阶段陆续进厂的，其中三个女儿（S03、S04、S05）进入 H 厂办集体企业，一子通过顶替进入 H 厂全民；S04 的丈夫小刚也通过其母提前退休的方式顶替入厂。顶替制度始于 1978 年、止于 80 年代中期，是国家为了缓解 20 世纪 70 年代末 80 年代初因大量知青集中返城而为城市就业带来极大负荷的临时性办法。作为家-国互动的有力表征，顶替实现了就业机会的家庭捆绑，在缓解城市青年就业困难的同时促使大量工厂二代子弟通过父母退休或提前内退的方式走进国企，职业身份的承继也导致了家庭亲缘关系的稳固以及地缘、业缘的低流动性。

"人家厂里的领导觉得我不错，就让我准备'全民'考试。说是可以补偿给我们家一个'全民'指标，相当于我爹的号头。考试都通过了，指标下来了。结果后来给了我三哥。因为我大伯说我是个丫头，这么宝贵的机会给了丫头，我嫁人就带到外人家去了，一定要给小子。"（S04）当职业分配权被下放到家庭后，多子女家庭面对顶替名额与待就业子女数不对等的问题，传统性别文化往往会发挥规训作用，家庭内部的性别筛选中很多女儿在和兄弟的竞争中出局，退而求其次地进入集体企业等次等就业体系，在职业生涯的初始阶段就处于相对同家庭男性成员的次等地位。"我爸爸同事的儿子，他当时就是顶的他爸的班。他们家是两姐弟，在面临顶班的时候，因为大家都觉得男孩子更能够支撑一个家，而且他以后还要结婚，成家立业；当时 T 厂又属于国企，稳定有保障，所以就让他儿子顶了班，姐姐也是纠结挣扎了很久，最后让出了这个'端铁饭碗'的机会。"（T03）客观层面被剥夺职业权的女性在主观层面往往也会默认这种"谦让"并将其合理化，深受集体主义价值观教育的她们并非把自己看作独立个体，更是家中的女儿、兄弟的姐妹，以家庭整体为单位来考量和建构制度性福利的内涵与外延。很明显，顶替制度在实行中，性别身份（女性）与家庭身份（女儿、姐妹）共同参与并影响了阶级身份（工人）的建构过程，二代"工家女"被家庭和单位双重筛选为劳动力结构中的二等公民并默默接受、消化这一现实，模棱、含糊与弱势的生涯开篇无疑为后续职业生涯的缓慢发展甚或中断埋下了伏笔。

"咱不没能耐嘛，和'全民'混岗作业干的活，'全民'男的烧锅炉，女的就推煤，那时候没有选择。后来在雷管那儿，我 2002 年下岗后，就属于临时工。一直干到 2009 年退休，以后我又在那返聘干了三年多。到 2011 年、2012 年左右，完全离开厂里。我就上洗衣店打工，打了四年半。最近又上饭馆打工，收拾卫生……哎呀，人哪有平等的。一个父母生的姊妹还不平等呢，对不对？那不可能一样，永远没有一样的。"（S10）被访者 S10 在 20 世纪 80 年代初顶替母亲集体企业的名额进入集体企业，2002 年下岗后又以临时工的身份被工厂召回同岗作业（这样企业可以避免为员工缴纳保险）；工作近 10 年后进入市场打工，只能从事低端的洗衣工、服务员等工种。"俩水准哪，我和人家不是一个档次的。人家是火工，我属于什么啊，人家说我是还乡团的。我属于没混进队伍里的，编外人员。人家'全民'有医疗卡，我那医疗卡是没钱，是不是？我老认为我是临时工，老摇摇欲坠，这些年那企业来回折腾，都摇摇欲坠啊。（老伴儿：你就像辅警。）因为集体属于什么，属于自负盈亏。企业盈利你就有饭吃，不盈利了倒闭了，你还吃啥啊？就回家吧。所以我是贤妻良母型的，孩子啊、家里啊都是我的事儿。咱家那个上班挣得比我多，我就老实儿干活呗，要不我就可能被淘汰了。"（S02）S02 口中"编外人员""大集体"等表述也充分表现了在其自身的理解中，自己与丈夫之间的身份区隔。

表 3-1　国民经济各部门中女职工占比①（1980 年）

国民经济各部门	合计	全民所有制	集体所有制
工业	39.5%	31.9%	56.7%
建筑业和资源勘探	23.7%	21.7%	29.2%
农林水利气象	35.0%	34.2%	48.6%
运输邮电	22.0%	18.5%	29.7%

① 国家统计局.中国统计年鉴［M］.北京：中国统计出版社，1982.

国民经济各部门	合计	全民所有制	集体所有制
商业饮食业服务业和物资供销机构	40.7%	35.9%	57.8%
城市公用事业	38.0%	36.5%	45.9%
科学研究	34.1%	33.9%	62.5%
文教卫生和社会福利	38.5%	37.7%	44.0%
金融保险	29.5%	33.9%	18.8%
机关团体	16.4%	15.3%	54.7%
全国总计	35.4%	30.8%	50.5%

据统计数据显示，一直以来女工在全民所有制企业中的人数占比都明显低于男工。在计划经济体制下，城市妇女多被分配到福利待遇比国营大企业差得多的集体企业、街道工厂。[①] 1978 年，全国全民、集体所有制企业中的女职工达 3128 多万人，占职工总数的 32.7%，相比 1953 年增长了 14.66 倍，但其中女职工仅占国有经济单位职工总数的 28.5%，占集体所有制企事业单位职工总数的 48.9%。[②] 而这种男"全民"、女"集体"的国有工业部门两性割据局面在 70 年代末知青返城后更趋明显。如表 3-1 所示，1980 年集体所有制工业部门中女职工超越半数，达到 56.7%，相对而言在全民所有制工业部门中则刚达三成。亦即，国营工厂吸纳女工参与社会主义工业化建设虽然赋予了女工和男工看似平等的身份属性和工作权，但工业体制内的身份序列仍使得妇女，尤其是集体企业中的妇女处于相对于男性的弱势地位，而这种制度身份的弱势也会从公领域蔓延到私领域之内，对家庭劳动分工及家庭决策话语权造成影响，妇女也会自我矮化。国家权力同日常生活中的社会性别政治交织在一起，在家庭场域焕发出社会性别权力的掣肘力，女工的弱势地位在国家和家庭的双向建构下越发成为一种自愿式的常态。

A 家族的故事是那个时代中国城市工人家庭的典型缩影。A 家出生于 20 世纪五六十年代的 7 名二代成员，在学界或被称为"中国的坎坷一代"，他们经历了"文化大革命"、知青下乡、返城进厂等，被戏称为"出生就挨饿，上学就停课，毕业就下乡，回城没工作"；在 80 年代通过招工、顶替、分配等各种制度

---

① 佟新. 异化与抗争：中国女工工作史 [M]. 北京：中国社会科学出版社，2004.
② 国家统计局. 中国统计年鉴 [M]. 北京：中国统计出版社，1982；佟新. 异化与抗争：中国女工工作史 [M]. 北京：中国社会科学出版社，2004.

必武　芦花

小星　小素　　小文　小成　　小菊　小志　　小国　小丽　　小娟　小刚　　小全　小梅　　小春　小升

岩岩　菲菲　　燕燕　勇勇　　　　　　　　婷婷　洋洋　　茵茵　　　　乐乐　　　　云云　连连

彤儿　　　　闯儿　　　　　　　　聪儿　　　　　　　　　　　　　　　笑儿

○ 表女性　　□ 表男性
---- 表已故　　（阴影）表供职于H厂

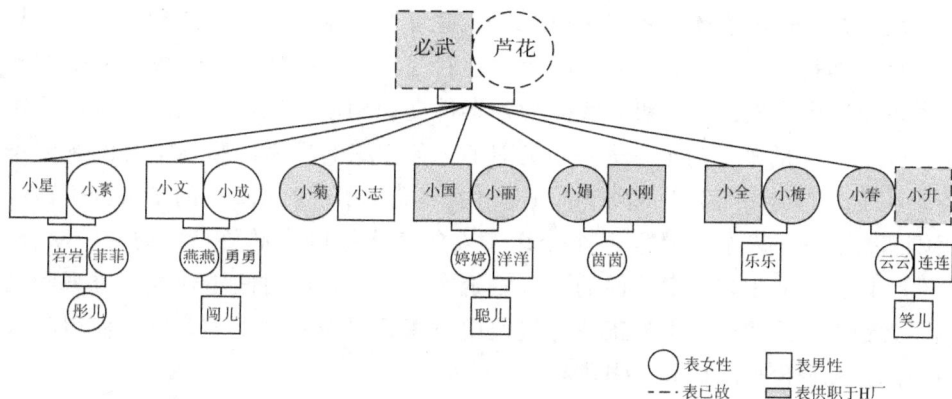

图 3-1　A 家族四代谱系图

性的方式入嵌单位制工厂后，又通过"水到渠成"的工人婚姻，于 1978—1996 年与其他工人子弟婚配，将整个家族深深嵌入了集体主义劳动体制之中。家中最多时有 9 名二代成员同时供职于 H 厂，其他成员也供职于同市其他全民或集体企业。社会主义工业建设的宏图伟业鼓励广大劳动人民全身心地承担起建设社会主义的重任，无疑相悖于传统中国家庭本位的思想，工人联姻因其适应国家高强度工业化生产需要的制度性在计划经济时期受到鼓励和推崇。国家对工人阶级婚姻的倡导和动员，既是为了建立阶级同质化的家庭，也是为了更好地传输劳动者"舍小家为大家""国家和集体的利益高于个人利益"的观念；再加上特定时期企业办社会的特色，单位制工厂生产与生活的一体化往往会塑造出一个稳固的熟人社会，地缘优势为工人婚姻的代际延续奠定了地域与人口基础；企业自身也为工人婚姻在空间、时间和制度上创造机会，在业缘上为工人婚姻提供了肥沃土壤。

"我进厂不到 18 岁。当时父母亲都在那里上班嘛，我的青春年华是在那边度过的，我觉得还是很快乐的。我老公他也是工厂的，当时我们也是厂内自销嘛，年轻人也没出来活动，大家晃来晃去都是厂里的人，所以恋爱也是厂里的人。"（S15）原生家庭的阶级身份直接决定了女工的阶级属性，成长于工人家庭的女儿们牢牢印上了工人阶级的生活惯习，日常生活结构化了她们的生活圈子、行为方式与价值观念，进而影响了她们的择偶态度；同时受限于工人阶级家庭的社会关系网络，在成年后更多选择同样出身的工人子弟做丈夫，同质婚姻进一步强化并延续了"工家女"的工人阶级身份，也巩固了其入嵌于体制的制度身份。"我和你舅从小是邻居，又是同学，他还为了和我一起上课调了班。从你姥爷那辈儿就在一个单位了。上学时候我们就好上了，完了一起下乡，回来参加工作了，顺理成章地就结婚了。我们那时候好多都是这样，找对象不出厂，因为我们厂相比之下效益好。"（S06）"工家女"在娘家的生命历程中，工作与家庭就并不是二元对立的存在，相反，她们的生活在家庭与工作单位两个交叉重叠的空间中穿梭，工作和家庭的种种事件交织构成了她们的人生经验；而嫁给"工家子"的婚配与生育进一步巩固了这种交织的生命体验与重合的制度身份。从工人的女儿到工人的妻子、工家子弟的母亲，"工家女"的阶级身份通过婚姻纽带实现了三位一体、一个个多子女的工人家庭由此繁衍、裂变、联合、共生，国家、文化与制度共促的工人婚姻在相当长一段时间里建立、维系和延续了无数在中国的社会主义工业化建设中发挥重要作用的工人家庭，使得工人阶级的公私身份得以稳固、强化与代际传承。

二、体制脱嵌：集体主义转轨中的身份跌宕

厂志：

> 1996 年是总公司实行分流安置人员工作的第一年，根据总公司要求，结合实际，工厂分流 86 人。1998 年全公司下岗分流 435 人，其中通过停薪、自谋职业、退养等渠道分流 255 人。1999 年下岗分流工人 183 人，中干 40 人。2000 年全面清理了劳动关系，为 48 名下岗自谋职业的职工办理了与工厂解除劳动关系的手续，并按照 650 元/年·人标准给予一次性经济补偿。自 2001 年起实现新裁减人员与社会失业人员并轨。（载于《H 工厂志 1987—2010》）

20 世纪 70 年代末，国有企业在"文化大革命"后重整旗鼓，借着改革开放的东风逐渐进入正轨，也于 80 年代迎来了继中华人民共和国成立初期后的又一个"红红火火、大干特干"的辉煌岁月。"那时候 H 厂挺大呢，啥都全。车库、大集体、电影院，那 H 俱乐部，演节目可热闹了，也挺有意思，不像现在那孩子抑郁症呀、郁闷呀。"（S04）在企业办社会的时代，国营工厂几乎负担了职工从"摇篮到坟墓"的一生，"单位父爱主义"打造了一批享有较高社会与政治地位的"类中产"阶层，也为铁饭碗打破之时万千工人家庭的猝不及防埋下了伏笔。

进入 90 年代，国有企业改革进入了关键期，大量国有企业也在改革中进入了寒窗期。以 H 厂为例，90 年代初期，由于军工产品需求降低，产能过剩；民用产品的发展受到来自市场经济下私营企业的冲击，H 厂效益每况愈下。90 年代末，为了摆脱沉重的社会负担，H 厂利用中央和地方政策，对各家厂办集体实行经营承包，对食品厂、食堂、幼儿园、液化气站等单位实行租赁承包，自

负盈亏；对职工医院、电视台、文化宫、招待所、小车队等实行费用承包，创收提成，超支不补；同时逐步实现职工生活和生产的主辅分离。① 即便这样，H 厂总体经济依旧不进反退。2008 年正式分立破产，近千人不得不以买断等方式与 H 厂彻底脱离关系，丧失了"体制人"的身份。

相对于男性工人，女工们在体制转轨中的弱势身份再次凸显。首先，女工们在集体企业中的比例要远高于男性工人，改制中国企主体尚且自顾不暇，集体企业作为当年企业办社会的残余，更是急着被甩出的冗余包袱，"我们那年代人傻啊，也真傻啊，积极响应号召啊，国家让干啥就干啥。闹革命、下农村、搞生产，哪样都不落下，多积极啊。到头来让你下岗，能不下吗？"（S10）大量国企附属企业的女工在这场浪潮中被甩出单位，据统计，2000 年全体下岗人数中女性占 57.5%，再就业女性仅为 38.8%，比男性低 18.8%；有些传统老工业基地中城市女性下岗职工占比甚至达到 73%②。"单位以前像一个大家庭那种特别稳定的生活，突然间被打破以后，会觉得好像有点变了，就乱了。本身单位里面的人，就没有什么一技之长的。固定工种，换别的就不一定会。如果没有破产，一辈子都是干一个工作，真的去转行，这是一个非常大的考验。"（S15）猝不及防的下岗和买断使得长期受"体制身份"和"铁饭碗"庇护的工人群体突然丧失了与"公"的制度性联结，以"私"身份毫无准备地遁入市场环境中，身份优越感被削弱、身份地位直线跌落。随着改制的深入，在社会结构中大部分人的收入和生活水平逐渐提高的趋势下，计划经济时期政治地位优越、生活保障全面的工人阶级却在"逆行"，成为市场经济下的"新底层"。

A：你们下岗之后，也会吵架吗？

S12：肯定会吵，因为两个人心里面都不好受。破产之前我们之间相敬如宾，两个人共同带孩子。破产之后，他去做协警，经常不在家。所以说工厂破产给许多家庭带来了不少麻烦。

A：看起来你们夫妻下岗之后，你就更多地回归家庭，而你丈夫就承担起养家的重任，对吗？

S12：差不多。

A：有那种因为破产而离婚的吗？这种情况多不多？

S12：有，我身边我自己看到的至少有两对各奔东西。本来厂里面红火的时候，一家人好得不得了。突然发生这种事情，对我们这种从小生长和

---

① 《H 工厂志 1987—2010》（内部资料），因伦理需要将厂名作匿名化处理。
② 蒋永平. 两种体制下的中国城市妇女就业 [J]. 妇女研究论丛，2003（1）.

工作都在厂里的人的冲击是非常大的，我们都感觉到震撼和不能接受，也不愿出去找其他工作，不想迈出这个舒适圈。

正如埃尔德在论述大萧条对于婚姻家庭的影响时所指出的，婚姻本是互惠共生的，突如其来的失业很可能破坏夫妻间原有的稳定关系，使得对伴侣为家庭和自身所作贡献的期望落空，从而诱发夫妻间的敌对性和无休止的争吵。① 工人家庭此时面临着事业与家庭的双重困局，改制之时这一代人正处于承上启下的人生阶段，职业生涯突然的危机以及生活秩序骤然的紊乱使其不得不退回家庭寻求暂时的支援，夫妻工作的同质性使得很多家庭从双职工变成双下岗，职业生涯的突然中断使得家庭生活来源骤失，家庭经济的捉襟见肘和职业航向的变化迫使其要么早出晚归打工赚钱、要么困守家中自怨自艾。家庭的代际联结放大了国家制度改革的微观影响，本是家庭中流砥柱的二代工人，一面要向上榨取父辈的养老资源，向工人退休的年迈父母伸手以维持小家庭的正常运转；一面又向下传递贫困与焦虑，对正处于成长期的子女的学业、心理和情感等都产生影响，一上一下至少勾连了三代人的生命轨迹。

对于第二代"工家女"而言，她们受教于新中国的第一代走出家门的劳动妇女，伴随着"劳动最光荣"的社会主义使命教育成长，经历了劳动锤炼重于文化课的知青时代，又通过招工、返城等方式挤破头进厂为工，成为"国家的劳动者"，在她们看来，这是一种光荣的身份特权。市场经济的到来加深了社会性别之间的分化，计划经济时期对男女同等待遇的政治管控消失，女性在劳动力市场上逐渐被边缘化、职业隔离越发严重。② 被下岗的女工们职业生涯的中期骤然失去工作和生活来源、从单位中彻底脱嵌，但年龄、技术水平、文化程度和身体状况等都成为再就业的制约条件。市场体制的工具理性与自由竞争同时剥离了集体主义时期对劳动本身赋予的感性价值与神圣光华，劳动仅仅成为出卖力气的谋生手段，这更加深了她们劳动权力丧失所带来的尴尬。

本章主要探讨了新中国第二代"工家女"在家与厂、内与外之间先入嵌后又脱嵌的过程。中华人民共和国成立后至改革开放前的三十年，是新中国集体主义制度执行至深的年代，出生于这一时期的"工家女"长在"红旗下"、经历"文化大革命与下乡"，体会"单位父爱主义"；但在20世纪八九十年代的大

① G.H. 埃尔德，葛小佳. 变迁社会中的人生——生命历程及其中国的实例 [J]. 中国社会科学季刊（秋季卷），1998（8）；郭于华. 作为历史见证的受苦人的讲述 [J]. 社会学研究，2008（1）.
② 王天夫，扬恩，李博柏. 城市性别收入差异及其演变：1995—2003 [J]. 社会学研究，2008（2）.

转型中，集体主义的退去使得千万集体主义劳动经济中的单位人骤然脱嵌，失落于新旧体制的交锋处，其生产世界和生活世界在国家制度变革中被重塑，不得不承受从"类中产"到"新穷人"的身份跌宕。她们被戏称为"中国的坎坷一代"，其特殊的年龄结构与共和国的转型与发展互构，导致一系列重要社会事件在其生命历程中打下了鲜明的时代烙印。"家－国"逻辑更趋鲜明地体现于这代"工家女"的身份演变上。她们是工人的女儿，成长期和职业生涯的中早期接受的都是集体主义意识形态的教育；却突然遭遇体制转轨的时代，从深嵌于计划经济体系到游离于市场经济时代，从被国家肯定的"劳动者"到市场中无人问津的"劳动力"。当她们从国的单位结构中脱嵌后，遁入了一个性别式割据更加严重的劳动力市场，退回了一个始终对其持家和养家的双重角色抱有期待的家庭。她们在家、厂内外兜转，即使不再是名义上的"体制人"了，但始终还是国人、更是家人。在传统产业工人整体从"类中产"沦为"新贫民"的阶层下移中，阶级身份的动荡与性别身份使这一代"工家女"群体的处境更趋弱势。

第四章　去厂离家：第三代"工家女"再难为工

这是一种追踪，在空虚与荒芜中追踪。是遗忘——一个不断将过去抛在一边的始终在进行中的遗忘——而不是追思造就了这荒芜。

——埃曼纽尔·列维纳斯《谜与现象》

一、告别集体：后集体主义时代的身份转轨

当年代的车轮滚滚驶过，又一代"工家女"渐次步入成年、步入中年。她们的成长伴随着全球化背景下中国特色社会主义市场经济制度的建立，在集体主义的余音中成年，虽踏入了个体化的社会，却难以摆脱集体主义过往带给她们的生命记忆。生于20世纪八九十年代的第三代"工家女"，被国家赋予的第一个集体性身份是"独生女"。第二代"工家女"大多曾是集体主义制度的深度嵌入者，在城市社会，计划生育政策的执行力度尤为严苛。在回忆当年在计划生育时代的经历时，有几位二代"工家女"对只能生育独女表示遗憾。"极少数顶着风生第二胎，我们厂里年轻人几百个，我知道的就只有两个生第二胎。"（S14）国企工人群体一般都会选择响应国家的号召，只生育一个孩子。国企对于计划生育政策的严格执行与成熟的劳工管理体系也直接促成了国企大院里的

独生女比率远高于同期地区甚或城乡平均水平。

作为工人家庭独女，20 世纪 80 年代后的"工家女"们规避了母辈当年需在家庭内部竞争生活资源与机会的命运，独生女的身份标签使其被持有传统文化观念的父母掌控得更严格、自主空间更少，更多抱以求安稳的期待，倘若家庭资源尚可，甚或在个人意识尚不成熟的年龄就被早早规划好体制内的生涯；倘若父辈已经阶层跌落，甚或被寄予实现阶层回升的期盼。"当时就觉得一个女孩子能上班，有个稳定的工作，挺好，因为我家吧，父亲特别封建。要搁我自己，上班成天刷脸没意思。还不如三四年前的时候出去闯一闯，对吧？"1978 年出生的被访者 T01 的父亲是工厂的小领导，母亲是下岗工人，但家庭经济与条件尚可。90 年代末父亲早早就为其规划了一条体制内的路，安排她读卫校、分配到了厂医院（后被政府归编）；而 T01 本人即使不满意这项安排，但还是服从了父亲的决定，却满怀对这份所谓的体制内工作的无奈和厌倦。

1989 年出生的被访者 T06 父母都是 H 厂的原工人，父亲当年下岗后罹患白血病去世，母亲放长假多年，家境赤贫。T06 在 2009 年大专毕业后，曾通过校园招聘进入了沈阳的某家大型国企，但实习期未满便主动辞职。长辈们对她"擅作主张"的辞职深表不解、惋惜甚至抱怨多年（2019 年在笔者访谈时，此事已经过去 10 年）。他们仍认为 T06 当年的选择是错过了一只"金饭碗"，而除了国企外进其他的企业工作都只是"打工的"，朝不保夕、低人一等。"小云就是不听话，当年毕业聘上的那个大国企多好，一个小姑娘家，旱涝保收，结婚生孩子也有个保障。非得辞职，还先斩后奏，到外面瞎折腾，你看这么多年在外面，她哪份工作干长了。现在生了孩子在家待着，年纪轻轻围着孩子转。这要是在国企哪能这样呢。"（S05）而就 T06 本人而言，她从来未对当年辞职国企的选择表示后悔，而是更重视工作的体验感和价值感，也不觉得体制内外的工作在身份序列上有等级化的区分。

T01 和 T06 的故事背后，其实代表着两代"工家人"在转型社会中对国家、对身份以及体制本身的观念变化。第三代"工家女"的父母是集体主义年代成家立业的一代，纵使在渐进式的市场改革中承受了不容小觑的社会动荡，遗失了曾经固若金汤的制度性身份，但集体至上的家国观仍旧深植于他们的观念认知中。这一代人始终渴望安稳、迷信体制，也因此显得和个体化时代格格不入；并试图将这种观念传递给子女。被访者 S03 针对子女的工作问题说，"孩子有个稳定工作，搞对象也好搞啊。女孩谁都看你有没有正式工作，对不对？不用太累，那么奔波。管它咋地，有给你上几险的地方。你今天在这打工，明天上那，后两天又下来了，来回折腾。咱说私企打工也不那么容易，你得看人脸色，对不对？"（S03）父辈也清楚知晓两代人对于单位与集体的观念差异，这一代成长起来的子女对于体制、单位不复其当年的认同感。"我们工厂原来很稳定，大家有个荣誉感，有归属感，好像有一个家有一个娘在这里。起码这一代人是这样的，有这么一个感觉。像我的孩子，他就根本不会有这种想法，他不愿意被困在体制内，愿意自己出来闯荡，他觉得这样好，能实现自己的心中的价值，干自己喜欢的工作。对体制里面的工作，他一点都不喜欢。"（S15）

第三代"工家女"的原生身份是工人家庭的独生女儿，产业工人的祖辈和父母，构筑了她们集体性的生活背景和成长历程；然而新旧体制交锋的大转型也在她们的成长史上留下了重重一笔，老工厂的江河日下、单位体制的变化使得工人家庭中传统的身份承继模式被瓦解了；父辈生活的巨大落差使得她们不再像祖辈和父辈那样追崇集体主义的荣光，更不再痴迷于工人阶级的固有身份，反而更憧憬市场化时代的自由和挑战；她们笃信贝克所叙述的"为自己而活"的个体化逻辑，对于工作的期待更为多元、灵活，也无所谓临时性的劳动关系。国家在她们的脑海中只是一个抽象的概念，而不是需要"尽忠"的对象；家庭本身也不再是目的而成为服务于个体、帮助个体抵御风险与追求自身发展的平台。① 然而这一代人却也面临着更为严峻的制度性困境，她们一方面想拼命地挣脱体制，不再被曾经的体制捆绑；另一方面又受到有限的家庭资本的禁锢，难以在激烈的市场竞争中立足。

二、走向何方：城市新底层群体的身份走向

这是生而个体化的一群人。她们出生于计划生育制度时期，享受并承受着独生子女的特权与缺憾，她们成长于市场经济腾飞与单位制转轨的大转型时代，因为工家女儿的家庭出身与阶层出身，成长的过程中遇到了诸多局限性；但又因为独女身份，成为父辈唯一的期待和寄托。待到成年之际，单位的制度性保护荡然无存，家庭的限制和枷锁有增无减。

第三代"工家女"（尤其是生于 20 世纪 80 年代的）其实与"新失业群体"有很高的群体重合度，所面临的是一个制度真空的社会环境。② 诸多国家政策逻辑上的重大变革直接作用于她们自身以及她们的家庭，可以说她们在成长期里经历了传统产业工人阶级所在阶层的断崖式下跌，直接导致她们的家庭陷入贫困甚至解体。教育产业化使得她们自幼就读的厂办学校被收编，收编前教学质量也往往堪忧，H 厂曾经的子弟中学近二十年来从无一人在中考时能考入省级重点高中，升高中率不满 50%，这也使得很多"工三代"输在了起跑线上，只

---

① 沈奕斐. 个体家庭：中国城市现代化进程中的个体家庭与国家 ［M］. 上海：三联书店，2013；吴小英. 主妇化的兴衰：来自个体化视角的阐释 ［J］. 南京社会科学，2014（2）.

② 吕鹏. 他们不再是孩子了：关于新失业群体现状的社会学报告 ［J］. 社会，2005（4）.

能在初中毕业后进入类似技校、卫校等职业学校就读，而改制后的这类学校早已不再包分配；更有甚者直接进入社会打工。"我初中毕业就不上学了，那时候是1995年吧？学习不好，考不上高中。本来可以去卫校念的，说出来能当护士，包分配，一年学费两三千。你想当时我爸下岗，我妈快退休了，在包子铺打工，一个月才200块钱工资，根本没有钱，我就没念。再说我一个小姑娘，他们也不许我走太远打工啊，我就自己在家里做点儿手工，断续到服装店里卖衣服啊之类的。之后自己卖过衣服，不挣钱，后来又来大楼卖货。"（T04）T04初中毕业便赋闲在家，囿于家境失去了读卫校等职高的机会（对比前面一节讨论过的T01，卫校毕业在父亲的社会资本的运作下成为医生，亦可见家庭资本在个人职业身份获取过程中的重要作用），后面一直在不稳定就业体系中"三天打鱼，两天晒网"。父辈生命历程的转轨通过代际链条作用于正处于成长关键阶段的子辈身上，下岗导致经济的贫困、情感的疏离以及家庭关系的恶化，工人本身文化积累的匮乏局限了教育理念，林林总总的问题在这场转型中被暴露于摇摇欲坠的工人家庭中，而这一系列变故对于子代生命历程的影响是长期的、不可逆的。①

"那个时候集体全部下岗了，那个公司就相当于黄了。毕竟他们经历过单位时代，从铁饭碗到自己干活，就是感觉这种生活靠自己更安全。只不过在企业，工作上不会像自己干活儿付出的那么多。工资就是旱涝保收。其实吧，像我这种同龄的，我们这一代，我周边，不能说这一代，文化程度都不高。"（T05）她们的成长岁月随父母一起捆绑于江河日下的工厂或单位，多在少年时期经历企业改制、父母下岗等事件，这些事件并非直接烙印于她们的生命中，但却直接作用于她们的父母以及家庭，代际的勾连、家庭的合一使得父辈生命历程的制度性紊乱与偏常态特性向下延伸，使其生命历程为国家制度与家庭走向所双重规训。她们的母辈尚且可以通过集体主义时期的国家对城市就业体系的制度设计来实现青年时期的"就业托底"，在熬到了退休年龄后能享受到"计划经济铁饭碗"带来的最后一点福利——安度晚年的退休金，而她们从学校中、家庭中走进社会的那一刻，就不得不以个体化的身份面对割据的劳动力市场。在以职场为主的公领域中她们不仅受学历、技能的限制，更因受到性别的局限而不得不吃"青春饭"；在以家庭为主的私领域中，她们又往往被原生家庭寄予过多的性别化期望，在缺乏其他流动渠道的现实面前，她们的婚姻就成为最后的救命稻草，被家庭甚或她们本人视为改变阶层地位的跳板。然而这种"缥缈"的希

① G.H.埃尔德，葛小佳.变迁社会中的人生——生命历程及其中国的实例［J］.中国社会科学季刊（秋季卷），1998（8）；郭于华.作为历史见证的受苦人的讲述［J］.社会学研究，2008（1）.

望本身便是妇女解放的迷思甚或说倒退。换句话说，纵使她们能够顺利进入理想婚姻状态，市场化社会中公共养育职能的缺位也会进一步将其捆绑于家庭之中，一步步倒逼她们放弃公领域的社会身份，甚或"被主妇化"，这点比她们集体主义时期走过的母辈与祖辈更甚。

布迪厄的阶层轨迹理论认为社会流动难以完全消除个体从出身阶层承继的惯习，个人生活经历也会在一定程度上左右、影响惯习的形成，但个体往往会更倾向于接纳与已有惯习两相契合的生活经历。① 这也能很好地解释为何"工家女"在"都市贫民窟"中的成长经历如何成为其阶层突破的壁垒，使其难以在成年后逾越、突破父辈所在的阶层。"工三代"中新失业群体占据很大的比重，同质化的成长环境、单位制的一体化社区使其社交圈子在社会地位、生活经历、生活方式上趋同或趋近，从业缘关系中也难以获得帮助。这一代人在个体化时代无法承继父辈的社会身份，却不得不"世袭"父辈的贫困阶层，无奈接受制度藩篱下阶层间的固化与区隔。阶级身份与性别身份在这一代"工家女"身上暧昧纠缠却难以合一，如若说生活机会是社会结构提供给个人的发展机遇，那么某种程度上，底层结构就在阶级与性别夹持下封存了她们过去、现在甚至将来的生活机会。

本章主要探讨了新中国第三代"工家女"在个体化时代告别集体、"去厂离家"的过程。她们是工人的女儿，"去厂"是指她们告别了集体主义时代的工厂，"离家"并非指离开家庭，而是指相比于上两代人的"家厂相依"程度她们再难从家庭来世袭工人的身份。总体而言，这一代人成长、成人于改革开放后的四十年，国家的体制变革使她们的工人家庭从单位体系中脱离、让她们的父辈经受了阶层的大变化。独生女是她们的身份标签，帮助其规避了母亲当年需要在家庭内部竞争资本，并受到性别弱势之局限的命运，但作为家庭唯一的期待也给她们在个体化时代的个人行为与选择带来了制约。"家-国"逻辑在新时代"工家女"身份的嬗变中仍旧发挥着作用。她们在年少时经历了单位制工厂的江河日下、目睹了家中父母的失业与挣扎，集体主义时代的退去使得她们不再以国家人、单位人甚或工人阶级的身份为荣，客观上无法再承继父辈的阶级身份的同时，主观上也不再对此抱有渴望。受经济资本、文化资本、社会资本的限制，如果不转变观念，加上自身的努力，她们很容易成为市场体系中的"新失业"群体，实现阶层跨越也更显艰难，穷人身份或许将在时代浪潮中被"世袭"。

---

① BOURDIEU P. The Logic of Practice［M］. Cambrige：Polity Press，1980；BOURDIEU P. Distinction：A Social Critique of the Judgement of Taste［M］. Cambridge：Harvard University Press，1984；田丰，静永超. 工之子恒为工？——中国城市社会流动与家庭教养方式的阶层分化［J］. 社会学研究，2018（6）.

第五章　总结、讨论与反思

> 我们希图展现女性面临的重重困境、身上背负着的层层枷锁，在每一个阶级内部，女性想要获得作为一个人的自由、平等、幸福的生活，都比男性要困难得多。女性是先行者，所以她们承受着更大的痛苦，而也正是她们，才是点点滴滴推动社会进步的人。
>
> ——吕途《中国新工人：女工传记》

一、研究总结

七十余载风雨兼程，共和国如日中天，长河浩瀚。构筑这历史长河的"半边天"——中国妇女，随着共和国的千秋伟业一路前行，其个体身份叙事和宏观社会图景交错，共同谱写了一份情理交融的绚丽长卷。对于"工家女"而言，她们为工又为女，为家更为国，在家－国的制度体系中，她们的阶级身份、性别身份在持续互动中生产、辐合又裂变。本研究通过探讨"工家女"制度身份的演化路径，再现镶嵌于社会发展史中的当代中国妇女生命史，基于此，总结如下。

一是阶级/性别交叉作用于不同代际"工家女"的身份演变。新中国成立后，国家通过政策、立法和宣传将妇女从边缘推向主流、从家庭推向社会，赋予了第一代"工家女""男女都一样""铁姑娘"等一代英雄主义的政治记忆。无产阶级劳动者这个全新、光荣且现代的社会身份，将"工家女"顺利整合到了新中国的工业化建设序列中，在最大限度地动员妇女为社会主义现代化建设添砖加瓦的同时，也将妇女参与公领域的生产劳动上升到了妇女解放事业的革命高度。但她们更多时候被冠以家属工、临时工等不稳定的身份结构，在劳动力蓄水池中被感召要"一颗红心，两手准备，随时等待国家的召唤"。简言之，国家"制造"的第一代"工家女"，社会身份从无到有，其身份的政治意义在公私领域之间进退游离，"进"难以获得国家正式工的身份与待遇，"退"也不再是仅仅从事家务劳动的家庭妇女。她们始终浮动于国家制度体系的操控之下，阶级与性别的命题在这一代"工家女"身上相遇，迎合着"妇女能顶半边天"的解放赞歌。

在计划经济与市场经济的交轨之时走进工厂的第二代"工家女"，嵌入集体主义劳动经济的方式相比上一代更多元，但仍遵循着集体主义余音下的"分配"

内核（返城知青分配、技校毕业分配、顶替家庭分配等），在服从国家意志、认同家庭决策中实现了单位体制的入嵌与单位人身份的获取。她们成长于"劳动最光荣"的革命年代，自幼接受的是"工人阶级响当当"的价值灌输，纵使性别的制度筛选使她们更可能被分配和限制到相对劣势的工作岗位上，但她们自身对于工人身份却是憧憬并期待的，对于国家的分配、家庭的选择是自我认同甚或是十分感激的。在职业中早期生涯中，她们也着实享受过被单位制赋予的"类中产阶级"身份地位，并迈入了一桩桩工人婚姻、承继并繁衍了工人身份。但市场化转型打破了其赖以为生的"铁饭碗"，她们从身份等级序列的上游骤然跌落，在性别割据的市场中从为社会主义事业挥洒热血的劳动者变为灵活就业、出卖力气的劳动力。简言之，第二代"工家女"的工人身份是国家分配的，其身份入嵌和脱嵌伴随着国家制度的大转型，阶级身份与性别身份的叠加作用于她们的职业生涯，其高度重合性使得其成为这场改革的利益牺牲者。

在计划生育制度下出生的第三代"工家女"，成长过程伴随着全球化的时代浪潮和中国市场经济制度的建立。相比于前两代，其身份在市场转型中发生了明显的代际更迭。她们出生于工人家庭，但不再享有国家分配的工作，也很少供职于工厂流水线、劳作车间，因此很难再将她们统称为工人。那么，她们究竟是谁？她们是生而个体化的一代人，出生于计划生育制度的年代，成长于计划经济与市场经济的交锋流变，目睹了父辈赖以为生的单位体制的嬗变，她们不再对工人身份保有父辈的迷恋，反而崇尚市场化浪潮中的自由，"工人"成为这代人渴望摆脱的身份标签，但受教育程度及社会网络资本的匮乏却使其在自由劳动力市场中处于劣势、难以立足。简言之，第三代"工家女"的身份属性是暧昧不清的，她们的成长期与中国工人阶层地位的变化相重合，上两代身份流变的延时影响作用于她们身上，工人的阶级身份和女人的性别身份在这一代身上再难合一，她们更像是个体化时代的失落原子，困守在城市社会中的新底层群体。

二是家-国制度体系掣肘了不同代际"工家女"的身份演变。本文所探讨的妇女身份变迁史，是深嵌于"家-国"的制度脉络中的。家庭作为人类社会最本源的组织，以各种形式存在于国家与个体的关系当中，是调整"国家-个人"关系的结构性因素以及国家控制政治秩序的操作性因素。"工家女"的身份原点在于家，终点在于国，家国之间的恒常互动掣肘着三代"工家女"的身份演化，作为个体的"工家女"配合国家言说着"妇女解放"的时代表述，在"国"与"家"的双向建构中不得已实践着"大我"与"小我"的身份融合，在各个生命周期的节点上建构其主体性的身份。

从新中国成立初期妇女走出家门起，国家—单位—家庭的伞状结构就通过建立集体化管理体系为妇女带来了新的身份，相对于承担生产建设功能的"公领域"，家庭逐渐成为主要承担生活与情感功能的"私领域"，同时承担起勾连国家与个人之间关系的中介功能。第一代"工家女"在国家话语的号召下走出家门，大多是"家属—家属工—工人"的身份演化路径，先有家再为工；劳动妇女的家内责任被刻意保留，"完美的妇女"仍需遵循传统的母职与妇职。妇女在"为国"和"为家"之间忙碌，传统父权文化杂糅于共和国劳动等级秩序中，国家制度与传统观念共谋于女工的身份实践，"为工"（劳动妇女）和"居家"（家庭妇女）两种身份的切换消弭了女性作为独立个体的身份。

国家对社会资源、就业机会、福利资本的家庭捆绑变相促成了工人身份通过家庭的代际承继，第二代"工家女"拥有更加多元的家庭身份——工人家庭的女儿、妻子和母亲，几代工人被牢牢纳入一个由血缘、姻亲、单位组成的关系网络中。传统中国对"家族一体化""休戚与共""孝道"等观念的重视，深化了无论是国家还是个人对家族及成员之间相互扶助的责任义务的合理建构。工人家的女儿们作为职工家属，在家庭内部资源竞争时往往处于弱势，又因母职、妇职的私领域角色，难以获得和男工持平的就业平台。这种潜在的被挤压、被妥协的弱势地位被视为符合国家和家庭期待的行为选择，被整合进"工家女"个体身份的塑造中，合理化了妇女的边缘化角色及妇女解放的工具性本质。

单位制改革重构了工人与体制间的关系，"劳动力优化组合"和"企业办社会职能剥离"共同将再生产职能从国家/单位进一步转移到了家庭，中国传统家庭伦理无疑是家-国逻辑得以实行的文化支撑。[①] 第三代"工家女"作为工人家庭的独生女，家庭给予了她们原始的阶级身份，使其沿袭了工人阶级的生活惯习、思维方式与社会资本。身处新的社会转型时期，集体梦的颠覆使她们比母辈更直接地成为个体化时代的原子化个体。改革开放后对个体化的宣扬，与其说是在解放个人，不如说更多的是在塑造后集体主义时代国家政权下的公民，国的属性在这一代的生命中看似淡化了，但却自始至终参与其身份的建构过程并通过家庭带来持续的影响。新世纪的"工家女"们仍旧在国与家之间辗转、在公与私之间纠缠。

二、相关讨论

一是中国妇女解放的来路与进路。习近平总书记指出，"追求男女平等的事

---

① 宋少鹏. 资本主义、社会主义和妇女——为什么中国需要重建马克思主义女权主义批判[J]. 开放时代，2012（12）.

业是伟大的。纵观历史，没有妇女解放和进步，就没有人类解放和进步。"① 从"工家女"的身份流变出发，我们看到了被"家-国"言说的妇女解放事业的不彻底性。于国而言，社会主义建设敦促而成的中国妇女解放其实更多的是由国家自上而下的力量所强制推进的，中国妇女在此过程中缺乏自醒的思想体验，只是感受并经历了一场"制度的解放""被言说的解放"；于家而言，"一切听从党的安排"降低了传统父权制家庭中男性的至上权力与地位，却始终未能从真正意义上实现男女平等与家庭内部秩序的平等。总体来看，"家-国"统御下的中国妇女始终被局限在等级权力框架中进行身份的自我体认，而其作为女人的主体性身份和附着于身份之上的权利并没有得到应有的表达。新时代的中国妇女已然从单一的社会劳动者转向了多元、动态的身份角色，女性主义思潮促使妇女自身的话语意识觉醒，但仍旧面临着来自国家、社会和家庭等层面的引领和制约。中国妇女如何从"制度的解放"转向"主体的解放"，仍旧任重而道远。

二是中国工人阶级的地位和命运。布迪厄提出"位置性痛苦"（positional suffering）的概念，并指出个体在社会结构中所处的位置以及该位置带给个体生命历程的喜怒哀乐，都可以进行结构性的政治溯源；个体的苦难可追踪至国家和社会的失效。② 我国社会阶层结构的变化是受国家主导的所有制改革与政策导向直接影响的，这也导致了工人阶级在阶级身份、利益结构、价值取向以及生活水平等方面的重大变化，其中最为突出的便是深受体制转轨影响的传统产业工人。"工家女"的生命历程其实和中国工人阶级整体的命运走向有着内在的一致性，只不过更加受到社会性别因素的叠加影响。当改革推动着国家经济腾飞发展，集体主义的退去、单位制的解体催生了传统产业工人身份的解体、置换和重构。改革前其阶级意识是笃定且明朗的，身为"国家主人翁"，国在他们心中是至高无上的；改革后铁饭碗的丧失与主人翁身份的瓦解使其原有的归属感发生变化。作为连接社会阶级、群体、职业等一系列社会指标的重要符码，工人身份的流变意味着其在身处的社会系统的结构之变。如何通过国家治理与制度建设，清楚把脉传统产业工人在全球化时代的命运走向，是关乎国计民生的大命题。

---

① 习近平. 促进妇女全面发展，共建共享美好世界——在全球妇女峰会上的讲话［J］. 中国妇运，2015（11）.

② BOURDIEU. The weight of the world: social suffering in contemporary society［M］. Stanford University Press，2002.

三、研究反思

一是田野过程本身的局限性。本研究主要通过生命史访谈、半结构式访谈作质性研究，笔者作为"土生土长"的国企子弟，"局内人"的身份不可避免地会为研究带来主观性和片面性，田野中会出现非理性的共情、熟人的戒备心理等；同时，第一代被访者多年逾七八旬，在言语表达、个人记忆等方面的完整性都有欠缺。二是对主观身份认同的探讨。身份建构与身份认同是一对相互对照的主客观概念，本研究从客观探讨家-国视野下"工家女"的身份是如何演化的，未从口述材料中充分挖掘并呈现不同代际的"工家女"的身份认同，以及个体的主观能动性对身份演化带来的影响。三是对"工家女"的代际讨论不够深入。碍于篇幅限制，本研究虽沿循共和国七十余年的发展脉络划分并呈现了三代"工家女"的家国记忆，但未能将每一代人的身份实践放置于整体代际观下进行回溯和探讨，且未深入进行代际间的对比研究。

本研究仅对三代"工家女"的身份演化作以简单探讨，很难完整地展现出这一群体在时代浪潮中于国、于家的贡献和历史洪流中为工、为女的付出。不同时代的家-国关系亦形塑了不同代际的个体生命、生产了不同代群的家国观念，笔者认为，未来还可进一步对三代"工家女"生命史进行回溯追踪、对比研究；以及当三代不同家国观的个体在同一家庭场域中相遇，她们如何对话、碰撞与彼此影响？这不仅有助于对国家与家庭关系的再思考，更有助于将个体从传统"国家-个人"范式中独立出来，探讨其在"国家-家庭"中的位置与走向。同时，呼应本节第二部分的两点讨论，"工家女"为"工"身份以及为"女"身份的微观流变，分别与中国工人的变迁史以及中国妇女的解放史相勾连。如何从"工家女"这一群体切入，建立起新中国两项制度性历史间的勾连，进而统筹思考工人阶级的走向及妇女解放事业的未来，尚待深入探究。

家庭遗产分配中的民间逻辑与法律逻辑
——以上海市 2008—2018 年遗产纠纷民事判决为例

❖ 周　芮（复旦大学）
　　沈奕斐（指导教师）

摘　要： 遗产作为家庭财产的重要组成部分，其背后的纠纷与争议反映的是人们对于家庭代际间的财产分配逻辑。在现实的司法案例中，正式的司法审判遵循的是现代法律逻辑，其主要追求的是公平公正的判决理念。在案件审判的过程中，原被告的申诉及辩称则反映了个人所持有的非正式的、非制度性的正当性理据，其遵循的是一种民间所认为的分配逻辑。法官会考虑在继承范围内家庭成员内部的实际生活需求以及家庭的现实状况，从而依法判决作出相应的财产分割安排。至于个人，也有自己认为的一套公平划分家庭财产的社会性逻辑。

在家庭遗产分配中，类性别观（传统风俗影响下的类性别角色分配）、类血缘纽带关系（血缘关系与拟制关系）、付出与回报正相关（多赡养多分割、个人财产贡献保护等）、困弱群体保护等原则都会影响甚至指导民间的公平分配逻辑实践。在法院的判决逻辑中，首要原则是依法判决，只有符合法条规定的民间诉求才会被承认及支持。举证原则也是影响审判结果的重要因素。均分原则是法院审判实践中更为偏好的取向，在对判决结果的分析中可以看到，在最终的多分判决中得以多分的比例数值并不高，法院更加偏好于均分原则，在无特殊情况下一般都会采用均分原则来进行家庭遗产的分配。同时法官会秉承着整体性的思维，从家庭整体福利出发，作出相应的财产安排，以达到家庭福利最大化以及减少当事人讼累、彰显善良风俗的积极社会影响。

总体而言，民间逻辑与法律逻辑之间存在一定张力与冲突，但并不是完全相互对立、相互抵消的关系，两者间形成了一种不断拉近、有机融合的状态。

关键词： 遗产分配；家庭财产；民间逻辑；法律逻辑；公平

第一章　绪　论

一、研究背景

在私人领域的家庭生活中，财产问题往往是核心命题，财产问题如若处置不当，则容易引发家庭矛盾甚至家庭动荡，继而也可能对社会带来负面影响。自 2010 年以来，遗产纠纷案件有明显上涨的趋势，遗产成为引起家庭纠纷的核心命题之一。从被继承人死亡到遗产分割期间，遗产纠纷可能出现在遗产范围的确定、遗产的保存、遗产的具体分割等每个阶段。在遗产纠纷中，其中又以房产的归属及所有权纠纷最为常见。近年来北上广等特大城市房价不断攀升，使得房产溢价明显，因此对作为遗产的房产的争夺也越加激烈。

在遗产的分割纠纷中，经常是"公说公有理，婆说婆有理"，因此一些遗产问题很难被调和。不少家庭因为遗产分配争执无法解决，请求法院及法律的介入及裁决。本文想要从社会学的角度研究在遗产分配中的冲突与矛盾，着重分析在家庭遗产纠纷中人们认为的公平分配逻辑是什么（民间逻辑）与法律最终是如何作出判决的（法律的逻辑）。

二、研究意义

在现实的司法案例中，正式的司法审判遵循的是现代法律逻辑，其主要追求的是公平公正的判决理念。在案件审判的过程中，原被告的诉称和辩称则反映了个人所持有的非正式的、非制度性的正当性理据。相似及相同的诉称理据背后反映的是一种民间所认为的遗产分配逻辑。法官会考虑在继承范围内家庭成员的生活需求和现实情况，从而在此基础上作出相应的符合法律的财产分割安排。至于个人，也有一套自认为公平划分的遗产分配逻辑。

研究希望以遗产分配为切入口，厘清在家庭生活的私人领域下，关于代际间的财产分配与继承，不同的逻辑之间（民间逻辑与法律逻辑）是如何进行博弈并最终影响实践的，在此基础上搭建起一个符合现代家庭遗产分配公平的理论分析框架，进而丰富现有的家庭财产研究，以期能够让更多的人关注到这个在家庭财产分配中极易引发矛盾与纠纷的研究领域——遗产分配研究，促进家庭和睦和谐与社会稳定。

第二章　文献回顾

一、传统中国的家庭代际财产分配

在传统中国家庭财产的分配中，主要可以将其划分为三方面内容。一、谁有资格继承家产（家产隶属于谁），这一部分主要可以概括为性别文化与宗祧继承；二、继承财产的权利与义务（赡养父母、养老送终）；三、财产分配的主要方式，在传统中国的家庭中，大的财产分配变动主要是通过分家这种形式来完成的。

（一）性别文化与宗祧继承

与宗祧继承紧密相连的是性别文化。在中国传统家系财产分配原则背后，男性主义文化始终占据着绝对的主导作用，这种文化认为只有男性的子孙后代才拥有真正延续血统的意义，才拥有继承家产的资格。家族的历史以父—子关系不断延续，从民间"养儿防老""多子多福"等观念便可窥见一斑，也是滋贺秀三所讲述的"父子一体"的思想①，这种思想与"香火延续"密切相连，让儿子理所当然地继承并占有父辈的家庭财产，是"神圣不可侵犯"的②。可以说在传统家庭中，所有其他的亲属关系（包括夫妻关系等）都可以看作是父子关系的延伸或者补充③。中国传统的家庭财产继承制度是单边而非双边的，是父系血缘关系的一脉相承，女性长久以来是被排斥在正统的家产继承之外的④。

（二）赡养父母、送终祭祀

代际之间通过有时间差的互惠，持续进行较为公平的资源交换，父母与儿子间的抚养赡养以及继承家庭财产的行为关系中，存在着非常强的实用理性主

---

① 滋贺秀三．中国家族法原理［M］．北京：北京法律出版社，2003：106-113．

② 王跃生．社会变革与婚姻家庭变动——20世纪30—90年代的冀南农村［M］．北京：生活·读书·新知三联书店，2006：315．

③ 许烺光．祖荫下：中国乡村的亲属、人格与社会流动［M］．台北：南天书局有限公司，2001：49．

④ 刁统菊．嫁妆与聘礼：一个学术史的简单回顾［J］．山东大学学报（哲学社会科学版），2007（2）．

义和权利义务交换色彩①，这种关系是一种"双向反馈"的模式②③④。以费孝通江村调查过程为例，儿子只有负担了父祖辈祭祀的责任，履行了或即将履行对祖先的祭祀义务时，才能获得真正继承家庭财产的权利⑤。传统社会的继承权是以履行相应的义务为前提的⑥。相应的女儿既然没有继承财产的权利，也就没有肩负为父母养老送终的正式义务，但是婚后女儿在"孝"的道义上还是有义务探望、照看父母的⑦。女儿对自己父母的照顾更多是基于情感上的回馈而非义务层面的赡养⑧。在农村，儿子赡养父母是天经地义，如果儿子不孝不赡养父母，在农村会是一件"不可外扬"的家丑⑨。但在传统社会中，儿子的不孝并不会导致其继承权的丧失，也很难影响到其对家庭财产继承的权利⑩⑪。

（三）分家制度的沿袭

家庭财产分割的过程，实质上是同辈对于家庭财产归属的竞争，也是代际间家庭财产从父辈流向子辈的重要途径⑫。一方面，分家制度中呈现出"分"，另一方面，分家制度实则还包含了"合"。分家后的小家庭间通过各种社会义务得以联系在一起，在生产和生活中依然联系紧密⑬⑭⑮⑯⑰。同时这种"合"还指种种文化上的约定，虽然经济上进行了分家，但是作为文化的家是没有被分开的，建立在血缘基础上的根深蒂固的家族意识，让分家所谓的独立只是相对意

① 李银河.生育与村落文化 [M].北京：北京文化文艺出版社，2003：124.
② 费孝通.家庭结构变动中的老年赡养问题——再论中国家庭结构的变动 [M] //费孝通社会学文集.天津：天津人民出版社，1985.
③ 潘允康，约翰·罗根，边馥琴，边燕杰，关颖，卢汉龙.住房与中国城市的家庭结构——区位学理论思考 [J].社会学研究，1997（6）.
④ 唐灿，马春华，石金群.女儿赡养的伦理与公平——浙东农村家庭代际关系的性别考察 [J].社会学研究，2009（6）.
⑤ 费孝通.江村农民生活及其变迁 [M].兰州：敦煌文艺出版社，2000：62-64.
⑥ 程维荣.中国继承制度史 [M].上海：东方出版中心，2006：259.
⑦ 高华.农村多子女家庭代际交换中的新性别差异研究 [J].南方人口，2011（2）.
⑧ IKELS C. Filial Piety [M].Stanford University Press，2004.
⑨ 同④.
⑩ 邢铁.唐代家产继承方式略谈 [J].河北师范大学学报（哲学社会科学版），2002（5）.
⑪ 俞江.继承领域内冲突格局的形成——近代中国的分家习惯与继承法移植 [J].中国社会科学，2005（5）.
⑫ 王荣武.当前乡村分家习俗的民俗学思考 [J].民俗研究，1994（3）.
⑬ 同⑤57.
⑭ 麻国庆.分家：分中有继也有合——中国分家制度研究 [J].中国社会科学，1999（1）.
⑮ 张研.对清代徽州分家文书书写程式的考察与分析 [J].清史研究，2002（4）.
⑯ 林济.近代乡村财产继承习俗与南方宗族社会 [J].中国农史，2003（3）.
⑰ 肖倩.分中有合：日常生活实践中的家族——基于赣中南农村的调查 [J].华东理工大学学报（社会科学版），2013（4）.

义上的独立①。

二、当代中国家庭代际财产分配

（一）《中华人民共和国继承法》中的财产分配

在日常生活的纠纷中，现代性法律是依据法条来作出裁判的，而民间百姓则还会依据"情理"来作出裁判。根据两种不同的规范可以看到，"情理"解决的是发生纠纷的关系冲突，旨在提供一种可行的解决方案。现代法律则是将彼此关联、相互重叠的复杂关系的情境相隔离开，以抽象的法律法规为依据向具体的"事实情形"作出具体的司法判决②。在中国，法官也相对更加擅长运用情理来解决问题，会注重中国传统与当代实际情况，强调判决可能产生的社会效果和社会影响。在此基础上的判决所反映的社会治理模式实则是一种"维稳"的模式③。

（二）《中华人民共和国继承法》实施后的家庭代际财产分配研究

城市个体在讨论财产分配时，常常从以下三个维度出发：一是家庭和谐的重要性；二是子女权利和义务的一致性，是否尽孝进行赡养很重要；三是需要考虑到每个子女的经济状况和现实需要④。

三、财产继承中的公平意识

我们可以发现，在家庭财产的安排与分配的标准背后其实也是在追求公平的逻辑。分配公平感可以被界定为人们对资源分配状况的主观上的态度、判断及具体评价⑤。分配公平研究的是谁——应当获得什么⑥。人们公平意识的动机来源于人作为经济人的特性，人们会从经济角度出发计算付出与获得，理性判

① 麻国庆. 分家：分中有继也有合——中国分家制度研究［J］. 中国社会科学，1999（1）.

② 郭星华，隋嘉滨. 徘徊在情理与法理之间——试论中国法律现代化所面临的困境［J］. 中南民族大学学报（人文社会科学版），2010（2）.

③ 王池瑶. 法律思维的中西方差异——基于本土思维传统的比较［J］. 法制与社会，2019（13）.

④ DAVIS D，LU H L. Property in transition：Conflicts over ownership in post-socialist Shanghai［J］. European Journal of Sociology，2003，44（1）：77-99.

⑤ GUILLERMINA J，WEGENER B. Methods for Empirical Justice Analysis：Part I. Frame-work，Models，and Quantities［J］. Social Justice Research，1997（10）.

⑥ ALVES W M，PETER H. Who Should Get What？ Fairness Judgments of Distribu-tion of Earnings［J］. American Journal of Sociology，1978，84（3）.

断社会关系以及社会交换是否平等、合理，从而产生对公平感的判断①。

在民间的实际继承纠纷中，在"权利与义务一致性"上法律和民间认同有时候能够达成一致，但也有存在冲突的时候，且这种冲突在部分情况下显得更加严重。当代社会中宗祧继承等义务虽然在法律上失去话语权，但在民间仍然有非常深厚的基础。在一些具体场景中，虽然当事人都认同抽象原则上的"权利和义务一致"的公平观念，但在义务的具体实践中会存在认同差异与冲突②。

四、文献述评

在目前已有的家庭财产分配研究中，就地域而言，对农村家庭财产分配的研究较多，关于城市家庭财产分配的研究相对较少，但近年已呈现一定增长的趋势。在家庭财产分配研究方面，现有社会学的研究中，对家庭财产如夫妻财产在离婚后的分割、分家情境下的分配研究较多，对同属家庭财产的遗产的研究相对较少。目前对遗产的研究更多集中在从法学角度出发的继承法制度的探讨与研究，对民间关于遗产分配的逻辑研究关注较少。

同时在家庭财产继承中，"公平"意识是个无法绕过去的议题，即无论是民间对遗产的争议，还是法律对遗产的分配，其诉求都是"公平分配"，争议的原因大多都因为认为分配不公。因此文献中单独对公平作了探讨，但由于公平议题涉及的领域过于庞大，研究公平的文献浩如烟海，在私人领域下的家庭遗产分配情境中，这里的民间逻辑中所认为的"公平"更像是一种正当性理据，它是一种主观意识。从学理上来讲，在个体化时代，这种"公平"逻辑是市民社会中互动的一个基本逻辑。

第三章 研究设计

一、研究问题与研究方法

本文关心的问题主要有，在法院审理的遗产分配案件中，遗产是如何被原被告要求分割的？对遗产有争议的原被告是如何表达自己诉求财产的理据的？这背后体现了家庭遗产分配中什么样的民间的分配逻辑，以及这种社会性民间

---

① WALSTER E, WALSTER G W, BERSCHEID E. Equity: Theory and research ［M］. Boston: Allyn & Bacon, 1978.
② 朱涛. 公正观念的民间认同: "叶玉珍"财产继承案分析 ［J］. 社会, 2009 (2).

逻辑和法院所持的法律逻辑是否有出入或者是一致的部分，并对其进行两相比较。

文章采取质性研究中的"扎根理论"方法，通过对已有材料的深入阅读和编码分析来试图建立理论框架。扎根理论旨在从丰富的研究材料中建立理论，从已有的原始材料出发，寻找反映社会现象的核心概念，通过找到概念间的联系来建立或扩展有关理论①。在前期的研究中，笔者还对上海某律师事务所的律师与从事民事审判的法官等人员进行了深入的访谈，作为本研究分析的背景材料补充。

在本文的材料分析及编码中，首先会仔细阅读遗产纠纷判决书，界定不同判决书的属性并确定分类，同时提炼出原始材料中最主要的内容。基本情况的记录如案卷中所提供的原被告基本情况，包括性别、年龄、民族、居住地等（部分法律文书只涵盖其中部分信息），法院转述的原被告双方的诉请和要求，原被告双方的理据是什么、系争财产的相应事实情况、法院的判决理由和最后的判决决定等。其次，在对这些材料进行整理中，主要着重对原告与被告的陈诉理由进行归纳和概括。原被告在陈述自己诉求的同时，都会提出自己申诉的理据。这些理由往往反映了他们的遗产分配的公平观。笔者对这些理据的逻辑进行整理汇总，并对其进行分类，试图总结出哪些因素或原则会影响到人们的遗产分配观，同时整合分析判决中法官会援引哪些具体的法条，如何判决等，总结其背后反映的法律逻辑。最后，对这两种逻辑进行比较，判断二者逻辑中存在一致与冲突的地方，在哪些具体落实的细致划分中会出现问题，以及二者之间呈现出一种什么样的关系与态势。

二、研究材料的基本情况

本文的资料来源于 2008 年至 2018 年上海市有关遗产纠纷的法院判决书。受到法律判决书自身特殊性的限制，完全获得上海这 11 年的所有遗产纠纷的判决书比较困难，本文搜集了目前可得的 11 年间的公开法院判决书，以案件为单位，共获得判决书 915 份，排除掉记载过于简单、有效信息基本上为零无法作分析的 6 份文件，还剩下 909 份法律判决书。

案例分布于 2008 年到 2018 年的上海市 16 个区县中，其中以浦东新区的案件数最多，这也和浦东新区的区域特性有关，浦东新区的地理面积相对较大，且其由于开发时间相对较晚，涉及众多农村宅基地的案件纠纷。909 份法律判决文书中，187 份文书并未呈现出原被告明显矛盾（仅要求确认产权或者分家析

---

① 陈向明．从一个到全体——质的研究结果的推论问题［J］．教育研究与实验，2000（2）．

产），剩余 722 份裁判文书中原被告争议、矛盾明显。

研究材料不足的地方在于法院判决书中部分会存在内容缺失的问题，尤其是在原被告进行各自申诉时的态度、理由和双方矛盾的描述上可能会有所欠缺，一些法律判决书存在描述简单、简要带过的情况，但仍有一部分判决书能够提供一些关于原被告双方争夺财产的细节具体情况。

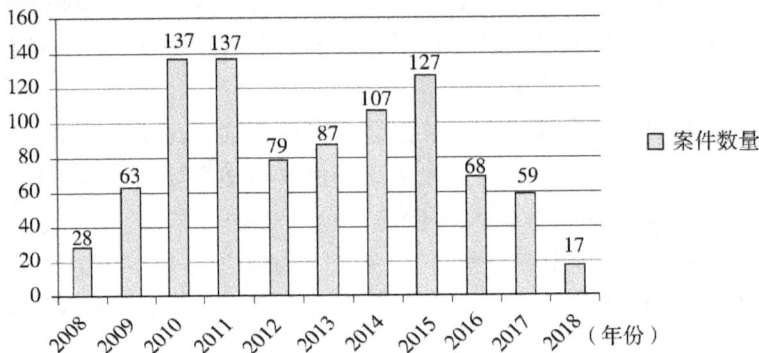

图 3-1　2008—2018 年上海遗产纠纷判决书样本数量统计

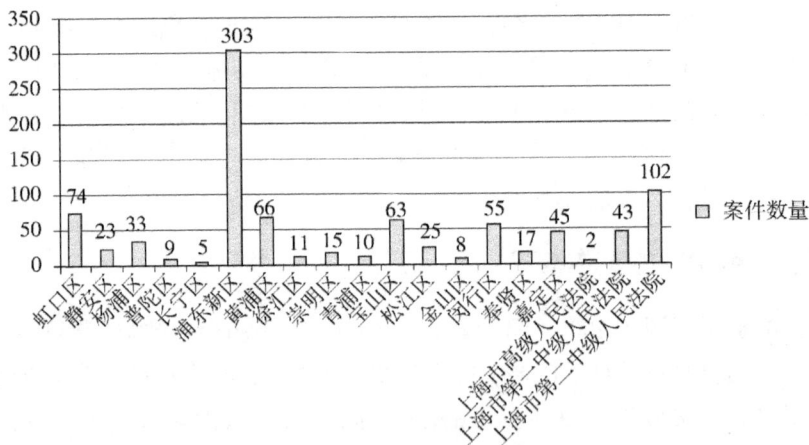

图 3-2　2008—2018 年上海遗产纠纷判决书样本的区县分布统计

首先，从系争的财产上来看，909 份有效判决文书中共有 733 个案件都是在争夺房产（包含城市房产及农村宅基地、自建房等），占比约达 81%，由此我们也能看到，对房产的争夺是遗产纠纷案件的焦点。其次，系争的财产主要为房屋动迁款、遗留的存款现金、理财产品（基金、国债等）、股票、养老金、公积金、首饰、家具、死亡补偿金、撤队费撤村费、承包土地、安置房的面积、建筑材料、遗赠赡养协议等。

第四章　研究发现

一、法律文件的产权确认效力

在 909 份有效判决书中，有一类判决书的类型为原被告双方通过诉讼的方式来确认财产的分配，但在这种类型的裁判文书上并未看到双方有明显的矛盾与争夺。这种类型的案件中一般为原、被告为明确产权，如为了方便进行其他手续的办理，需要法律文件对财产的归属产权作出确认，故请求法院帮助原被告继承和析产，例如案件（S2018013）中，原告诉称表示，现起诉要求法院对上海市 MH 区××镇卫星村的×××号房屋予以分割，请求法院确认上述房屋由原、被告共同共有，且无须明确两人之间的各自具体份额。被告 W 某某辩称表示对原告的诉讼请求和其所述事实并没有异议。又或是原被告双方不知如何划分遗留财产，原告提出相应的诉请之后，被告也认同原告诉称的基本事实，同意进行析产继承，要求法院帮助分家析产。例如案件（S2018022）中，原告指出因原被告双方对权属的意见不一致，因此原告起诉至法院，要求法院对系争的房屋财产进行依法继承、析产。被告等均表示对原告在诉称中所提及的事实没有异议，同意对系争的房屋进行析产继承。根据统计，共有 187 份判决文书属于这种类型的案件。从中我们能看到法律在遗产继承与家庭财产分配中的一个独特而重要的作用，即在现代社会中，通过法律的权威性来确认财产分配的合法性以及确认产权归属。

在传统中国，家庭财产分配纠纷时，宗族长老常会担任纠纷中主持人的角色，但在现代中国社会中，在家庭财产分配出现分歧或产权有待确认的情况下，人们会选择赋予法律家庭财产分配者的资格。通过法律的形式来明晰产权，也为后续的一些相关手续的办理提供了权威性的材料认证。

二、遗产的确认——财产分配的第一步

（一）家庭整体财产的确认

遗产的确认是争议财产分配的第一步。其中遗产的确认包含两层不同意义。第一是向社会外部划分出家庭私人财产，区分外部与内部；第二是家庭共有财产与家庭内部个人财产的划分。在处理家庭遗产时，首先要明确的问题是：哪些财产属于遗产范围。这是向社会外部宣告划分家庭财产，区分外部与私人家庭财产的概念。在继承法中明确指出遗产是公民死亡时遗留的个人合法财产，

包含公民的收入、房屋、储蓄和生活用品、法律允许公民所有的生产资料等其他所有合法财产。其中个人承包应得的个人收益也能够依法继承。

在遗产中房产的分割较为复杂，其中主要涉及房屋的来源、房屋的属性（公房私房等）、对房屋的贡献等问题。在总的对遗产争夺的纠纷中，争夺房产的案例约有733个，可以看到房产始终是财产争夺的核心。结合前期对律师、法官的访谈，笔者整理出以下几点原因：一是价值原因，二是房产本身的特性。房产的争夺愈演愈烈，主要与我国的国民经济相关联。随着我国房地产市场的发展，尤其是一线城市（例如本次的研究城市：上海）的房产价值水涨船高。目前很多中国人的财富更多的还是聚集在房地产中，不仅仅是在继承领域，在婚姻纠纷中房产也是系争的核心财产，房产的比重在国民财富的占比中很高。

其他部分动产（例如首饰、现金类的资产等）往往在继承的过程中会被提前安排分割掉，比如父母还在世的时候就已经分给子女了，或是父母去世后几个子女就直接分配掉了，资产的流动性较好。房产的特点在于资产流动性相对较差，财产的变更与转移必须要经过房地产交易中心过户才能够完成，所以在多子女的家庭中子女是很难去协商分配的，这是房产的特性导致的。继承领域的房产相较于其他资产而言，分割需要通过有关继承程序进行确认，如通过公证、通过诉讼等方式，这样，诉讼当中关于房产的比例自然会升高。

房产的类型也让分割变得更加复杂，例如商品房相对简单一些，没有特殊的政策限制。就国家公房而言，产权属于国家，公民所拥有的是使用权，这时如果产生房产的纠纷，常导致继承人资格的无法均衡划分，户口会是其中重要的衡量标准。同样类似发生纠纷较多的农村宅基地房产，继承人继承房产的资格是有要求的，如户口不在本村，不是集体经济组织成员，则很难有拆迁后分得房产的资格，但是仍有可能拿到相应的补偿款，这也和各地方的政策有关。部分纠纷与争议也是由于政策原因导致不能分到房，这时当事人往往觉得房子自己也应有份额，认为不公平，进而有矛盾争议并提起诉讼。

在资料补充的访谈阶段中，笔者访谈的上海某律师事务所高级合伙人谈到在确定遗产类型时，时代的发展对法律也会有新的修改要求。继承法立法于1985年，彼时改革开放7年，经济发展与物质条件尚不充沛。财产类型相对单一，随着时代与社会的发展，衍生出了新型的财产类型——虚拟财产，例如网络世界中的游戏币、游戏装备、比特币等，这些虚拟财产也具有一定经济价值。

（二）个人财产与家庭共财

在整个家庭内部出现的个人财产的争夺与划分，属于家庭内部的财产划分确认。需要区分的有哪些是个人的财产，哪些作为家庭共有财产分割。

阎云翔在《家庭政治中的金钱与道义》一文中提及，新的家庭财产积累方式导致了个人财产观念发生变化，使得年青一代具有更强烈的个人权利观念并促使他们要求提前分家①。在戴慧思和卢汉龙 21 世纪初作的有关家庭财产分配的研究中，也发现城市个体在讨论财产分配时，更加强调个人对家庭的贡献以及其本身具有的权利②。

在对 722 个争议案件进行整理归纳分析后发现，如果个人对家庭某项财产作出了贡献，在争夺财产时，个人会明确提出自己的贡献需要被认可的诉求。这种情况绝大多数发生在房产的争夺中，尤其以农村宅基地的争夺最为普遍。法律中同样也认可这种个人贡献，《最高人民法院关于贯彻执行若干问题的意见（试行）》中的第 90 条规定指出，对共有财产的分割，有协议的则首先按协议处理；没有协议的应当根据平均等分原则进行处理，并且需要考虑共有人对共有财产的贡献大小，同时要适当照顾共有人生产生活的实际需要等情况。

三、有争议的财产——原被告双方争夺利益的逻辑与法律裁定（案例表述从略）

（一）类性别观：性别角色的家庭遗产纠纷

在有明显财产争议的 722 个案件中，因传统风俗和性别角色原因产生争议的案件共计 11 个，占比 1.5%，数值并不高，也可从中看出传统思想中的男性主义传统被大大削弱，传统风俗的影响相对来说比较薄弱，但是尚未被男女平等的继承法原则完全取代。11 个案件的纠纷均发生在上海的农村地区，其主要诉争的财产为农村宅基地的部分房产权利。

在 11 个案件中有 8 例案件原被告在提请诉讼理由及辩称理由时提到了女儿在传统农村风俗中不应参与家产分配，表述如：案件（编号 S2014102）被告 X 某 1、W 某某、X 某 2 共同辩称：虽然三被告确实曾承诺了给予原告 1 间平房，但原告对父母的关心较少，而且按照当地的风俗习惯，所争议的房屋理所应当归属于儿子。因此，三位被告并不同意原告的诉讼请求。案件（编号 S201401）被告 D2、D3 辩称指出，原告已经出嫁，因此按照农村的风俗惯习，原告对房屋不应享有权利，因此不同意原告提出的诉讼请求。

从其中的原被告申诉理由来看，几乎毫无例外地提到了农村风俗，可见即使在上海这个国际化大都市中，一些农村地区依然会受到传统中国几千年的家

---

① 阎云翔. 家庭政治中的金钱与道义：北方农村分家模式的人类学分析 [J]. 社会学研究，1998（6）.

② DAVIS D, LU H L. Property in transition: Conflicts over ownership in post-socialist Shanghai [J]. European Journal of Sociology, 2003, 44（1）: 77-99.

庭遗产分配原则影响：男女性别并不平等，男性主义传统思想占主导，女儿无权利参与家庭财产的分配。但是仔细分析其中的一些辩称，能够看到女儿出嫁之后无权参与原家庭的财产分配的另一个重要原因是赡养较少，如案件（编号S20150100）中指出，原告自1971年出嫁后对父母仅仅是日常的探望，没有经济付出也没有承担任何赡养的义务。被告的这项指控其实也可以反馈出背后权利与义务一致的逻辑，女儿出嫁后，未尽到对父母的主要赡养义务，因此反对女儿参与家庭财产分配。这也和传统中国家庭财产分配的逻辑是吻合的，男性继承宗祧、赡养父母、继承家产。

在这8例纠纷中，可以看到即使是在法院的判决现场"按照/依照/遵循农村风俗习惯"这个短语也频繁出镜，当事人认为即使在法治社会下，农村风俗习惯依然是具有很大影响力的，也是需要遵守的，法律应当考虑农村传统惯习的情况。在上海的一些农村地区，这类风俗惯习仍然存在一定的影响力，部分人会按照这种风俗惯习来指导自己的真实生活，并在生活中按照这种惯习原则来指导实践。当然现代人的法律意识也越来越强，女儿们开始反抗传统男女不公的继承模式，农村妇女也开始懂得了利用法律武器来捍卫自身的合法权益，法律对于人们思想观念上的改变和影响也是巨大的。

另外两个案例也与传统风俗息息相关，案件（编号S201406）被告Y3辩称原告Y某1系入赘，按照农村的风俗习惯，原告不应对系争房屋享有权利，因此不同意原告的诉讼要求。案件（编号S2011029）被告辩称指出，按照当地的风俗，父亲死了以后房屋自然就归儿子所拥有，但原告当初在父亲Y某去世前已经出去做女婿去了……这两起纠纷不同于前八起（儿子与女儿之间的继承纠纷），但也受到传统农村风俗的惯习影响，即使是儿子，如若外出入赘、做女婿，也没有权利再回来分家析产。在纠纷中，由于男子入赘、做女婿，与"嫁出去的女儿泼出去的水"相类似，这个时候性别不再影响分配，其继承的合法权利不再被承认，传统农村继承惯习其实是一整套完整的习惯法，涵盖了几千年形成的践行习惯，并非单纯地在性别上进行简单的排斥，传统的继承逻辑对于继承人的权利与义务有一套明确的评价体系与标准。在现代社会法律的明确规定下，这种传统的风俗逐渐被摒弃。

在这10个案例纠纷中，法律无一例外地按照继承法中的平等继承原则对系争的农村宅基地及农村房产进行了合法分配、依法判决，承认了女儿、入赘的儿子等也均享有平等继承父母遗产的权利。但是我们也必须注意到，在这10起因为农村传统风俗引起明确纠纷的案件之外，很多女儿自愿放弃了财产的继承，笔者揣测其中的部分原因也是由于受到农村传统习俗的潜移默化和深入影响，但在法院的裁判文书中，当事人放弃财产只会简单地陈述放弃的意愿与事实，并没有深入追究其放弃的原因等，因此不多作延伸。

在传统社会中，女性的放弃财产是一种默认的社会共识，更普遍存在于熟人社会中。在传统的乡土中国中，分家时女性没有分得家庭的财产，但是却参与夫家的财产分配。她的丈夫会继承他父亲的遗产，而丈夫的姐妹就可能会放弃财产。在一种封闭的环境中，大家默认了这种确定的规则。但这种规则与当下更大范围内的法律规则不协调，因而这种封闭的默认规则逐渐被打破。

（二）类血缘关系：继子女、养子女的家庭遗产纠纷

现代继承法规定，父母包括生父母、养父母和有扶养关系的继父母；子女包括婚生子女、非婚生子女、养子女和有扶养关系的继子女。在有财产争议的722个案件中，因继子女、继父母关系产生争议的案件共计71个，主要可以划分为四种类型：第一类为继父母不愿意赋予继子女进行法定继承；第二类为继子女不赡养形成扶养关系的继父母（仍想参与遗产分割）；第三类为继兄弟姐妹及其他亲眷间对继父母的遗产分配发生争议；第四类为继父母、继子女的关系有争议、有待确认。在法院争议的继子女、继父母家庭遗产案件中，是否形成抚养关系成为案件纠纷的关键所在。在原被告的诉称辩称中，均会重点提到是否构成抚养关系，原被告双方均会力图证明抚养关系是否成立。

构成抚养关系与否会成为案件辩护的关键点，法院对抚养关系的判定会依据抚养关系中当事人年龄的认定，案件（编号S2009020）中记载，1958年3月C5已经年满19周岁，L1与C5之间的抚养关系不成立，因此并没有形成继母子关系。案件（编号S2009054）中记载，法院认为Yxx自三岁起就开始与Ysx一起生活，由Ysx抚养长大，Yxx与Ysx之间形成了有扶养关系的继父子关系，因此对于Ysx的遗产理应与Yx1、Yx2一同享有继承权。年龄的认定是判断抚养关系成立的一大重要条件。

同时是否尽到抚养或者赡养义务，也成为判定其是否构成抚养关系的条限标准。案件（编号S2009046）原告是Xc的继母，其与Xc生父Xb结婚后，共同承担了Xc在福利院内的生活费用，并在Xb死亡后，继续对Xc的生活费用、生活中的相关事宜进行管理和照料，因此原告与Xc之间形成了抚养关系。

但在法院的实际判决过程中，裁量抚养或者赡养义务成为难以量化的问题。在一起二审的上诉案件中，原告因对法院的判决不满，重新向中级法院提起诉讼。其中原告在上诉中强调：案件（编号S2010038）中原告C1坚持认为C2与X3没有形成继母子关系，C2从未尽过赡养义务，故其在继承遗产时应当少分或者不分。C1和C1的父母对被继承人尽了主要的赡养义务，但却只比其他继承人多分了4%的产权份额，这样的分配有失公平。在多执行赡养义务的多子女财产分割案件中，如何分割财产才是公平的，不同人心中的正当性理据也不同，如原告认为对被继承人尽了主要赡养义务，在分割财产份额时，4%这个数值是偏小的，并不公平，而且其中还涉及对继子女的财产分割。法院在判决的过程中只能够依据现实情况裁量判决，法律并没有统一的计算标准，这时主要依靠法官的裁量权。

在这个案件中，主要有两个较为重要的争议点，第一是如何根据赡养义务来进行多分，多分的份额和比例应是多少？第二是是否构成继母子关系。最终在判决的过程中，法院针对关于继承人是否存在多分遗产的情形作出了判定，法院认为赡养老人是各位子女应尽的义务，由于各方当事人均未提供充分、有效的证据证实存在对被继承人尽了主要赡养义务，原则上各当事人继承遗产的份额应当均等分配，但是考虑到C1及其父母与被继承人共同生活时间较长，酌情对C1享有的继承份额予以适当提高，此举已经体现了一定的公平原则。

在法院的这个陈述与判决中，引入了另一个重要的概念——证据，在原被告的各方陈述中都需要对自己所表述的诉请进行举证，即需要提供充分的、有效的证据来证实对被继承人尽了主要的赡养义务，但在现实生活的操作中，这方面的举证是困难的，难以有实际的如票据、清单等实物证据。日常子女对老人的照看和探望，通过具体的证据来予以证明也存在一定难度。

另一个引申出的问题是，在这个案件中是否形成继母子关系的判定，案件中由于C2尚未年满18周岁，故法院认定其与被继承人形成了继母子关系，也是按照相对较为客观的年龄指标来进行判定的。从中其实也可以看出，法院在审判的过程中，实际上是倾向于有证据有客观标准的判决导向的，与民众心中的判决公平与否的标准并不完全一致。在部分民众看来，并非年龄未满18周岁即形成了抚养关系，这种抚养关系的判定可能体现在日常生活中的具体实践中，例如是否将孩子视为己出，对待孩子有无冷漠的行为，是否长期一起居住等。这其实是民间对遗产分配公平的正当性理据，与法院的公平判决中有出入和争议的地方。另外，不同的民众心中衡量公平的理据和标尺也不同，如此案件中原告认为仅多出4%的份额太少，但是法院认为这已经是一定的倾斜了。此时法院在其中起到的作用更加偏向为一种平息众议、一锤定音的裁定，体现了法律的作用和权威。

同时法院的裁决也是变通的，并非仅仅依据法条刻板裁量的。在这起案件中，原告控诉被告C2长期在湖北农场工作，并没有承担赡养被继承人的义务，因此不应当分得财产。但法院在综合审理的过程中发现，被告C2之所以会远赴湖北工作，有着当时政治环境下的重要历史原因，从结果意义上分析C2作为长子自愿下乡工作，免去了其余子女的背井离乡之苦，因此C2对于家庭的贡献是需要被承认的。法院并未仅仅依据法条中未赡养被继承人这一点就作出独立的裁决，事实上还是综合考量宏观与整体，子女对于家庭的贡献也是被承认的。

《中华人民共和国继承法》规定，有抚养关系的继父母和继子女之间享受第一顺位的法定继承权。在判决过程中，较难判定的情况为是否构成抚养关系。在对 71 个继子女遗产分配的争议案件分析中发现，目前仍然主要是以年龄作为判断依据。例如，案件（编号 S201503）被继承人 Zxx、Zyx 结婚时，原告尚未成年，且与被继承人 Zxx、Zyx 共同生活，被继承人 Zxx 与原告之间是存在抚养关系的继父女关系。案件（编号 S2015033）当时两被告已成年，故 Wxx 没有与两被告形成有抚养关系的继母子关系。值得考虑的情况是，虽然已经成年的继子女们不需要继父母的抚养照顾，但是从现实角度出发仍有可能建立一个较为和谐的重组家庭。在共同生活中，继父母对继子女或是继子女的孩子辈在生活上予以照顾及帮助，成年的继子女在继父母年老后亦给予经济上以及精神上的支持与照料，此种情况在实际生活中其实也是形成了抚养关系，此时并不能仅仅依照年龄作为判断抚养关系成立的标准。

在没有血缘关系的继承纠纷中，养子女的继承身份也会被质疑。养子女往往由于血缘关系的缘故也被排斥在财产继承的体系之外。现代法律指出，养子女同样拥有继承权。另外在 13 起关于养子女的纠纷案件中，抚养手续的办理成为一个关键点。十几年前，人们对抚养手续的办理意识淡薄，抚养更偏向于一种事实抚养。在一些案件中，有未办理抚养手续的纠纷，有办理抚养手续时间较晚，就是否构成抚养关系产生争议的纠纷。在法律的判决中，发现目前还是偏向于更加认可是否形成了事实抚养关系。

如案件（编号 S2015053）H1 与被继承人 Hxx（养父）之间是否形成收养关系是本案件的焦点。最终法院认为，H1 与 Hxx 之间已经形成了一种事实上的父女身份关系，这种既存的身份关系已经向社会辐射出了各种关系，如若简单地否认这种身份关系的存在，不仅仅对保护被收养人的利益没有任何益处，也必然会对 H1 现在的家庭和所处的具体社会关系带来很多负面的影响。

在没有血缘关系的继承中，无论是继子女还是养子女，其继承权总会受到质疑。因此在法院的判例纠纷中，原被告常常因没有血缘关系而否认抚养关系的存在，即否认继子女与继父母、养子女与养父母之间的关系，如案件（编号 S2018017）原告认为被告与被继承人之间没有血缘关系，且结婚时间都不到一年，被告与被继承人没有形成事实上的抚养关系。案件（编号 S2017038）涉及遗腹子与同父异母等复杂情况，审理中被告 Lx1 认为且主张 Lx5 与 Lx2 没有血缘关系，从而否认 Lx3 与 Lx4 的继承权等。血缘关系始终是民众心中参与分割家庭遗产的重要影响因素。

但也有一些例外情况，即拥有血缘关系但是无权参与被继承人的遗产分割。在事实收养关系中，一旦收养关系成立，被收养人与亲生父母及其他近亲属间的权利义务关系消除，包括对亲生父母所遗留遗产的继承权。但基于强大的血缘关系的影响，被收养人往往会认为自己也有权继承部分亲生父母的遗产。在下述案件中（编号 S2014065）原告一直强调自己与案外人形成收养关系与事实不符，认为《中华人民共和国收养法》中没有事实收养关系的说法，始终强调自己与被继承人的血缘关系，因此争议的焦点在于上诉人与案外人是否形成事实收养关系。在法院的裁判文书中指出，事实收养关系是指《中华人民共和国收养法》施行之前，收养人与被收养人就已经建立了收养关系的法律定义，这种关系的客观表现为收养人与被收养人之间共同生活了许多年，收养人履行了抚养的义务，彼此之间以父母子女相称，建立了事实上的亲子关系。本案（编号 S2014065）记载：结合上诉人自幼年起便与案外人 Xbx 夫妇客观共同生活在一起的情形以及户籍资料的登记信息，这种状态已经符合事实收养关系的特征，因此裁判上诉人与案外人 Xbx 夫妇业已形成事实收养关系。该案件（编号 S2014065）中上诉人形成了收养关系后，且又无赡养亲生父母的法律证据，便无权再要求分割亲生父母的财产。

（三）付出与回报正相关原则

1. 多赡养多分割

在关于遗产继承的法律审判中，"多分"这个词是高频出现的词汇。原被告会在财产分割中要求多分，并给出相应的理据。在总的案件中，案件中明确要求提出多分的争议案件共计 131 个。原被告会就主要的矛盾争议点开展申诉。在对原被告提出进行多分给出的理据中，将其分类划分为以下 9 个方面：

表 4-1 样本中要求多分配的诉称理据整理

要求多分的主要理据
1. 承担主要赡养义务
2. 对房子有贡献（如出资建造、保养修缮等）
3. 生活困难（残疾、无生活来源、患病、高龄、无保、失业等）
4. 丧偶，伴侣一人承担抚养义务
5. 家庭暴力
6. 一起长大、共同生活
7. 长期居住在诉争房屋内
8. 在家庭责任中过早承担了生活重担
9. 继承人年龄还小，要求多分

在部分案件中，要求多分的争议并非由其中单独一个理由组成，有的案件提供了多项理由，如既对父母承担了主要的赡养义务，同时又对房子有所贡献等。在提及承担了主要赡养义务的案件中，要求多分的案件共计92个，占比最大。在继承法法条中也标明了同一顺序的继承人继承遗产的份额时一般按照均等原则，但是对被继承人履行了主要扶养义务或者与被继承人共同生活的继承人，分配遗产时可以多分。

例如案件编号（S20110125）被告Zxx辩称：双方的母亲在去世之前的八年里一直和被告居住在一起，且母亲生活不能自理，均是由被告来照顾，被告尽到了主要的赡养义务，因此要求在遗产分割时适当多分；案件编号（S20110135）中原、被告为法定继承人，应共同继承，因原告长期照顾母亲，应当适当多分，故提起诉讼请求判令，原告指出自己应享有80%的权利。

在案件的上诉过程中，原被告在要求多分时，部分案例会仅仅提出多分的要求，然后要求法院判决；也有部分案例不仅仅提出多分的诉求，同时也会表达自己认为合理的多分比例。如上述的两起案件中，案例编号（S20110135）中原告认为自己长期照顾母亲，应当多分同时认为比例应当在80%左右。当然法院的判决一般不会支持如此悬殊的比例差距，最终法院裁定分配的比例为45%与55%。

在对被继承人承担了主要赡养义务的举证中，共同生活成为最简单直接的证明。在法院的判决中也会对这种形式的赡养予以承认。案件编号（S2010070）中指出，考虑到Xbx、Smx生前长期与被告Xlx共同生活，可适当予以多分。案件编号（S201503）中：原告与两被继承人长期共同生活，原告要求多分得两被继承人遗产于法有据，本院依法予以支持，至于多分数额，本院根据案件实际情况酌情裁定。但是共同生活是否代表承担了赡养义务，能否多分遗产，在原被告的申诉中是存在争议的。如案件编号（S20140106）对共同生活是否就能够参与多分，原告提出了自己的质疑。原告诉称，被告Qx虽然与父母共同居住履行了照顾义务，但同时也有少分的理由在，比如经济上未尽赡养义务，比如在照料期间，父亲头部还曾多次受伤，比如被告为了多占遗产份额，篡改户口簿中的家庭关系等事实行为。在此案件中原告认为虽然被告和父母长期共同居住，但仅仅是共同居住而已，经济上并没有尽到赡养的义务，同时赡养中并不周到，还导致了父亲的头部多次受伤等。

类似案件还有如案件编号（S2015027）中，原告认为在共同生活期间，Sx1沉迷于赌博，频繁更换工作，不仅完全没有尽到对父母的赡养义务，反而是由父母对其家庭出资出力予以帮助和照顾。故其应当予以少分。在此案件中，可以看到与父母共同生活的子女未必就会被认为尽到了赡养义务。在中国社会的家庭实践中，部分父母其实有着"劫富济贫"的意识存在，即父母希望自己的子女都能够有好的物质基础与保障，在某个子女物质条件较差的情况下，父母是有可能有"偏心"举措的，去周济经济条件较差，或者帮助有需要的子女。在当代社会，父母拥有良好的经济保障如退休金、养老保险等，有时会对自己所住的家庭出资出力予以帮助，因此也可以理解，为什么民间逻辑中会认为有些情况下共同生活并非意味着真正尽到了赡养义务。

因此，在出现赡养的争议时，举证就变得尤为重要。从法律的角度看，当事人有责任对自己提出的诉讼请求所依据的事实或者反驳对方诉讼请求所依据的事实提供证据。没有证据或者证据不足的，负有举证责任的当事人承担不利后果。在遗产的继承纠纷中，法院也会在原被告举证的基础上，判断共同生活是否有承担赡养义务。在案件编号（S20140106）中，针对原告指出的被告虽然和父母同住，但是在经济上未尽赡养义务，被告给出了自己的举证，提供了系争房屋楼层部分居民签名（含居民委员会印章）的证明，同时申请了证人们出庭做证。证明中显示，被继承人（原被告父亲）长期瘫痪在床，四年时间里均是由被告日夜服侍的，是邻居们亲眼所见并能够证明的。证人佐证，被告经常会将父亲抬到楼底下晒太阳，以及购买了烘干机清洗排泄物，反而是原告很少来探望父亲。父母生病时也均是由被告带去看病的。被告最终给出了切实的证据，法院也采信了支持的证据，承认被告能够适当得到多分。

在对律师的访谈中，提及民事诉讼中关于赡养父母的证据时，被访者指出在她接手的遗产纠纷家事案件中，确实遇到过面临着代理人讲述自己日常赡养老人但是苦于没有有效证据的问题。这个问题回归到民众心中会认为自己遭遇到了不公平对待，但是法治社会要求当代人必须懂法，需要遵守整个法治社会的规则，在想要多分或者有其他方来争夺财产的情况下，在诉讼时就需要提供有力的证据，做好完整的证据准备。以往准备证据时，取证的方式较困难，例如需要开具纸质书面的材料证明，但是随着科技的发展，今天的社会生活让证据的留存和调取变得相对便捷。例如照片、短视频拍摄、录音功能、电子支付时的流水痕迹等，证据的获得也不再像以往那样复杂。总的来看，经济和科技的发展有利于法治社会的建构。

2. 对家庭共有财产贡献较大情况下的多分

在对房产的争夺中，一般出资、修缮、保养、装修房子等都是个人争夺财产时的诉称理由，意在表明自己对于这项共有财产的个人贡献，尤其是认为自己个人贡献较大的，会要求予以多分。根据《上海市高级人民法院关于审理宅基地房屋纠纷若干问题的意见（试行）》第一条的相关规定，在确定宅基地房屋权利人的具体产权份额时，应当充分考虑以下要素：一是仍为集体经济组织成员的权利人；二是对系争宅基地房屋履行维修、保养等义务的权利人的利益。基于此，宅基地房屋具体份额的确定，在等分平均原则的基础上，应当重点把握宅基地房屋的特殊性，需要考虑各方对系争房屋的贡献大小；是否满足生产及生活的实际需要；是否为集体经济组织的成员；是否履行了房屋维修及保养义务等。

例如案件（编号 S2018010）*上诉人 Z1 上诉中请求……房屋为 Z1、C2 夫妇出资建造，故该宅基地房屋应为 Z1 夫妻所有。Z1 既是房屋的出资者，又一直实际居住在系争房屋内，系争房屋的维修、保养亦应推定由其负责，因此 Z1 要求应当多分，且其提供了村委会出具的证明，明确系争房屋均系由 Z1 及 C2 出资建造。案件（编号 S2017055）被告 J2 坚持其辩称时指出，如果不是其出资多次修缮了房屋，房屋早就已经倒塌，且其对父母还尽到了主要的赡养义务，对涉案房屋亦贡献较大，因此要求对涉案的房屋予以多分。出资建造、实际居住、维修保养、一起出钱翻建、有较大贡献、多次修缮……*这些均是房产争夺中的重要诉称理据，体现的是个人财产对家庭共有财产的重要贡献。在争议中这些财产是被明确分析的，个人的财产意识非常强烈，不再是一个完整的模糊的家庭共财概念。

在市场经济下，个人强调自己的个人财产权利，在关于家庭共有财产的个人贡献辩称中主要围绕着当事人特别对于财产的实际经济贡献展开，明确区分家庭财产中属于自己贡献的那一份。此时个人财产意识脱离家庭共财的意识，变得越加明确独立。家庭整体亲属关系于个人而言暂时性丧失了意义，个人作为争夺财产利益的主体，强调对财产的贡献资金来源于自我个体，因而应当分得财产。

举证的重要性再次体现出来，如若对于出资、修缮、保养等举证不足的，很难得到法律的支持。在上述提及的几个案件中，虽然原被告等在诉称中均认为自己作了经济贡献，但是部分案件在法院的判决过程中由于没有足够的支撑证据，法院并未予以认可。

（四）困弱群体的倾斜与照顾

在要求多分的情况中，困弱群体要求多分的呼声也是较高的。笔者将其诉称或辩称的理由总结为生活困难，其中包括残疾、无生活来源、患病、高龄、无保险、失业等。在继承法中指出，对继承人以外的依靠被继承人扶养的缺乏劳动能力又没有生活来源的人，可以分配给他们适当的遗产。考虑弱者的需要，从而在遗产分配中适当倾斜多分。

在得到法院承认能够予以多分的案例中，原被告有残疾或大病等造成生活困难的情况下一般是能够予以多分的，在法院的裁判文书中也会明确注明，如案件（编号 S2010051）原告 JXX 系智力残疾人，故本院在分割遗产时予以适当照顾。但这种照顾的比例并不像想象中的那么高，就分配份额上来看，法院最终裁定的多分的份额比例往往要比原被告自己诉讼中提出的要求份额低。例如案件（编号 S2015015），原告 L2 指出自己是二级重度残疾，因此在要求分割遗产时诉求适当多分，原告 L1、被告 L3 同意 L2 适当多分的要求，原告 L4 对 L2 多分的意见要求法院依法处理。经查明原告 L2 为二级重度残疾。最后在法院的实际判决中，结合 L2 残疾人的特殊情况，酌情判定 L2、L1、L3、L4 的产权份额分别为 28%、24%、24%、24%。身为残疾人的 L2 最终较其他兄弟姐妹多分得 4%的财产份额，法院在多分的判决比例中，并不会像原被告请求的那样，给予过多的分割比例。

在法院的判决过程中，对于分割形式的考量是多方面的。案件编号（S201601）中原告 C1 是一位 90 岁高龄的老人，诉讼子女同时要求赡养费，文书中指出原告 C1 在系争房屋中份额最大，要求取得系争房屋的产权。在这起案件中，原告的诉讼其实并无不当之处，可以以支付房屋折价款的方式获得系争房产，但是在法院的判决中，并未遵循当事人的意愿。法院给出了确定房屋的各继承人份额的解决方案，出于保护原告权利的考量，如考虑到原告年事已高，判断和认识能力明显减退，和其他人共有系争房屋反而更有利于自身权利的保护。法律在其中并非完全支持原被告某一方的诉称要求，在其中更有一种调解平衡，以期达到良好的判决结果与社会影响的目的。

同时并非对所有生活有特殊困难的继承人法律都会给予倾斜，这和民间的实践逻辑不同。在民间逻辑中部分父母对财产作出安排时，往往会考虑子女中条件较差的那一个给予支持，并非完全按照平均策略。但在法律的规定中，如若没有正当的多分理据或其他特殊情况，法律会根据平均分配来处理财产。同时是否能够达到多分的标准，也是经过严格的认定的。如案件（编号 S200909）被告 T3 认为自己尽了较多赡养义务，且又属于大部分丧失劳动能力，故 T3 认为自己在遗产分割时应当予以多分。鉴定结论书中载明：鉴定结论为大部分丧失劳动能力。原告方认为鉴定结论书虽属实，但并不能说明 T3 不能工作，且 T3 也享受低保待遇。在法院最终的判决中，仅针对是否属于生活有特殊困难这一条中认为，根据被告提供的鉴定结论，其属因五官问题所导致的大部分丧失劳动能力，尚不能构成法律规定的"生活有特殊困难的缺乏劳动能力的继承人"的成立条件，因此这一点未能成立。可见法院在判定这一标准时，有着较为严格的判定标准。患病、失业等要求多分的理由，如无其他特殊情况是很难获得法院认可的。案件编号（S2016033）中指出考虑到被告正值青壮年，虽患×××疾病但并未丧失劳动能力，其主张于法无据。因此诉求最终并未获得法院的认可。

在由于生活困难要求多分的案件中，还有的理由如无经济来源、无生活来源等。例如案件编号（S2012057）被告指出自己待业在家无生活来源，应当多分得被继承人遗产，因此不同意原告诉讼请求。案件编号（S2012014）原告Zxx称自己无经济来源，应予多分。当然这些原被告的主张最终并未被法院采纳，也均并未获得多分。对于没有丧失劳动能力的成年人来讲，无经济来源、无生活来源并不能被法院认定为予以多分的理据。

从多分的层面上来看，对被继承人尽了主要扶养义务或者与被继承人共同生活的继承人，分配遗产时可以多分，但并非必须多分。在案件编号（S2016066）中，三位原告认为被继承人Wxx在Yxx死亡后与Yx1共同生活，由三原告赡养照顾，生养死葬均由三位原告负责，因此三原告要求多分遗产。被告认为被告父亲对被继承人履行了主要扶养义务，故要求多分。最终在法院的判决中，认为分配遗产时，尽主要赡养义务的或共同生活的继承人可以多分，但并非必须多分。本案中，法院综合了双方当庭陈述及提供的证据，认为最终以平均分割为宜，仍采用了均分的原则。

在其他要求多分的理据梳理中，仍能看到民间分配逻辑受到多方面的影响。在其中有较为合理的理据，也有不被承认的理据。在提出这些不同的理据时，原被告的出发点是大有不同的，这时法院视情况而定的裁量也是比较灵活的。在多分的理据中，一些理据看似没有明确的法条支持，诉称或辩称大多来源于日常生活情感与实践，但是也会被纳入法院的考量范围内。如案件编号（S2017026），法院最后因考虑到原告W2（被继承人的孩子）年幼丧母，今后的抚养义务将由原告W1（被继承人的丈夫）一人承担，为保护未成年人的合法权益，适当减轻抚养人的经济压力，也鉴于被告（被继承人的父母）已经从被继承人处获得了部分赠与，可在遗产范围内酌情对W2（被继承人的孩子）予以适当多分。

在不被承认的诉称辩称理据中，很多原被告的理由并无法律依据，但是原被告在自己的生命实践经验中，常认为自己提出的理据是合情合理的。例如案件编号（S2015036）中被告G3认为自己是独生子女应多分，缺乏依据，法院不予采信。案件编号（S2014052）被告Z2辩称，被告的母亲R1属于房屋的共有人之一，而且母亲R1在离婚后就长期居住在这一房屋内，因此被告要求多分得该房屋的产权份额，最终也并未被采纳。法院并不会按照一些生活经验和习惯，如独生子女、长期居住在某房屋内就判定其拥有房屋的产权。在案件编号（S20150117）中，原被告就被告是否承担较多的赡养义务而产生纠纷，原告在提起诉讼时诉称，被告年轻时过早地承担生活重担，两原告对此表示感谢，但这并不是多分遗产的理由。由此可见，在家庭责任中过早承担了生活重担，也不是被认可的应当多分的理据，如此案中的两原告始终认为应当均分。最终在法院的判决中，承认了被告尽了主要的赡养义务，最终被告得以多分。

案件编号（S2019036）中，原告 Lx 作为被继承人的妻子起诉被继承人的父母，在上诉中原告的辩称逻辑中认为，被继承人 Wx 生前酗酒并有家庭暴力，在分割抚恤金时自己应多分，故请求撤销原判，改判驳回被上诉人的原审所有诉讼请求。最后法院并未支持原告的诉请，认为原告 Lx 具有劳动能力及生活来源，不存在其他需要额外照顾的特殊情形，故其主张无相关依据，不予采纳。

第五章　研究分析

一、遗产分配中影响民间分配逻辑的原则

个体在对遗产分配时的诉争背后涵盖的是个人的逻辑，当出现大量相似相同的案例时，其背后能反映的是民间逻辑原则。本研究希望厘清家庭遗产纠纷中，原被告会以什么样的诉称或辩称来支持自己，哪些因素会影响到人们认为的分配公平逻辑，挖掘并梳理这种民间的非正式的、非制度性的公平观念及逻辑。

通过对资料文本的分析可以看到，在遗产纠纷的民间逻辑中，除了缘于个体争取利益最大化的考量，百姓还会受到多方面因素的影响。从分析来看，民间关于遗产分配的逻辑主要受到类性别观（传统风俗影响下的类性别角色分配）、类血缘纽带关系（血缘关系与拟制关系）、付出与回报正相关（多赡养多分割、个人财产贡献保护等）、困弱群体保护这四项原则的影响。

在对裁判文书的分析以及对律师、法官的补充访谈中，我们也能看到随着社会的变迁，传统的家庭财产兄弟均分（男性主导）的观念正在不断弱化，但也并未完全消失，在国际化都市上海也还是能看到由于性别原因（女儿要求参与分配财产）发起诉讼的案件，但数量并不大，统计到 11 年间的样本案件中共计 8 例，从中也能看出这种传统的风俗影响在不断减弱。血缘关系这一重要因素的影响力仍然强大，非血缘关系的继承人资格以及身份常会受到质疑，例如发生纠纷较多的继子女、养子女等。其实无论是继子女，还是养子女，都属于一种拟制下亲属关系的形态，由于没有生理上血缘关系的存在，在家庭遗产的分配时常常会被区别对待。在案件纠纷中，多赡养多分配、个人对于家庭整体财产的贡献需要被承认，这是一种人们对于付出与回报正相关的原则期望。同

时给予家庭中弱势的一方一定的倾斜及照顾，也符合传统中国尊老爱幼、扶贫助弱的道德传统，但是我们能通过对样本的分析看出民间家庭中"劫富济贫"思想的存在，例如一些父母会在多个经济差距较大的子女中较为照顾贫困弱势的子女，或是一些因残疾等情况导致经济收入来源有困难的子女要求较多份额的分配。在出现遗产诉讼的家庭中，主要是围绕着这四点引发了关于家庭遗产的争议与争夺。

在家庭遗产分配中的不同冲突与语境下，个体往往会选择强调不同的逻辑来争取自身的利益。其中案件中一些诉称或是辩称中的逻辑看似无稽，也不会被法律逻辑承认，但是依然能从中看到强大的社会惯习与实践经验对于个体观念与行为的影响，如民间传统风俗影响下的外嫁的女儿无权分财产；如家庭中"劫富济贫"思想的存在（条件较差的子女常以经济困难为由提出多分的要求）；如案例（编号 S2015015）被告 Lx 辩称中认为：父亲资助儿子买房子是天经地义的，否则儿子没有办法结婚。这些理据看似不合理，但是分析其背后的社会文化影响是深远的，这是一整套长久形成的社会性的民间实践法则，个人会按照这种习惯性思路理解并处理家庭遗产的纠纷。

总体分析当代遗产纠纷中的民间逻辑，其中复杂交错，我们可以看到在这四项分配原则中既有依然延续传统社会家系主义下的家庭财产分配逻辑，也有基于个体化与自由主义影响的新的财产分配逻辑。一方面，传统社会家系主义的影响依然强大，如血缘关系仍然强烈影响着人们的财产分配观，但另一方面的影响力，如性别角色方面的分配不公等影响也在不断下降。人们越加受到现代社会个体化和自由化原则的影响，个人财产意识开始独立于家庭共有财产，强调付出与回报的一致性。目前新的财产分配方式，如遗赠抚养协议的契约型赡养形式也日渐增多。未来人们的家庭财产分配观在市场经济的影响下会更加受到个体化与自由化原则的影响，但是传统社会的家系主义的影响也会始终存在，很难消失殆尽。

二、遗产分配中法律的实践逻辑

在法律判决的逻辑中，首先是依据法律法条来依法判决的，在所有裁判文书中，最后都会注明法院作出审判时所参考及援引的法条。在法律的实践中，举证原则是影响审判结果的重要因素，在对 11 年间的法律裁判文书的样本分析中，很多家事纠纷中的部分诉求由于缺少证据而未能得到法院的支持。

在补充访谈中，一位从事民事审判的法官也指出：家事案件不同于商业案件纠纷，证据的收集与明确相对更加困难一些，尤其在举证多赡养的问题上，法院不会采信片面单方的证言证词，会从多方证据下综合听取考量处理。法官需要用证据来判决案件，因此民众需要培养良好的法治意识（如懂得留存证据），这样才能更好地维护自身利益。

在依法审判及举证原则的基础上，均分原则是法院审判实践中更为偏好的取向。在对判决结果的分析中可以看到，在最终的多分判决中得以多分的比例数值并不高，从样本的分析中看，多分的比例数值在10%之内。一般尽管考虑了多赡养的情况，或是考虑了残疾、失去经济来源等特殊情况，法院予以的多分倾斜也是酌情分配的，比例一般不会很高（样本分析中不超过10%），总体而言法院更加偏好于均分原则，在无特殊情况下，一般都会采用均分原则来进行家庭遗产的分配。

在审判的整体考量中，法院还会从家庭整体福利最大化出发，同时考虑审判的社会性影响。继承父母遗产的纠纷过程，其实质也是分家的过程：从一个完整的家庭分裂成为多个小家庭的状态。在案件（S2016014）记载中：本院需要指出的有：本案各方当事人均同属于一个大家庭内，在父亲去世前，各方当事人对动迁安置利益一直相安无事、和平共处，然而在父亲去世后就发生矛盾，实属不该。各方当事人应当本着团结共处的原则和精神，给母亲Yxx一个良好的生活环境，使其能够安享晚年。父母均健在时是一个完整的大家庭，父亲去世后，原来的家庭迅速土崩瓦解，分裂为一个个小家庭，当事人开始为财产分配争取自己或小家庭的利益。在这个法律文书中一向理性客观的描述，也带有某种劝诫的感情色彩，即提倡家庭应当相互团结、和平相处的原则。这种劝诫出现在大量的判决文书中，类似的劝诫还有如：在法律上已形成了拟制兄妹关系的原、被告理应和睦和谐相处，对待父母的遗产要在友好协商的基础上予以处理，珍惜以往良好和谐的兄妹之情，相煎何急！（S201809）；继承从被继承人死亡时开始，继承人应当本着互相体谅互相谦让、和睦团结的友好精神，协商处理遗产的继承问题（S2017011）。

需要指出的是，在因家庭遗产分配产生诉讼纠纷之前，法院就会采取调解的方式，如若能通过非诉讼的方式完成调解，一般会以调解书结束。在审理过程中，调解通常也会一直存在，即希望原被告能够通过协商达成最后的一致，促进家庭的和谐。在裁判文书中记载：本院为了减少当事人的讼累，缓和原、被告等人之间的纠纷矛盾，维系骨肉亲情，反复进行调解，无奈各方各执己见，致使调解终究未能完成，本院表示遗憾。家和万事兴，本院仍然希望在后续处理Yxx的遗产过程中，当事的各方能够多一分亲情，少一分计较，顺利解决纠纷中的继承问题，也能让生者和睦、让逝者安息（S2015096）。当然法院在家庭遗产的纠纷中并非一直充当"和事佬"的角色，在最后的判决结果中，法院更加偏向于结果最优化，而非无原则地促进家庭团结。在案件（S201809）中，法院考虑到原被告双方家庭关系并不和睦，为了方便日常生活中的使用，互不干扰以及房屋的结构能够独立成户，经实地勘察后，诉争房屋北边东侧的小屋一间归原告使用为宜。在家庭关系不和睦的情况下，互不干扰，减少矛盾是法院判决考虑的出发点。

如果说家庭遗产纠纷中的个体意识是一种基于小我情况下自我利益最大化的考量与计算，那么法律最后给出的判决结果更多意义上是一种宏观整体结构视角下的产物，其需要考虑的不仅仅是按照法条依法判决，还需要从家庭整体福利、社会影响、道德、公序良俗等方面予以考量。

法院在进行判决时，会依据已有的相关法如《中华人民共和国继承法》等作为参考依据来进行审判，但传统风俗与社会惯习并非完全被排斥在法律体系之外。案件（编号 S2014063）是一个经过上诉的二审案件。

一审时法院认为，民事活动同样应当尊重社会公德，享有权利与付出义务应当一致。法院认为我国农村有着三七、五七的传统风俗，这些时间点是办理丧葬事宜的重要节点，表达了对逝者的尊重和追思，但 P 某仍没有参加，也没有支出任何丧葬事宜的钱款，只是一味地要求分割遗产，这明显与农村的善良相悖。法院认为，如果对遗产再进行分割……既会增加诉讼中当事人的讼累，也徒增了社会矛盾，引发农村群众对 P 某的负面评价，因此该笔款项不宜进行再次分割。……保持现状更加有利于彰显农村的善良风俗、维持当事人的内部和谐。

在这个案件中，参与两次审判的法院拥有一定的裁量权，在按照《中华人民共和国继承法》法则分配的同时，均着重强调了农村传统风俗，强调原告的某些行为是与农村善良明显相悖的，并承认了被告的辩解意见符合当前农村传统习惯，总体的判决结果也更加利于减少当事人讼累，彰显善良风俗、维持各方的内部和谐。可见法院在作出判决和裁量时，是会考虑到现实传统中的情理的，并非单纯依据固定的法条进行教条化审判。法院均衡考量到了原被告双方的个人情况，以及案件可能会产生的社会影响，如农村"熟人社会"的属性，可能会产生一些负面的社会舆论。法院的判决为了引导正确良好的公序良俗，促使社会更加和谐，减少社会矛盾。最后是情理与法理的共同体现，即权利与义务的一致性，原告在被继承人去世前并未尽到赡养的义务，于病中均未进行探望，于情于理均有悖。未能良好尽到义务便难以一味强调对权利的争取，就这一点上法理与情理殊途同归。

在保障家庭成员在纠纷后的生活和帮助弱势方的问题上，法官会秉持着整体性的思维，从家庭整体福利出发，作出相应的财产安排，并在裁判文书中着重强调家庭和睦、团结共处的主要原则，以达到家庭福利最大化以及减少当事人讼累、彰显善良风俗的积极社会影响。

最后在对法官的访谈中，受访者还谈到了法官的个人因素可能会对最后的裁量产生影响。在具体的案件审判中，法官具有一定的自主裁量权，这可能与法官的个人经历等因素有关，但总体而言，这种法官个体对案件的影响较为微弱，一般不会干预案件的重要判决走向。

第六章　研究讨论

一、民间逻辑与法律逻辑之间的张力与趋同

从以上对家庭遗产分配中的民间逻辑的梳理，我们可以看到一部分群众受到市场经济及现代法律的影响较大，其诉求与符合官方体系的法律逻辑基本吻合，但是也有一部分群众仍然深受中国传统家庭财产分配观念影响，坚持民间的风俗传统与社会惯习。我们能看到，虽然继承宗祧的传统家系主义中的部分内容在法律的体系下失去了话语权，但是在民间逻辑的实际实践中仍然受到其切实深远的影响，可见传统家系主义指导下的家庭财产分配原则仍然有着较为深厚的基础。

对于财产分配的公平概念而言，民间逻辑可能与法律逻辑存在不同的具体解读，其中民间逻辑与法律逻辑有相互一致的地方，同时也存在相互冲突的地方。从总体性原则上法律逻辑与民间逻辑都认可付出与回报成正比这样的原则，但是在社会生活的实际量化时其实仍然是模糊的，抽象的公平概念会在不同的语境下被个体进行不同的解读。

其中民间逻辑的四项原则中与法律法条相一致的部分，有如基于血缘关系上的继承资格的承认，符合法律的风俗惯习能够得到承认，付出与回报正相关中的多赡养多分配以及个人财产贡献的承认，适当对家庭中的困弱群体（大病丧失经济来源等）进行分配照顾，这些都是与《中华人民共和国继承法》中的规定相吻合的，但是在四项中的每一项原则的民间实践逻辑中又有与法律相出入冲突的部分：如类性别原则下传统风俗惯习中出嫁女儿无权参与分配财产；类血缘原则下由于缺乏生物血缘关系，继父母—子女、养父母—子女的继承资格往往不被认可；如何定义多赡养，是原本就属于自己的赡养义务范畴之内还是比较情况下的多赡养；家庭经济较差、贫困的继承人认为自己属于弱者，希望予以多分配，但是却往往不被法律承认（法律一般只认可生活有特殊困难的缺乏劳动能力的继承人）。在法律判决的逻辑中，依法判决是首要的原则，因此

只有符合法条规定的民间诉求才会被承认及支持。风俗惯习、自利倾向的个体意识与法律宏观整体叙事下的视角有所不同，其中各种公平逻辑复杂交错，形成了张力。

但是这两种逻辑之间的鸿沟也处于一种不断趋同、拉近的状态。一方面，在社会变迁的过程中，由于民间逻辑仍然切实影响着个体的实践，因此法律在面对这种影响时，同样会将其纳入考量，如在审判中体现尊重农村地区的传统风俗惯习。在我们的分析中，能够看到法律中存在着一定的灵活处理性，在实际判决中两者的张力并没有那么巨大，在某种情况下法律逻辑也在力图缩小与民间逻辑的差距。例如《中华人民共和国继承法》中明确规定有扶养能力和有扶养条件的继承人，不尽扶养义务的，分配遗产时应当不分或者少分。在对所有样本案件进行分析后发现，法院基本不会判决完全"不分"，且总体原则上仍偏向于均分原则，多分的比例在未出现特殊情况下数值并不会过高。法律逻辑在争取缩小与既有的民间逻辑的差距时，并不会违反法条中规定的既有原则，而是在对个人财产与家庭共有财产的认定中，有弹性地对可以讨论的空间部分进行协商以及调整。另一方面，随着市场经济的不断深入、个人受教育程度提高以及法治社会的不断普及，法律意识慢慢渗透至基层，个人也呈现出一种越来越懂法律、知法守法的发展趋势，民间逻辑开始吸收法律逻辑，与之渐渐重合。在下图中，笔者结合以上的分析与梳理绘制了如下现代家庭遗产分配逻辑之间的关系框架图。

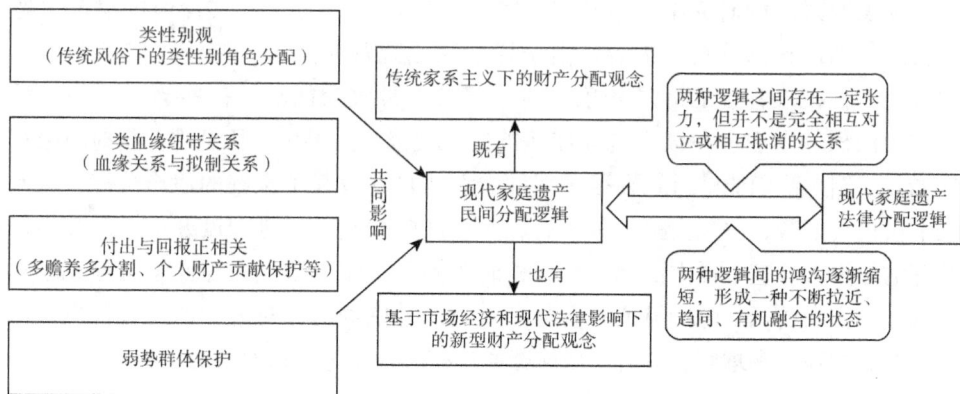

图6-1　现代家庭遗产分配逻辑关系框架图

其实在不同的冲突和语境下，纠纷中的个体会强调不同的逻辑，以期达到自身的利益最大化。遗产作为一种有限的财产资源，各方经济上的自我利益追逐势必会带来对立与矛盾。新古典主义经济学与社会交换理论中的自利倾向，在人们的公平观中会表现为人们会采用自我利益作为参照来判断分配是否公正公平①。在诉诸法律的家庭遗产争夺中，对民间所认为的公平逻辑进行梳理与总结，能够看到当事人往往是以自我利益为参照来判断分配公平的。这种财产矛盾纠纷的背后是各方相互对立的观点和利益诉求，不同的理由被人们运用于遗产分割的争夺之中。在家庭遗产争议的案件中，即使是处于不利的一方也常会否认对方的贡献或提出自己的贡献来争取财产，然而家庭共同生活的意义与价值却很少被提及。在诉称或辩称所表达出的逻辑中，当事人的角色是独立于家庭整体的个人，个人突出强调自己应得的权利。在对家庭遗产的争夺中，家庭作为整体这一部分的意义被消解了。站在个人立场上，个人的利益与贡献才是强调的重点。

在民间的逻辑表达中，人们日益成为独立于家庭角色的个人，家庭作为整体的意义在遗产纠纷中被忽视、被消解了，但家庭的存在在现代社会中始终具有重要意义，它是组成社会的重要单位体，家庭可以是个体身心的港湾，也可以是个体遇到困难与挫折时不轻易放弃人生的支撑点。家庭对于个体抵抗社会风险仍发挥着重要的意义。因此本文希望能够厘清家庭遗产分配中不同逻辑之间的差异及互动，建立一个私人领域下的家庭遗产公平分配的框架，以期能够让更多的人关注家庭财产与家庭和谐的研究。

二、局限与展望

在家庭财产的研究中，遗产只是家庭财产的一部分，本文探讨的财产主题仅仅是指遗产这部分财产内容。由于样本为法院裁判文书，基于法院裁判文书的性质，在记录各方的诉求和争议时，记录常常较为简洁，一些当事人在法院审判中激烈的矛盾和争议未能详细地被记录在裁判文书中，因此在分析时也会存在局限。例如我们能够看到在很多案件中女儿自动放弃了家庭的遗产分配，裁判文书仅仅会记载，法院支持当事人有放弃财产的权利，但是却没办法去深究她们放弃的原因等。基于样本的属性，分析时受到了一定的限制，为此笔者补充了对律师、法官的访谈，他们见证并参与了大量的开庭纠纷，对遗产纠纷有着更加深入和细致的观察和理解，笔者希望能够通过补充访谈弥补这部分的不足。

财产分配是家庭生活中最容易出现争议和矛盾的部分，这是私人领域关于分配公平的探讨，我们看到私人领域小家庭内的遗产分配和安排的背后有着和公共领域中类似的分配公平的思维路径。在未来的家庭财产研究中，希望能够在此基础上进一步细化、提升。

---

① 孙明. 市场转型与民众的分配公平观 ［J］. 社会学研究，2009（3）.